Regina und Michael von Brück

Leben in der Kraft der Rituale

Regina und Michael von Brück

Leben in der Kraft der Rituale

Religion und Spiritualität in Indien

In Zusammenarbeit mit Swami Nityananda Giri

Verlag C.H.Beck

Mit 24 Abbildungen

© Verlag C.H.Beck oHG, München 2011
Gesetzt aus der Fairfield LH 45 light
bei Fotosatz Reinhard Amann, Aichstetten
Grafiken: Peter Palm, Berlin
Druck und Bindung: GGP Media GmbH, Pößneck
Gedruckt auf säurefreiem, alterungsbeständigem Papier
(hergestellt aus chlorfrei gebleichtem Zellstoff)
Printed in Germany
ISBN 978 3 406 61242 8

www.beck.de

Inhalt

Vorwort 7

1. **Rituale als Übergang und Durchbruch** 13
   Ritualtheorien 13
   Symbolisierung 16
   Identitätsstiftung 18
   Strukturen des Mythischen 21

2. **Medien der Identitätsstiftung** 27
   Rituale in indischen Religionen 27
   Symbolik und Erzähltraditionen 54

3. **Symbolik und Verehrung der Gottheiten** 65
   Gottesbilder 65
   Hingabe an Gott: *Bhakti* 92
   Vertrauen in die Präsenz der göttlichen Kraft: *Shraddhā* 105

4. **Die vier Ziele im Leben des Menschen** 111
   Das Begehren: *Kāma* 112
   Die wirtschaftliche Existenz: *Artha* 113
   Die Weltordnung: *Dharma* 114
   Die Befreiung: *Moksha* 118

5. **Die vier Lebensstadien** 121
   Ordnungsprinzipien der indischen Gesellschaft 121
   Das System der *Āshramas* 124

6. **Rituale des Übergangs** 139
   Historischer und sozialer Kontext 139
   Die wichtigsten *Samskāras* 143

7. **Der Guru** 181
   Ideal und Rolle 181
   Swami Gnanananda 193

8. **Leben im Ashram Sri Gnanananda Tapovanam** 201
   Zur Geschichte des Ortes 201
   Das Morgenritual 207
   Transzendieren der Rituale 222
   Kulträume des Ashrams 227
   Malereien 233
   Küche 235
   Die wirtschaftliche Basis 238

9. **Rituale im modernen Indien** 241
   Neue Medien, moderne Gurus 241
   Rituelle Frauennetzwerke 248
   Hinduismus zwischen Ausgrenzung und Ausgleich 251
   Die Ram-Setu-Kontroverse 253
   Ritualisierte Zeit 254

   Zu diesem Buch 257
   Anmerkungen 259
   Literatur 282
   Personenregister 287
   Sachregister 288

Vorwort

Religionen haben anthropologische Wurzeln, die aus individueller und aus sozialer Perspektive beschrieben werden können:[1] Sozial sind Religionen der Ausdruck von gesellschaftlicher Kohärenz, sie stiften Gemeinschaft, legitimieren dieselbe und sanktionieren Verstöße gegen die Gruppenidentität. Individuell wurzeln Religionen in den universalen menschlichen Lebenserfahrungen des Leidens und der Ekstase. Religionen fragen einerseits nach der Vergänglichkeit, dem Leid, der Zufälligkeit und Unvorhersehbarkeit des Schicksals und sollen Antworten geben auf das, was dem Verstand unfassbar ist. Sie sind andererseits aber auch das Echo der unerschöpflichen Erfahrung von Kreativität, Schönheit und Ekstase. In der Natur, im Staunen über die alltäglichen Wunder der Welt, im Schaffen des Außerordentlichen, in der Meditation, in Nahtod-Erlebnissen, im Eros oder in Extremsituationen macht der Mensch Grenzerfahrungen, die ihn ahnen lassen, dass das Leben mehr ist als das, was sich im Alltag zeigt und berechnet werden kann. Religion ist Ausdruck der Sehnsucht, von diesen Wirklichkeiten berührt und durchdrungen zu werden.

Menschen fragen, seit es Zeugnisse menschlicher Kultur gibt, nach einem Sinn des Lebens. Aber das Leben hat nicht die eine «Bedeutung», die genau definierbar wäre, denn es ist nicht abgeschlossen und entfaltet sich in unermesslicher Vielgestaltigkeit und Individualität ständig weiter. Kein Lebewesen gleicht dem anderen, jede Form ist einzigartig. Und doch entwickelte sich in wohl allen Kulturen die Intuition, dass alles in einem nicht definierbaren letzten Grund, in einer Energie wurzelt, die jenseits jeden Horizonts des Verstehens angesiedelt ist. Die indischen Kulturen zelebrieren diese allem zugrunde liegende Einheit ebenso wie die Vielfalt der Lebensformen.

Die Religionen haben Institutionen hervorgebracht, die tradierende Kontinuität ermöglichen und damit Identität stiften. In allen Religionen sind dabei zwei gegensätzliche Trends erkennbar: Um Stabilität zu gewähren, sind solche Institutionen einerseits konservativ. Um kreativen Impulsen Raum zu geben, die aus dem Kern religiöser Erfahrung kommen oder aber soziale Anpassungen leisten, zerbrechen sie andererseits auch jede Form und schaffen Neues. In Indien hat man beide Tendenzen wie die zwei Ufer eines Flusses verstanden: Beide bedingen einander, damit der Strom des Geistes ungehindert fließen kann. Die Bewahrung der Tradition obliegt in Indien den herausragenden Lehrern (*paramācāryas*), etwa den berühmten Shankarācāryas, die sich auf die sakrosankten Schriften und die Überlieferung stützen und dieselbe zu bewahren suchen. Die charismatische Kraft hingegen setzt sich in den Gurus durch, die höchst individuell in jeweils neuer Weise die Überlieferung zur Geltung bringen und dabei auch Religionsgrenzen überschreiten. Solche Überschreitung bzw. Transzendierung von religiösen Formen (Gottesvorstellungen, Symbolen, Ritualen usw.) nennen wir Spiritualität. Spiritualität ist die Reflexion des Bewusstseins auf sich selbst, indem es erkennt, dass jede Form vom Bewusstsein hervorgebracht wird und dessen Muster spiegelt, wobei die Formen aber auf eine Intuition verweisen, die jedem Bewusstseinsakt zugrunde liegt. Religion und Spiritualität stehen also in einem Spannungsverhältnis, aus dem immer neue Gestaltungen und symbolische Formen erwachsen.

Besonders in den indischen Religionen wird dies auch als Stufenfolge gesehen: Erst soll durch Erziehung in der Tradition (Schriften und Rituale) das Fundament gelegt werden, damit sich der Charakter des Menschen ausbilden und festigen kann. Dann aber soll der Mensch auf Grund seiner eigenen Erfahrung lernen, die fest gefügten Formen der Überlieferung einschließlich der Rituale zu transzendieren und zur Freiheit der spirituellen Erfahrung zu erwachen. Das Leben in den Formen der Religion ist nichts als Vorbereitung auf die spirituelle Erfahrung, die alle Formen transzendiert. Dabei erkennt der Mensch seine wahre Identität, seine ursprüngliche Heimat: Er ist eins mit Gott, oder das Göttliche durchdringt ihn unauflösbar. Nicht, dass der Mensch zum Unendlichen *werden* soll, sondern er muss realisieren, dass er das

Unendliche *ist*. Erst dann kann er seine wahren Potentiale entfalten. Erst dann auch kann er den Widerspruch überwinden, in dem er sich ständig befindet: vom Guten inspiriert, aber auch zum Bösen hingezogen zu sein. Die Rituale der Religion haben dabei eine hinführend-pädagogische Funktion.

Sind Rituale aber nicht für viele heutige Menschen nur noch verstaubte Überlieferungen, die belanglos oder auch unglaubwürdig geworden sind? Der Blick auf die indische Kultur zeigt, dass Rituale lebendig sein oder werden können, dass sie das Leben kreativ prägen, indem sie Rhythmen schaffen, ohne Zwang zu bedeuten. Natürlich werden Rituale unweigerlich zu Zwängen, wenn sie der Ausübung von Macht dienen. Dies ist einerseits unvermeidlich, denn keine Gesellschaft funktioniert ohne Machtstrukturen, die ihr Zusammenhalt bieten. Die indische brahmanische Ritualordnung hat über Jahrhunderte hinweg solche Rahmenordnungen und auch Zwänge gesetzt, aus denen sich in der Gegenwart vor allem die unteren Kasten, aber auch die Frauen, allmählich lösen.[2] Immer noch wird in vielen Kulturen Macht mit Ritualen legitimiert, die eben jene Aufbrüche verhindern sollen, von denen hier gesprochen wird. Andererseits aber müssen Rituale nicht unbedingt zu einer monolithischen Zwangsordnung führen, die bestehende Verhältnisse des Ungleichgewichts, der Ausbeutung und der Ungerechtigkeit zementieren, sondern können auch die Pluralisierung von Lebenswelten in offenen Gesellschaften ermöglichen. Denn Rituale können auch Kräfte erwecken, die Identität stiften und gerade deshalb Mut und Motivation für eine je eigene Lebensgestaltung sozialer Gruppen im Sinne der humanistischen Ideale der Religionen freisetzen.

Solche Rituale bewusst zu gestalten und ihr ästhetisches Potential für die Bildung einer Gesellschaft umzusetzen, könnte eine wichtige Aufgabe sein. Dazu bedarf es jedoch eines kritischen Bewusstseins, das Faktenwissen ebenso voraussetzt wie die Fähigkeit, die eigenen Lebensformen zu hinterfragen, ungenutzte Potentiale aufzudecken und ein Gespür für nachhaltige Zusammenhänge zu entwickeln. Der Blick auf Indien kann dafür Anregungen geben, da hier seit alters eine pluralistische Religionswelt existiert, die bis heute eine außerordentlich lebendige Kulturdynamik entfaltet.

Die indischen Ritualtraditionen und ihre philosophischen Deutungen sind so zahlreich, dass hier nicht alles berücksichtigt werden kann.

Wir folgen hauptsächlich der vedāntischen Tradition, die auf die Literatur der Upanishaden[3] zurückgeht, selbst aber immer wieder neu (und auch widersprüchlich) interpretiert wurde.

Das vorliegende Buch ist Ergebnis einer jahrelangen Zusammenarbeit der Autoren mit Swami Nityananda Giri. Dabei mussten nicht nur geographische Räume und Sprachgrenzen überbrückt, sondern vor allem Denkformen und unterschiedliche methodische Vorgehensweisen miteinander in Beziehung gesetzt werden. Während westliches analytisches Denken, zumindest im akademischen Raum, auf Historisierung der Daten und objektivierende Systematisierung setzt, gestaltet sich die Weitergabe der Traditionen in Indien vor allem durch Erzählung und assoziative Identifizierung. Die indische Kultur betont auf einzigartige Weise die hinter den Religionen liegende tiefere Erfahrung des eigenen «Seinsgrundes» (*svānubhava*). Kategorienbildung, logische Analyse oder Argumentation in der Suche nach Gründen sind durchaus ein wesentlicher Aspekt der Ausbildung von Wissen, die Verknüpfung von Argument und intuitiver Einsicht erfolgt jedoch anders als in der westlichen akademischen Tradition. Umgekehrt ist die mystische Transzendierung von Sprache und Form aber nicht nur Indien eigen, sondern begegnet in vielen Kulturen, sie ist das «Herz aller Religionskulturen» (Swami Nityananda Giri). In Indien ist diese Geisteshaltung als Kulturstandard kontinuierlich gepflegt worden, wohl auch deswegen, weil die Institutionalisierung der Traditionen als viel weniger fortgeschritten und bindend wahrgenommen wird als in den christlichen und post-christlichen Denkformen des Westens. Das akademische historisierende Studium von Religionskulturen hat auch in Bezug auf Indien seinen unverzichtbaren Wert, um Klarheit zu schaffen, aber das, worum es in den indischen Überlieferungen vorrangig geht, ist eine Erfahrung des Lebens, und nicht nur des Denkens. Im modernen westlichen intellektuellen Diskurs werden hingegen beide Dimensionen weitgehend auseinandergehalten.

Die hier angedeuteten methodischen Differenzen lenken den Blick jeweils in andere Richtungen und verknüpfen die Bildgebungen aus geistiger Aktivität zu Begriffsreihen, die den Umgang mit dem kulturellen Erbe unterschiedlich gestalten. Beide Methoden sind reizvoll und zeigen Wichtiges auf, aber sie lassen sich nicht vollständig synthetisieren. Kompatibel sind sie allemal, wie wir zu zeigen versuchen, denn die

Innen- und die Außenperspektive können einander spiegeln. Es gibt keinen vernünftigen Grund, nur eine der beiden Methoden gelten zu lassen.

Die Ausführungen in diesem Buch gehen einerseits auf akademische Feld- und Literaturstudien der Autoren zurück, andererseits auf Gespräche mit und Vorträge von Swami Nityananda Giri, die er in Indien und in Deutschland gehalten hat. Ihre Inhalte sind in Gesprächen immer wieder neu durchdacht und geformt worden. Dass bei diesem interkulturell-interdisziplinären Verfahren Ungenauigkeiten nicht völlig ausgeschlossen werden können, ist wahrscheinlich. In solchen Fällen liegt die Verantwortung bei den deutschen Autoren. Wir hoffen, mit diesem Buch nicht nur zum interkulturellen Verstehen und zu einer Erweiterung des Blickfeldes kulturwissenschaftlichen Arbeitens beizutragen, sondern auch Anregungen für eine Vertiefung religiöser und kultureller Lebenspraxis im Zeitalter globalisierter Lebensläufe zu geben.

I
Rituale als Übergang und Durchbruch

Ritualtheorien

Rituale prägen das Leben des Individuums wie der Gemeinschaft, und wir kennen keine menschliche Gesellschaft, in der Rituale nicht eine kulturgestaltende Rolle spielen. Rituale sind Rhythmisierungen von Ereignissen, und fast alles, was menschliche Lebenserfahrung ausmacht, kann durch Wiederholung rhythmisiert und ritualisiert werden. Ritualisierung tritt aber nicht erst im Rahmen sozialer Interaktion auf, sondern ist angelegt in der Art und Weise, wie Menschen die Welt wahrnehmen, im Bewusstseinsprozess also. Denn das menschliche Bewusstsein muss bei der Fülle von Eindrücken, die es zu verarbeiten hat, auswählen. Dabei ordnet es in zeitlich und räumlich strukturierten «Bündeln», die wiederum semantische Hierarchien ermöglichen. Nur dadurch können überhaupt Begriffe gebildet werden, das heißt, allein durch mentale Strukturierung kann etwas *als* etwas wahrgenommen werden. So ist beispielsweise Rhythmisierung die Voraussetzung dafür, nicht nur Geräusche wahrzunehmen, sondern Klänge zu erkennen, Farben in Qualitäten zu unterscheiden, ähnliche Formen einander zuzuordnen, kurz: mental eine geordnete Welt zu erschaffen. Einige Rhythmen sind kosmologisch vorgegeben, wie etwa die Rhythmen des Jahres oder von Tag und Nacht, andere sind biologisch bestimmt wie die Rhythmen von Schlafen und Wachen oder der Herz- und Atemrhythmus.

Im Ritual werden die Rhythmen von Raum und Zeit nachvollzogen und in menschlichem Erleben und Handeln abgebildet, und zwar auf individueller wie sozialer Ebene. Das wichtigste Medium der Ritualpraxis ist die Körpersprache. Rituale sind kollektiver Ausdruck dieser Sprache, sie sind Rhetoriken des Körpers, die sich in individueller und sozialer Gestaltung wechselseitig ausformen.

Solche Rhythmisierungen und Ritualisierungen sind somit Ausdruck primärer mentaler Strukturen, die im Übrigen nicht nur menschliches, sondern wahrscheinlich auch tierisches Wahrnehmen, Fühlen und Handeln prägen. Ohne diese Funktion wäre strukturiertes Erinnern und damit personale Identität undenkbar. Rituale dienen aber auch dazu, Störungen dieser rhythmisierten Weltwahrnehmung zu kompensieren, etwa wenn Schicksalsschläge die gewohnten Lebensbahnen erschüttern oder unvorhersehbare Ereignisse die Planungen und vermeintlichen Sicherheiten durchkreuzen.

Können aber alle Ritualisierungen im kulturanthropologischen Sinn als Rituale verstanden werden, nämlich als wiederholbare und dauerhafte Inszenierungen von Identitätsstiftung? Oder müssen nicht manche «Rituale» als versteckte oder offene Zwangshandlungen interpretiert werden?

Eine Unterscheidung von Ritual und Zwangshandlung ist fundamental für das Verständnis von Ritualen. Außerdem muss uns die Abgrenzung religiöser von nicht-religiösen Ritualen interessieren, auch wenn dies nicht eindeutig möglich ist, weil der Religionsbegriff in den Kulturen bekanntlich sehr verschieden gefasst werden kann. Dementsprechend haben die Kulturwissenschaften ganz unterschiedliche Ritualtheorien hervorgebracht, sodass man nicht nur von einer unüberschaubaren Fülle von Ritualen, sondern auch von Ritualtheorien ausgehen muss.[1]

Ein gewisser Konsens besteht heute darin, dass Rituale Formen der Inszenierung und Bewältigung von «Liminalität» sind, dass sie also Schwellensituationen bewusst machen und/oder erzeugen. Diese Schwellen können zeitlicher oder räumlicher Art sein. *Zeitlich* handelt es sich individuell um Übergangsrituale (*rites de passage*) von einem Lebenszustand in einen anderen, wie etwa Kindheit, Jugend, Reife, Alter oder Tod, und kollektiv um die zeitliche Ordnung gesellschaftlich akzeptierter Organisation, also beispielsweise den Festkalender, das Kirchenjahr, die Rhythmen von Herrschaftslegitimation (Inthronisierungen, Wahlen) oder arbeitsteiliger Organisation (Arbeitszeit gegenüber Freizeit). *Räumlich* werden durch Rituale Orte auf eine sinnstiftende Geographie bezogen, wie etwa die rituelle Vergegenwärtigung von Theophanien, die einen

Ort «heiligen». Die Verknüpfung irdischer räumlicher Gegebenheiten mit einer Himmelsgeometrie verleiht dem scheinbar Zufälligen Bedeutung oder macht die geglaubte hintergründige Realität offenbar. Rituale inszenieren einen Weltzusammenhang und lassen das Zufällige als notwendig erscheinen. Dazu gehört auch, dass das Einzelschicksal im kollektiven Zusammenhang Sinn erfährt. Indem der Ritus vollzogen wird, zerfällt das Leben nicht mehr in unzusammenhängende Momente, sondern strukturiert sich entsprechend einer im Ritual selbst durch Wiederholung gesetzten Gesetzmäßigkeit. Diese Gesetzmäßigkeit ist es, die Religionen als «göttliche Schöpfungsordnung» bezeichnen. Im Ritual vergewissert sich der Mensch auch eines transzendenten Ursprungs und Ziels. Diese Transzendenz kann, muss aber nicht metaphysisch verstanden werden. Viele Rituale begnügen sich mit einer Verknüpfung der Ereignisse, die das Zufällige in eine sinnstiftende Erzählung einordnet.

Ritual ist Inszenierung gegen den Zufall, Einordnung bis hin zum Zwang, Erschaffung von Sicherheit und Gewissheit, die im Vollzug des Rituals habituiert wird und gerade auch indem sie unausgesprochen bleibt, Wirkung entfaltet. Denn das explizit gedeutete Ritual unterliegt immer der Reduktion auf Eindeutigkeit, einer von der Erfahrung und dem Denken abhängigen Perspektive. Implizites Wissen aber, die je konkrete existentielle Gewissheit, die sich im Ritual artikuliert, bleibt für viele Deutungen offen. Gewissheit ist nicht Resultat des Wissens, sondern Voraussetzung für das Vertrauen in die Verlässlichkeit von Wissen. «Gewissheit» ist eine präkognitive Qualität, die durch ritualisierte Abläufe erzeugt wird. In diesem Sinne ist bereits die Sprache und ihr Gebrauch ein ritueller Rahmen der Kommunikation von Individuen in einem Zusammenhang (der semantischen und grammatikalischen Ordnung). Diese sprachliche Ordnung ist der Rahmen, in dem personale Identität gewonnen werden kann, aber sie bleibt bei allen Möglichkeiten zu individueller Gestaltung an diesen Rahmen gebunden. Personale Identität ist nur möglich durch die Anerkennung eines kulturellen Rahmens, der durch Rituale immer wieder neu stabilisiert werden muss.

Rituale bestehen also in der Inszenierung von und Teilhabe an Ordnung, Zusammenhang und Einheit, aber dies geschieht paradoxerweise durch das scheinbare Gegenteil von umfassender Ordnung, nämlich durch *Unterbrechung*. Denn Rituale heben sich vom Alltäglichen ab und unterbrechen den Zeitfluss und das Raumgefühl durch Verschiebung des raumzeitlichen Erlebens in eine Ausnahmesituation. Rituale machen einerseits die «verborgene Regel» offenkundig, sie stellen andererseits die Ausnahme dar. Das scheinbare Paradox löst sich so auf: In der Ausnahme, in der Unterbrechung des Gewohnten, zeigt sich das, was dem Gewohnten zugrunde liegt und Wohnen, also Gewohnheit im Leben, überhaupt erst ermöglicht: eine verborgene und dem ersten Blick nicht erkennbare Ordnung.

Im Ritual werden kognitive und emotionale Sehnsüchte in *Aktion* ausgelebt, was prekär wäre, wenn nicht durch die Ritualisierung *Verlässlichkeit* bzw. soziale Akzeptanz durch Verallgemeinerung erzeugt würde. Mehr noch, Rituale antworten auf das psychologische Bedürfnis nach *Gewissheit*. Denn alle Erfahrungen, wie die von Sinn, Einheit oder Geborgenheit, sind zunächst subjektiv und bleiben dem Zweifel unterworfen. Das Individuum kann für sich selbst nicht wissen, ob eine Erfahrung und die damit verbundene Einsicht «echt», «gültig» und «real» ist. Erfahrungen und Einsichten bedürfen der Bestätigung, indem sie als kohärent bewertet werden. Das ist der Fall, wenn Übereinstimmung mit dem bereits als Wissen akzeptierten Gedächtnisinhalt oder mit dem, was in der Gesellschaft gültig ist, besteht. Kollektive Rituale sichern die Kohärenz und Gewissheit in beiden Perspektiven, und dies ist der psychologische Stabilitätsgewinn, der dem Individuum aus der Teilhabe an Ritualen erwächst.

Symbolisierung

Der Unterschied von Ritual und Zwang liegt im *Symbol*. Symbolisierung ist *die* Leistung des menschlichen Denkens schlechthin, sie ist das, was Kultur ermöglicht. Im Symbol schafft sich der Mensch einen Abstand zum unmittelbaren Affekt auf sinnliche Eindrücke, weil eine Abstraktion vom Sinneseindruck möglich wird. Durch Symbolisierung entsteht das, was wir Intention *zur* Unmittelbarkeit nennen wollen. Sie unterscheidet sich vom unmittelbaren und unwillkürlichen Reflex auf eine Sinnesempfindung durch die gezielte Aufmerksamkeit. Um ein Beispiel zu nennen: Ein starker akustischer Reiz, ein plötzlicher Knall, lenkt den Blick unwillkürlich in die vermutete Richtung. Hingegen ruft ein Türgeräusch, das mit der emotional besetzten Erwartung einer Person

(Freund oder Feind) verknüpft ist, eine gezielte aufmerksame Reaktion, eine komplexe und gewusste bzw. «vermittelte Unmittelbarkeit» hervor, die auf Symbolisierung und Gedächtnis beruht. Denn Erwartung ist in symbolischer Form gegenwärtig: Das Etwas wird *als* ein bestimmtes Etwas wahrgenommen. Der Abstand wird noch einmal verstärkt durch eine Interpretation der Symbole, und diese geschieht durch Symbolverknüpfungen und Begriffsbildungen, die eine Metaebene rein ideeller Art entstehen lassen (das Denken), die durch intersubjektiven Austausch möglich wird.

Dieser Austausch geschieht in Begriffen und Metaphern, die in ihrer logisch-hierarchischen Verknüpfung Sprache erzeugen. Die hier gemeinte Verknüpfung setzt Zeit, denn Sprache artikuliert ihre Gegenwart in der Konstruktion von Vergangenheiten und Zukünften, sie ist verbal, sie ist Tun. Somit kann Sprache wiederum Welten entstehen lassen, die in sich *plural* sind, denn jeder hat eine eigene Sprache und ein eigenes Verstehen, das gleichwohl von anderen verstanden werden kann und soll. Dadurch wird Relativität und damit nochmals Abstand, gleichzeitig aber Relation erzeugt. Dieser Abstand lässt Kreativität zu. Bis dahin, dass nun in einem weiteren Schritt die jeweiligen Symbole nicht nur interpretiert, sondern auch transzendiert werden können. Das Transzendieren der Symbole erhöht die Abstraktion vom konkret sinnlich und/oder mental Gegebenen. Der «Sachzwang» schwindet, und das freie Spiel der Imagination greift. Damit wird Kultur als Prozess von Freiwerden durch Erkennen begriffen. Symbolisierungen sind die Geschichte des Gewinns von Freiheit.[2]

Um die Orientierung, Verallgemeinerung und überindividuelle Gesetzmäßigkeit von Ereignissen rituell zu repräsentieren, bedarf es der Symbole. Sie stellen das gewöhnliche Ereignis oder den alltäglichen Gegenstand in einen umfassenden Rahmen. Dadurch werden Symbole zu Repräsentanten dieses weiteren Horizonts oder Inhalts. Symbole und deren Verknüpfung zu Symbolsystemen bauen also Strukturen bzw. Ordnungssysteme auf, die einen kognitiven wie emotionalen Rahmen bilden, in den die kontingenten, also zufälligen Erlebnisse eingeordnet werden können. Daraus ergibt sich das, was wir «Sinn» oder «Sinnstiftung» nennen. Manche Ritualisierungen lassen das ganze Leben als Durchgang erscheinen, und in diesem Fall treten Schwellensituationen nicht nur biographisch wiederholt auf, sondern das Leben selbst *ist* die Schwellensituation. Auch hier wird der aktuelle oder potentielle Erleb-

Symbolisierung

nisraum in einen Rahmen gestellt, der Symmetrie (des Handelns und des Resultats) oder Sinn (das Ganze hat ein Ziel) ermöglicht, eine Ordnung, die «sinnvolles» Leben vorgibt. Solche Ordnungssysteme, Begriffsleitern oder Grundmotive sind dem Einzelnen zwar durch Tradition vorgegeben, aber sie sind nicht nur einfach «da», sondern Resultat kultureller Inszenierungen. Die narrative Form solcher Inszenierungen ist der Mythos, der Gesellschaften – bewusst oder unterschwellig – Kohärenz und eine unverwechselbare Identität verleiht sowie über lange Perioden hinweg stabilisiert. Die kognitive Funktion des Symbols besteht darin, die emotionale Leistung der Vergewisserung dadurch zu ermöglichen, dass alles ein Umfassenderes repräsentiert. Oder wie Goethe sagt: «Alles Vergängliche ist nur ein Gleichnis» für das Unvergängliche, das Umfassende, das Vollkommene. Nochmals: Dies muss nicht ein Unsterbliches sein, es genügt vielmehr, dass im Zufälligen Gesetzmäßiges erscheint.

Identitätsstiftung

Rituale durchbrechen den Alltag und stiften je eigene Zeit. Dadurch wird ein Verfremdungseffekt erzielt, es wird räumlich und zeitlich ein anderer Erlebnisraum geschaffen, das heißt, Sinn oder neue Sinnebenen werden nicht abstrakt, sondern konkret und körperlich erlebbar, und zwar in Gemeinschaft. Dieser andere Erlebnisraum stiftet Gemeinschaft durch eine Identifizierung, die neue Identität ermöglichen soll, zunächst für die Zeit des Rituals, dann aber auch – pädagogisch – als weiterer Horizont, unter den die alltäglichen Lebensvollzüge gestellt werden. Rituale wirken *sozial* identitätsstiftend, indem sie diejenigen ausgrenzen, die nicht zur Ritualgemeinschaft gehören. Sie sind also in ihrer Wirkung ambivalent – sie stiften Gemeinschaft und grenzen dieselbe ab.

Rituale erzeugen *psychologisch* einen Freiraum, da der Zwang zu Entscheidungen zeitweise aufgehoben wird. Die Abläufe sind vorgegeben, und der Mensch wird entlastet, wenn er sich rituellen Regeln unterwirft. Diese Unterwerfung ermöglicht Freiheit von Entscheidungen, das Bewusstsein kann sich in diesem Rahmen auf sich selbst zurückziehen, ohne dass es fortlaufend Alternativen abwägen und entscheiden müsste. Der Preis für diese Freiheit ist die Unterwerfung unter die Autorität des Rituals.

Zusammenfassend können wir sagen: Das Ritual schafft Ordnung und stabilisiert psychische wie soziale Systeme. Es ist aber gleichzeitig auch ein Durchbruch durch Ordnungen und bisherige Ritualisierungen und Normierungen des Alltags – einschließlich seiner sozialen Hierarchien. Doch dieser Durchbruch wird nur möglich durch eine neue Ritualisierung. Rituale verschieben den Betrachtungshorizont oder die Systemebene.

Es gibt also eine Komplementarität von Ritual und Durchbrechen von Ritualen: Einerseits unterbricht das Ritual den Alltag, andererseits setzt das Ritual neue und sehr starke Normen. Rückzugsrituale etwa, die aus dem Lärm in die Stille führen, sollen innere Freiheit ermöglichen – sie können aber auch neue Zwänge aufbauen, wenn das Ich als Autor, Garant und Genießer des Rituals im Zentrum bestehen bleibt. Meditationsrituale, wie sie etwa die dominikanische Mystik (Meister Eckhart, Heinrich Seuse) gepflegt hat und wie sie auch im Hinduismus und Buddhismus grundlegend sind, machen diese Tendenz bewusst. Sie suchen das Ritual des Nicht-Ritualisierbaren, das Schweigen. Aber auch dies wird zum Ritual, weil auch das Schweigen wiederholbare Zeitqualität, Sicherheit und Vertrauen, einen ritualisierten Rahmen also, voraussetzt. Ohne Vertrauen können sich Menschen nicht auf das Ungewöhnliche einlassen, also kreativ sein. Ohne das Zulassen des Ungewöhnlichen aber können die im Menschen verborgenen Potentiale nicht erweckt werden. Darum ist in den spirituellen Traditionen, und gerade auch in der Meditation, das Vertrauen – in den Meister, in die Genauigkeit der Tradition, vor allem aber in die noch unbekannten Potentiale des eigenen Menschseins – die unabdingbare Voraussetzung für eine gelingende Praxis.

In der rituellen Praxis gestaltet sich Religion. Religion ist, wie bereits im Vorwort angedeutet, die Antwort des Menschen auf zwei ganz unterschiedliche Grunderfahrungen: Einerseits erlebt der Mensch sein Leben als zufällig, gefährdet, ungewiss. Alle Planung und Vorsorge kann von einem Augenblick zum anderen zu Makulatur werden, wenn Unvorhersehbares geschieht. Das Schicksal trifft uns, ohne dass wir einen Sinn in dem Geschehen ausmachen können. Religion deutet das Unbegreifliche oder den Schmerz als Schicksal, indem alles in einen Zusammenhang gestellt und das Einzelne, Unverbundene auf der Folie eines Ganzen gesehen wird, sodass sich Sinn und Orientierung ergeben. «Sinn» und «Orientierung» sind primär räumliche Begriffe, die Rich-

Identitätsstiftung

tung und Verortung von Einzelnen zu Relationen bezeichnen. Durch Religion lernt man, den «Wald in den Bäumen» zu sehen. Andererseits erlebt der Mensch Ekstase, Frieden und Erfüllung in Erfahrungen der Liebe, der Kunst, der Natur. Ekstasen dieser Art können energiegeladen hereinbrechen, sie erscheinen aber auch als stille Freude, wenn nicht «ich» tue, sondern «es» geschieht. Solche ekstatischen Erfahrungen der Schönheit und Vollendung sind die zweite Wurzel der Religion. Denn diese Schönheit verweist nicht nur auf ein Sinngefüge, sie wird als *Ausdruck* desselben empfunden. Religion zelebriert diese Erfahrungen im Sinne der Wiederholung und des symbolischen Verweises.

In Riten treten nicht nur die sozialen, sondern auch beide individuellen Wurzeln der Religion zutage: Sie inszenieren einen Sinnzusammenhang, um auf das Ganze zu verweisen, und sie zelebrieren das Erlebnis von Sinn. Die Inszenierung rhythmisiert die Zeit, und in Rhythmen erfährt der Mensch Gegenwart im Sinne von Sicherheit, Zugehörigkeit, Bedeutung. Der Preis dafür ist die Unterwerfung unter die Struktur und den Zeitablauf des Rituals, zumindest für seine Dauer. Genau in dem Maße, in dem die Autorität der Ritualstruktur den Menschen beherrscht, erlebt dieser Zugehörigkeit und Bedeutung innerhalb der Ritualgruppe, das heißt, der Identitätsgewinn besteht in der rituell akzeptierten Autorität bzw. der Autorität des Rituals. Die wesentlichen Anschauungsformen des Menschen sind Raum, Zeit und Kausalität. Durch Riten wird, wie gesagt, Unzusammenhängendes in einen Wirkungszusammenhang gebracht, insofern produziert die Ritualisierung *kausale Erlebensmuster*. Der *Raum* wird qualifiziert zu einem spezifischen Ort: Das, was geschieht, kann nicht überall und zufällig gerade hier geschehen, sondern der jeweilige Ort des Ritus wird aufgeladen mit einer besonderen Kraft, die der Ritus schafft. Der Ritus macht aus austauschbaren Raumkoordinaten ein spezielles und besonderes Areal, er gestaltet Welt zur Arena der Erscheinung von hintergründig Wirksamem. Die *Zeit* wird im Ritus zu einer Hoch-Zeit, sie macht den vergänglichen Strom zu einem Ereignis, dessen Ursprung in einer Transzendenz liegt, die in dem zeitlichen Ereignis selbst nicht verbraucht wird.

Strukturen des Mythischen

Übergangsriten sollen die Gefährdung der menschlichen Existenz bewältigen helfen – das Unberechenbare und Unvorhersehbare wird in Hierarchien und Ordnungen gefasst, die Verlässlichkeit zeigen. Der narrative Ausdruck dieses kulturellen Grundmusters ist der Mythos. Unter «Mythos» verstehen wir ganz allgemein Vorstellungen und Konzepte in Kulturen, die narrativ und begrifflich empirische Beobachtungen und imaginierte Deutungen so verknüpfen, dass Zusammenhänge des Lebens auf einen Sinn hin interpretiert werden; einen Sinn, der ganzen Kulturen sowie dem Leben des einzelnen Menschen eine kognitiv und emotional nachvollziehbare Kohärenz und Handlungsorientierung verleiht. Einfacher ausgedrückt: Der Mythos vergegenwärtigt narrativ die im Ritual repräsentierte Ordnung.

Mythen sind kulturelle «Vereinbarungen», die der Plausibilisierung bzw. narrativen Begründung von gesellschaftlichen Normen dienen. Mythen entstehen im Kontext geschichtlicher Prozesse, und ihre zahlreichen und oft gleichzeitig existierenden Varianten zeigen, dass auch diese «Übereinkünfte» vielgestaltig, nicht ohne Widersprüche und abhängig von sozialen Deutungskräften sind. Mythische Überlieferungen und die entsprechenden Ritualisierungen spiegeln das Machtgefälle in Gesellschaften wider. In Mythen erscheint das, was die Gesellschaft hervorbringt, als naturhaft vorgegebene Ordnung, die Solidarität zwischen Menschen erzeugt, gerade auch wenn ein rationaler oder politischer Konsens fehlt.[3] Mythen lenken die Wahrnehmung derer, die am Mythos teilhaben. Durch die charakteristische Entzeitlichung der im Mythos erzählten Geschichten wird das Erlebnis des Zufälligen als konsistente Wirkung von Ursachen interpretiert, wobei die Wiederholung der Erzählung und ihre im Ritual vollzogene Inszenierung Sicherheit und Einheit auch im sozialen Sinne suggerieren. Dies ist die Voraussetzung dafür, dass sich der Einzelne trotz gegenteiliger Erfahrungen mit seiner Gruppe, seiner Nation, seiner Religion identifizieren kann.

Mythen sind also kulturelle Kodierungen, die auf unmittelbare Erfahrung verweisen. Sie eröffnen Perspektiven des Erlebens, nicht Wege des Denkens. Und darum sind sie vieldeutig. Sie sind der Widerhall ursprünglichen Erlebens, das die Menschen evolutionsbiologisch in ihrem Ringen mit der Natur und mit sich selbst geprägt hat und das auch uns Heutige – oft unbewusst – bestimmt. Die Schicht des Mythischen in uns kommt immer dann zum Durchbruch, wenn der Firnis des Zivilisierten durch erschütternde direkte Erfahrungen von Wirklichkeit aufbricht.

Der Mythos hält zum staunenden Innehalten an und lenkt die Aufmerksamkeit auf eine umfassendere Wirklichkeit, die sich nur bruchstückhaft in menschlicher Erfahrung zeigt. Die heutige Menschheit trägt dieses Erbe aus der Vergangenheit in den tieferen Schichten des Bewusstseins mit sich. Der Mythos ist ein Muster von Welterfahrung, in dem Menschen ganz selbstverständlich leben und wahrnehmen, ohne sich dessen bewusst zu sein, dass es sich um *ein* mögliches Erfahrungsmodell handelt, neben dem andere existieren. Das individuelle Schicksal und seine Ambitionen verschwinden in der Kraft des mythischen Bildes. Es kann den Einzelnen, ja ganze Völker oder Gruppen inspirieren oder auch mitreißen. Das macht seine verführerische Macht aus, die sich in kollektiver Raserei und Gewalt entladen kann, wie die Geschichte (etwa des Faschismus, des Nationalsozialismus und des Kommunismus) lehrt. Deshalb bedarf es der reflektierenden Vernunft, die zwar dem Rhythmus der Mythen folgen kann, seine Potentiale aber in eine vernünftig verantwortete Weltgestaltung integriert.

Nikolaus von Kues (1401–1464), Denker, Mystiker und Politiker, hat die Unmittelbarkeit der mythischen Weisheit in seinem Büchlein *Idiota de Sapientia* (1450), in dem berühmten Gespräch zwischen dem Laien (*idiota*) und dem gelehrten Redner (*orator*), so charakterisiert: Die zivilisierte Gelehrsamkeit vergleicht er mit einem Pferd, das von Natur aus zwar frei, nun aber mit kurzem Halfter an die Krippe gebunden ist, wo es nur das fressen kann, was ihm von anderen vorgelegt wird. Ebenso folgt das gelehrte Nachdenken Erfahrungen, die andere gemacht haben. Der Mythos jedoch streift frei umher und berauscht sich an den Quellen der wilden und widersprüchlichen Natur. Die Wissenschaften, so Nikolaus, wachsen durch Hinzufügen von Einsichten, die aus reduzierenden Fragestellungen entstanden sind und sich zu Theorien fügen, wenn sie ineinander greifen. Darin liegt Schönheit, zweifellos. Aber ein solches Gebäude ist zerbrechlich. Es stürzt zusammen unter dem Ansturm des letztlich unbegreiflichen Lebens der Natur, die sich immer von neuem maskiert und spielend verhüllt und enthüllt, ohne doch ihr innerstes Geheimnis preiszugeben. So weit Nikolaus von Kues.

Der Mythos folgt diesem Spiel, indem er es dichtend nachvollzieht. Er will nicht erklären und deuten, sondern Resonanzräume eröffnen.

Wer sich in den mythischen Resonanzraum stellt, setzt sich Verwandlungen aus, die im Mythos meist als eine Reise des Helden beschrieben werden. Die Strukturen des Mythischen gestalten sich in Mythen der Struktur. Einige wesentliche Grundelemente solcher Strukturierung seien hier andeutend beschrieben, und zwar in Bildern, denen selbst mythische Qualität eigen ist: Mythen eröffnen Resonanzräume für die Imagination.[4] Die vorgezeichneten mythischen Bilder stellen Muster bzw. den Rahmen dar, in den sich der Hörer oder Betrachter hinein begibt.

Der Mythos ist nicht primär logisch und ethisch, obwohl er eigene Logiken entwickelt und ethische Konsequenzen zeigt. Seine Wurzel ist die Selbstentfaltung lebendiger physischer wie psychischer Kräfte, die ambivalent erscheinen. Diese Selbstentfaltung des Lebendigen vollzieht sich mythisch als «kosmischer Wirbel», und zwar nicht in abstrakten Formen, die ewige und unveränderliche Schablonen in einem platonischen Himmel wären, sondern in konkreten Gestaltungen, die sich in der Dynamik ihrer Eigenbewegung selbst erzeugen, allmählich verfestigen und, wenn sie verkrustet sind, wieder aufbrechen und zerfließen. Darin spiegelt sich, kurz gesagt, die Kulturgeschichte der Menschheit.

Mythische Erzähltraditionen präsentieren sich in komplexen Schichten, die gewöhnliches Zeiterleben verfremden und, Schwingungsmustern gleich, einander überlagern. Denn die archetypischen Bilder, selbst gewordene Gebilde, erzeugen den Rhythmus der Zeit. Zeit ist ja nicht nur das Maß von Bewegung, sondern das Medium, der Klangteppich, in dem einzelne Ereignisse laut werden, sodass sie miteinander kommunizieren. Man könnte dies auch mit dem Lichtstrahl vergleichen, der mit Kristallen in Beziehung tritt. Zwischen Kristall und Lichtstrahl besteht eine mythische Wechselwirkung: Das Licht hat den Kristall geschaffen, es ist die Energie, aus der sich der Kosmos gestaltet hat, und der Kristall wiederum zerlegt das Licht in die Farben, die nichts anderes als Schwingung sind. Die Resonanz der Schwingungen schließlich erzeugt das Farbenspiel der Welt.

Im indischen Mythos, der dieses Thema unendlich variantenreich gestaltet, wie auch in den philosophischen Systemen Indiens ist *spanda* (Schwingung) oder *shabda* (Klang) die ursprüngliche Ebene, aus der alles hervorgeht. Von den grobstofflichen bis zu den feinstofflichen und geistigen Ereignissen im Universum ist alles Schwingung. Die menschliche Wahrnehmung ist ein Rezeptor, geeicht auf ein bestimmtes Spektrum von Bewegungen und Mustern, die wiederum in einer mythisch imaginierten, einer gleichsam gedoppelten Welt vor das geistige Auge treten. Der Mensch reagiert nun im Wechselfeld von Wahrnehmung, imaginierter Mythenstruktur und Außenwelt. Er nimmt nicht einfach etwas Objektives wahr, bleibt aber auch nicht in der Isolation des Subjektiven verschanzt, sondern spielt frei in der Struktur der Beziehungen von «Außen», «Innen» und «imaginierter Form» einen Dreiklang der menschlichen Lebenswelt aus.

Das Muster, die Regeln dieses Spiels werden im Mythos sichtbar. Solche Spielregeln sind relativ stabil. Sie ermöglichen Gewohnheiten und eine Vertrautheit, die Voraussetzung dafür ist, dass man sich in die Bewegung der Farb- und Klangresonanzen des Lebendigen hinein begeben kann. Und sie ermöglichen, dass sich aus der Kommunikation mit den Energien, den «eigenen» und den «anderen», *Kommunion* entwickelt. Kommunion ist die re-flektierte oder wechselseitige, die kon-sonante, mit-klingende Schwingung, in der individuelle Ereignisse zu einem Gesamtklang werden. Kommunion ist die Energie des Geistes schlechthin. Nicht, dass einzelne Ereignisse oder Individuen einen festgelegten «Charakter» hätten und danach beliebig miteinander kommunizierten, sondern eher so: Ereignisse und Individuen entwickeln sich als zeitweilige Stimmen im kosmischen Hintergrundrauschen, das eine ständige Kommunion aus-mit-in sich selbst hervorbringt. Die wechselseitige Beziehung – wie in der Metapher vom Kristall und dem Lichtstrahl – lässt das Spektrum der Vielfalt als Struktur entstehen. Am Anfang war die Beziehung, dann erst kam die Substanz, und zwar als Resultat der Beziehung, die ihre selbst erzeugten Kräfte in die Formbildung von Substanzen verschwendet. Diese Formen treten dann in Wechselbeziehung, sie spielen miteinander. Dies ist, in mythischer Anschauung, das Drama der Welt. Mythen und Rituale sind die Nach-Inszenierung dieses kosmischen Spiels mit allen Mitteln sinnlicher Gestaltung.

Wir können nun von zwei «Spielen» der einen kosmischen Energie sprechen, einem primären und einem sekundären. Das primäre Spiel ist die Verdichtung von Beziehung und Struktur zu Wirklichkeit und Substanz, die Ausfaltung des impliziten Geistes im Universum zur expliziten Pracht der gestalteten Welt. Das sekundäre Spiel ist die Rückbindung (*religio*) der entfalteten Formen an den Gesamtzusammenhang ihrer Strukturen, die bewusst gesetzte Beziehung des Einzelnen zum Ganzen, die Erzeugung von Harmonie in den Resonanzräumen, die der menschliche Geist strukturiert und auch ausfüllt. Der Mythos ist die implizite Spielregel und die ausgefeilte Dramaturgie in einem. Ihn nur als Dramaturgie, als das sekundäre Spiel, begreifen zu wollen, hieße, den Geist der Energiequelle zu berauben, die grundlegende Kraft der materiellen Energien von der Struktur der Bewusstseinsform abzukoppeln. Und genau davor will der Mythos in unzähligen Variationen bewahren.

Gelebter Mythos ist, wie oben ausgeführt, Ritual. Das Ritual aber schafft Kohärenz in sozialen Beziehungen. Denn Menschsein als Kommunion mit den Energien der Wirklichkeit ist kein individualistisches Abenteuer, sondern ein Hören und Antworten auf die Schwingungen, die den Einzelnen umgeben und durchdringen, ja ihn überhaupt erst zum Einzelnen machen. Kommunikation wird zur Kommunion, wo das fallende Blatt, die ziehende Wolke, der strömende Regen, das sprechende Tier, der verzweifelte und dann heldenhaft-siegreiche Mensch nicht ein «Außen» bleibt, sondern die Resonanz-Schwingung im Bewusstsein erzeugt, durch die jeder Mensch in diesem Augenblick das wird, was er als individuelle Gestaltung schon immer ist: der einzigartig gestaltete Widerhall des schöpferischen Ursprungs. Milliarden Formen und Schwingungsmuster haben sich gebildet, um diese besondere Gestalt, die hier und jetzt geschieht, hervorzubringen. Und jede dieser Gestalten ist ein einzigartiger Ton im Gesamtklang des universalen Spektrums, ganz in der Zeit und doch zugleich jenseits der Zeit. Denn Zeit entsteht, wo individuelle Form Gegenwart wird. Wo aber Beziehung sich stetig selbst erzeugt, ist Ewigkeit, nicht Zeit.

Im Ritual verbinden sich die einzelnen Lebensfäden zu einer rhythmisierten Gestaltung von Raum, Zeit und menschlicher Präsenz. Es geht nicht nur, und wenn, dann keineswegs vorrangig, um den Menschen. Der Rhythmus des Beziehungsspiels, die Struktur des Universums, muss aufrechterhalten werden. In jeder Ordnung lauert ja eine Unordnung, und in jeder Unordnung kristallisiert sich Ordnung. Eins spiegelt sich in das andere hinein, und das, was das Ritual generieren soll, ist die Balance. Sie ist, so heißt es im Mythos, stets vom Chaos bedroht und würde auseinanderbrechen, wenn nicht der Mensch, die menschliche Gemeinschaft, den Ausgleich rituell immer neu herstellen würde.

Dies wird in einem Ritual deutlich, das es ursprünglich in allen Kul-

Strukturen des Mythischen

turen gab, im kultischen Tanz: Hier vereinen sich Götter mit Menschen, Engel mit Dämonen, der Kristall mit dem Lichtstrahl zur Beschwörung der Balance. Weil der Mensch und nur er, wie wir sagten, das primäre und das sekundäre Spiel zugleich spielt, jenes eher (aber nicht vollständig) passiv und dieses mehr aktiv, kommt ihm Verantwortung zu nicht nur *gegenüber* den Göttern, sondern *für* das Leben und Wohlergehen der Götter. Das ist ein Leitmotiv im indischen Mythos, aber wir finden es auch sonst, versteckt oft, weil die Verantwortung den Menschen zur Arbeit an sich selbst auffordert, denn er ist es, der in sich selbst die Wandlung ins rhythmische Gleichgewicht noch nicht hinreichend vollzogen hat.[5]

Und dies ist der andere Aspekt des Rituals: das Kontrastmotiv. Das Ritual bindet den Menschen nicht nur zurück an den Ursprung, sondern es ist Vergegenwärtigung jeder zukünftigen kreativen Entfaltung. Im Ritual spielt der Mensch die möglichen Harmonisierungen von Energien als ein Projekt durch, das nie abgeschlossen sein kann. Im Ritual ereignet sich also die Geschichte des Universums als Geschichte des Menschen. Die handelnden Figuren sind die mythischen Gestalten, Gnome und Riesen, Menschen und Götter, getrieben in ihre Verstrickungen vom rhythmischen Impuls ihrer Energien.

Im Mythos wandelt sich der Mensch, bis er zum Gott geworden ist; hier wandelt sich der Gott, bis er zum Menschen geworden ist. Im Ritual wird der Mythos als Drama gespielt, und dabei entsteht die Struktur der Zeit als Medium der Wandlung. So wird die Gegenwart des Ursprungs Ereignis im Augenblick der ewigen Kreativität, die wir als Zu-kommendes, als Zukunft erleben.

2
Medien der Identitätsstiftung

Rituale in indischen Religionen

Die indische Religionswelt ist vielleicht die einzige der alten Kulturen, die im Kern noch so existiert wie seit Jahrtausenden. Die zentrale Kraft und innere Antriebsenergie dieses kulturellen Systems ist die spirituelle Suche. Die rituellen Lebensformen prägen bis in die Gegenwart diese spirituelle Grundhaltung, und zwar das Familienleben ebenso wie die lokalen und überregionalen politischen Bezüge. In Europa ist im Vergleich dazu etwa die griechische Götterwelt heute nur noch in Steinfragmenten und Hymnen präsent, die im Kontext klassischer Bildung, nicht aber als rituelle Wirklichkeit rezitiert werden. Alle Versuche, diese Götterwelt neu zu beleben – was zum Beispiel Friedrich Hölderlin vorschwebte – sind poetische Fiktion geblieben. Die griechischen Mythen und Symbole waren in der antiken Welt lange vor dem Beginn der Ära des Christentums durch die Philosophie überwunden und ersetzt worden. Ein Grund dafür dürfte sein, dass die narrative Ebene des Mythos und die spirituelle Realisierung im Bewusstsein des Menschen nicht so nahtlos verknüpft waren wie in der indischen Kultur. Darauf hat schon der Indologe Heinrich Zimmer hingewiesen. Will man die indische Tradition mit der antiken griechischen Tradition vergleichen, dann allenfalls mit den großen homerischen Epen Ilias und Odyssee, denn hier gibt es Ähnlichkeiten in den Themen und deren Verarbeitung.

Doch während die griechische Kultur vom Zufall und der Willkür der Götter geprägt war, liegt im indischen Mythos die Betonung auf

Karma,[1] einer nicht zufälligen, sondern gesetzmäßigen Entfaltung des Weltgeschehens, einschließlich des menschlichen Schicksals, was bedeutet, dass zwischen göttlicher und menschlicher Sphäre Resonanz bzw. ein unauflöslicher Zusammenhang vorausgesetzt wird, der keinen Zufall erlaubt. In den großen Dialogen der vedischen Literaturen, namentlich in der Bhagavad Gītā[2], wird dies thematisiert. Heinrich Zimmer zeigt den Unterschied, indem er die Ideale der Frauengestalten gegenüberstellt: Helena in Griechenland, Sītā in Indien. Helena betört mit Schönheit und außergewöhnlichem Charme die gesamte antike Welt, aber sie ist auch intrigant, und die Intrigen bringen schließlich nicht nur Troja zu Fall, sondern zerstören auch die Ordnung Griechenlands. Auch Sītā ist eine viel besungene Schönheit, aber sie strahlt eine innere Schönheit aus, die sich in Gelassenheit und Tapferkeit, in der unbedingten Treue zu ihrem Mann und einer vorbildhaften spirituellen Reife äußert. Ihr Charakter hat in Indien eine ethische Imagination und Formung des Ideals der Weiblichkeit geprägt, die sinnliche und spirituelle Schönheit verbindet.

Und in einem weiteren Punkt unterscheiden sich indische Mythen und Riten von denen Griechenlands ganz wesentlich, dass nämlich die Kraft zu religiösen Synthesen in Indien über die Jahrtausende lebendig geblieben ist. In Griechenland haben bis zum Hellenismus zwar Einflüsse aus Kreta, Mesopotamien, Persien, Ägypten u. a. die Kultur entscheidend mitgeprägt, und es entstanden große synthetische Figuren wie etwa Dionysos, doch die Kulte standen oft nebeneinander, blieben lokal begrenzt oder konkurrierten miteinander. In Indien dagegen sind die unterschiedlichen Götterwelten einwandernder Ethnien und Kulturformen zumindest in der Frühzeit, wenn auch mit Ausnahmen, zu einem Teppich verwoben worden, der klare Muster und Strukturen zeigt, wobei die Bruchstellen kaum mehr erkennbar sind. Insbesondere die Ritualkultur hat diese einzigartige Integration gefördert. Auch Triviales konnte in die Zentralfiguren wie etwa von Shiva oder Vishnu integriert werden, es entstanden «Götterfamilien» mit Ähnlichkeiten und Bezügen zum alltäglichen sozialen Leben. Die kollektive Erinnerungskultur Indiens hat aus der Vielfalt eine Einheit geschaffen, die täglich narrativ und rituell vergegenwärtigt wird. Diese rituelle und symbolische Realität ist es, die Indien letztlich zusammenhält.

Riten und Dogmen sind relativ, denn sie sind das Resultat von Bewusstseinsprozessen, die auf dem Hintergrund individueller Dispositionen und historischer Konstellationen auf das reagieren, was Religionen den «Anspruch durch Gott» nennen. Der Begriff Hinduismus ist eine Fremdbezeichnung von Eroberern, in Indien spricht man einfach von *dharma* oder *sanātana dharma* (unbegrenzt gültiges Gesetz). Dharma bezeichnet nicht irgendein Gesetz, sondern die letztgültige Struktur der Wirklichkeit, das, «was die Welt im Innersten zusammenhält». Doch der Mensch nimmt meist nur die Spiegelungen des Dharma in den vielfältigen Erscheinungen wahr, so wie er die Brechungen des Lichtes, nicht aber das Licht selbst sieht. Daraus leitet die indische Tradition ab, dass jede Form, jeder Ritus, jede Erscheinung eines Gottes relativ ist und daher überwunden werden müsse. Dies ist ein Grundmotiv von den Upanishaden über die Bhagavad Gītā bis zum modernen Hinduismus:[3]

> Wenn alle äußeren Lichter (Sonne, Mond, Feuer usw.) verschwunden sind, was ist dann das Licht, in dem man sieht? Das innere Selbst (*purusha*), das alle äußeren Ausdrucksformen transzendiert.

Auch die religiöse Erfahrung spiegelt nicht ein objektiv Gegebenes, sie ist vielmehr die Resonanz auf die Anmutung durch «Gott als geheimnisvolle Urkraft», in der die Klangfarben des Menschlichen mitschwingen. Demnach sind religiöse Symbole nicht «wahr» oder «falsch», sondern jeweils kulturell geprägte Konstruktionen, die einerseits anthropologische Universalia und andererseits kulturelle Spezifika zum Ausdruck bringen. Diese ganz wesentliche Grundhaltung in der indischen Religionsgeschichte bestimmt die indische Einstellung zur Vielfalt der Religionen in ihrer beinahe unüberschaubaren Ritualistik, Symbolik und Dogmatik bis heute. Die hinduistische Grundeinstellung ist affirmativ gegenüber allen Gestaltungen spirituellen Ausdrucks, sie kann das naive Gottesbild ebenso integrieren wie die skeptische Begrifflichkeit, das tönende Ritual ebenso wie das wissende Schweigen.

Indische Ritualtheorien unterscheiden drei Ebenen (*kārana*), auf denen Rituale wirken: Körper, Sprache und Geist. Wenn alle drei gleichzeitig aktiviert werden, kann das Ritual zur Reinigung des subtilen Bewusstseins (*cittashuddhi*) beitragen. «Reinigung» bedeutet hier die Integration des Widersprüchlichen, die Harmonisierung und letztlich vollkommene Ruhe des Geistes (*shānti*), wodurch die Öffnung und Bereitschaft für die Wahrnehmung der Präsenz des Transzendenten (*ātman*) ermöglicht wird. Wichtiger als das äußere Ritual ist *bhāvana*, die mentale Haltung und Übung beim Ritual, und so gibt es auch eine Verehrung Gottes, die ohne jedes äußere Ritual allein in der mentalen Vorstellung vollzogen wird (*mānasikā pūjā*). Eine solche Praxis kann durch Mantras (Sprüche und Klänge) gestützt werden, was besonders im Kontext der Vedas eine wichtige Rolle spielt. Dazu schreibt Sarvepalli Radhakrishnan:[4]

> Die Einstellung der Hindus zur Religion ist interessant. Während festgelegte intellektuelle Vorstellungen eine Religion von der anderen unterscheiden, setzt sich der Hinduismus solche Grenzen nicht. Der Intellekt wird der Intuition untergeordnet, das Dogma der Erfahrung, äußerer Ausdruck der inneren Verwirklichung. Religion ist nicht die Anerkennung akademischer Abstraktionen oder die Zelebration von Zeremonien, sondern eine bestimmte Lebens- oder Erfahrungsform. Es handelt sich um Einsicht in die Natur der Wirklichkeit (*darshana*) oder Erfahrung der Wirklichkeit (*anubhava*). Diese Erfahrung ist nicht emotionale Begeisterung oder subjektive Phantasie, sondern Antwort der gesamten Persönlichkeit, des integrierten Selbst, auf den Kern der Wirklichkeit. Religion ist eine spezifische Einstellung des Selbst, dies und nichts anderes, obwohl sie im Allgemeinen mit intellektuellen Ansichten, ästhetischen Formgebungen und moralischen Bewertungen vermischt ist.

Es sind also nicht Institutionen und Dogmen, die die indische Kultur zusammenhalten, auch nicht einheitliche weltanschauliche Vorstellungen. Im Gegenteil, diese können nicht nur divergieren, sondern einander direkt widersprechen. Um ein Beispiel zu geben: Im Vedānta reichen die Interpretationen des Verhältnisses von Gott und Mensch von der völligen Nicht-Dualität (*advaita*) bis zur strikten Trennung und Dualität (*dvaita*). Bei dem Nicht-Dualisten Shankara (ca. 788–820) wird der upanishadische Spruch *tat tvam asi* («das bist du») in einer Identitätsphilosophie reflektiert – Gott und die Tiefen-Seele, den *ātman*, versteht er als einander völlig identisch. Gott ist das Eine, das Unveränderliche, und nur das ist für Shankara letztlich real, während der Welt in ihren wechselnden Formen ein geringerer Grad an Realität zugesprochen wird. Am anderen Ende der Skala finden wir den Dualisten Madhva (1199–1278), der von Gott und Seele als zwei völlig verschiedenen und radikal getrennten Wirklichkeiten spricht. Für Madhva ist die Seele in keiner Weise identisch mit Gott, sie kann lediglich als Dienerin Gottes betrachtet werden. Zwischen diesen beiden liegt die sogenannte «gemäßigt nicht-dualistische Position» (*vishishtādvaita*), wie sie Rāmānuja (um 1050–1137) vertreten hat: Hier verhalten sich Gott und Seele zueinander wie das Feuer und der Funke. Der Funke ist Teil des Feuers, nicht aber das Feuer selbst, sondern nur ein Aspekt desselben. Diese vermittelnde Position hat in Indien viele Anhänger gefunden und bedeutende Traditionen von Hymnen und Ritualgesängen inspiriert. Nicht selten finden wir bei ein und demselben Dichter Hymnen mit dualistischem Inhalt neben solchen, die das Bild von Feuer und Funke, eine modifiziert nicht-dualistische Sprache also, verwenden. Die verschiedenen Formen von Gotteserfahrungen haben ihre je eigene Tiefe und Schönheit. Die große Weite des Hinduismus, die auch Widersprüche zulässt, ist möglich, weil die Einheit in einer transzendenten Gotteserfahrung gesucht wird, die jede Begrifflichkeit übersteigt, deren Faszinationskraft aber im Mythos sowie im rituellen Geschehen und einer schier unerschöpflichen Symbolik zum Ausdruck gebracht wird.

Rituale haben ihre Bedeutung in sich selbst. Sie verweisen zwar auf das Leben als Ganzes, im Ritual entsteht jedoch eine Wirklichkeit, das heißt ein Zeitrahmen und ein Erlebnisraum sowie eine soziale Kommunikation, die keiner Rechtfertigung durch ein nicht-rituelles Interesse bedarf. Das Ritual schafft somit zeitweise eine «in sich geschlossene Welt», die selbstverständlich nach außen kommuniziert.

Ein solcher spezieller ritueller «Raum», der eine eigenständige soziale Realität darstellt, ist der indische Ashram. Ein Ashram ist weder ein Kloster noch eine schulische Institution oder «Großfamilie», die um einen Lehrer (*guru*) entsteht (*gurukula*), sondern ein freier Zusammenschluss von Menschen, oft auch Familien, in mehreren Generationen, die eine Ritualgemeinschaft sowie eine rituelle Gemeinschaft bilden: Ritualgemeinschaft, insofern sie ihre Identität in einer bestimmten rituellen Praxis finden; rituelle Gemeinschaft, insofern der Zusammenschluss selbst nach den rituellen Vorgaben des Hindu-Dharma erfolgt, insbesondere der vier Āshramas, wie wir unten erläutern werden. Dieses Buch ist aus der Erfahrung des Lebens in einem Ashram erwachsen, nämlich des Sri Gnanananda Ashram in Tapovanam in der Nähe der Stadt Tirukoiylur in Tamil Nadu, Südindien. Der Ashram hat sich – wie viele Ashrams – herauskristallisiert um einen Guru, nämlich Sri Gnanananda, der sich in seinen letzten Lebensjahren an diesem Ort niederließ. Nach seinem Tod blieb der Guru in der kultischen Praxis präsent, und die Rituale des täglichen Lebens im Ashram vergegenwärtigen dies. Insofern bedeutet das indische Ritual auch die Repräsentation des Guru – doch das Wort «Guru» hat verschiedene Implikationen und muss daher auf unterschiedlichen Ebenen erfasst und verstanden werden.[5]

Die vedische Tradition

Der Hindu-Dharma ist grundgelegt in der Überlieferung der Vedas. Die vedische Religion erscheint vordergründig als überaus ritualistisch, doch damit ist nur die eine Seite erfasst. Die andere, innere Seite hat zwei Aspekte: Zum einen geht es um die Suche nach dem, was jenseits des sterblichen Körpers und der vergänglichen Bewusstseinseindrücke ist, um die Suche nach der Einheit der Erfahrung bzw. Erfahrung der Einheit, nach dem, was die psychische Welt «im Innersten zusammenhält». Diese Suche erfüllt sich, so die vedischen Seher (*rishis*), in einer unmittelbaren Erfahrung, durch die der Mensch seine wahre Identität jenseits der zufälligen physischen, psychischen und mentalen Formen erkennen kann, wie es in einem profunden Vers (*shloka*) der Upanishaden klassisch ausgedrückt ist:[6]

Asato mā sadgamaya,
tamaso mā jyotir gamaya
mrityor mā amritam gamaya

Vom Unwirklichen führe mich hin zur Wirklichkeit,
vom Dunklen führe mich zum Licht,
vom Tod führe mich zur Unsterblichkeit.

Der andere Aspekt hat mit einem zentralen Thema der indischen Religionsgeschichte überhaupt zu tun, der Einheit der Wirklichkeit, und zwar im kosmischen Sinne.[7] Die vedische Religion bzw. die aus den Vedas hervorgegangenen Religionen wie Hinduismus, Jainismus, Buddhismus, teils auch der Sikhismus, die vedische Welterfahrung also, ist älter als 4000 Jahre und hat in diesem Zeitraum wechselvolle Schicksale durchlaufen: innere Entwicklungen, Aggressionen von außen bis hin zu Neugestaltungen, die dieses Erbe an die Umstände der jeweiligen Zeit angepasst haben. Doch der Kern dieser Lebenserfahrung ist im Wesentlichen der gleiche geblieben. Es ist bemerkenswert, dass die vedische

Weltsicht nicht pure Spekulation ist, sondern in psychologischen Beobachtungen gründet und von den physischen und psychischen sowie mentalen Fähigkeiten des Menschen ausgeht. Sie betont die Entwicklung und Reifung des Menschen, die in der Ritualkultur in konsekutiven Schritten zelebriert wird – und das sind die *samskāras*, die Riten der Lebensreifung, der Übergänge von einem Lebensstadium zum nächsten.

Die vedische Erfahrung wird nicht nur intellektuell wahrgenommen und interpretiert, sondern – im Einklang mit dem vedischen Erbe – auch intuitiv. Um solche Intuitionen zu stimulieren, auszuformen und dann wiederum kognitiv verfügbar zu machen, stehen drei Elemente zur Verfügung, die in der indischen Kulturgeschichte eng verknüpft sind und einander gegenseitig interpretieren: das Ritual, die Mythologie und die Symbolik.

Rituale sind, so ein durchgängiges Interpretament indischer Religionen, eine ästhetische Darstellung und verständliche Inszenierung von metaphysischen Einsichten. Durch Rituale wird das Bewusstsein zu Deutungen angeregt, zur Erfahrung dessen, was dem Ritual zugrunde liegt, nämlich die Intuition der Einheit der Wirklichkeit. Rituale oder diese Intuition, die hinter den Ritualen steht, dienen deshalb zwar auch dazu, den in der Welt wirkenden Kräften zu entsprechen bzw. die Götter durch Verehrung zufriedenzustellen, doch durch die gemeinschaftlich inszenierte «Aufführung» des Rituals werden auch die Ebenen der Wirklichkeit zusammengehalten, das heißt das Kosmische, das Menschliche und das Göttliche in Durchdringung und Einheit dargestellt. Nicht, dass diese drei Ebenen erst durch das Ritual aufeinander bezogen würden, vielmehr wird der Bezug, der immer schon gegeben ist, im Ritual bewusst gemacht, angeschaut und ausgelebt. «Wie im Himmel, so auf Erden» könnten wir die Regieanweisung für diese Aufführung nennen. Denn dieselben Gesetze, die den Kosmos gestalten, sind auch im Menschen wirksam, und der menschliche Mikrokosmos spiegelt sich als spiritueller Gestaltungsraum in der Wirklichkeit der Götter. Die Götter sind nicht fern in einem Himmel existent, sondern es sind die Kräfte, die das Leben hier und jetzt – im Mikrokosmos wie im Makrokosmos (*pinda-brahmānda*) – bestimmen.

Das Ritual erschöpft sich also nicht in kognitiv begründeten Handlungen, sondern verbindet die verschiedenen Fähigkeiten des menschlichen Geistes und Körpers. Das Ritual vereint Körperwissen, emotionales Wissen und intellektuelles Wissen, und in dieser Verbindung ist es eine wichtige Grundlage der Intuition. Sprache und Körperbewegung werden im rituellen Vollzug eins, Sprechen selbst ist Körperbewegung, unabhängig von den Inhalten, das heißt der Semantik des Gesprochenen. Ziel des Rituals ist die Reinheit und Klarheit des Herzens bzw. tiefen Geistes (*cittashuddhi*), in dem das Komplexe und Widersprüchliche vereint wird. Man kann auch von einer «Einfaltung» oder «Einfalt» aller geistigen Regungen sprechen, die im Ritual bewusst gesucht wird.

Menschliches Erkennen beginnt mit der Wahrnehmung von Verschiedenem wie etwa dem Eigenen und dem Anderen. So auch in der Religion: Menschen erkennen sich selbst hier auf der Erde vor dem Hintergrund eines Gottes im Himmel. In dieser Unterscheidung erkennt der Mensch nicht nur das Andere (Gott), sondern auch sich selbst (als Gegenüber des Gottesbildes). Aber das ist nur der erste Schritt. Denn da vorausgesetzt wird, dass die «Wirklichkeit» letztlich eine ist, handelt es sich auch um die eine geistige Wirklichkeit, die sich selbst erkennt. Die Distanz zwischen dem Göttlichen und dem Menschlichen wird in den indischen Ritualen überwunden, die zunächst festgestellte Differenz ist gleichsam nur ein pädagogisches Mittel, das am Anfang des spirituellen Erkenntnisweges (*sādhanā*) steht. Die Wirkungsweise der Rituale und das Ziel der Sādhanā ist es, das Menschliche und das Göttliche zu verschmelzen, und der ganze Lebensweg dient dazu, dieses eben beschriebene Ziel auf einem Stufenweg zu erreichen. Dabei steht zunächst die menschliche Befindlichkeit von natürlichem Begehren und Verlangen im Fokus, und so hat ein großer Teil der vedischen Hymnen die Erfüllung des menschlichen Verlangens auf der Ebene des Materiellen bzw. Körperlichen zum Inhalt: Gott wird gebeten, fern zu halten, was hinderlich ist – vor allem das Leiden –, und zu gewähren, was dieses Ziel erfüllt: Reichtum, Weisheit, Lebenskraft. Aber letztlich ist Gott selbst das Ziel. Und indem der Mensch die Sehnsucht nach diesem Ziel, nämlich Gott, entwickelt, wird sein ganzes Verlangen darauf ausgerichtet. Während anfangs konkrete weltliche Ziele, die materieller, psychischer oder geistiger Art sein können, im Vordergrund standen, richtet sich das Verlangen nun immer mehr auf das, was der Ursprung des Begehrens wie der möglichen Erfüllung ist: auf Gott als Ursprung von allem. Dabei kann die Intensität des Verlangens nach Gott zunehmen, wenn die «weltlichen» Ziele nicht ausgeklammert, sondern integriert werden.

Gott scheint die menschlichen Gebete zu erhören und das zu gewähren, was der Mensch begehrt. Aber allmählich wird der Mensch durch diese Intimität der Gemeinschaft mit Gott transformiert zu einer Bewusstseinshaltung, die das nimmt, was Gott geben will. Und das ist letztlich nichts anderes als er selbst.

Die Struktur dieses Stufenweges zeichnet sich ab im Aufbau der Vedas. Am Anfang steht das *karma-kānda*, der Teil, in dem es um die Beschreibung und die Ausführung von Ritualen geht. Danach erst folgt das *jnāna-kānda*, der Teil, der die Weisheitsliteratur der Upanishaden enthält. Das zentrale Ritual der vedischen Religion ist das Opfer (*yajna* bzw. *homa*). Im Opfer ruft der Mensch die Gottheiten an, vergegenwärtigt die göttlichen Kräfte und projiziert seine eigene Realität in den unmittelbaren Opferraum hinein. Im Opfer geht es nicht nur um die Erfüllung der eigenen Wünsche, sondern auch um die Anrufung der göttlichen Mächte, damit sie das Universum kraftvoll stützen und erneuern. Nach vedischer Auffassung wird die ganze Welt als ein kosmisches Opfer gesehen, das heißt, die Welt entsteht, indem sich die göttlichen Kräfte manifestieren und zur materiellen Darstellung bringen, also opfern. Der kosmische personale Urgeist (*purusha*) zerteilt sich *als* Welt, wie es in der berühmten Schöpfungshymne Rigveda 10, 90 heißt. Somit ist die Welt nicht getrennt von Gott, sondern – durch «Opfer» hervorgebracht – erscheint Gott *als* Welt. Die Entfaltung des «Chaos» *als* Kosmos *ist* das Ritual der Weltschöpfung. Der Mensch, der sich in den Rhythmus dieser Aktivität, dieses Opfers, stellt und durch sein rituelles Opfer mit dieser kosmischen göttlichen Aktivität der Selbstmanifestation in Resonanz tritt, verstärkt und vergrößert die Seinskraft des kosmischen Geschehens. Er aktiviert und repräsentiert im Opfer die Wohltaten, die die Welt bereithält. Alles Tun des Menschen, das rituell verankert ist, und nicht nur dies, ist ein Handlungsfaden in der kosmischen Kette der Ursachen und Wirkungen und Teil der kosmischen Evolution. Wer sich in den Dienst der schöpferischen Kräfte stellt und damit die Selbstentfaltung des Universums als Kosmos unterstützt, repräsentiert das Leben, das durch ihn seinen vorgegebenen Rhythmus findet und sich weiter bewegt.

Das Ritual übt Rhythmen ein, die das menschliche Bewusstsein prägen in dem Sinne, dass das Individuum mit sich selbst, als Glied der Gesellschaft und schließlich in das Göttliche hinein integriert wird. Wir

Rituale in indischen Religionen

können hier zwischen einem intra-personalen, einem inter-personalen und einem trans-personalen Aspekt der Rhythmisierung bzw. Ritualisierung der Lebensbezüge unterscheiden. Der intra-personale organisiert und strukturiert, harmonisiert und synchronisiert die Impulse, Reaktionen und Konstruktionen im individuellen Bewusstsein. Der inter-personale organisiert die sozialen Bezüge. Der trans-personale integriert das Individuum *als* gesellschaftliches Wesen in die gesamte Biosphäre, den Kosmos und in den Horizont, der überzeitlich und überräumlich allem zugrunde liegt und den die Religionen das Göttliche nennen. Es geht um Integration des Vielfältigen auf allen drei Ebenen und um die Beziehung der drei Ebenen zueinander, denn eine Ebene wirkt konstitutiv auf die jeweils anderen ein in wechselseitiger Abhängigkeit.

Die Versmaße der Hymnen, die Prosodie, die Wiederholungen der musikalischen und tänzerischen Figuren, die narrativen Muster mythischer Zusammenhänge – dies alles dient der Rhythmisierung des menschlichen Lebens. Der Rhythmus, die durch Wiederholung erkennbare Struktur, erzeugt Verlässlichkeit, Wiedererkennen und Beheimatung. Das ist Voraussetzung für Verstehen. Der Mensch wird Teil der göttlichen Dynamik, die von den materiellen Prozessen bis zu den geistigen und spirituellen Realitäten einen einzigen Zusammenhang bildet, der sich in Stufen verwirklicht.

Die Stufenleiter der Opferritualistik ist auch in der liturgischen Abfolge der vedischen Hymnologie abgebildet. Am Anfang stehen hier nämlich wiederum die Anrufungsverse, mit denen die Gottheiten über dem Opfergeschehen eingeladen werden. Darauf folgt das vedische Opfer selbst, das ausgeführt und begleitet wird durch Verse aus dem Veda. Abschließend werden Lobes- und Preishymnen an die Gottheiten gerichtet, wo im Unterschied zu den Opferversen, die die Erfüllung eines konkreten Begehrens zum Inhalt haben, der Lobpreis Gottes gesungen wird. Hier ist das Verlangen auf Gott selbst und nichts anderes mehr gerichtet. Das Opferritual vollzieht also den Stufenweg vom weltlichen Begehren zum Verlangen nach Gott. Der Wunsch nach materiellem Reichtum, nach Kindern, nach beruflichem und politischem Erfolg oder in früheren Zeiten das berühmte Pferdeopfer (*ashvamedha*) für den militärischen Erfolg von Königen oder Opfer für «himmlische Freuden» – all dies wird akzeptiert und eingebunden als Ausgangspunkt bzw. als vorbereitende Stufe.

Und kein geringerer als Shankara, der Philosoph der Nicht-Dualität,

Medien der Identitätsstiftung

hat gerade auch diese Zusammenhänge verdeutlicht. Er hat die Ritualistik, den Teil der Vedas, der vom Begehren, den Opfern und vom Erfüllen des Begehrens handelt, nicht abgelehnt, sondern in der indischen Vorstellungswelt als wichtige Stufe etabliert, die dann jedoch von der Erkenntnis abgelöst werden muss, wie sie am Ende des Veda, dem Vedānta – und hier besonders in den Upanishaden – dargestellt ist. Die Integration des *karma-kānda* soll maßgeblich auf Shankara zurückgehen und schlägt sich auch nieder im Verständnis des Yoga, wonach *karma yoga*, wie er speziell in der Bhagavad Gītā gelehrt wird, dem *jñāna yoga* vorausgeht. Hier werden also der Yoga des Handelns und der Yoga des Erkennens stufenartig aufeinander bezogen. Der Hinduismus hat daraus einen Dreischritt der spirituellen Praxis entwickelt, der klar zum Ausdruck bringt, wie Ritual, Reflexion und Resonanz miteinander zusammenhängen: *shravana* (Hören), *manana* (intellektuelle Reflexion), *nididhyāsana* (vergegenwärtigende Meditation bzw. Resonanz). Das Hören der heiligen Überlieferung und die rituelle Performanz des Veda-Wortes bilden den Anfang, worauf die innere Reflexion folgt, die wiederum in der Versenkung mündet, in der der Inhalt des Wortes zur eigenen Realität wird, wo also das ursprüngliche Wort und die innerste Ebene des Menschen in gemeinsame Schwingung oder Resonanz treten. Allem zugrunde liegt die Präsenz des Göttlichen, die Eine Realität, die Gnade Gottes, die sich auf vielfältige Weise, entsprechend der Aufnahmefähigkeit und Kapazität der Menschen offenbart, und diese Vielfalt bildet sich in der Vielfalt der Riten und symbolischen Formen ab.

Funktion von Ritualen und spirituelle Erfahrung

Rituale dienen der Stabilität, Sicherung und Strukturierung der Gesellschaft in allen ihren Teilsystemen, wobei das Familiensystem, die Großfamilie, im Zentrum steht. Die Familie wiederum beruht auf der Gemeinschaft derer, die im Sinne des Ideals des Dharma zu leben lernen. Darum kommt nach traditioneller Auffassung dem Lehrer, der den Dharma vermittelt, der erste Rang zu, und nur der *sannyāsin*, der Mönch, der jenseits der Gesellschaft und doch gleichzeitig deren Herz ist, steht noch darüber.

Die überaus große Vielfalt indischer religiöser Rituale kann nach verschiedenen Gesichtspunkten systematisiert werden. So können erstens Rituale, die im Hause der Familie privat vollzogen werden, von Ritualen unterschieden werden, die im Tempel oder auf Pilgerschaften öffentlich zugänglich sind. Zweitens können Rituale zeitlich kategorisiert werden in solche, die täglich wiederholt werden, und solche, die periodischen Abläufen unterliegen. Diese wiederum untergliedern sich in Rituale, die dem Rhythmus des Sonnen- oder Mondkalenders folgen wie die großen Feste im Jahreskreis, und solche, die wichtige Übergänge im Verlauf des menschlichen Lebens begleiten (*samskāras*). Letzteren wird in diesem Buch (Kap. 6) besondere Aufmerksamkeit gewidmet.

Während ein regelmäßiger Tempelbesuch auch für traditionell lebende Hindus nicht vorgeschrieben ist, sind die täglichen Rituale im Hause (Opfer und *pūjā*) verbindlich. Jedes Opfer beinhaltet die Darbringung von Früchten, Reis, Milch, Butter usw. und ist fünffach adressiert, nämlich an die Götter, die weisen Seher (*rishis*) der Vergangenheit, die Ahnen, die anderen Lebewesen (Tiere, aber auch Geister) und an die gesamte Menschheit. Das Ritual wird begleitet von Mantren-Rezitationen sowie Licht- und Wasserzeremonien, die der Reinigung dienen. In diesen – je nach Tradition, Kaste, Landesteil und religiöser Überlieferung – variierenden Ritualen wird die *Einheit* allen Lebens repräsentiert und bewusst gemacht. Die Rituale in den Tempeln folgen einer täglichen Routine, in der die Gottheiten eingeladen, gebadet, gespeist und geehrt werden. Zu Festzeiten werden die Götterbilder auf riesigen Tempelwagen durch die Straßen der Siedlung gefahren, um die Präsenz der Gottheiten an jedem Ort, in jeder Situation des Lebens zu symbolisieren. Durch das tägliche Ritual der Verehrung der Gottheit (*pūjā*) im eigenen Haus oder im Tempel kommt der Mensch in engen Kontakt mit den Energien der göttlichen Präsenz (*darshana*, wörtlich «Sehen»), und diese energetische Verbindung ist das eigentliche Ziel dieser Rituale. Pilgerschaften und außergewöhnliche Erinnerungstage im Jahreskalender verstärken solche Impulse in lokalen und/oder überregionalen Zusammenhängen, indem auch die Geographie des Landes unter die ritualisierte göttliche Präsenz gestellt wird. Außerdem werden günstige astrologische Konstellationen errechnet, um jedes Ritual auch dadurch effektiv werden zu lassen, dass es mit den kosmischen Kräften harmoniert.

Die Einheit von kosmischer und kultureller Wirklichkeit wird in der Kultsymbolik auch insofern repräsentiert, als die fünf Elemente der grobstofflichen Materie Erde, Wasser, Feuer, Luft und Raum mit religionsgeographisch relevanten Orten verknüpft werden, sodass Indien zu einem «heiligen Raum» wird, wobei der Tempelkult je spezifische Aspekte der Materialität geographisch vergegenwärtigt. Und so wie in der Yoga-Praxis die göttlichen Kräfte (*prāna*) im eigenen Leib erweckt werden sollen,[8] so kann der Pilger auf seinem Weg durch Indien die Kräfte der Gottheit an *spezifischen* Orten erfahren. Zum Beispiel wird die Gottheit in Südindien in fünf verschiedenen shivaitischen Kultzentren jeweils in einem der Elemente angebetet. In einer der größten Tempelstädte Indiens, in Cidambaram, wird Gott als unbestimmter Raum (*ākāsha*) verehrt. Dort erscheint er aber auch als Herr des Tanzes (*natarāja*), der das gesamte Universum ins Sein und in die Verwandlung tanzt. Gott ist Raum, den er aber auch durchschreitet. *Cidambara*, «Raum des Bewusstseins», wird zum Symbol der eigenen geistigen Transformation. In einem weiteren Tempel in der Nähe von Kalahasti wird Gott als Luft verehrt. Der Tempel ist so gebaut, dass sich eine Flamme ständig leicht bewegt, ohne je auszugehen, denn Luft ist nur sichtbar, wenn sich ein Objekt im Wind bewegt. Als Feuer erscheint Gott in der berühmten Feuersäule von Tiruvannamalai auf dem Berg Arunācala und wird im Arunācaleshvara-Tempel verehrt; als Wasser dann im Jambukeshvara-Tempel, der unweit der Stadt Tiruchirapalli am Kaverī-Fluss steht; und als Erde wird er im Ekamreshvara-Tempel in Kanchipuram in der Nähe von Chennai verehrt (Abb. 2–6).[9] Im Gnanananda-Ashram, der gegenüber diesen Tempelstädten gleichsam «exterritorial» ist, erscheinen Abbildungen all dieser Orte an der Decke der Haupt-Versammlungshalle. Hier ist sozusagen die Pilgerschaft ans Ziel gekommen, Raum und Zeit vereinen sich im erleuchteten Bewusstsein, das in der Präsenz des Guru strahlt. Auch Mond und Sonne sowie die Planeten werden in den Kult einbezogen. Dass die Mondphasen dem weiblichen Aspekt der Gottheit, der Göttlichen Mutter, entsprechen, versteht sich von selbst. Die jeweiligen Tage (und 15-Tagesrhythmen) werden darüber hinaus mit bestimmten Eigenschaften der Göttlichen Mutter verbunden, die dann konkret ausformuliert sind und in speziellen Pūjās kultisch inszeniert werden.

Sinn dieser verschiedenen Anbetungsformen in und außerhalb des Ashrams ist es, dass der Gläubige sein Bewusstsein nicht ausschließlich auf eine bestimmte oder einzige Form bzw. Erscheinungsweise des Göttlichen richtet, sondern dass er sein Bewusstsein für alle Formen, für jede mögliche kosmische Gestalt und Ausprägung öffnet. Gottes Ort (*loka*) ist nicht ein spezifischer Ort, sondern eine Wirklichkeitsebene, die *jedem* Ort inhärent ist.

Die indischen Traditionen unterscheiden die sichtbare von einer unsichtbaren Welt. Aber auch die unsichtbare Welt kennt Strukturen, Ebenen und Unterscheidungen, sie ist bevölkert von Wesen, niederen Geistern und höheren geistigen Wesen, die genau klassifiziert werden (wie auch im Buddhismus). Es ist eine Welt, die von unseren Raum- und Zeitvorstellungen abweicht, die aber im Ritual repräsentiert und dadurch in das Gegenwartsbewusstsein einbezogen wird.

Diese allgemeinen Zusammenhänge und Ritualmuster werden nun jedoch in einer ganz konkreten Symbolik ausgedrückt, die kulturspezifisch ist. Einerseits ist der gesamte religiöse Kosmos ein symbolischer, andererseits aber hat die jeweilige Symbolik nur im Kontext einer bestimmten Kultur, einer bestimmten Sprach- und Lebenswelt ihre Bedeutung, und deshalb sind Symbole, Rituale und die damit verbundenen Glaubensanschauungen begrenzt. So weiß man in Indien, dass auch jede Symbolik überwunden werden muss durch die spirituelle Einsicht in die Einheit von Göttlichem und Menschlichem. Diese transzendente Realität, jenseits aller Unterscheidungen und doch Ursache und Grund von allem, das nicht-duale Eine (*tad ekam*), heißt im Sanskrit *brahman*. Aus der Perspektive des *brahman* sind die rituellen Formen spirituellen Lebens entgrenzt, in der spirituellen Erfahrung wird die Religion transzendiert. So heißt es etwa bei Shankara:[10]

> Das, wo keine Kaste, keine Religion, keine Familienabstammung ist,
> was weder Namen noch Formen hat, was Positives und Negatives überschreitet,
> was jenseits von Zeit und Raum
> und von den Gegenständen der Sinneserfahrung ist,
> das *brahman*, das bist Du. Meditiere darüber in deinem Tiefenbewusstsein.

Diese *spirituelle Erfahrung* (*bhāvana*) bildet den Kern von allem, sie bestätigt sich selbst aus ihrer eigenen Natur, von ihrem eigenen Wesen her. *Religion* hingegen ist die in Symbolen und Riten ausgedrückte Ordnungsstruktur, die dem Menschen eine Anfangsunterstützung gewährt, um ihn auf dem spirituellen Weg zu halten und zu führen. Es ist wie beim Bau eines Hauses. Man setzt auf dem Boden der verschiedenen Religionsformen ein Gerüst an. Wenn die Mauern stabil hochgezogen sind bzw. der Mensch gereift ist, bedarf es des Gerüstes der Religion nicht mehr. Die Religion transzendiert sich selbst in der unmittelbaren Gotteserfahrung.

Japa – Die Praxis des Gottesnamens

Die spirituelle Praxis und Ritualkultur in Indien kann zwei unterschiedlichen Kategorien zugeordnet werden: Yoga und Pūjā. Beim Yoga sollen, und dies hauptsächlich durch Atemkontrolle, die Sinne ausgeschaltet und die Bewusstseinsbewegungen beruhigt werden, totale körperlich-geistige Stille ist das Ziel. Bei der Pūjā hingegen werden die Sinne angesprochen und auf Gott gerichtet, die gesamte mental-emotionale Intentionalität ist auf Gott konzentriert.

Beide nun werden verbunden durch *japa*, die immerwährende Rezitation des Gottesnamens. Dieser kann aus einer Klangsilbe bestehen, die keine semantische Bedeutung hat, es kann aber auch ein Wort mit Bedeutung sein oder ein kurzer Satz der Gottesverehrung wie *om namah shivāya* (Om, Verehrung dem Gott Shiva). Japa gilt als die fundamentale spirituelle Übung überhaupt, die unaufhörlich *alle* Aktivitäten des Menschen durchdringen soll. Es werden drei Formen von Japa unterschieden: *ucca-japa*: der Gottesname wird laut und hörbar rezitiert bzw. gesungen, *manda-japa*: der Gottesname wird flüsternd und für andere unhörbar rezitiert, und *citta-japa*: der Gottesname wird mental rezitiert.

Durch Japa wird der Atem automatisch reguliert, und das Mantra verschmilzt mit dem Atem bzw. dem *prāna*, der feinstofflichen Lebensenergie, die dem physischen Atem zugrunde liegt. Japa wird daher als «Königsweg» betrachtet, der Yoga ins tägliche Leben bringt. Japa ist eine immerwährende Übung, bei der die Qualitäten der Pūjā (emotionale Hingabe) und des Yoga (Konzentration und Atemregulierung) verbunden werden. Das Bewusstsein wird konzentriert, indem die automatische Verknüpfung der Gedanken, die ständig Eindrücke verarbeiten, zuordnen und speichern, unterbrochen wird. Dadurch entsteht eine «Pause» zwischen den Gedanken, die vollkommen still ist. Das Entstehen neuer Gedanken wird bewusster und genauer wahrgenommen und kann somit auch kontrolliert werden. Auf diese Weise wird die Aufmerksamkeit auf die Strukturmuster gerichtet, die dem eigenen Denken zugrunde liegen, und man erkennt die Basis des eigenen Denkens. Die mentalen Funktionen werden auf ihren Ursprung zurückgeführt. Zunächst stellt sich als Folge Konzentration ein, dann das Gewahrwerden des eigenen Bewusstseinsgrundes, und dies ist der Punkt, wo sich die göttliche Präsenz im Bewusstsein des Menschen ihrer selbst bewusst werden kann.

Denn das Göttliche ist im Menschen gegenwärtig, wenn auch nicht immer bewusst und gewusst. Wird Japa über Jahre und von vielen Menschen an einem Ort praktiziert, entsteht eine «Atmosphäre», so glaubt man (nicht nur) in Indien, die Orten anhaftet und ausstrahlt. Als solche Kraftorte gelten zum Beispiel die Meditationshalle im Sri Ramanashram in Tiruvannamalai und auch Sri Gnanananda Tapovanam. Die Rituale intensivieren diese Atmosphäre und tragen dazu bei, wiederum Japa zu intensivieren.

42 Die Pūjā – Das zentrale Haus- und Tempelritual

Generell werden im Hinduismus, der auf den Offenbarungstexten der Āgamas (siehe Anm. 60) beruht, das heißt die *bhakti*-Religiosität integriert hat, drei Formen der Gottesverehrung unterschieden: *japa*, *homa* und *tarpana*. Japa ist, wie wir sahen, die beständige Wiederholung des Gottesnamens oder eines Mantras.

Homa ist das vedische Ritual des Feueropfers, das heute eher selten und meist in Form des *Ganapati-Homa* vollzogen wird, wie wir im Kapitel 8 erläutern werden. Beim nach-vedischen *tarpana* werden der Gottheit rituell verschiedene Opfergaben (*upacāra*) dargebracht. Das zentrale Ritual in diesem Zusammenhang aber ist die Pūjā.[11] Sie wird sowohl im öffentlichen Tempel-Kult als auch in häuslichen Zeremonien aus ganz unterschiedlichem Anlass zelebriert. Die Pūjā bezieht Körper, Sprache und Geist des Menschen in das Ritual ein. Das sinnliche Erleben wird zur mentalen Läuterung und Ausrichtung eingesetzt. In der Pūjā geht es auch um die Dankbarkeit gegenüber dem Schöpfergott, von dem alles kommt. Denn das gesamte Universum ist ebenso wie der anbetende Mensch zugleich Gott (*īshvara*) und Geschenk Gottes, der sich in der Pūjā durch das bewusst gestaltete Ritual des Menschen selbst erfährt. So ist die Pūjā Ausdruck der Einheit einer zu erkennenden Nicht-Dualität (*advaita*) und der sinnlichen Erfahrungsebene der Dualität (*dvaita*).

Klassisch sind es fünf (*pancopacāra*) Elemente, die in der Pūjā ritualisiert werden: *pādya* (Wasser), *pushpa* (Blüten), *dhūpa* (Räucherwerk), *dīpa* (Licht), *gandha* (Sandelholzpaste). Sie werden durch ein sechstes «Element» ergänzt: *naivedya* (Speisen). Die Elemente repräsentieren das gesamte materielle Universum (*prakriti*), das der Gottheit (*purusha*), die Ursache und Urheber der materiellen Vielfalt ist, zurückgegeben wird. Letztlich ist der Opfernde Gott selbst in seiner Erscheinungsform mit Eigenschaften (*saguna*). Weil auch Speisen (Früchte, Gekochtes, Nüsse) geopfert werden (*naivedya*), sind es insgesamt sechs Opfergaben, die in der Pūjā vor dem Symbol, das die Gottheit repräsentiert, dargebracht werden. Neben diesen materiellen Formen wird auch die Lebensenergie (*prāna*), die allen Lebensprozessen (Atem, Kreislauf, Verdauung, Sexualität usw.) zugrunde liegt, als *prānahuti* der Gottheit übergeben, damit sie geheiligt und gestärkt wird. Nachdem durch Mantras und Mudrās die Speisen und das Feuer (*dīpa*) mit göttlicher Kraft durchdrungen wurden, erhält der Gläubige einen Teil als Gnadengabe (*prasāda*) zurück und wird in diesem symbolischen Akt von der Gottheit gesegnet.

Die Opfergaben symbolisieren neben den fünf Elementen auch fünf geistig-emotionale Qualitäten, die der Gläubige entwickeln soll und die sein Verhältnis zur Gottheit charakterisieren. Diese werden in den fünf Qualitäten von Wasseropfern (*upahāraprakāshikā*) repräsentiert: Bekanntschaft (*sneha*), Vertrautheit (*vishvāsa*), Verehrung (*sammāna*), Liebe (*bhakti*), Erkenntnis (*jnāna*). Tabellarisch können die Grundelemente der Pūjā wie folgt dargestellt werden:[12]

Ritus (*upacāra*)	Opfersubstanz (*tstva*)	Klangsymbol (*bījā mantra*)	Qualität d. Gottesbeziehung (*upaharaprakasika*)
Pādya	Wasser (*ap*)	vam	erste Bekanntschaft (*sneha*)
Gandha	Sandel (Erde, *prithivī*)	lam	Vertrauen in den Freund (*vishvāsa*)
Pushpa	Blüten (Duft, *ākāsha*)	ham	Verehrung der Majestät Gottes (*sammāna*)
Dhūpa	Räucherwerk (Luft, *vāyu*)	yam	totale Liebeshingabe (*bhakti*)
Dīpa	Licht (Feuer, *tejas*)	ram	Erkenntnis der Einheit von Gott und Mensch (*jnāna*)
Naivedya	Speisen (*jīva*)	vam	vollkommenes Sein in der Einheit (*tadātmyabodha*)

Die Formen der Gottesverehrung und der Rituale hängen nicht nur ab von der Gottheit, mit der der einzelne auf Grund kosmischer Entsprechung verbunden ist (*ishtadevatā*), oder von den Opfergaben, sondern auch von der Qualität des Bewusstseins dessen, der die Rituale vollzieht. Nicht jeder hat die Eignung bzw. Kompetenz (*adhikāri-bhāva*) für jede Form der Gottesbeziehung. So werden analog zur *guna*-Theorie[13] drei Gruppen von Menschen unterschieden: erstens die vom Verstand und von Einsicht Geleiteten (*sattva*), zweitens die emotional Bestimmten (*rajas*), drittens diejenigen, die ihren Instinkten und Trieben folgen (*tamas*).

Menschen, deren Charakter in diesem Sinne vorwiegend sattvisch geprägt ist (auch in Indien eine Minderheit), verehren Gott durch intellektuelles Studium, nicht durch Rituale. Die rajasisch bestimmten Menschen ziehen die emotionale Form der Gottesverehrung vor, und sie sind es auch, die das Rückgrat der Ritualkultur bilden und, zumindest in Indien, in der Mehrheit sind. Die tamasisch Geprägten sind entweder materialistisch orientiert oder verfügen in einer unterentwickelten kindhaften Weise noch nicht über ein differenziertes Gefühlsspektrum, das für die Rituale Voraussetzung ist, welches aber durch ein allmähliches Hineinwachsen in die Ritualkulturen gefördert werden kann. Typisch für den Hinduismus ist also die Einsicht, dass nicht jede Form der Religion für jeden Menschen geeignet ist. Der Mensch hat, entsprechend seiner mentalen Ausprägung, je eigene Möglichkeiten und Verpflichtungen zur geistigen Entwicklung, die sich aber nur dann erfolgreich gestalten kann, wenn die individuellen Prägungen entsprechend berücksichtigt werden. Auch die gemeinsame Gottesverehrung im Tempel ist darum nicht eigentlich eine soziale Form des «Gottesdienstes», sondern eine je *individuell* zu vollziehende Beseitigung der karmischen Unreinheiten (*duritakshaya*) bzw. eine je individuell vollzogene Reinigung des Geistes (*cittashuddhi*) im öffentlichen Raum.

Bei der Pūjā soll der männliche Familienvorstand des Haushalts (*grihasthin*) gemäß der vedischen Tradition fünf Formen der Gottheit zu einem *mandala* (Kreis) zusammenstellen, wobei in der Mitte die Gottheit steht, die mit dem Einzelnen bzw. der Familie besonders verbunden ist. Diese fünffache Pūjā heißt *pancāyatana pūjā*, und die Gottheiten werden hier nicht als miteinander konkurrierende Götter, sondern als Repräsentationen der *einen* Gottheit verstanden, die einander ergänzen. Der klassische Spruch dazu lautet:[14]

> Ein Haushalter, der sich zu den fünf täglichen Opferritualen verpflichtet weiß, möge die *pancāyatana-pūjā* täglich für die fünf Gottheiten vollziehen: die Sonnengottheit Āditya, die göttliche Mutter Ambikā, Gott Vishnu, Gott Ganesha, Gott Shiva.

Medien der Identitätsstiftung

Die fünf Gottheiten werden auch durch Steine repräsentiert, die überall in Indien zu finden sind, wie der Kristall *sphatika*, der Āditya symbolisiert, oder durch Steine aus den großen Flüssen, wie ein spezieller Stein für Ambikā aus der Svarnamukhī in Andhra Pradesh, ein schwarzer eiförmiger Stein (*shālagrāma*) aus der Gandakī in Nepal für Vishnu, ein roter Stein aus dem Fluss Shonā für Ganesha und ein *bāna-linga* aus der Narmadā für Shiva.

Die Pūjā kann in einer kurzen oder in einer detaillierten Form und entsprechend in fünf oder in sechzehn Schritten[15] durchgeführt werden, die bei ganz großen Festen gefeierten Rituale enthalten 64 Elemente.[16] Grundsätzlich kann alles in die Pūjā einbezogen werden, was dem Menschen Freude bereitet und ihn zur Dankbarkeit anregt. Die wesentlichen Elemente bleiben dieselben, unabhängig davon, ob die Pūjā im Haus oder im Tempel zelebriert wird. Die für die Pūjā bestimmten Geräte und Materialien dürfen zu keinem anderen Zweck verwendet werden: ein Altar, auf dem die Repräsentation der Gottheit (*vigraha*) platziert wird, außerdem eine Ölleuchte, die während der gesamten Pūjā brennt, ganze Reiskörner (*akshatas*), die mit Gelbwurzpulver vermischt werden, ein Wassergefäß für die fünf Wasserarten (*pancapātra*) und ein Schöpflöffel, Sandelholzpaste (*candana*) und Zinnober (*kunkuma*), Räucherstäbchen (*dhūpa*), Kleidungsstücke bzw. Tücher (*vastra*), eine Öllampe (*dīpa*), Speisen (*naivedya*), Blüten (*pushpa*), eine Handglocke (*ghanta*) und Kampfer (*karpūra*) samt einem Metallständer, auf dem der Kampfer verbrannt und geschwenkt wird. Im Ritual der Pūjā werden nicht nur die einzelnen Gaben der Gottheit dargebracht, sondern diese Handlung wird auch verbal vollzogen durch Mantras, die jeweils den Wort-Klang hinzufügen, wodurch die Handlung selbst «verstärkt» werden soll. Denn im mantrischen Klang verdichtet sich die materielle Wirklichkeit und erhält eine subtilere Form, die nun auch der Gottheit dargebracht wird.

Die 16-teilige Pūjā lässt sich zusammenfassend so beschreiben: Nach einem rituellen Bad wird der Altar vorbereitet. Die Pūjā beginnt (1) mit dem Entzünden der Öllampe, womit das Licht des Erkennens symbolisiert wird. Das Licht der Lampe steht auch für *brahman*, das Unmanifeste, ebenso für Vishnu. Das dabei rezitierte Mantra lautet:

> Möge das Licht der Lampe
> meine negativen Bewusstseinsformungen beseitigen,
> die die Folge von Versäumnissen und Handlungen sind.[17]

Nun sollen Bewusstsein und Intentionen, mit denen man die Pūjā zelebriert, gereinigt werden, indem (2) der Name der Gottheit dreimal rezitiert wird (*ācamana*), wobei jeweils ein Schluck Wasser geschlürft wird (Reinigung):[18]

> Verehrung dem Unzerstörbaren.
> Verehrung dem Unendlichen.
> Verehrung dem Govinda (ein Name für Krishna).

Es folgt (3) ein Gebet an Ganesha, der alle Hindernisse beseitigt. Danach wird (4) *prāṇāyāma* praktiziert[19], um das Bewusstsein zu beruhigen und die Konzentration zu intensivieren, und dabei werden neben dem Gāyatrī-Mantra folgende Verse rezitiert:[20]

> Om die drei Welten, Om der Große,
> Om der Erzeuger, Om die Askese,
> Om die Wahrheit.

Darauf folgt (5) eine mentale Vorstellung (*sankalpa*), in der sich der *pūjāri* als Ritualmeister (*yajamāna*) identifiziert und seine Motivation überprüft.[21]

> Ich vollziehe die Pūjā für den Gott [hier folgt der spezifische Gottesname],
> um der Gnade Gottes teilhaftig zu werden
> durch die Beseitigung aller Widrigkeiten,
> die von meinen Versäumnissen und Handlungen herrühren.

Dann wird (6) die Glocke geläutet, deren Klang apotropäische Funktion hat, also böse Kräfte fernhalten soll.[22]

> Um des Herbeirufens der Gottheiten und der Abwehr der Dämonen willen
> läute ich die Glocke, die die Invokation der Gottheit signalisiert.

Nun wird das Wasser im Wassergefäß durch die Rezitation spezieller Mantras mit spiritueller Energie «aufgeladen», die verschiedenen im Ritual verwendeten Utensilien werden gereinigt, indem sie mit dem geheiligten Wasser besprenkelt werden (einschließlich des Sitzplatzes des Pūjāri, der Glocke und der Blumen):[23]

> Oh ihr Flüsse Gangā, Yamunā, Godāvarī, Sarasvatī, Narmadā, Sindhu, Kāverī,
> mögt ihr alle in diesem Wasser gegenwärtig sein!

Dann wird mit Sandelpaste parfürmiertes Wasser versprengt.

Darauf rezitiert der Pūjāri Gebete (7), u. a. einen Vers, in dem der Tempel mit dem eigenen Körper und das Selbst des Menschen mit der Gottheit identifiziert werden:[24]

> Der Körper ist der Tempel [Gotteswohnung].
> Der *jīva* [Seele, das geistige Individuationsprinzip] ist
> die Gottheit des Tempels
> seit uranfänglicher Zeit.
> Möge man die verwelkten Blumen entfernen,
> die als die Unwissenheit gelten,
> um den Herrn zu verehren mit der Erkenntnis,
> dass er vom eigenen Selbst nicht getrennt ist.

Zum Abschluss dieses Teiles erklingt ein Gebet, das Vertrauen und Dankbarkeit dem eigenen Guru gegenüber ausdrückt. Nach diesen Vorbereitungen beginnt nun (8) die eigentliche Pūjā damit, dass die Gottheit herbeigerufen und gebeten wird, in der jeweils vorhandenen symbolischen Figur temporär präsent zu werden, und das kann ein Stein, ein Klumpen Gelbwurzpuder, eine Betelnuss, ein Wassergefäß (*kalasha*), ein Yantra, ein Bild oder eine Vollplastik der Gottheit aus Stein, Bronze oder Holz sein:[25]

> Ich visualisiere den verehrten Gott.
> Ich rufe seine Gestalt in dieses Bildnis hinein.

Nun «wohnt» die Gottheit in dem Symbol bis zum Ende der Pūjā. Der Gott bzw. die Göttin wird als hochstehender Gast behandelt (9): Ihm wird ein Platz angeboten, ihm werden die Füße gewaschen, ein Bad gerichtet sowie Kleidung, Schmuck und Blumen gereicht,[26] Ehrenbezeugungen aller Art also (Abb. 16). Dann werden (10) die 108 Namen Gottes[27] rezitiert, manchmal auch nur 16 oder gelegentlich 1008, die die namenlose Größe und Herrlichkeit der Gottheit ausdrücken. Schließlich wird der Gottheit Speise angeboten (11), die aus Gekochtem oder Früchten besteht,[28] auch mit Musik und Tanz kann die Gottheit geehrt werden (12). Die Ehrungen der Gottheit gipfeln in der *āratī* bzw. *karpūranirājanam* (13), dem Verbrennen von Kampfer, der ohne Rückstand verbrennt als Symbol der totalen Liebe zu Gott. Der Leuchter mit der Flamme wird dreimal vor dem Gottessymbol im Uhrzeigersinn kreisend bewegt, wobei manchmal auch die heilige Silbe OM in der Luft nachgezeichnet wird. Dies alles wird begleitet von lautstarkem Trommeln, dem Läuten der Glocken und der Rezitation von Mantras:[29]

Rituale in indischen Religionen

> Dort scheinen weder Sonne, Mond noch Sterne.
> Dort scheint auch nicht diese Flamme,
> was also davon sprechen?
> Es ist (Bewusstheit), die leuchtet,
> alles erscheint von ihr abhängig,
> durch das Licht dieser Bewusstheit
> (er)scheint alles in verschiedenen Gestalten.

Es folgen Blumenspenden und Ehrenbezeugungen an die Gottheit (14). Danach (15) bittet der Pūjāri um Vergebung für alle Fehler, die er bei dem Ritual gemacht haben könnte:[30]

> Mögen die Verfehlungen und Taten in diesem Leben
> und auch die, die in vergangenen Leben erfolgt sind,
> und die Folgen, die sich daraus ergeben,
> mit jeder Umrundung (*pradakshinā*) sich auflösen.

«Verfehlungen und Taten» steht für alles, was man, rituell und in allen anderen Handlungszusammenhängen, unterlassen und begangen hat, denn jede Tat oder auch «Nicht-Tat» erzeugt Karma, wenn das Bewusstsein nicht gereinigt und frei von Eigeninteresse ist.

Zum Abschluss (16) erhalten alle Anwesenden das Gnadengeschenk (*prasāda*) der Gottheit in Form der geopferten und von der Gottheit gesegneten Früchte und Süßigkeiten. Die Gläubigen können nun das *Allerheiligste* dreimal im Uhrzeigersinn umrunden (*pradakshinā*) oder sich in derselben Richtung dreimal um die eigene Achse drehen, da die Gottheit auch im Innern eines jeden Menschen wohnt.

Am Ende jeder Pūjā wird die Gottheit gebeten, zu ihrem Wohnsitz zurückzukehren.

Transzendieren der Rituale

Wie bereits erwähnt, bezeichnet sich die religiöse Kultur, die heute Hinduismus genannt wird, selbst als *sanātana dharma*, als immerwährendes Gesetz, das den Menschen vom Religiösen zum Spirituellen hinführt. Sri Aurobindo (1872–1950) hat darauf hingewiesen, dass es genau dies ist, was die Religion erreichen will.[31] Dem Hinduismus gehe es letztlich darum, sich selbst zu transzendieren, und daher habe er weder einen Eigennamen, der auf einen Stifter, eine Schrift oder ein Ritual verweisen würde, noch ein Dogma mit dem Anspruch auf absolute

Medien der Identitätsstiftung

Wahrheit. Er habe sich in markant voneinander abgrenzenden Konfessionen und zugleich jenseits jeglicher Konfessionalisierung entwickelt und nicht nur einen einzigen Heilsweg gelehrt. Nach Aurobindo ist der Hinduismus primär nicht Kult oder Glaubenssystem, sondern die sich ständig erweiternde Tradition der Gottessuche, bei der sich der menschliche Geist in das Göttliche hinein aufgibt. In ihrer Totalität sei diese Gottessuche frei und eine tolerante Synthese aller religiösen Anschauungssysteme und spirituellen Erfahrungen. Sie sei bemüht, alle religiösen Symbolwelten zu verstehen und in sich aufzunehmen und nichts auszuschließen. Auch indem diese Spiritualität unterschiedliche Bezeichnungen und Formen für die Riten, aus denen sie selbst besteht, erlaubt hat, sei sie letztlich namenlos, formlos, universal und unendlich geblieben, wie das Brahman, der letzte und namenlose Grund und Inbegriff der Welt, der das Ziel dieser Suche ist. Der Hinduismus sei eine unglaublich reiche, vielschichtige und aus vielen Stufen bestehende Anwärterschaft für die spirituelle Praxis der Suche nach dem Selbst. Deshalb, so Aurobindo, könne der Hinduismus mit Recht sagen, dass er die Tradition des *sanātana dharma* verkörpere.

Dies ist das Ideal, das in der sozialen Realität freilich nie verwirklicht war und ist. Denn religiös begründete Konflikte und Gewalt gibt es auch in der indischen Kultur, und das wohl vor allem aus zwei Gründen. Erstens, so sahen wir, dienen Rituale der Identitätsstiftung, und das bedeutet auch Abgrenzung von anderen Ritualgemeinschaften, die sich bis zur Ausgrenzung steigern kann. Dies ist ein mit Religion als solcher gegebenes Problem. Zweitens werden religiös stabilisierte Identitäten im sozialen und politischen Machtkampf immer auch instrumentalisiert. Dieser Aspekt lässt sich analysieren, und seine Auswirkungen können durch Verstehen eingedämmt werden. Beide Faktoren aber, so die Erwartung in der indischen Kultur, können in einer transkonfessionellen Spiritualität überwunden werden, weil diese letztlich jede religiöse Abgrenzung hinter sich lässt.

Die «Transkonfessionalität» ist im indischen Mythos tief verwurzelt. Denn in der indischen Religionsgeschichte hat es von Anfang an ganz unterschiedliche Mythen-, Ritual- und Glaubenssysteme gegeben, die in immer neuen Kombinationen miteinander verschmolzen wurden. Einseitigkeiten konnten überwunden und ausgeglichen werden. So hat sich die alte brahmanische Opferritualistik in Deutungssystemen widergespiegelt, die allein das Ritual und seine unfehlbare Wirkung betonten und wo Gott beinahe überflüssig zu werden drohte (Pūrva-Mīmāmsā[32]). Doch diese Überritualisierung wurde korrigiert im Uttara-Mīmāmsā, das als «Schluss der Vedas» auch die Bhakti-Religiosität, das heißt die Verehrung eines persönlichen Gottes, nicht nur zuließ, sondern für notwendig erachtete. Auch die Integration der Tantras und sogar von Aspekten des Buddhismus ist bezeichnend. Insbesondere aber wurde der Exklusivismus, mit dem sich Shivaiten und Vishnuiten in manchen Epochen der mittelindischen Geschichte wechselseitig voneinander abgrenzten und auch bekämpften, in einen Inklusivismus überführt, als dessen Folge Mythen und Rituale zunehmend eine Vermischung und «Verheiratung» der ursprünglich miteinander konkurrierenden Götter zeigen, «Eingemeindungen» und neue «Familienbildungen» also, die zu bestimmten Kultfesten zelebriert werden. Charakteristisch dafür ist die heute selbstverständliche fünffache Pūjā (*pancāyatana*), bei der Ganesha, Shiva, Vishnu, Sūrya (Āditya) und die Devī (Ambikā, aber auch unter vielen anderen Namen) verehrt werden.[33] Diese Entwicklung setzte früh ein, und die genannten fünf Formen des Gottesdienstes werden bereits von Shankara (8./9. Jahrhundert) erwähnt und empfohlen. Im Gnanananda Ashram wird diese integrierte Kultpraxis gepflegt.

Der Vielfalt an Formen, in denen die eine Gottheit erscheint, steht die ganz persönliche Gottesbeziehung gegenüber. Je mehr sich das indische Pantheon ausdifferenzierte, umso mehr wurde die Gottheit mit hingebungsvoller Frömmigkeit verehrt. Die Gottheit begegnet dem einzelnen Gläubigen entsprechend seinen karmischen Bedingungen, Neigungen und Bedürfnissen. Dies ist *ishtadevatā*, und hier wird die Erkenntnis, dass Gottesbilder Projektionen des Bewusstseins sind, in die Wirkungsweise der Gottheit selbst verlegt. Die anthropologische Bedingtheit wird als theologische Prämisse integriert. Dem sinnlichen Verlangen, die geliebte Gottheit zu schauen, wird durch die Praxis der Visualisierung Rechnung getragen. Durch die Fähigkeit, die Details des Gottesbildes zu visualisieren, werden alle Gemütskräfte mit den Eigenschaften der Gottheit verbunden, die gebündelte Konzentrationskraft wird auf Gott allein gerichtet, damit der Gläubige allmählich mit dem Bild der Gottheit verschmelzen kann. Dies ist Nachahmung der Gottheit, um ihre Eigenschaften selbst zu verwirklichen, eine Stigmatisierung mit den göttlichen Energien bzw. eine rituelle Realisierung des *tat tvam asi* («das bist du») der Upanishaden.

Medien der Identitätsstiftung

Indien hat aber nicht nur eine ausgeprägte Transkonfessionalität entwickelt, sondern seit der vedischen Zeit auch eine kritische Tendenz gegenüber jeder Form (*nāmarūpa*) von Religion und hinsichtlich aller Rituale hervorgebracht. Denn als letztes Ziel des spirituellen Weges gilt die Überwindung des Rituals, das trennend wirkt. Ziel der Religion ist die Überwindung der Religion in einer Erfahrung, die Name und Form übersteigt.

Rituale gelten als subjektiv, das heißt durch gesellschaftliche Konventionen bedingt (*purushatantra*). Die Bedingungsmuster sind jedoch nicht zufällig, sondern Produkte der Prägungen aus der Vergangenheit (*vāsanā*), die sich im individuellen wie kollektiven Bewusstsein ablagern und die folgenden Modelle bilden. Das, was jenseits der Rituale ist, nämlich die Realisierung des Selbst (*ātman*), das allen historischen Gestaltungen zugrunde liegt, ohne selbst verändert zu werden, gilt als objektiv (*vastutantra*) bzw. als Inbegriff der Wirklichkeit jenseits menschlicher Projektionen. Genauer noch: Es ist eine Bewusstseinskraft jenseits der Unterscheidung in Subjektives und Objektives, reines Gewahrsein (*cinmātra*) bzw. konstante Aufmerksamkeit. So heißt es in einem alten und immer wieder zitierten Text, dass die wahre Wirklichkeit bzw. der vierte Bewusstseinszustand jenseits von Wachen, Traum und Tiefschlaf ohne abgrenzendes Merkmal sei, weder erkennend noch nicht-erkennend (*na prajnam nāprajnam*), daher undenkbar, jedoch ganz und gar friedvoll, heilbringend und nicht-zwei.[34]

Über den vierten (Zustand) denkt man:
nicht-sichtbar, unaussprechlich, unergreifbar,
ohne spezifische Merkmale, undenkbar, unnennbar,
die Essenz der Erkenntnis des einen Selbst,
das Aufhören der phänomenalen Welt, friedvoll, gnadenvoll, nicht-zwei.
Dieser ist der Ātman (das Selbst). Ihn soll man erkennen.

Es ist das, was in verschiedenen mystischen Literaturen die «Nacktheit der Seele» angesichts der überwältigenden Präsenz des Geistes genannt wird. Shankara, der Philosoph der Nichtdualität, hat empfohlen, alle Rituale und spirituellen Methoden (*upāsana*) aufzugeben, nachdem sie als anfängliche Hilfsmittel den Geist vorbereitet haben, denn es ist letztlich nicht der Mensch, der handelt, sondern die Kraft des Ātman ist der Zeuge allen Geschehens, das durch die Energien der Natur (*prakriti*) ausgelöst und immer neu umgestaltet wird im ständigen Kreislauf des Werdens und Vergehens. Der Ātman als Zeuge von allem, als reine Bewusstheit, ist diesem Werden und Vergehen nicht unterworfen, und darum solle man sich mit *ihm* identifizieren. Das ist die Transzendierung der Rituale, das spirituelle Transzendieren von Religion.

Wie in der Symbolik der indischen Gottheiten, so ist es auch beim Menschen: Der Körper und die gesamte materielle Realität einschließlich der Symbole, Erzählungen und Rituale der Religion sind das Reittier (*vāhana*). Und wie jede indische Gottheit ein spezielles Reittier hat, so sitzt der Mensch auf seinem Körper wie der Reiter auf dem Pferd – als Herr (*swāmi*) des Tieres. Alles, was als materielle Welt erscheint, ist die Reflexion des Unmanifesten auf verschiedenen Realitätsebenen oder «Hüllen» (*kosha*), wie es in der Taittirīya Upanishad heißt: Das Feinstoffliche manifestiert sich unter bestimmten Bedingungen als grobstoffliche Materie, das Feinstoffliche ist die Reflexion des subtilen Geistes, des Ātman, des transzendenten Grundes allen Geschehens, der nicht in Gedanken fassbar ist, wohl aber als klares Gewahrsein in einem völlig zur Ruhe gekommenen Bewusstsein erscheint. Transzendenz ist der Inbegriff der nicht-dualistischen Realisierung.

Dass es unterschiedliche Realitätsebenen gibt, dass man von «Hüllen» spricht, die das Wesentliche der Realität verhüllen, dass überhaupt Vielheit bzw. Schöpfung ist, interpretieren die indischen Religionsphilosophien auf verschiedene Weise, und es sind zwei Modelle, die viele Varianten hervorgebracht haben:

Entweder ist es die schöpferisch-spielerische Kraft (*līlā*), die im Wesen der Gottheit selbst liegt (und oft als Gottes weibliche Energie (*shakti*) vorgestellt wird), mit der die Gottheit in übersprudelndem Spiel das Kaleidoskop von Formen und Gestalten geistiger wie materieller Art hervorbringt. Oder es ist die schöpferische begrenzende Kraft (*māyā*), durch die – aus welchen Gründen auch immer – das reine Sein bzw. die Wahrheit (*sat*) verhüllt wird, und diese Kraft ist weder identisch mit noch verschieden von der Gottheit, ihr Status ist – so die Philosophie des Advaita Vedānta – unaussprechlich (*anirvacanīya*). Auf fünffache Weise (*pancakancukas*, fünf Bedeckungen)[35] verhüllt *māyā* das wirkliche eine Sein, nämlich durch *kalā* (begrenzte Handlungspotentiale), *vidyā* (begrenztes Erkennen), *rāga* (Begehren), *kāla* (Zeit) und *niyati* (Kausalität).[36] Dadurch entsteht Vielheit bzw. das Erkennen im Modus von Differenz (*vedyaprathā*).

Medien der Identitätsstiftung

Dass die Wahrnehmung der Wirklichkeit abhängig ist vom Bewusstseinszustand, dass also die Sinne und das Denken die Wirklichkeit nicht erkennen können, wie sie ist, haben die indischen Erkenntnistheorien seit vedischer Zeit gewusst. Dabei gibt es Qualitätsunterschiede, die wiederum durch spirituelle Praxis (*sādhanā*) bewusst gemacht und ausgeglichen werden können. In der Māndūkya Upanishad, in den Yoga-Systemen und den meisten philosophischen Schulen werden vier Grundzustände unterschieden: Wachen, Traumschlaf, Tiefschlaf und «der Vierte» (*caturtha* bzw. *turīya*), das heißt der Versenkungszustand, der – je nach Tradition – noch einmal untergliedert wird. Turīya ist letztlich nicht ein vierter Zustand neben den anderen, sondern die Bewusstheit, die alle Bedingtheit übersteigt, eine klare Reflexion des Einen im Geist, des Ātman im Bewusstsein, die Spiegelung der Wirklichkeit, wie sie ist (*tat sat*). Im Wachzustand wie auch im Traum ist die Wirklichkeit verdeckt durch Verhüllung (*āvarana*) und mentale Projektionen (*vikshepa*), das heißt durch Bilder und Bewusstseinsmuster, die das Wahrgenommene verzerren und «einfärben», sodass es nicht erscheinen kann, wie es ist. Im Tiefschlaf hingegen gibt es keine Projektionen, und der Ātman ist nur noch durch «Verhüllung» (*āvarana*) verdeckt. Diese Verhüllung ist der Schleier der Unbewusstheit. In den nicht-dualen Versenkungszuständen (*turīya*) hingegen ist auch diese Verhüllung aufgehoben: Das Eine erscheint leuchtend und klar bewusst, ja überbewusst, denn es handelt sich nicht um die gewöhnliche Erfahrung «von etwas als etwas», sondern um einen *grenzenlosen und zeitfreien Klarheitsraum*, in dem alles ist und als das Eine offenbar wird.[37]

Rituale und symbolische Formen weisen mittels der Formen der Verhüllung auf das Unverhüllte (*sat*) hin, sie sind vorläufige Mittel zum Ziel der Erkenntnis der Nicht-Dualität. Diese Transzendenz ist in den indischen Religionen eine Erfahrung jenseits aller Rituale, bei der es sich nach indischer Auffassung nicht um eine «andere Religion» handelt, die sich von den bekannten religiösen Traditionen der Menschheit abgrenzen würde, sondern es ist das ewig Gültige hinter den Religionen, das sich freilich in spezifischer symbolischer Form repräsentiert. Alle Rituale gelten als Ausdruck der Präsenz, der Repräsentation dieses universal Gültigen.

Symbolik und Erzähltraditionen

Die überaus vielfältige Symbolik in den indischen Religionen lässt sich in vier Kategorien einordnen:
- erstens Symbole als Objekte, die Gottheiten zugeordnet werden bzw. als solche erscheinen;
- zweitens Symbole als Metaphern, anekdotische Motive oder analogische Bilder in den narrativen Formen;
- drittens Symbole als Werkzeuge für die geistige Konzentration *(yantras)*;
- viertens die sprachlichen Symbole der *bījā-mantras*, durch die der Klangraum mit Schwingungsqualität gefüllt wird, die letztlich die Klang-Schwingung *(shabda)* der kosmischen Energie *(nāda brahman)* hörbar machen soll.

Die indischen Rituale der Gottesverehrung, sei es im Tempel, an den Hausaltären oder in der Gemeinschaft des Ashrams, beruhen auf dem Glauben, dass sich die prinzipiell unsichtbare und jenseits jeder Form existierende Gottheit *(nirguna brahman)* in sichtbarer Gestalt zeigt *(saguna brahman)*, damit sich der Mensch zur Gottheit verhalten und durch kultische Verehrung Liebe *(bhakti)* sowie spirituelle Erkenntnis *(jnāna)* entwickeln kann. Gott schafft sich selbst als Form, nicht um etwas hinzuzugewinnen, sondern aus der spielerischen Fülle *(līlā)* seiner schöpferischen Energie *(shakti)* heraus.

Drei Formgebungen oder Erscheinungsweisen werden unterschieden, die auf die Visionen der vedischen Rishis zurückgehen: *mantra, yantra* und *mūrti*. Das Mantra ist hörbarer Ausdruck der subtilen Klangenergie *(shabda)*, die hinter jeder hörbaren Schwingung liegt, und diese Ebene wird im mantrischen Klang der Rezitation, der Melodien und Lieder re-präsentiert. Das Yantra ist eine geometrische Form, in der das Muster der mantrischen Schwingung sichtbar wird. Dazu gehören die Linie, das Dreieck, das Viereck, der Kreis usw. Oft werden diese Formen miteinander kombiniert, um komplexe Bilder harmonikaler Strukturen aufzuzeigen. Im Yantra wird die verborgene Struktur des Universums sichtbar und kultisch inszeniert. Die Mūrti stellt das Gottesbild in sinnlich anschaubarer, anthropomorpher (gelegentlich auch tiergestaltiger[38]) Form dar, sie ist Gott in einer ausgeformten und mit allen Attributen menschlicher Erfahrung versehenen Gestalt *(rūpa)*. Die Mūrti kann ein überliefertes Idealbild sein, in dem der künstlerische Geschmack verschiedener Epochen greifbar wird, sie kann aber auch die realistische Darstellung des lebenden oder verstorbenen Guru sein, der ja als eine sichtbare Gestalt der Gottheit gilt. Oft werden Yantra und Mūrti miteinander verknüpft, das heißt, die abstrakte Struktur wird in das Gottesbild hineinkomponiert, um die Hintergründigkeit des Bildhaften anschaulich zu machen. In vedischer Zeit gab es nur die Repräsentation der göttlichen Energie in den Silben der Sprache (*ric* und *sāman*), die hier geschilderten Formen kamen erst später dazu.

In dieser Komplexität der symbolischen Formen, die rituell inszeniert werden, spiegelt sich die Verschmelzung ursprünglich verschiedener Traditionen, nämlich der vedischen, āgamischen und tantrischen Überlieferungen. Die tantrischen Elemente der Rituale werden besonders sichtbar in den verschiedenen Typen der Mudrās, in der Visualisierung der Gottheiten, in der Betonung «feinstofflicher» Aspekte der Präsenz des Göttlichen, womit außersinnliche Wahrnehmungen in Zusammenhang gebracht werden (etwa bei der Verbindung zu den Ahnen durch einen subtilen Körper), in der Interpretation des Verhältnisses zum Guru als einem Band subtiler Energie, in der Transzendierung sozialer Schranken (zu den vedischen Ritualen waren die unteren Kasten nicht zugelassen; zu den tantrischen sehr wohl), in der Einbeziehung weiblicher Gottheiten und ihrer Yantras in den Kult oder in der Darstellung und Spekulation über Klang-Energien (*shabda*), die materielle Wirklichkeit erzeugen, um nur einige wichtige Punkte hervorzuheben.

Die Statuen der wichtigsten Gottheiten aus Holz, Stein oder Bronze finden sich nicht nur im Tempel, sondern auch in den Häusern, Restaurants, Fahrzeugen oder Fabrikhallen. Die Gottheiten symbolisieren kosmische Kräfte, und im Ritual der Weihe, etwa im «Salbungsritus» (*abhisheka*), wird die potentielle göttliche Präsenz zu realer Wirksamkeit erweckt. Die universale geistige Kraft wird gleichsam ins Bild hineinprojiziert und strahlt nun von dort aus. Bei allen Riten spielen Wasser und Feuer als die Elemente der Reinigung, der Erleuchtung, des Lebens, der Umgestaltung und Erneuerung eine unverzichtbare Rolle. Das vor der Gottheit bzw. deren Bild geschwenkte Feuer (*āratī*) kanalisiert die Energien und soll sie dann auf den Anbetenden lenken. Das Wasser, das über das Gottesbild gegossen wird und zuvor mit mantrischer Energie «aufgeladen» worden ist, leitet diese Energie weiter, die dann auch vom Gläubigen aufgenommen und verinnerlicht wird.

Symbolik und Erzähltraditionen

In den großen Erzählungen Indiens, die vor allem in der vedischen Literatur, in den großen Epen Mahābhārata und Rāmāyana sowie in den Purānas[39] niedergelegt sind, werden die symbolischen Inhalte besonders eindrucksvoll greifbar. Diese «Texte» werfen die Frage nach den Medien der symbolischen Formen auf, denn «Erzählungen» werden sowohl oral als auch schriftlich weitergegeben. Der Rigveda ist lange Zeit oral tradiert worden, schriftliche Ausgaben entstanden erst sehr spät. Trotzdem ist er bis in die feinste grammatische Wendung oder Silbenstruktur hinein seit Jahrtausenden unverändert überliefert worden. Durch ein kompliziertes mnemotechnisches System der Rezitationstechnik, das zu beschreiben hier zu weit führen würde, und durch die sozialen Einschränkungen der Berechtigung zum Vedastudium[40] ist gerade durch die Oralität eine minutiöse Genauigkeit der Überlieferung erzielt worden, es gibt tatsächlich kaum Varianten. Die Epen oder Purānas hingegen, die gesungen, theatralisch dargestellt und auch von den unteren Schichten rezipiert und in lokalen Sprachen weitergegeben wurden, sind auch auf getrockneten Palmblättern[41] in Schrift festgehalten worden, unterlagen aber einer hohen Variabilität: Jede Gruppe, jede Sprache, jede Zeit schuf sich ein eigenes Epos, in dem die Erwartungen, Enttäuschungen, normativen Lebensmodelle und Sehnsüchte einer bestimmten Epoche und sozialen Gruppe identitätsbildend immer wieder neu formuliert wurden, sodass heute viele verschiedene Varianten des Mahābhārata und des Rāmāyana existieren. Bedenkt man weiterhin, dass nur wenige Menschen lesen und schreiben konnten, und hier meist wiederum nur die männlichen Mitglieder der Oberschichten, und dass die Palmblattmanuskripte im indischen Klima schnell unbrauchbar wurden, so bekommen die rituellen Darstellungen bei der Überlieferung ein ganz besonderes Gewicht. Die Geschichten wurden und werden noch heute in den Familien erzählt oder in den Tempeln und bei Dorfversammlungen von Barden gesungen. Sie werden in Bilderzyklen dargestellt, auf den Dorfplätzen oder in rituell vorbereiteten Räumen getanzt, in Comics millionenfach verbreitet und im Fernsehen und Kino gezeigt.

An dieser Stelle wollen wir zunächst näher auf das Epos Mahābhārata eingehen, denn es wird in Indien als der «fünfte Veda» betrachtet, und das aus zwei Gründen: erstens, weil hier narrativ der Hindu-Dharma dargestellt und erläutert wird, und zweitens, weil sich in diesem Epos, und ganz besonders in der Bhagavad Gītā, die Teil des Mahābhārata ist,

Medien der Identitätsstiftung

sehr viele Zitate aus den Vedas finden. Das Mahābhārata wie auch das Rāmāyana sind aus dem Sanskrit in zahlreiche Sprachen übersetzt worden. In Indien werden viele Erzählungen – und besonders wiederum prägnante Verse der Bhagavad Gītā – bis heute auswendig gelernt. Noch immer sind sie Inspiration für die gesamte indische Kunst und liefern Vorbilder für die psychologische Identifikation im Alltagsleben. Die symbolischen Geschichten der Epen sind Teil der Folklore geworden. Wenn der Regen ausbleibt oder die Bewohner des Dorfes in anderer Weise zum Innehalten veranlasst werden, heißt es oft: Lasst uns Teile des Mahābhārata aufführen. Und dann wird die ganze Nacht gesungen, getanzt und erzählt. Viele Inder leben mit den großen Gestalten dieser Epen in enger Vertrautheit.

Wie alle alten Überlieferungen, so wurden auch die Epen in Indien zunächst über Jahrhunderte mündlich tradiert. Ursprünglich hat das Textkorpus des Mahābhārata wohl aus etwa 25 000 Versen bestanden, an die sich im Laufe der Zeit weitere Erzählungen, Erweiterungen und Interpretationen anlagerten, sodass das gesamte Werk schließlich auf einen Umfang von etwa 100 000 Versen angewachsen ist. Im Mahābhārata sind die Charaktere sehr realistisch gezeichnet, es zeigt Menschen in ihrer ganzen Größe und Leidenschaft, aber auch in ihrer Schwäche und im Versagen. Wenn man überhaupt einen allgemeinen charakteristischen Unterschied zwischen den beiden Epen Mahābhārata und Rāmāyana wahrnehmen will, dann den, dass das Mahābhārata eher realistisch, das Rāmāyana hingegen idealistisch konzipiert ist. So erscheint etwa im Mahābhārata Bhīshma als perfekter Ritter, der aber auch schwach gezeigt wird, als er auf Grund seiner mangelnden Erbberechtigung die Fischersfrau, die er heiraten will, nicht für sich gewinnen kann oder seine Pflicht zum Eingreifen versäumt, als Draupadī, der Gemahlin der fünf Pāndava-Prinzen, die Schmach der Entkleidung angetan wird. Der Held Karna ist eifersüchtig auf Arjuna, unfertig und ruhelos. Der bedeutende König Yudhishthira, dem Unrecht geschieht und der einen gerechten Krieg um des Dharma willen führt, ist dem Glücksspiel bis zum Exzess verfallen, was der sozialen Norm keineswegs genügt. Alle Figuren sind realistisch mit ihren Widersprüchen dargestellt, es handelt sich um große Helden, die dabei doch unvollkommen sind. Sie pendeln zwischen Neigungen und Pflichten, und dieser Pflichtenkonflikt, der sich aus widersprüchlichen Rollen des Menschen in der Gesellschaft ergibt (*adhikāra*), stellt die Triebfeder des ganzen Epos dar.

Symbolik und Erzähltraditionen

«Rollen» sind aber im indischen Kontext nie zufällig, sondern bedingt durch das Karma, durch die Prägemuster, die man in der Vergangenheit selbst geschaffen hat. Deshalb sind die Pflichtenkonflikte solche der Verantwortung, wie zum Beispiel an Draupadīs Gelübde sichtbar wird, die, obwohl sie gelobt hatte, die ihr angetane Schmach zu vergelten, im entscheidenden Moment auf Gewalt verzichtet. Pflichten hat der Mensch gegenüber sich selbst, der Familie, der Kaste, dem Volk und gegenüber dem Dharma bzw. Gott, denn jeder Mensch lebt gleichzeitig in mehreren dieser Identitäten. In gesellschaftlichen Umbrüchen verschieben sich die Identitäten und unterschwellige Konflikte brechen dramatisch auf. Diese unterschiedlichen Pflichten und Loyalitäten zerreißen die Integrität der Person – so, wenn jemand der Familie gegenüber verpflichtet ist und gleichzeitig aber auch dem Staat. Welche Loyalität wiegt mehr? Es ist das Grundthema eines dem Dharma gemäßen Lebens, wie Wahrhaftigkeit und Gerechtigkeit in einer Welt der Widersprüche gelebt werden können. Das Epos zeigt, wie Hass wiederum Hass hervorbringt, wie Gewalt neue Gewalt freisetzt, wie Ungerechtigkeit letztlich großes Unheil heraufbeschwört. Es zeigt aber auch, wie der Mensch im Widerspruch so handeln kann, dass er dem Dharma gemäß lebt und sich moralisch so bewährt, dass sein Karma nicht belastet wird. Dies sind die wesentlichen Themen der Bhagavad Gītā, die aber auch in vielen anderen Teilen des Mahābhārata in anschaulichen symbolischen Geschichten behandelt und in dramatischen Textgestaltungen eindrucksvoll vorgeführt werden.

Hier nun ein Beispiel:[42]

Das Exil der fünf Pāndavas[43] neigt sich nach zwölf Jahren dem Ende zu. Ähnlich wie im Rāmāyana durchlaufen die Helden eine illusorische Bewusstseinsspiegelung, indem sie die Begegnung mit einem Reh im Wald erleben und dadurch in das undurchdringliche Dickicht gelockt werden. Sie sind lange unterwegs gewesen, die Entbehrungen und Strapazen haben an ihren Kräften gezehrt. Sie sind durstig. So schickt Yudhishthira, der Älteste und Vornehmste, zunächst Nakula, um Wasser zu holen. Er gelangt an einen magischen Kristallsee und hört eine Stimme, die ihm zuruft: «Trinke nicht von dem Wasser, bevor du nicht folgende Fragen beantwortet hast.» Er aber antwortet, dass er den Durst nicht mehr beherrschen könne und die Frage später beantworten werde. Er trinkt und fällt tot um. Dem zweiten und dritten Prinzen widerfährt das gleiche Schicksal. Schließlich kommt Arjuna an die Reihe und befindet, dies könne nur das Werk eines Dämons sein, den es zu bekämpfen gilt. Vorher jedoch, so meint auch er, müsse er seinen Durst stillen. Auch hört die mysteriöse Stimme, die ihn auffordert, zuerst die Fragen zu beantworten. Aber Arjuna entgegnet stolz: «Wer bist du, dass du mich erschrecken könntest?» Auch der große Held Arjuna trinkt und stirbt. Jetzt aber tritt der Älteste auf, Yudhishthira, der als Nobelster unter den Brüdern gilt. Mit Entsetzen erblickt er am See die Leichen seiner Brüder. Als er im Begriff ist, vom Wasser des Sees zu trinken, hört auch er die Stimme, die ihn mahnt: «Der See gehört mir. Trinke nicht, sonst ergeht es dir wie deinen Brüdern. Dein Bruder Arjuna hat mich in verblendetem Stolz herausgefordert und wollte kämpfen, doch er starb. Beantworte zuerst meine Fragen.» Und er gehorcht und spricht: «Wenn der See dir gehört, habe ich kein Recht ihn anzurühren. Auch wenn mich dürstet, will ich mich deinen Bedingungen fügen.» Die Geisterstimme antwortet: «Ich bin zufrieden mit deiner Demut. Das ist die rechte Einstellung.» Und nun stellt der Geist seine Fragen:

«Was lässt die Sonne täglich scheinen?» Und er antwortet: «Die Macht des *brahman*.»

«Was rettet den Menschen in der Gefahr?» «Der Mut ist des Menschen Heil in Gefahr.»

«Durch welche Wissenschaft wird der Mensch weise?» «Nicht durch das Studium der Wissenschaften, sondern in Gemeinschaft mit anderen Menschen wird der Mensch weise.»

«Was erhält die Welt nachhaltiger als die Erde?» «Die Mutter, die ihre Kinder ernährt und aufzieht, ist noch fester und beständiger als die Erde.»

«Was ist höher als der Himmel?» «Der Vater.»

«Was ist schneller als der Wind?» «Das Bewusstsein.»

...

«Was ist Glück?» «Glück ist das Resultat guten Verhaltens.»

«Wodurch wird der Mensch liebenswert für andere?» «Wer den Stolz überwindet, wird von allen geliebt werden.»

«Durch welchen Verlust entsteht Freude?» «Wer den Ärger verliert, ist nicht mehr der Traurigkeit unterworfen.»

«In welcher Hinsicht wird man beim Aufgeben reich?» «Wer sein Verlangen aufgibt, wird reich.»

«Wodurch wird einer ein Brahmane? Durch Geburt, Gelehrsamkeit oder gutes Verhalten?» «Weder Geburt noch Gelehrsamkeit machen einen zu einem guten Brahmanen, sondern nur die gute Lebensführung. Wer gelehrt ist, kennt nur die Vedas, ist dadurch aber nicht vollkommener.»

«Was ist das Erstaunlichste in der Welt?» «Dass man täglich Lebewesen sterben sieht und doch so weiter lebt, als würde man ewig leben.»

Die Geisterstimme (ein *yaksha*) ist mit den Antworten zufrieden und gewährt ihm den Wunsch, einen der Brüder wieder zum Leben zu erwecken. «Wen möchtest du wiederhaben?» Yudhishthira bittet ohne Zögern: «Nakula soll wieder zum Leben zurückkehren, denn er war der Stiefbruder. Er soll wieder erweckt werden.»

Symbolik und Erzähltraditionen

Der Geist spricht: «Warum ausgerechnet ihn und nicht Bhima, von dem man sagt, er habe die Stärke von 16 000 Elefanten, oder warum nicht Arjuna?» Yudhishthira antwortet: «Mein Vater hatte zwei Frauen. Meine Mutter hat wenigstens noch mich, die andere Ehefrau aber hat ihren einzigen Sohn verloren. Um des Dharma, um der Gerechtigkeit willen soll darum dieser wieder zum Leben erweckt werden.» Der Geist ist so beeindruckt von der Uneigennützigkeit Yudhishthiras, dass er alle Brüder wieder zum Leben erweckt.

Der Geist aber war niemand anderes als Yama, der Herr des Todes, der auch die Gestalt des Rehes angenommen hatte, um die Brüder in den Wald zu locken. Gleichzeitig war er auch die spirituelle Vatergestalt, die die Weisheit des Sohnes testen wollte.

Im Mahābhārata finden sich viele solcher Geschichten, die Juwelen der Weisheit sind. Sie werden bis heute erzählt und vermitteln Lebensweisheit und Wertvorstellungen. Man wird die Bhagavad Gītā auf diesem Hintergrund lesen müssen, um zu erkennen, was konkret gemeint ist, wenn es heißt, dass jeder seine Pflichten angemessen erfüllen solle. Denn die ganz alltägliche Pflichterfüllung ist der wahre Gottesdienst und damit die Erfüllung des Dharma. Man betrachte etwa die Geschichte vom Asketen, den die treue Ehefrau warten lässt, um zuerst ihren kranken Mann zu versorgen, auf die wir an anderer Stelle noch eingehen werden (siehe Seite 129).

Im Rāmāyana werden Heldengeschichten erzählt, die Rāma als den idealen Herrscher porträtieren, der auf Grund seiner Tugend dem Bösen widerstehen und dasselbe besiegen kann. Dieses Epos besingt die Heiligkeit der Ehe. Rāma ist kein gewöhnlicher Held, sondern die «Herabkunft» (*avatāra*) des Gottes Vishnu. Sītā ist als Ehefrau das Ideal der bedingungslosen Hingabe und Selbstaufopferung. Rāma und Sītā als Paar sind der Inbegriff der Seelenkultivierung, die für Männer und Frauen in gleicher Weise gilt, weshalb der Rufname «Sītārām» in Indien sehr beliebt ist. Die bedingungslose Hingabe und Treue der Frau allerdings wird in einer Weise porträtiert, die schon im indischen «Mittelalter» auch auf Widerstand stieß: Sītā, die von Rāvana geraubt worden war, muss nach ihrer Befreiung ihre Treue beweisen, das heißt, Rāma glaubt ihr nicht und fordert vor der Öffentlichkeit – letztlich wohl, um sein Gesicht als König nicht zu verlieren – eine «objektive Probe». Dies ist eine Schmach für Sītā, und die Dichter, die das Epos weiterentwickelt haben, allen voran Tulsīdās, haben Varianten erfunden, die zwischen der Herzensliebe

Sītās und der Härte Rāmas, die er seinem Königsamt schuldig zu sein glaubt, vermitteln sollen

Gott Vishnu aber erschöpft seine Dynamik nicht in der Inkarnation als König Rāma. Die Erzählungen von Vishnus Avatāras als Schildkröte, Zwerg, Gott Krishna usw. decken die ganze Bandbreite der Evolution wie auch menschlicher Erfahrungen ab. Zahlreiche Geschichten enthalten Witziges und Humorvolles. Diese Erzählungen dienen dazu, eine emotionale Nähe zwischen dem Göttlichen und dem Menschlichen herzustellen, die sich bis heute in der Pädagogik auswirkt: Denn die Kinder werden mit diesen Figuren vertraut, wodurch das Göttliche unmittelbar in ihrer Lebenswelt Gestalt annimmt. Diese Nähe wird dann allerdings überboten durch eine Distanz, in der die Größe und Unfasslichkeit des Göttlichen bewusst gemacht wird, wenn etwa – aber auch hier humorvoll erzählt – im Mund des Kindes Krishna die Welten des unermesslichen Universums erscheinen.

Die mythischen Erzählungen, wie sie im Mahābhārata, dem Rāmāyana, den Purānas und zahlreichen lokalen Traditionen überliefert sind, formen das Grundgerüst der kulturellen Identität in Indien. In ihnen sind psychosoziale Muster festgelegt worden, die seit Jahrhunderten die Hindu-Kultur prägen. Selbstverständlich unterliegen die Erzählungen einem gewissen Wandel, und die Interpretationen passen sich den veränderten historischen Kontexten an. Einige Themen tauchen aber mit einer solchen Dichte immer wieder auf, dass sie relativ stabile Kulturmuster erzeugt haben. Wir wollen einige dieser Elemente kurz skizzieren:

Die Spannung von Nähe und Distanz bildet eine Kontrastharmonie der Symbolwelten, und diese wird wiederum aufgelöst in der spirituellen Suche, die in der Erkenntnis (*jnāna*) gipfelt, dass das Göttliche dem Menschlichen nicht nur emotional nahe ist, sondern dass das wahre Wesen des Menschen das Göttliche *ist*, dass die Nähe in der Tiefe der geistigen Erfahrung seiner Identität besteht.

Diese Erfahrung ist die Befreiung (*moksha, mukti*). Sie ist Sinn und Ziel des Lebens. Moksha kann verschiedene Aspekte haben. Sie kann die Gottesliebe sein, die so intensiv wird, dass der Gläubige mit Gott verschmelzen möchte und schließlich verschmilzt. Oder es kann die Symbolisierung des transkausalen Aspektes Gottes (*brahman*) im Vordergrund stehen, das heißt die jenseits jeder Bewegung und Differenzierung stehende Wirklichkeit, das reine Ich-Bin des unnennbaren Einen, das allem zugrunde liegt und identisch mit dem Selbst des Menschen ist. Die jeweilige Glaubensform hängt im Hinduismus von der Konstitution des Individuums ab, die karmisch bedingt ist durch die Eindrücke (*samskāra*s, *vāsanā*s), die über viele Leben hinweg erworben wurden. Sie wird aber auch beeinflusst von momentanen Stimmungen und Zuständen, in denen sich ein Mensch befindet. Es gibt unzählige Hinweise aus Literatur und Musik, dass ein Mystiker oder eine Mystikerin zum einen personal auf der Gefühlsebene von der Liebeseinheit spricht, dann aber bei anderer Gelegenheit den transkausalen Aspekt der Wirklichkeit im Blick hat. Die jeweilige Gotteserfahrung wird bestimmt von den relativen Umständen und den Unvollkommenheiten der menschlichen Existenz. Die Freiheit zur Vielfalt in den Symbolisierungen der Gotteserfahrung ist ein eindrucksvolles Beispiel dafür, wie in der hinduistischen Wahrnehmung und Weltanschauung das Relative und das Absolute, das menschlich Geschichtliche und das unwandelbare Eine miteinander verknüpft werden.

Die Wirklichkeit der verkörperten Seele ist nichts anderes als ein Spiel Gottes oder eine Rolle, die Gott annimmt. In dieser Weise sind auch die menschlichen Rollen, die auf der Bühne der Geschichte gespielt werden, aufeinander bezogene Aspekte des einen Schauspiels. So ist es kein Zufall, dass im indischen Theater und Tanz männliche Schauspieler als Frauen erscheinen und umgekehrt die Tänzerin einen Gott darstellen kann, wohl wissend, dass die Rollen perfekt gespielt und vertauscht werden können. Indem man also bestimmte Rollen spielt, soll erkannt werden, dass man nicht identisch ist mit irgendeiner Rolle, sondern dass die Identität des Menschen darin besteht, die verkörperte Kraft der Gottheit zu sein, die sich gerade in dieser und jener Symbolisierung ereignet. Beide Aspekte sollen in perfekter Einheit miteinander zusammengehen. Eine solche Grundhaltung erzeugt Gelassenheit gegenüber den faszinierenden und bedrängenden Erscheinungen der Welt, eine gewisse Distanz, die Freude und Hochgefühl ebenso wie Angst und Schrecken relativieren, dann aber auch akzeptieren kann. Akzeptanz und Relativierung sind dabei nur zwei Seiten ein und derselben Medaille. Es ist mithin alles eine Frage der Bewusstseinshaltung, das heißt der jeweiligen Identifikation, die wir in unterschiedlichen Reifezuständen erreichen. Wer mit einer sehr begrenzten Rolle identifiziert ist, entwickelt eine entsprechend abgrenzende Haltung; die Gegensätze werden aber relativiert, wenn sich die Identifikation verbreitet, und dies ist ein kontinuierlicher Prozess.

So mag man in diesem Leben als Hindu geboren sein, dessen Pflicht darin besteht, die daraus folgenden Aufgaben (*dharma*) gewissenhaft zu erfüllen, aber im vorigen Leben könnte man auch als Muslim oder Christ inkarniert gewesen sein, oder zukünftig in den verschiedensten möglichen Formen wiedergeboren werden. Was bleibt, ist die jeweilige Lebenserfahrung als Reifeprozess, der sich relational zu den Umständen vollzieht, weshalb diese Umstände wie auch die Religionen ihren je eigenen Wert haben. Die Bedeutung der Begegnung mit dem Guru besteht nun genau darin, den einzigartigen Augenblick des *jetzigen* Ortes und der *jetzigen* Zeit als konkrete Herausforderung zu begreifen, denn in dieser Begegnung ereignet sich eine Resonanz mit dem, was an spiritueller Kraft und Reife bereits entwickelt worden ist. Die Begegnung mit dem Guru ist eine Bewusstwerdung: Das, was potentiell ist, wird darin zur Blüte gebracht. Darum ist der Guru die Repräsentation der erzählten Geschichte, er ist das Symbol der spirituellen Resonanz schlechthin.

Symbolik und Erzähltraditionen

Abb. 1
Abb. 2

Links: Shankaranārāyana als Verkörperung der Einheit von Shiva und Vishnu
Rechts: Ardhanārīshvara als Symbol der Einheit des Weiblichen und des Männlichen, *siehe Seite 234*

Abb. 3

Die Erscheinung der Gottheit als Erde (Kanchipuram), *siehe Seite* 39

Abb. 4

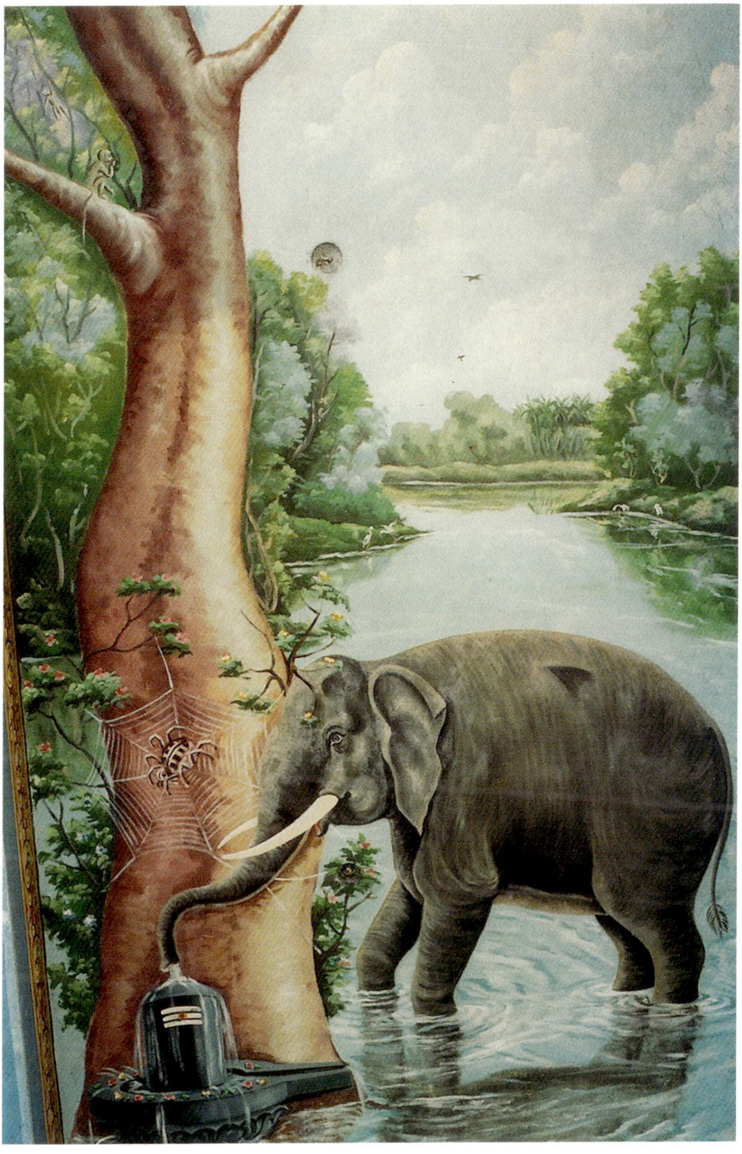

Die Erscheinung der Gottheit als Wasser (Jambukeshvara, Tiruchirapalli), *siehe Seite* 39

Abb. 5

Die Erscheinung der Gottheit als Raum und als Tänzer (Naṭarāja) in Cidambaram, siehe Seite 39, 81f.

Abb. 6
Abb. 7

Links: Shiva erscheint als Feuersäule auf dem Arunācala, *siehe Seite 39*
Rechts: Shiva im Linga als Symbol der Unbegrenztheit, *siehe Seite 81f.*

Abb. 8

Das Herabströmen der Gangā, *siehe Seite* 233

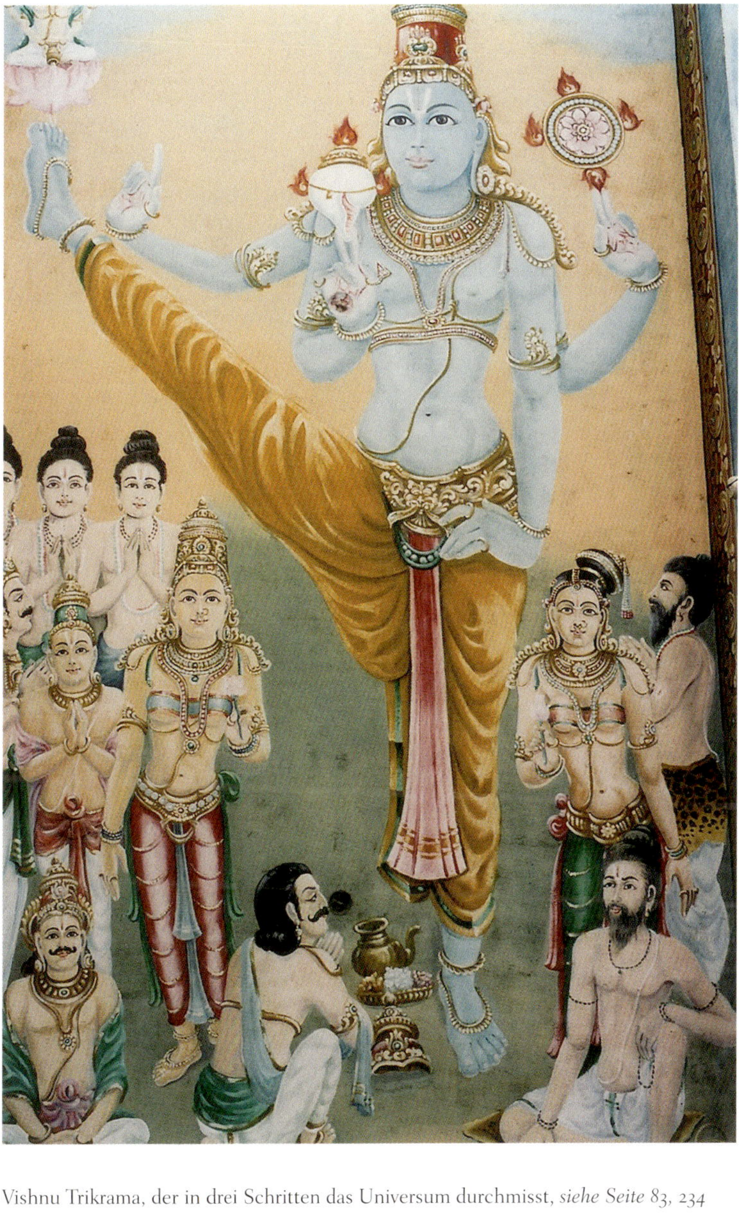

Abb. 9

Vishnu Trikrama, der in drei Schritten das Universum durchmisst, *siehe Seite 83, 234*

Abb. 10

Shankara, um 800

3
Symbolik und Verehrung der Gottheiten

Gottesbilder

Tempelstruktur und Gottessymbol

Alle Rituale und Symbole werden in den indischen Religionen als physische Abbildungen einer metaphysischen Bedeutung verstanden. Nach indischem Selbstverständnis handelt es sich nicht um verschiedene Götter, sondern um das Eine in verschiedenen Formen. Ein alter Spruch aus dem Rigveda ist bis heute kulturprägend geblieben, und er wird ständig zitiert, wenn es um das angemessene Verständnis der indischen «Götterwelten» geht:[1]

«Es ist nur das Eine, die Weisen benennen es mit vielen Namen.»
(*ekam sadviprā bahudhā vadanti.*)

Die überaus große Vielfalt, die verschiedenen Kombinationen der Formen bringen zum Ausdruck, dass *alles* göttlich ist. Die Götter sind weniger als «Individuen» denn als spezifische Kräfte des einen göttlichen Universums zu denken.[2] Die Vigrahas, die Statuen oder Bilder von Göttern, sind nicht als Abbildungen Gottes zu verstehen, da nach indischer Vorstellung Gott völlig unfassbar jenseits von Name und Form ist, sondern als symbolische Repräsentationen, deren Attribute je spezifische Bedeutungen haben. Diese können abstrakt sein, wie geometrische Symbole und Farben, oder konkret, wie Schmuck oder Objekte, die die Götterfiguren in den Händen tragen. Wenn etwa die fünf Elemente (*pancabhūtas*[3]) Erde, Wasser, Luft, Feuer und Raum, die für Festes,

Flüssiges, Strahlung, Gasförmigkeit und ätherische Durchdringung stehen, durch geometrische Symbole, Farben, Klangmuster oder bestimmte Stoffe wie Metalle symbolisch dargestellt werden, so «bedeuten» diese Formen und Farben im Symbol der Gottheiten, dass Gott auch diese Zustände und Elemente durchdringt, dass er *als* dieses Element, *als* dieser Aspekt von Wirklichkeit *präsent* ist. Symbole sind jedoch subjektiv in dem Sinne, dass das Metaphysische nur für denjenigen erkennbar ist, der im Bedeutungsraum dieser Symbolik lebt. Für Außenstehende ist ein steinernes Gottesbild lediglich eine Steinfigur, ein hölzernes Kreuz nur ein Gebilde aus zwei geometrisch angeordneten Hölzern.

Die Symbolik kann konkret sein, wenn etwa ein geweihtes Gottesbild im Tempel wie ein König oder Gast behandelt und geehrt wird, sie kann aber auch abstrakt sein, wenn etwa das *linga* Shivas zwar den phallischen Charakter noch erkennen lässt, aber doch viel mehr bedeutet als die Repräsentation des Fruchtbarkeits- bzw. Schöpfungssymbols (Abb. 7).

Auch das Allerheiligste (*garbhagriha*) des indischen Tempels spiegelt in seiner Konstruktion diese Vielschichtigkeit der Symbolik wider. Es ruht auf einer überwiegend unterirdischen Säule (*pratishthā*), und das, was der Gläubige als Symbol der Präsenz der Gottheit sieht, ist nur die Spitze einer Symbolpyramide, die einige Meter in die Erde hinab reicht. Sechs Ebenen (*shadādhāra-pratishthā*) werden als Grundlage benötigt für die siebente Ebene, das Gottesbild bzw. das Shivalinga (*vigraha*). Die sieben Ebenen repräsentieren nicht nur den kosmischen Aufbau der Welt, sondern auch die sieben *cakras,* die Energiezentren entlang der Wirbelsäule im Menschen. Die Tempelstruktur (*kshetra*) gleicht somit dem Körper (*kshetra*) des Menschen, der in sich die latente Lebensenergie (*prāna* oder *kundalinī*) erweckt und kultiviert. Die Entsprechung von Tempelstruktur und den *cakras* zeigt, dass die Verehrung des Gottesbildes im Tempel zwar als Bhakti, als Liebesbezeugung gegenüber dem transzendenten Gott verstanden wird, dass aber zugleich die Verehrung auch Gott im Menschen gilt, der als die eine Lebensenergie (*prāna*) von der physischen bis zur spirituellen Ebene in allen Erscheinungsformen der mentalen Realität des Menschen präsent ist. Abstrakt philosophisch formuliert: Brahman, der transzendente Grund der Welt, ist Ātman, der transzendente Grund des Menschen. Das bedeutet, dass das Ritual der Pūjā im Tempel als Ritual auch der Selbst-Bewusstwerdung dient.

Die sieben Cakras

7	Sahasrāra	vollkommene Erfahrung jenseits von Einheit und Verschiedenheit
6	Ājnā	Einheit der Gegensätze (*coincidentia oppositorum*)
5	Vishuddha	sprachlich-rational
4	Anāhata	personal
3	Manipūra	intuitiv
2	Svādhishthāna	sexuell
1	Mūlādhāra	digestiv

Die *cakras* 1–3 aktivieren vegetative, 4–5 mentale, 6–7 kontemplativ-transrationale Energie.

Bei der Tempelweihe nun wird in einem speziellen Ritual die Basis für das Symbol der Gottheit (*vigraha*) gelegt. Zuunterst befindet sich ein quadratischer Granitblock mit festgeschriebenen Maßen (*ādhārashilā*), der als «Grundstein» das *mūlādhāra cakra* repräsentiert. Darüber wird ein topfartiges Gebilde, das «Aufbewahrungsgefäß» (*nidhikumbha*) aus Stein oder Kupfer platziert, das das *svādhishthāna cakra* repräsentiert. Nun folgt ein Lotos (*padma*) aus Stein, der dem *manipūra cakra* entspricht, gefolgt von einer steinernen Schildkröte (*kūrma*), die das *anāhata cakra* symbolisiert. Darüber befindet sich eine geöffnete Lotosblüte aus Silber, in deren Mitte eine silberne Schildröte sitzt. Dieses Symbol repräsentiert das *vishuddha cakra*, worauf ein ganz ähnlicher Lotos mit einer Schildkröte aus Gold folgt, und dies steht für das *ājnā cakra*. Darauf wird schließlich eine lange Röhre aus Kupfer gesetzt, die innen hohl ist (*yoganālī*). Sie repräsentiert die *sushumna*, den zentralen Energiekanal, der durch die Wirbelsäule verläuft und die Lebensenergie nach oben leitet. Das eigentliche, sichtbare Gottesbild wird auf dieser «Säule» aufgesetzt, und zwar an der Stelle, wo beim Menschen das oberste *cakra*, der «Tausendblättrige Lotos» (*sahasrārapadma*) zu finden ist. Das bedeutet: Das Gottesbild symbolisiert das vollkommene Erwachen, die letztgültige Aktualisierung aller geistigen Potentiale des Menschen.

Die Symbolwelt der indischen Götter, die, wie wir gesehen haben, ebenso in geometrischen Figuren und Zahlen[4] wie auch in Klängen, abstrakten Farbsymbolen oder in realistischen Bildern und Statuen ausgedrückt werden kann, geht von der Voraussetzug einer Entsprechung von

Gottesbilder

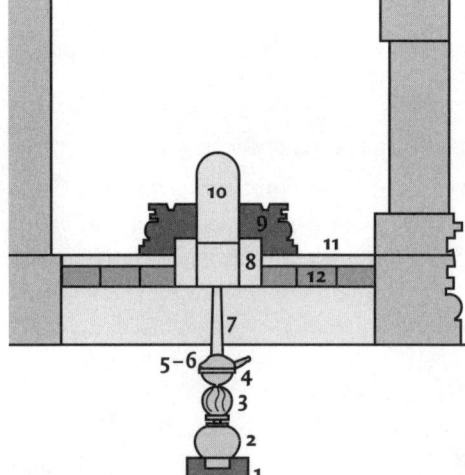

12. Ishtakā-Cayana
11. Fußboden für Garbhagriha
10. Vigraha
9. Pītha
8. Napumsakashilā
7. Yoganālī
5.–6. Silber- u. Goldlotos
4. Kūrma

3. Padma
2. Nidhikumbha
1. Ādkārashilā

Symbolik und Verehrung der Gottheiten

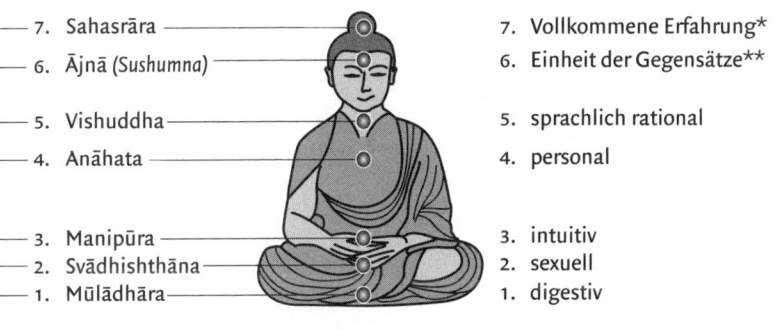

7. Sahasrāra		7. Vollkommene Erfahrung*
6. Ājnā (Sushumna)		6. Einheit der Gegensätze**
5. Vishuddha		5. sprachlich rational
4. Anāhata		4. personal
3. Manipūra		3. intuitiv
2. Svādhishthāna		2. sexuell
1. Mūlādhāra		1. digestiv

*die vollkommene Erfahrung, jenseits von Einheit und Verschiedenheit
**coincidentia oppositorum (Einheit der Gegensätze)

Linke Skizze nach L. A. Ravi Varma, Rituals of Worship, S. 452.

_____ *Gottesbilder*

Mikrokosmos und Makrokosmos aus. Die grundlegende Annahme ist die der Analogie: Die Gesetze, die den «Himmel» bestimmen, sind dieselben, die auch im menschlichen Leben wirken. Die verschiedenen Götter repräsentieren neben kosmischen auch psychologische Zusammenhänge. Die Vielfalt der Götter in ihren komplexen Beziehungen untereinander wird als Spiegelbild der Verknüpfungen und netzartigen Verbindungen zwischen den Energien des Materiellen, des Psychischen und des Geistigen verstanden. Diese Korrespondenz der Ebenen von Wirklichkeit, in den Vedas schon angelegt, wird im Verlauf der indischen Religionsgeschichte immer komplexer ausformuliert und in den Erzählungen wie in den Ritualen ständig neu gestaltet. Bis heute ist in Indien das Wissen bzw. das Gespür, dass die «Dinge» nicht nur das sind, als was sie erscheinen, sondern dass sie Symbole für umfassende Zusammenhänge sind, prägende kulturelle Erfahrung.

Als ein wesentliches Element dieser «kosmischen Frömmigkeit» kann nun auch die Bedeutung von Sonne und Mond sowie der Planeten gesehen werden, die als hintergründige Kräfte die Welt beeinflussen. Konkret wird dies in der indischen Astrologie (*jyotisha*), deren Berechnungen sowohl im rituellen wie auch im alltäglichen Leben eine wichtige Rolle spielen. Die neun Himmelsgestirne, die «Planeten», sind in jedem südindischen Shiva-Tempel zu finden und werden in die Rituale der Pūjās einbezogen. *Jyotisha* verbindet die Ereignisse des Menschenlebens mit der Ordnung und Bewegung der Planeten im Sonnensystem, während *shāntis* Gebete bzw. Besänftigungsrituale an den Einen Gott (*īshvara*) sind, der in der Form der neun planetarischen Gottheiten, der *graha*s angerufen wird (Abb. 14). Die neun Planeten (*navagraha*s) werden folgerichtig mit verschiedenen Lebenserfahrungen assoziiert. Das überall gleiche quadratische Mandala sieht so aus:

		Norden		
	Ketu	Guru	Budha	
Westen	Shani	Sūrya	Shukra	**Osten**
	Rāhu	Kuja	Candra	
		Süden		

– *Sūrya* (*Savitri*, *Ātmakāraka*), dem auch das wichtige Gāyatrī-Mantra gewidmet ist, steht im Zentrum. Sein Gesicht ist nach Osten gerichtet, dem Sonnenaufgang zugewandt. In den beiden Händen hält er Lotosblüten, Symbol auch für Schönheit und Anmut. Der einrädrige Sonnenwagen wird von Aruna, der Morgenröte, gelenkt und von sieben Pferden gezogen. Sūrya ist verbunden mit dem Ātman, denn das Zentrum oder der Grund des Bewusstseins ist die Aufmerksamkeit, die wie das Sonnenlicht alles sichtbar macht. So gilt er auch als Gottheit des Auges. Er gewährt Vertrauen, Autorität und Status. Im Zentrum von allem stehend bewegt er sich nicht, wie es im Vishnu-Purāna (2,8,15) heißt, sondern alles kreist um ihn.

– *Candra* (Mond, auch *Soma* genannt) hält in seinen beiden Händen Lotosblüten und wird in einem von zehn Pferden gezogenen zwei- oder dreirädrigen Wagen dargestellt. Da er wächst und abnimmt, wird er oft mit den Emotionen in Verbindung gebracht, steht aber auch für das Bewusstsein im Allgemeinen. Er soll Einfluss auf alle sprachlichen Aktivitäten haben und wird manchmal auch Vācaspati oder Herr der Sprache genannt. Auch die Vegetation auf der Erde unterliegt seiner Macht. Astrologisch wird ihm eine heilsame Wirkung zugeschrieben, er wird mit dem Sternzeichen Krebs verbunden.

– *Kuja*, auch Mangala genannt, symbolisiert den Mars. In den Purānas erscheint er auch als Kārttikeya, der zweite Sohn von Shiva und Pārvatī. Er hat vier Arme, von denen zwei Waffen (Keule und Speer) tragen, während die anderen beiden *abhaya mudrā* (Furchtlosigkeit) und *varadā mudrā* (Wunschgewährung) formen. Mit ihm verbunden sind die Farbe Rot und das Feuer, er gilt als ungünstiger Planet, der jedoch in südlicher Ausrichtung Gutes wirken kann. Sein Reittier ist der Widder. Astrologisch ist er mit Widder und Skorpion verbunden.

– *Budha* symbolisiert den Merkur. Auch er hat vier Hände, drei tragen als Waffen Keule, Schwert und Schild, die vierte zeigt *varadā mudrā*. Er gilt als Sohn von Candra und Tārā und einigen Überlieferungen zufolge auch als weiblicher Planet. In den Darstellungen ist er dunkel oder gelb mit einer Kette aus gelben Blüten. Sein Fahrzeug ist ein Vierspänner oder ein Löwe. Er steht für Intelligenz, Friedfertigkeit und günstige Umstände und wird astrologisch mit den Zwillingen und der Jungfrau verbunden.

– *Guru*, der Lehrer, ist Brihaspati[5] und repräsentiert den Jupiter. Bereits in den Purānas wird er als Lehrer der Götter beschrieben. In seinen beiden Händen hält er ein Buch und eine Mālā (Rosenkranz). Er gewährt religiöses Leben und Wohlstand und gilt wohl aus beiden Gründen in besonderer Weise als Gottheit der verheirateten Frauen. Astrologisch wird er mit dem Schützen und den Fischen verbunden.

– *Shukra* symbolisiert den Planeten Venus. Er fährt in einem von acht Pferden gezogenen goldenen oder in einem von zehn Pferden gezogenen silbernen Wagen. In seinen zwei Händen hält er einen Schatz und ein Buch. Gelegentlich wird er auch mit vier Händen dargestellt, dann hält er einen Stab, eine Mālā sowie ein Wassergefäß, während die vierte Hand *varadā mudrā* formt. In den Purānas wird er als Lehrer des Königs Bali vorgestellt. Er ist die Gottheit für materiellen Wohlstand, die Liebe und vor allem das Eheleben des Mannes. Er steht für Künste, Kultur und Ästhetik. Astrologisch wird er mit Stier und Waage in Verbindung gebracht.

– *Shani* symbolisiert den Saturn. Er steht für langes Leben und die Überwindung von Unfällen und widrigen Umständen. Auf der psychischen Ebene symbolisiert er Entsagung und Weisheit, insbesondere aber die Überwindung schmerzvoller Erfahrungen und depressiver Phasen. Er hat verbundene Augen, weil sein Blick so kraftvoll ist, dass er blenden und Unheil bringen kann. Seine vier Hände halten Pfeil, Bogen und den Speer, die vierte zeigt *varadā mudrā*. Die Purānas erzählen von ihm als Sohn der Sonnengottheit, der eine dunkle Hautfarbe hat, eine Keule trägt und langsam schreitet. Sein Reittier ist der Geier oder ein Büffel. Astrologisch wird er mit Steinbock und dem Wassermann verbunden.

– *Rāhu* und *Ketu* werden ikonographisch sehr unterschiedlich dargestellt. Rahu ist entweder nur als Kopf oder oben als Mann mit der unteren Hälfte als Schlange zu sehen, während Ketu oben als Schlange und unten als Mann erscheint. Der Mythos erzählt, dass beide von Dämonen (*rākshasa*) abstammen. Rāhu reitet auf einem schwarzen Löwen oder sitzt auf einem Löwenthron, gelegentlich auch in einem silbernen, von acht Pferden gezogenen Wagen. In einer Hand hält er Buch und Wolldecke, die andere Hand ist leer, in Darstellungen mit vier Armen trägt er Schild, Schwert und Lanze, die vierte zeigt *varadā mudrā*. Ketu reitet auf einem Geier. Er wird hässlich dargestellt und trägt in der einen Hand die Keule, die andere zeigt *varadā mudrā* (gelegentlich auch *abhaya mudrā*). Beide, Rāhu und Ketu, sind astronomisch keinem Planeten zugeordnet, sondern repräsentieren den nördlichen (Rāhu) bzw.

südlichen (Ketu) Knotenpunkt der Mondbewegungen. Sie beeinflussen die anderen Planeten. Rāhu steht für den Sieg über die Feinde, Ketu gewährt Wachstum der Familie.

Neben diesen besonderen kosmischen Aspekten bezieht sich die Entsprechung zwischen Mikrokosmos und Makrokosmos aber auch auf die ganz konkrete körperliche Wirklichkeit des Menschen. Denn die Funktionsweisen der Organe des menschlichen Körpers werden auf dieselben Kräfte zurückgeführt, die auch im Universum wirken. So entsprechen beispielsweise die verschiedenen Aspekte der Lebensenergie (*prāna*) den «Winden», die auch das Klima in Balance halten. Das Augenlicht hat seine Entsprechung in der Lichtenergie des Universums, die Körperwärme in den kosmischen Prozessen des Wärmeaustauschs, wobei jedoch die Energie der Sonne ebenso wie die Sehkraft des Auges letztlich auf das Wirken des «Sonnengottes» (*Sūrya*) zurückgeführt werden.

Die kosmische Bedeutung der Kuh

In diese Vorstellung wird nun aber neben der Sphäre des Menschen auch die der Tiere miteinbezogen, wie wir am Beispiel der Kuh sehen können. Die Kuh als Spenderin der lebenserhaltenden Milch war besonders in früheren Zeiten eine wichtige Quelle der Nahrung. Beim heranwachsenden Kind wird bis heute die erste Nahrung, die Muttermilch, ersetzt durch die Milch der Kuh. Und darum wird die Kuh als eine zweite Mutter verehrt, und der Kuhstall (*goshāla*) im indischen Dorf gilt als heiliger Ort.[6]

Die irdische Kuh hat in der «kosmischen Kuh» ihre Entsprechung, indem die einzelnen Glieder als Teile und Aspekte des Universums betrachtet werden. Die himmlische Kuh wird als *kāmadhenu*, als «wunscherfüllende Kuh», vorgestellt; sie repräsentiert die himmlischen Kräfte als wohlwollende himmlische Mutter. So ist es nicht verwunderlich, dass morgens, wenn der Tempel geöffnet wird, das Ritual der Kuh-Verehrung (*go pūjā*)[7] vollzogen wird, in welchem sie als Mutter, als Spenderin und Erhalterin des Lebens, verehrt wird. Es gilt als heilsam und Glück bringend, wenn man als erste Handlung des neuen Tages der Verehrung der Kuh, und hier besonders in ihrem kosmischen Aspekt, beiwohnt. Denn sie symbolisiert nicht nur Anfang und Ende allen Lebens, da sie mit ihrer kosmischen Gebärkraft die Welt in Gang setzt, sondern – in Assoziation mit der Göttin Lakshmī, der Gemahlin des Himmelsgottes Vishnu – tritt sie auch als Spenderin von Wohlstand überhaupt auf. Dabei ist hier mit Wohlstand sowohl die Fülle des Geistigen als auch des Materiellen oder des Naturhaften gemeint. Die Göttin Lakshmī, die im umfassenden Sinn die Fülle der Natur symbolisiert, und die Göttin Sarasvatī, die für Weisheit, Wissenschaft und Kunst steht, sind zwei Aspekte dieser einen Kraft. Und die wird, dem ganz ursprünglichen Erleben der Kultur von Rinderzüchtern entsprechend, in der Kuh verehrt.

Und auch die Gaben der Kuh haben eine besondere rituelle Bedeutung – Milch und Butter sowie Harn und Kuhfladen, die als Brennmaterial und Desinfektionsmittel wichtige Elemente des täglichen Lebens sind. Mit Lakshmī verbunden ist aber auch der Kult der Tulasi-Pflanze. Sie ist für ihre heilende Wirkung bekannt und wird in den Purānas, besonders im Devī Bhāgavata, mit der Göttin als Heilspenderin in Verbindung gebracht. Aus diesem Grund findet man in vielen indischen Häusern Tulasi-Pflanzen in Hof, die jeden Morgen verehrt werden.

Das Böse und seine ikonische Überwindung

Das «Böse» als bestürzende Erfahrung des Menschen muss in jeder Kultur rituell bewältigt werden und soll hier als ein weiterer Aspekt symbolischer Repräsentation genannt sein. Denn jede Religion steht vor der Frage, wie es das Böse oder Widergöttliche, das Chaotische oder Zerstörende in der Welt geben kann, wenn doch alles von Gott kommt. Die Antwort der indischen Kultur lautet, bei aller Differenzierung in den einzelnen philosophischen Schulrichtungen, übereinstimmend: Welt ereignet sich als Spannung in Gegensätzen, wobei die Balance in sich ständig neu gestaltenden Prozessen fortwährend neu hergestellt werden muss. Gegensätze wie hell und dunkel, angenehm und unangenehm, gut und böse bedingen einander, aber in menschlichen Wertungen wird der Zusammenhang auseinandergerissen. Die Polaritäten sind die Signatur einer endlichen, relativen Welt. Dies wird in der indischen Mythologie auf vielfältige Weise symbolisch zum Ausdruck gebracht.

Ein Beispiel hierfür ist die Gestalt des Gottes Vishnu, der am Grund des Weltenozeans auf einer Schlange schläft, während aus seinem Nabel ein Lotos emporwächst, in dessen Blüte der Schöpfergott Brahmā sitzt, der Ursprung der Differenzierung, der Welt von Name und Form.

Aus den beiden Ohren Brahmās entspringen die ersten Geschöpfe – das eine gut, das andere böse. Schon die vedische Mythologie thematisiert eindrücklich den ewigen Kampf der Mächte des Guten und des Bösen, der *devas* und der *asuras*, zwischen den fördernden und den hindernden Kräften. Dieser Widerstreit polarer Wirkmechanismen vollzieht sich nicht nur auf der Ebene der sichtbaren Welt, sondern auch auf der feinstofflichen Ebene. Und er endet nicht mit dem Sieg der einen über die andere Seite, sondern er ist Symbol für die Herstellung der Balance, der Homöostase. Diese aber ist zerbrechlich und hat darum immer nur für eine kurze Zeitdauer Bestand, bis das Ringen der Kräfte von neuem beginnt. Wäre dies nicht so, gäbe es keine Bewegung, keine Evolution, kein Leben. Die Polarität der beiden Mächte *ist* die Zeitlichkeit und Geschichte des Universums. Wenn eine Seite gewinnt, gerät die Welt aus dem Gleichgewicht, und es muss wieder ein Ausgleich geschaffen werden. Nimmt das Böse überhand, greift eine göttliche Macht ein.

Diese Auseinandersetzung findet nun auch im Bewusstsein eines jeden Menschen statt. Aufgrund seines geistigen Unterscheidungsvermögens und seines Willens kann der Mensch seine geistigen Kräfte einsetzen, um der harmonischen Balance, dem Dharma, zu entsprechen und sich so zu entwickeln, dass die niedere Natur unter Kontrolle gehalten und von der höheren geistigen Natur überformt wird. Das ist der spirituelle Weg (*sādhanā*), und der Mensch ist frei, diesen zu gehen. Die genannten Symbolisierungen sind eine bildhafte Karte, um die Landschaft des Lebens begehen zu können. Sie dienen der Orientierung.

In den purānischen Göttergeschichten wird dieses Grundmodell narrativ ausgeformt, und viele Geschichten und Götterbilder, die in den Tempeln und Familien erzählt bzw. verehrt werden, gehen auf Situationen zurück, die paradigmatisch den Kampf bzw. Ausgleich der polaren Kräfte zum Inhalt haben. Wenn die Balance dramatisch gestört ist – und diesen Eindruck hatte man offensichtlich auch in der indischen Tradition, wo vom Kālī-Yuga die Rede ist, dem Zeitalter des Verfalls des Dharma –, bedarf es der Anstrengung vieler Götter, sprich: der Konstellation ganz unterschiedlicher psycho-physischer Kräfte, um das Gleichgewicht wiederherzustellen, um die Welt wieder ins Heil zu bringen. So wird im Devī Māhātmya[8] erzählt, wie verschiedene göttliche Kräfte, insbesondere weibliche Energien, zusammenwirken müssen, um einen besonders gefährlichen Dämon zu besiegen. Diese Kräfte vereint die furchterregende Göttin Kālī in sich, und nur ihre geballte weibliche Energie kann das Böse überwinden. In indischen Traditionen gilt die Shakti, die weibliche Kraft, als das Bewegende und Verändernde, während die männliche geistige Form (*purusha, shiva* oder andere Ausformulierungen) das strukturierende Element darstellt. Beide bedingen einander, was in den Göttergeschichten erzählt und im Kult anschaulich inszeniert wird.

Inkarnationen Vishnus

Die energetische Präsenz des Göttlichen ist notwendig, um die Welt in Balance zu bringen. Eine weitere Symbolisierung dieser Grundanschauung findet sich in den Zehn Avatāras, den klassischen zehn dynamischen «Herabkünften» oder Inkarnationen des Gottes *Vishnu*, der jeweils in einer bestimmten Form einer spezifischen dämonischen Kraft entgegentritt. So erscheint der Gott Vishnu, der als Hari oder Krishna angesprochen werden kann, zuerst (1) als *matsya, Fisch*, um im Chaos der Wasserfluten die rettende Form zu sein bzw. wie ein Schiff das heilige Vedawort zu tragen, wie es in Jayadevas Gītagovinda heißt. Dann erscheint er (2) als *kūrma, Schildkröte*, auf deren Rücken die Erde gestützt ist, damit sie nicht im Chaos des Wassers versinkt; in dieser Gestalt gewinnt er aber auch aus dem Quirlen des Milchozeans den Nektar der Unsterblichkeit. Darauf erscheint er (3) als *vārāha, Eber*, der die Erde auf der Spitze seines Stoßzahnes bewegt; nach anderer Überlieferung tritt er in dieser Gestalt auf, um den Dämon Hiranyaksha zu täuschen und zu überwinden. Dann erscheint er (4) als *narasimha, Löwenmann*, der Stärke mit Klugheit verbindet und das Dämonische mit Kraft bezwingt; dann (5) als *vāmana, Zwerg*, der die Zaubermacht des Dämonen Bali bricht, indem er ihn überraschend mit großen Schritten überlistet; sodann (6) als *parashurāma, Krieger mit der Axt*, der mit Gewalt das Böse in der Welt tilgt; dann (7) als *König Rāma*, der ein Reich der Gerechtigkeit errichtet, nachdem er den Dämon Rāvana bezwungen hat. Darauf erscheint er (8) als *Krishna* oder auch *Balarāma* (manchmal als Krishnas Bruder, dann auch als Teilinkarnation Krishnas aufgefasst), der als Kind Streiche ausübt und mit Humor das Hintergründige der Welt zeigt, der auch mit dem Pflug (*haladhararūpa*) Saat, Regen und Ernte beschützt, als Hirte nicht nur die Kühe hütet, sondern auch die Mädchen verführt und besonders mit seiner Geliebten Rādhā zum Symbol der Hingabe an Gott wird. Dann tritt er auf (9) als der *Buddha*, der das Tieropfer der Vedas verbietet und die heilende Hinwendung zu allen Lebewesen (*karuṇā*) lehrt und praktiziert, und schließlich (10) als *Kalki*, der als apokalyptischer Rächer auf dem weißen Pferd und mit gezücktem Schwert dem Dharma am Ende des gegenwärtigen Kālī-Yuga zum Durchbruch verhelfen wird gegen die feindlichen Heere des Bösen. Natürlich haben sich um diese Avatāras zahlreiche Erzähltraditionen gebildet mit sehr unterschiedlichen Interpretationen.[9]

Die religionsgeschichtlich wichtigsten dieser Avatāras sind Krishna und Rāma; ihr Einfluss hat weit über die vishnuitischen Kulttraditionen hinaus die gesamte hinduistische Kultur geprägt. Neben den eben genannten gibt es Tradierungen mit zusätzlichen Avatāras. Es können «Präsenzen» des Göttlichen in der Welt nebeneinander existieren, zum Beispiel Inkarnationen im strengeren Sinn, zeitweilige Erscheinungen im feinstofflichen Körper oder Präsenzen in den geweihten Kultstatuen.

All dem liegen Theorien über das Leben, insbesondere über die Entstehung des menschlichen Lebens, zu Grunde. Nach sehr alten Vorstellungen muss die Entstehung eines Lebewesens nicht notwendigerweise nur durch den physischen Kontakt zustande kommen, auch wenn es den Normalfall darstellt. Doch auch hier muss ein weiteres Element hinzukommen, nämlich eine geistige Energie; diese sucht sich ein ganz bestimmtes Paar aus, um sich mit einem grobstofflichen Körper zu verbinden. Die Kriterien dieser Suche liegen in den Dispositionen, die das Karma in jenem geistigen Kontinuum, das auf Verleiblichung wartet, geschaffen hat. Nur eine falsche Identifikation mit dem physischen Körper führt zu der Schlussfolgerung, dass Empfängnis und Geburt ein rein physischer Akt seien. Die göttlichen Energien manifestieren sich durchaus auch in der Liebesvereinigung von Mann und Frau, aber nicht nur. So steht die purānische Geschichte der physischen Geburt eines Gottes (Krishna) neben Erzählungen von Manifestationen im feinstofflich-transphysischen Bereich (Brahmā). Nach indischem Denken handelt es sich hier nicht um das Überschreiten einer Realitätsgrenze, sondern es geht um Realität in unterschiedlichen Wahrnehmungsspektren.

Bereits in vedischer und spätvedischer Zeit finden sich Ansätze für dieses Denken, das dann aber mit der Bhagavad Gītā zu einem zentralen Symbol indischer Religion(en) wurde.[10] Denn dort erklärt der als Wagenlenker Krishna erscheinende höchste Gott Vishnu dem Prinzen Arjuna, dass er, Gott, sich immer dann inkarniere, wenn der Gesetzlosigkeit (*adharma*) Einhalt geboten werden müsse. Hier stellt sich die Frage, warum sich Gott, der ja das Wesen in allem ist (Bhagavad Gītā 10) und ohne den nichts wäre, inkarnieren muss, um in der Welt wirksam zu sein. Die Antwort ist von Sri Aurobindo so gegeben worden: Gott steigt herab, damit wir aufsteigen.[11] Gott nimmt menschliche Form an, damit der Mensch die Anwesenheit des Göttlichen im Menschlichen erkennen kann. Durch Gottes Inkarnation wird in dem Menschen, der sich dafür öffnet, eine Resonanz erzeugt, die zur Erkenntnis führt. Gott schafft sich, wie es in der Gītā heißt, mittels seiner eigenen schöpferischen Kraft (*ātmamāyā*) aus sich selbst heraus, und wer ihn in seinem Wesen und seinen Taten erkennt, muss nicht wiedergeboren werden, sondern gelangt unmittelbar zu ihm. Denn wer die göttliche Präsenz in einer solchen Inkarnation wahrnimmt, rührt an das Geheimnis seines eigenen inneren Lebens. In Resonanz, im Spiegel oder als Echo des Göttlichen erfährt er sein eigenes Wesen. Wer sich selbst als Subjekt seines Handelns wähnt und meint, die Früchte seines Handelns (*karmaphala*) genießen zu können, bleibt notgedrungen im Kreislauf der Geburten gefangen. Wer aber nach innen schaut und erkennt, dass die «eigenen» Gedanken, Gefühle und Handlungen das Resultat von Prozessen sind, die das «Energiefeld der Natur»[12] hervorbringt, der erkennt, dass er unfrei ist, gebunden durch diese Prozesse, die vom Karma gesteuert sind.

Diese Erkenntnis selbst aber, das heißt der Erkenner, der dies so betrachtet, ist aus der Kraft des Ātman gespeist, denn er tritt der karmisch operierenden Natur (*prakriti*) gegenüber. Er ist dann nicht mehr mit den karmisch-energetischen Prozessen, sondern mit der Erkenntniskraft des Ātman, dem ewigen «Ich-Bin», also mit Gott, identifiziert. Und «das» ist jenseits von Handeln und Nicht-Handeln, jenseits aller Dualität. In diesem Zustand (des Seins wie des Bewusstseins) ist die Form formlos geworden, der Mensch haftet an keiner vergänglichen Form mehr an, jedes Bild und jedes Ritual wird transzendiert. Die indische Symbolik kennt hierfür das Bild eines in der Luft fliegenden Vogels, der keine Spur hinterlässt. Das ewige innere Selbst wird weder geboren noch wiedergeboren, sondern es ist das eine strahlende Licht in und hinter jeder zeitlichen Erscheinung.

Die Symbolik der Erscheinung des Göttlichen im Menschen wird jedoch im indischen Mythos konkret durchgespielt, damit sich das menschliche Leben, so wie es ist, darin spiegeln kann und umgekehrt. So erscheint Krishna einerseits als Wagenlenker und Kriegsheld, aber auch als Liebhaber und Verführer, vor allem aber als das göttliche Kind. In letzterer Gestalt ist er in ganz Indien besonders beliebt, und es gibt zahllose Geschichten, die mit Humor und tiefer Symbolik das alltägliche Leben des Menschen in ein göttliches Licht tauchen.

So wird erzählt, wie Krishna als Baby auf dem Erdboden krabbelt und Erde in den Mund nimmt. Die Mutter kommt herbei und versucht, den Mund zu reinigen. Dabei öffnet sie den Mund des Kindes, um die Erdkrumen zu beseitigen. Was aber sieht sie? Im Munde des göttlichen Kindes ist das gesamte Universum ausgebreitet, und Krishna zeigt damit der Mutter seine wahre kosmische Gestalt. Die intime Nähe Gottes und seine unendliche Größe, die Distanz und Respekt gebietet, sind zwei Seiten einer Erfahrung. In der vertrauten Intimität von Mutter und Kind ist das kosmische Ganze beschlossen.

Solche und andere Erzählungen werden bildhaft dargestellt oder von Barden in Liedern vorgetragen. Eine sehr beliebte Geschichte berichtet von dem ungezogenen Knaben Krishna, der heimlich Butter genommen hat und von der Mutter zur Rede gestellt wird. Alle wussten, dass er Butter überaus gern mochte, sein Mund war verschmiert, aber er leugnete mit dem Argument, dass er morgens zum Hüten der Kühe ausgezogen und erst abends heimgekehrt sei. Die Mutter wird immer ärgerlicher, aber Krishna erfindet die verschiedensten Ausreden, die es unmöglich erscheinen lassen, dass er die Butter gestohlen haben könnte. Er behauptet, andere hätten ihm im Zorn die Butter ins Gesicht geschmiert. Und so geht es hin und her: Krishna begegnet der Mutter mit Charme, wird bockig, bis er schließlich traurig wird und damit das Mitleid der Mutter erregt, die ihn darauf in ihre Arme nimmt. Und nun gesteht er, dass er die Butter gegessen hat. Die Erzählung spiegelt das ganze menschliche Spektrum wider. Krishna ist es, der die Butter isst und auch wieder nicht isst und der sich offenbart, wenn er bedingungslos geliebt wird.

Diese Geschichte wird auch als Lied in Rāgas[13] vorgetragen, die speziell für den Morgen und für den Abend bestimmt sind.[14] Sie zeigt, dass ebenso wie Krishna allzeitig und allgegenwärtig ist, auch Gott nicht von bestimmten Inhalten, Eigenschaften oder Handlungen abhängig oder an sie gebunden ist. Der Mensch kann Gott lieben wie ein Kind, wie eine Mutter, wie einen Vater, wie einen Geliebten oder eine Geliebte, aber vor allem als sein inneres Selbst. Doch nur wenn er sich rückhaltlos in Liebe auf ihn einlässt, wie dies eine Mutter gegenüber ihrem (auch unartigen) Kind tut, kann er Gott erkennen. Gott ist formlos, aber da man dem Formlosen nicht mit Gefühlen begegnen kann, erscheint Gott in allen nur möglichen symbolischen Formen, um die vielfältigen Gefühle des Menschen auf sich zu ziehen.

Die indische Tradition hat nun aber auch ein Gespür für die Gefahr entwickelt, die droht, wenn sich der Gläubige zu sehr an eine konkrete Form hängt und die Form mit Gott bzw. das Symbol mit dem Symbolisierten verwechselt. Dann nämlich haftet der Mensch ausschließlich an dieser bestimmten Form an und entwickelt eine zwanghafte Religiosität. Aus diesem Grund soll, wie im Vishnu Purāna erläutert wird, Spiritualität von der Form zum Formlosen, von *rūpa* zu *arūpa*, führen. Dies geschieht schrittweise in einer Symbolik, die das Gottesbild allmählich entgrenzt. So wird etwa Vishnu in Gestalt eines abgerundeten Steines (*shālagrāma*) verehrt oder Shiva in Gestalt des Shivalinga. Beide Formen weisen keine exklusiv-individuelle Gestalt mehr auf, sondern sind als Symbole für die Formlosigkeit zu verstehen. Die aber ist letztlich auch nicht in einem Stein gegeben, sondern dann, wenn Gott als das innere Licht im Herzen, als das Licht im Bewusstsein des Menschen erscheint. Die Gegenwart Gottes wird dann nicht mehr an dieses oder jenes Tempelbild, an diesen oder jenen Ort gebunden, sondern in *allen* Formen und *jenseits* aller Formen gesehen. So heißt es in der Bhagavad Gītā:

> Ich stütze dieses Universum ewig
> mit nur einem einzigen Bruchteil meiner selbst.[15]

Gott ist überall wahrzunehmen und zu erkennen, zu lieben und zu verehren.

Aus der vedischen Kultur, den dravidischen Kulturen, den zahlreichen Stammeskulturen und Einflüssen von außen sind im Laufe der Jahrtausende indischer Religionsgeschichte zahlreiche Kulttraditionen entstanden. Am bedeutendsten sind der *Vishnuismus* und der *Shivaismus* neben dem *Shaktismus*, der Verehrung einer höchsten weiblichen Gottheit. Auch zahlreiche chthonische Kulte, Schlangenkulte usw. werden bis heute praktiziert. Diese Traditionen konnten im Verlauf der Geschichte durchaus auch exklusiv sein, bis hin zu feindseligen Wahrnehmungen gegeneinander. Im heutigen Indien gibt es viele Verbindungen zwischen diesen Traditionen, so, wenn beispielsweise Kultbilder verschiedenster Traditionen gemeinsam in einem Tempel verehrt werden oder die Hymnen an Vishnu (und seine Inkarnationen) und Shiva in ein und demselben Ashram gesungen werden.

Shiva-Vishnu-Hanumān-Ganesha-Subrahmanya-Lakshmī-Sarasvatī-Durgā-Kālī

Die indischen «Götter» haben lange Entstehungs- und Verwandlungsgeschichten durchlaufen. Sie sind Produkte synkretistischer Entwicklungen, wie wir sie aus allen Religionen kennen. Einige besonders populäre Formen der Gottheit, die auch in Sri Gnanananda Tapovanam dargestellt und verehrt werden, seien im Folgenden kurz charakterisiert.

Shiva: In Südindien besonders in seiner Form als Natarāja, als König des Tanzes, verehrt, ist Shiva neben Vishnu zur wichtigsten Göttergestalt des späteren Hinduismus geworden.[16] Er ist der Große Gott (*maheshvara*), der das gesamte Universum schafft und periodisch wieder vernichtet. Je nach Schulrichtung[17] unterscheiden sich die theologischen Ausführungen. Unter tantrischem Einfluss wird er als männlicher Gott in Beziehung zu seinem weiblichen Aspekt, der *shakti*, dargestellt.[18] Ohne seine Shakti ist Shiva dann *shava* (Leiche), das heißt, die Shakti ist sein Schaffensprinzip, Shiva in sich hingegen ist die geistige inaktive Struktur. In fast allen Traditionen wird von den fünf Aktivitäten (*pancakritya*) Shivas gesprochen: Schöpfung, Erhaltung, Auflösung, Verhüllung, Gnade.

Es gibt zahlreiche Erscheinungsformen Shivas, die auf eine Verbindung mit lokalen Traditionen und/oder auf puränische Darstellungen zurückgehen, wie sie in den shivaitischen Āgamas[19] überliefert sind. Eine beliebte Darstellung ist *Shiva Dakshināmūrti*, der «sein Gesicht nach Süden wendende Shiva». Die Handhaltung (*mudrā*) zeigt an, dass er in dieser Gestalt lehrt,[20] und mit der Himmelsrichtung Süden weist er auf die Vergänglichkeit, den Wandel von Leben und Tod, hin. Er selbst schaut von Norden nach Süden, aus dem Norden aber kommt das Heilende und die Befreiung, die in den Bereich der Vergänglichkeit und des Todes hineinwirkt.[21] Neben Shiva als dem Gnädigen gibt es auch zornvolle Formen (zum Beispiel *Bhairava*), aber immer ist es das Motiv der Vernichtung des Dämonischen, das für diesen Gott charakteristisch ist. Shiva wird oft in Verbindung mit seiner Gattin Pārvatī dargestellt, die ebenfalls unterschiedliche Formen annehmen kann.

Sein Reittier ist der Stier *Nandi*, der, mit dem Kopf in Richtung des heiligen Shiva-Schreins, vor jedem Shivatempel auf die Erscheinung seines Herrn wartet und damit Vorbild für jeden Gläubigen ist. Es wird erzählt, dass Nandi ursprünglich ein Asket war, der aufgrund seiner ungeteilten Hingabe an Shiva eine Gestalt erhielt, die Shiva in wesentlichen Aspekten gleicht: Er hat drei Augen, vier Arme und trägt ein Tigerfell. Das dritte Auge ist das Auge der Weisheit, in dem die Dualität, die vom linken und rechten Auge herrührt, in einer *coincidentia oppositorum*, einer Einheit der Gegensätze, verschmolzen ist. Shiva und Nandi werden als unzertrennlich beschrieben.

Als Shivas mythischer Wohnsitz gilt der Berg Kailāsa jenseits der Himalaya-Kette, aber auch in Südindien wird ihm eine «Residenz» zugeschrieben: der Berg Arunācala in unmittelbarer Nähe der Stadt Tiruvannamalai, die einen der größten Shiva-Tempel Indiens beherbergt und nicht weit von Sri Gnanananda Tapovanam entfernt liegt (Abb. 11).

Shiva ist einerseits der große Yogi, der auf dem Berg Kailāsa in meditativer Versenkung sitzt, andererseits auch der liebende Gatte, aus dessen Verbindung mit seiner *shakti*, der großen Göttin Pārvatī, die Welt hervorgeht. Und er ist auch der Tänzer (*Natarāja*), der den kosmischen Tanz der Schöpfung und Zerstörung des Geschaffenen tanzt, dabei Ordnung erzeugt und das Chaos bezwingt (Abb. 5). In den Āgamas werden sowohl 108 als auch sieben klassische Tanzschritte Shivas aufgelistet, die auch mit den Tageszeiten verbunden werden und wozu der Paartanz Shivas mit seiner Gemahlin Pārvatī/Umā (*Umātāndava*) gehört. Shiva als tanzender vierarmiger Gott hat den linken Fuß leicht zum Tanz erhoben, während der rechte Fuß den Dämon Apasmāra niederhält. Dabei wird der Dämon nicht ausgelöscht, sondern gezügelt, denn seine Energiewellen halten, in transformierter Form, den Tanz der Schöpfung in Gang. In der Gegenbewegung von Armen und Händen spielt sich das Drama von Leben und Tod ab, zwei Endpunkte eines ewigen Pendels, das rhythmisch schlägt: Die obere rechte Hand hält die Trommel der Zeit, ihr Ton ist der Ur-Klang, aus dem sich das Universum entfaltet. Die obere linke Hand trägt das Feuer, das die Welt am Ende eines jeden Daseinszyklus verzehrt. Die unteren Hände, erhoben und gesenkt, zeigen im kreisenden Gestus die Gebärde der Furchtlosigkeit (*abhaya mudrā*) und des Gewährens (*varadā mudrā*) – Werden und Vergehen, der Rhythmus des Lebens als Tanz. Tanz ist die kreative Kraft, die Einheit des Rhythmus in der zeitlich definierten Bewegung, in der die Ordnung, nach der sie abläuft, im Geschehen des Tanzes von Augenblick zu Augenblick neu entsteht.

So ist Shiva nicht ein Schöpfer, welcher der Welt fern gegenüber steht, sondern er *ist* in seiner Bewegung alles in allem, er vereint Shiva und Shakti, das Männliche und das Weibliche, das Statische und das Dynamische. Er, das letzte Prinzip der Welt, ist nicht außerhalb dieser Gegensätze, sondern er verkörpert diese Polarität. Die Welt ist eine in sich dynamische Einheit, die ständig neue Formen hervorbringt und wieder in sich zurücknimmt. So veranschaulichen Shivas Charakteristika, die zunächst als Gegensätze erscheinen, nämlich Meditation, Sinnlichkeit und tanzende ekstatische Bewegung, die Einheit der Welt, den Rhythmus des Lebens überhaupt. In den Erzählungen über Shivas Wirken, also in den Āgamas und Purānas, wird dieses zugrunde liegende Prinzip in der Vielfältigkeit des Lebens ausgemalt und weitergeführt.

Vishnu: In vedischer Zeit hatte Vishnu noch nicht die Bedeutung einer zentralen Gottheit. Doch gemeinsam mit Indra, dem Himmelskönig, kämpfte er auch damals schon gegen die Dämonen. In der Überlieferung des Rigveda ist er mit den «drei Schritten» (*trikrama*) verbunden: Es heißt, dass er als Neugeborener zu unermesslicher Gestalt wuchs und mit seinen drei Schritten das gesamte Universum durchmaß (Abb. 9). Diese Symbolik wurde bereits von frühen Kommentatoren unterschiedlich interpretiert. Einige meinten, dass der alldurchdringende Vishnu mit den drei Schritten die Erde, den Zwischenbereich und den Himmel unter seine Kontrolle gebracht habe, andere sahen die drei Schritte in Verbindung mit Feuer, Licht und Sonne oder aber als Symbol der Phasen des Sonnenlaufs – Aufgang, Zenith und Untergang. Diese Deutung ist in besonderer Weise mit dem Vishnu-Tempel von Tirukoiylur verbunden.

Unter dravidischem Einfluss ändert sich das Bild von Vishnu, und zwar bereits in den Epen, vor allem aber dann in den Purānas. Er wird nun oft als Nārāyana bezeichnet, als der alldurchdringende und allgegenwärtige Geist. Die bedeutenden Tempel von Srirangam und Trivandrum zeigen ihn in einer seiner berühmtesten Formen: Als Ranganātha (oder *sheshasāyin*) liegt er schlafend auf der Weltenschlange Shesha im unermesslichen Weltenozean aus Milch (*kshīrābdhi*). Er befindet sich in yogischem Schlaf (*yoganidrā*) und schafft mit seinem rhythmischen Atmen die Zeit. Aus dem Nabel wächst, wie schon beschrieben, eine Lotosblume, in deren Blüte der Schöpfergott Brahmā sitzt. Der Lotos gilt in allen von Indien beeinflussten Kulturen als Symbol für die Transformationskraft des Geistigen: In dem dunklen und unreinen schlammigen Grund des Tümpels gründend, erhebt er sich über die Oberfläche und erblüht in reiner Schönheit und Vollkommenheit. In dieser wunderbaren Manifestation zeigt und spiegelt sich die Vielfalt der Erscheinungswelt, die wir sinnlich wahrnehmen können. Im träumenden Schlafen Vishnus wächst aus dem Rhythmus des Atems, der unwillkürliche Bewegung und gestalterische Kraft zugleich ist, die Vielfalt der Welt. Aus dem vorbewussten Einheitstraum wächst die Welt der wachbewussten Differenzierung. In der Dreiheit (*trimūrti*) mit Shiva und Brahmā gilt Vishnu als der Erhalter der Welt. Darum ist er mit Lakshmī, der Göttin des Reichtums, des Glücks und auch der Schönheit, verbunden und oft so dargestellt, dass er seinen linken Arm um ihre Hüfte gelegt hat, während sie auf seinem Schoß sitzend ihre rechte Hand um seinen Hals legt (Lakshmī-Nārāyana).

Vishnus Körper ist dunkelblau, er trägt eine Krone und ist in ein gelbes Gewand gekleidet. Als Reittier ist Vishnu *Garuda* zugeordnet, der mythische Himmelsvogel, Symbol dafür, dass Vishnu die Qualität der Unendlichkeit des Himmels repräsentiert. Garuda steht im Tempel stets in menschlicher Gestalt mit einer Vogelnase und Flügeln dem Schrein des Gottes Vishnu direkt gegenüber, gelegentlich auch in kniender Haltung, mit in *anjali mudrā* zusammengelegten Händen, die Anbetung symbolisieren. Vishnu selbst hat vier Arme und steht auf einem Lotos. Blau symbolisiert die Unendlichkeit (des Himmels, des Meeres), Gelb gilt als die Farbe der Erde. So weist die Farbsymbolik darauf hin, dass in Vishnu das Himmlische zur Erde gelangt bzw. dass sich Himmel und Erde verbinden, was in den oben beschriebenen Avatāras als Inkarnationen Vishnus seinen Ausdruck findet. Die Krone symbolisiert Vishnus Herrschaft über die Welt, die Lotosblüte, die sich aus dem Schlamm der Gewässer erhebt, steht für die Überwindung weltlicher Widersprüche. In seinen vier Händen hält Vishnu das Muschelhorn (*shankha*), den Diskus (*cakra*), die Keule (*gadā*) und den Lotos (*padma*). Der Lotos ist in seiner vollkommenen Schönheit das höchste Ziel der Schöpfung. Das Muschelhorn ruft zum Gebet und Ritual, vor allem aber zur Betrachtung der Gottheit, durch die der Mensch dieses höchste Ziel in sich selbst entdecken kann. Keule und Diskus werden als Waffen eingesetzt, um das Dämonische einzudämmen. In den Belehrungen der Gurus, spätestens seit den Upanishaden, müssen diese Dämonen jedoch nicht nur außen, sondern vor allem innen, im Herzen des Menschen, aufgespürt und bezwungen werden, wobei die Kraft Vishnus hilfreich sein kann.

Hanumān: Diese Symbolik verdichtet sich in der Figur des Hanumān, dem Affenkönig und General eines Affenheeres. Im Epos Rāmāyana wird erzählt, wie Hanumān König Rāma (ein Avatāra des Vishnu) im Kampf gegen den Dämon Rāvana unterstützt, um Rāmas Frau Sītā, die Rāvana nach Lankā entführt hat, zurückzuholen. Hanumān symbolisiert Loyalität, denn er steht seinem Herrn in unbedingter Treue zu Diensten und wird damit zum Sinnbild für die Haltung des Menschen gegenüber Gott, für die rechte Form der Gottesliebe (*bhakti*) bzw. für die Verbindung der Seele mit dem Göttlichen. Da diese Verbindung gewöhnlich durch einen Guru bewusst gemacht wird, symbolisiert Hanumān auch die Guruschaft (*gurutattva*). Hanumān und die entsprechenden Erzählungen des Rāmāyana sind besonders in Südindien äußerst populär, und es gibt kein Dorf, in dem Hanumān nicht in der einen oder anderen Form präsent wäre. Meist wird er mit menschlichem Körper und einem Affenkopf sowie einem langen Schwanz dargestellt. In Verbindung mit Rāma ist er stets in gebührendem Abstand und anbetender Haltung diesem gegenüber zu sehen. In den Tempeln wird er oft als Held gezeigt, der durch die Lüfte fliegt, der ganze Berge versetzt, der die Befestigungsanlagen des Dämons mit Feuer zerstört oder in Windeseile zum Himalaya fliegt, um besondere Heilkräuter zu holen, die seine verwundeten Freunde Rāma und Lakshmana sowie die im Kampf verletzten Affen heilen werden. In der Gestalt Hanumāns verbindet sich Heldentum mit liebevoller Hingabe an Gott, ein Ideal, das die Hindukultur und nicht nur sie (es gab muslimische Hanumān-Schreine) inspiriert hat. So überrascht es auch nicht, dass diverse Hanumān-Kulte in indischen Armeen eine lange Tradition haben.

Ganesha: Die wohl populärste Göttergestalt, von allen Hindus gleichermaßen verehrt, ist Ganesha, einer der Söhne Shivas mit seiner Gemahlin Pārvatī. Denn er gilt als Gott, der alle Hindernisse beseitigt, der den günstigen Augenblick für eine Entscheidung oder eine Handlung garantiert und Wohlstand fördert. Sein Name setzt sich zusammen aus den Sanskrit-Worten *gana*, Menge, und *īsha*, göttlicher Herr. Er ist also der «Herr aller Wesen», wobei die *gana*s speziell auch als Geistwesen begriffen werden, die menschliche Aktivitäten behindern können. Andere Namen sind *Ganapati* oder *Vināyaka*, in Tamil wird er auch *Pillaiyar* genannt. Als der Herr, der die Hindernisse beseitigt (*vighneshvara*), wird er nicht nur zu Beginn eines jeden Rituals, sondern auch jeder «weltlichen» Unternehmung um Beistand angerufen. Ganesha hat menschliche Gestalt, aber einen Elefantenkopf,[22] wobei der rechte Stoßzahn abgebrochen ist. Oft wird er so dargestellt, dass sein linkes Bein angewinkelt auf dem Sitz liegt, während sein rechter Fuß den Boden berührt, aber er ist auch tanzend oder stehend zu sehen, in einigen Purānas[23] werden bis zu 51 unterschiedliche Erscheinungsformen aufgezählt. Sein Reittier ist die Ratte, die zu ihm aufschaut. Er gilt zumeist als zölibatär (*brahmacārin*), obwohl in späterer Zeit auch ihm Göttinnen zugeordnet werden, meist acht an der Zahl (*ashtasiddhi*), die das achtfache Glück bzw. die acht Errungenschaften darstellen.

Ganesha repräsentiert höchste Weisheit, aber auch den Weg, der zur Weisheit führt. Die großen Elefantenohren werden dann interpretiert als Hör- und Aufnahmefähigkeit, die breite Stirn symbolisiert Intelligenz und Gedächtnisfähigkeit. Der dicke Bauch steht für seine Fähigkeit, jede Erfahrung zu «verdauen», was bedeutet, dass die Weisheit alles zu integrieren vermag. Dass er das Gegensätzliche überwindet, wird auch in seiner tier-menschlichen Gestalt angedeutet. Außerdem vereint der Elefant Körperstärke mit subtilstem Intellekt, wie man schon im alten Indien wusste.

Der Mythos erzählt, dass Kubera, der Gott des Reichtums, in seinem Palast ein Festessen für Ganesha ausrichtete. Ganesha kam und verzehrte nicht nur das für alle Gäste vorbereitete Essen, sondern, da er noch immer nicht satt war, auch die Dekorationen. Schließlich trat sein Vater Shiva an ihn heran und bot ihm eine Handvoll gerösteten Reis an. Ganesha aß den Reis, und sofort war sein Verlangen gestillt. Diese Geschichte weist darauf hin, dass der Mensch von den Genüssen, die die Welt zu bieten hat, nicht satt werden kann, dass Sehnsucht und Hunger aber gestillt werden, wenn Gott selbst seine Gaben schenkt. Nur Gott kann den Frieden des Geistes geben, doch dazu müssen zuerst die eigenen karmisch gewachsenen Sehnsüchte (*vāsanā*) getilgt werden, was im Symbol des Verzehrens von geröstetem Reis bedeutet wird. Denn in gleicher Weise, wie der Reis beim Rösten die Eigenschaft verliert, austreiben zu können, sollen auch die *vāsanā*s nicht weiter wachsen und neues Karma auslösen, damit der Mensch endlich Freude und Seligkeit (*ānanda*) erfahren kann.

Der auf die Erde gestellte Fuß des Gottes weist darauf hin, dass sich Ganesha um die irdischen Belange kümmert und stets zur Hilfe bereit ist; gleichzeitig aber befindet er sich, wie das zum Lotos-Sitz angewinkelte Bein symbolisiert, in tiefer Meditation. Diese Haltung Ganeshas ist Sinnbild dafür, dass der Mensch in der Welt zu leben und dennoch sein Bewusstsein voll und ganz auf Gott auszurichten vermag. Dies ist das Ideal der meisten frommen Hindus (es sei denn, es sind der Welt entsagende Sannyāsins), nämlich die Überwindung der Trennung von «Weltlichem» und «Überweltlichem». Das symbolisieren auch die Früchte, die vor Ganeshas Füße gestellt sind. Sie repräsentieren materiellen Reichtum, Macht und Wohlstand. Denn wer dem spirituellen Pfad ungeteilt folgt, erreicht nach hinduistischer Vorstellung auch weltliches Glück, da beides nicht zu trennen ist, vorausgesetzt, man haftet am Reichtum nicht an und kann ihn jederzeit wieder loslassen. Die Ratte, Ganeshas Reittier, wartet und rührt die Früchte nicht an, bis es ihr der Herr erlaubt. Ursprünglich steht die Ratte jedoch für Begierde und gilt mit ihren scharfen Zähnen und dem kleinen Mund als das gierigste aller Tiere, das mehr hortet als es essen kann. Diese Ratte hier aber wartet und hat ihre Begierde unter Kontrolle, und in gleicher Weise soll sich der Mensch von klaren Urteilen und Geduld, nicht aber von emotional gelenkter Gier und Ungeduld bestimmten lassen.

In Indien gibt es eine Tradition, der zufolge es Unglück bringt, an Ganeshas Geburtstag, *vināyaka caturthī* (der vierte Tag des Halbmonats), den Mond zu sehen. Sie geht auf eine purānische Geschichte zurück: Der Mond sah einst, wie Ganesha auf seiner kleinen Ratte ritt, und dieser Anblick war so seltsam, dass er Ganesha auslachte. Darum wurde der Mond verdammt, weshalb ihn die Menschen an diesem Tag besser nicht sehen sollten. Auch diese Szene enthält eine tiefgründige Symbolik, denn sie zeigt den nach Weisheit suchenden Menschen, der – wie Ganesha die Ratte – seinen begrenzten Körper und Verstand zu nutzen weiß. Auch der spirituelle Meister ist, um auf das Unaussprechliche hinzuweisen, auf Symbole und Worte in paradoxer Rede angewiesen und dabei ebenso wenig lächerlich wie Ganesha für den, der die Symbolik der Geschichte mit der Ratte erfasst hat.

Gottesbilder

Ganesha kann mit bis zu zehn Armen ausgestattet sein, wird oft aber mit vier Armen dargestellt, die die vier Fähigkeiten des subtilen Körpers symbolisieren, nämlich analytisches Verstehen (*manas*), synthetisches Erfassen von Zusammenhängen (*buddhi*), Ich-Bewusstsein (*ahamkāra*) und tieferes Bewusstsein, das die einzelnen Fähigkeiten aufeinander bezieht, dabei aber konditioniert bleibt (*citta*). Ganesha selbst hingegen steht auch für das reine Bewusstsein, den Ātman, der es den oben genannten Potentialen überhaupt erst ermöglicht, koordiniert zu funktionieren. In der einen Hand hält Ganesha ein Beil, in der anderen Hand eine Schlinge. Mit dem Beil zerstört er Unwissenheit, Selbstsucht, Gier und Hass. Mit der Schlinge zieht er den Menschen aus seinen karmischen Verstrickungen und bindet ihn an die Seligkeit des eigenen Tiefenbewusstseins bzw. transzendenten Wesens (*ātman*). In der dritten Hand hält er eine Reiskugel (*modaka*) als Zeichen des Lohnes für die spirituelle Suche. Und mit dem Lotos (*padma*) in der vierten Hand weist er diejenigen, die sich ihm anvertrauen, auf Sinn und Ziel der menschlichen Existenz hin, nämlich das Erlangen der absoluten Vollkommenheit, die jeder erreichen kann, der sich mit hinreichender Motivation auf den spirituellen Pfad (*sādhanā*) begibt. Ganesha hält also die Sehnsucht wach, dass Menschen ihr letztes Ziel im Auge haben sollen, und er weist den Weg, dies mit Mut und Stärke in kluger Abwägung der Einzelheiten zu erreichen.

Subrahmanya: Der zweite Sohn Shivas und ein Bruder Ganeshas ist Subrahmanya, auch unter den Namen *Skanda*, *Kārttikeya* oder *Shanmukha* (mit sechs Gesichtern) bekannt. Er kann mit zwei, vier, sechs oder zwölf Waffen tragenden Händen, oft in Begleitung der Göttinnen Vallī und Devasenā, dargestellt werden. Der tamilische Hintergrund dieser Gottheit ist unmittelbar greifbar,[24] in Tamil heißt er *Murugan*. Er trägt einen Speer und reitet auf einem Pfau, der mit seinen Fußkrallen eine Kobra umfasst. Während die typische Bewaffnung bei Shiva der Dreizack, bei Vishnu der Diskus und bei Ganesha die Schlinge ist, trägt er den Speer, kann aber in mehrarmigen Darstellungen auch über alle anderen Waffen verfügen. Er gehört zu den Schutzgottheiten der Tempel und strahlt Jugend, Energie und Männlichkeit aus.

Wie wir gesehen haben, sind die Waffen der Götter (*devas*) bereits in den vedischen Mythen Ausdruck des endlosen kosmischen Kampfes gegen die Mächte der Dämonen und des Destruktiven (*asuras*). Seit der

Zeit der Upanishaden und des Buddhismus begann eine Verlagerung dieser kosmischen Auseinandersetzungen in den Geist des Menschen. Im Vordergrund stand nun die Selbstbezwingung, der Kampf gegen das Verlangen und die *vāsanā*s, die ständige Unruhe erzeugenden Einprägungen im Bewusstseinsstrom. Kurz: der kosmologische Kampf wurde psychologisiert. Insofern die Rituale der Religion diesen Kampf abbilden, vergegenwärtigen und interpretieren, gilt dies auch für die Ritualkultur: ihre Bedeutung wird internalisiert bzw. psychologisiert. So werden die sechs Gesichter von Subrahmanya als Symbol der fünf Sinne und des Denkens (*manas*) aufgefasst.[25] Der Pfau gilt als stolz, aber dieser Stolz ist vergeblich, denn er spiegelt nur die äußeren und vergänglichen Qualitäten des Ego. Doch seine blaue Farbe signalisiert das Potential zur Verwandlung. Blau, so sahen wir, steht für das Unendliche, für den Ātman. Wenn Subrahmanya, der kämpferische Sohn Shivas, den Pfau reitet, hat er ihn bezähmt und dienstbar gemacht. Die Schlange, die er nicht tötet, sondern in Schach hält, ist das Ego, das unter Kontrolle gehalten werden muss.

Lakshmī: Die Gemahlin Vishnus repräsentiert das Lebenserhaltende in materieller und geistiger Form. Sie ist die Göttin des Glücks, der Schönheit und des Reichtums und gewährt ihre Gaben mit goldener Hand (*suvarnahasta*), wozu auch der materielle Wohlstand gehört. Aber wie bereits angemerkt, sind in der indischen Kultur materieller und geistiger Reichtum nicht streng geschieden, denn auch der materielle Wohlstand beruht auf dharmischem Leben und umgekehrt, und dazu zählen auch Moral und geistiges Erkennen.

Die Göttin sitzt auf dem roten Lotos und kann mit zwei oder mit vier Armen dargestellt sein, wobei sie in den oberen beiden Händen Lotosblüten hält, Symbol ästhetischer Reinheit und geistiger Vollendung. Die unteren Hände zeigen entweder die Geste (*mudrā*) der Wunschgewährung (*varadā*) und des Schutzes (*abhaya*), oder sie halten ein Gefäß mit dem Nektar der Unsterblichkeit und eine Frucht (meist ein Granatapfel), Symbole der Fülle. Oft hat der Lotos, den sie in Händen hält, einen langen Stängel, der sich wie eine Girlande um ihre Schultern legt. Ihre vier Hände symbolisieren auch die Macht, alle vier Lebensziele (*purushārtha*s) des menschlichen Lebens zur Erfüllung zu bringen, nämlich *artha* (Reichtum), *kāma* (Lust), *dharma* (Welt-Gesetz und Recht) und *moksha* (Befreiung). Hinter ihr stehen gelegentlich zwei Elefanten, die durch ihre Rüssel Wasserfluten über die Göttin ausgießen, Symbol für die Leben spendende Kraft des kostbaren Wassers in den heißen Tropen.

Sie ist so vielgestaltig wie Vishnu selbst und erscheint in jeder seiner Inkarnationen (*avatāra*) als seine Gefährtin bzw. Gemahlin: So ist sie Padmā (der Lotos) als Pendant zu seiner Gestalt als der Zwerg Vāmana, Dharanī in Verbindung mit dem Krieger Parashurāma, Sītā als Gemahlin des Königs Rāma und Rukminī als die Gefährtin Krishnas. Mit jeder der verschiedenen Formen sind lokale, aber auch soziale Traditionen verbunden. In ihrer schönen Gestalt äußert sich «Moral» nicht im abstrakten Sinn, sondern in den von den Überlieferungen zum Dharma (*Dharmashāstras*)[26] festgelegten und sozial orientierten Verpflichtungen. Jede Kaste hat ihre eigenen Rechte und Pflichten, deren gewissenhafte Erfüllung Lakshmīs Gunst ermöglicht oder gar erzwingt. Nach alten Legenden entsteigt Lakshmī dem Milchozean, den die Götter quirlen, so wie die Butter aus geschlagener Milch entsteht. Sie ist eine Essenz. Dieselbe ist sie schon im Veda, geheiligt und ein Produkt göttlichen Willens. Lakshmī wird in Verbindung mit der Kuh als die nährende Mutter verehrt.

Sarasvatī: Die Göttin der Bildung, der Weisheit und der Künste trat in vedischer Zeit als Flussgottheit auf und wurde damit zum Prototyp der späteren Flussgöttinnen wie etwa Gangā. Im indischen Klima sind die Wasserströme der Flüsse das Leben spendende Element schlechthin, und dies wird in der Kraft des Weiblichen gesehen. Später dann wurde Sarasvatī mit Wissen und Kunst assoziiert. Sie sitzt auf einem Lotos und hält in der einen Hand die Lotosblüte, in der anderen ein Buch. Mit der dritten und vierten Hand spielt sie die Vīnā.[27] Sarasvatī verkörpert die Einheit von ästhetischer und spiritueller Erfahrung, von Schönheit und Erleuchtung. Meist gilt sie als Gefährtin des Schöpfergottes Brahmā, sie wird aber auch mit Vishnu in Verbindung gebracht. Dass Schöpfung der Weisheit und der Schönheit bedarf, ist damit deutlich ausgedrückt.

Durgā und Kālī: Durgā ist die weibliche Gottheit, die kämpft. Sie ist die kombinierte Kraft aller männlichen Götter, die sie erschaffen, um die Macht der ansonsten unüberwindbaren Dämonen zu brechen. Ihr Name wird zahlreichen anderen Göttinnen beigegeben, ihre Gestalt hat sich im Laufe der Geschichte des Hinduismus aus vielen Einzeltraditionen entwickelt. So wird sie mit Cāmundā, Candī, Kālī und anderen weiblichen Göttinnen assoziiert oder identifiziert bzw. auch von ihnen unterschieden.

Ihren Platz hat Durgā meist in einer Kultnische von Shiva-Tempeln an der Nordseite des Zentralheiligtums oder in einem eigenen Schrein. Eine der ältesten Darstellungen in Mammalapuram südlich von Chennai (Madras) zeigt sie, wie sie mit dem Fuß den Büffeldämonenkopf tritt. In dieser Szene ist sie *Mahishāsuramardinī*, die Bezwingerin des Asura Mahisha, die jugendliche, aber zornig-kämpfende Form der Pārvatī, zierlich in der Taille und dem weiblichen Schönheitsideal entsprechend. Sie hat drei Augen und zwanzig Arme, in denen sie Waffen wie Pfeil und Bogen, Schwert, Hackmesser usw. trägt. Oft hält sie auch Muschelhorn und Diskus, was sie in die Nähe vishnuitischer Symbolik rücken könnte. Meist reitet sie auf dem Löwen und hält in der Hand den abgeschlagenen blutenden Kopf des besiegten Dämonen. In ihrer Form als Cāmundā-Candī ist sie zur Schutzgottheit von Tempeln, Familien und Herrschern aufgestiegen, am bekanntesten ist der diesbezügliche Kult des Mahārāja von Maisur gewesen.

Als *Kālī*, die besonders in Nordindien beheimatet ist, wird sie als noch furchterregender erlebt. In dieser Form ist sie schwarz und nackt mit einem Gürtel aus abgeschlagenen Armen und auf Verbrennungsplätzen oder auf Schlachtfeldern anzutreffen. Um den Hals trägt sie eine Kette aus fünfzig menschlichen Schädeln oder Köpfen, sie steht auf einem Toten, und das ist Shiva. In den beiden oberen der vier Hände hält sie ein Schwert und den abgeschlagenen Kopf eines Dämons, Zeichen der durch sie herbeigeführten Zerstörung, während die beiden unteren Hände *abhaya mudrā* und *varadā mudrā* zeigen, also Kālī in ihrem schöpferischen Aspekt.

Während des neuntägigen Kultfestes der *devī pūjā* (Navarātra, das «neun-Nächte-Fest» im Monat September/Oktober) wird in den ersten drei Tagen die Göttin Durgā (bzw. Kālī) verehrt, die drei folgenden Tage gehören Lakshmī und die drei letzten Tage der Göttin Sarasvatī. Durgā/Kālī repräsentiert die Macht der Zerstörung, sie wird angerufen für die Überwindung alles Negativen. Lakshmī steht für den Reichtum, der sich neu entfaltet, wenn das Negative überwunden ist, sie gewährt aber auch die Kultivierung des inneren Reichtums, der edlen Qualitäten des Menschen wie Liebe und Toleranz. Auf dieser Basis wird dann Sarasvatī um das erlösende Wissen und die grundlegende Überwindung des ungereinigten Bewusstseins gebeten. Sie steht letztlich für die Harmonie des musikalischen Universums, in dem alle widerstreitenden Gefühle (*rasa*) integriert sind, woraus die nicht-dualistische Erkenntnis (*jnāna*) als Ziel des menschlichen Lebens erwächst.

Das Bild der weiblichen Gottheit ist auch von den *Tantras* beeinflusst worden, und die daraus entstandene Symbolik hat drei Grundkomponenten:

– Die aktive, weltverändernde Kraft ist *weiblich*; es bedarf dieser Energie, um das Widergöttliche in der Welt zu besiegen; dieses Weibliche hat eine *liebreizende* und nährende, aber auch eine *schreckliche* und zerstörende Seite.

– Die gesamte Wirklichkeit ist sakramental, die dualistische Unterscheidung von Gut und Böse löst sich auf in ein Kontinuum, es kommt auf die heilvolle *Integration* der Aspekte an.

– Alle Kampfplätze der äußeren Welt sind Symbole für die Kämpfe im Innern des Menschen, denn dort muss der Mensch zu einer integrierten Einheit, die alle Gegensätze überwunden hat, und zu einer vollkommenen *geistigen Vollendung* finden.

Hingabe an Gott: Bhakti

Bhakti bezeichnet eine Grundhaltung des Menschen, die in vielen Religionen, wenn auch in unterschiedlichen Kontexten, kultiviert wird. Sie lenkt die Erfahrung der Liebe in ihren vielen verschiedenen Schattierungen auf das letzte Geheimnis der Welt, auf Gott. In Indien hat Bhakti eine ganz besondere Ausprägung erfahren, und dies hängt mit geschichtlichen Entwicklungen zusammen, die wir im Folgenden nur kurz umreißen können.

In der vedischen Religion stand ursprünglich das Opfer mit seinen oft komplizierten Ritualen im Mittelpunkt, während die emotionale Seite des Gottesverhältnisses zunächst so gut wie keine Rolle spielte. Doch finden sich bereits erste Spuren der Bhakti-Religiosität in den klassischen mittleren Upanishaden, die um 500 v. Chr. entstanden sind. Und etwa um 300–200 v. Chr. begegnet uns in der Tamil-Sprache eine hoch entwickelte Poesie, die die Liebe zu Gott als *den* Heilsweg bzw. die Erfüllung des Menschseins schlechthin zum Thema hat und in den Liedern der vishnuitischen *Ālvārs* (ab 500 n. Chr.) gipfelt. In der Bhagavad Gītā, den Purānas[28] und anderen Texten wird diese Frömmigkeit einer personalen Gottesliebe und Hingabe an Gott allmählich zum Inbegriff der großen volkstümlichen Religionsbewegungen, die den späteren Hinduismus wesentlich beeinflussen sollten. Seit dieser Zeit werden die lokalen und ursprünglich nicht-vedischen Gottheiten unter verschiedenen Namen mit der einen All-Gottheit identifiziert, die sich als Welt manifestiert, *als* Universum ausbreitet und somit allen Erscheinungen der Welt innewohnt, zugleich aber jede Form transzendiert: *Die Welt ist in Gott, aber Gott ist nicht die Welt*. Eine solche Anschauung ist nicht Pantheismus, sondern kann eher als Theopanismus bezeichnet werden. Namentlich im Vishnuismus ist diese Haltung prägend geworden, und hier wiederum besonders in Bengalen, wie zum Beispiel bei Caitanya (1486–1533) und Ramakrishna (1834–1886). So kommt zum einen die Avatāra-Lehre, die Inkarnation eines Gottes in vielen verschiedenen Gestalten und zu allen Zeiten, der Identifikation mit einer sinnlich-konkret erlebten Präsenz der Gottheit in mystischer Einheitserfahrung entgegen, zum anderen bereichert gerade die für die bengalische Religionsgeschichte typische Bhakti gegenüber der *Göttlichen Mutter* diese Mystik um einen besonderen ekstatischen Aspekt.

Die Bhagavad Gītā (ca. 200 v. Chr.) ist ein klassischer Bhakti-Text, bei dem liebende Hingabe *(bhakti yoga)*, uneigennütziges Handeln *(karma yoga)* und die nicht-dualistische Erkenntnis *(jnāna yoga)* vollkommen miteinander verschmolzen sind.[29] Ursprünglich handelt es sich bei der Gītā um eine Ermahnung Gottes (Krishna) an den Prinzen Arjuna, die ihm durch die Kaste vorgegebene Pflicht zu erfüllen, nämlich die politische Ordnung auch mit Gewalt wiederherzustellen. Die Argumente Krishnas machen aber deutlich: Wenn Arjuna handelt, handelt nicht eigentlich er, sondern Gott in ihm – sofern sein Handeln nicht eigenen ich-haften Zwecken dient, sondern Hingabe an Gott ausdrückt. In der Gītā werden vier Motive genannt, aus denen heraus sich der Mensch zu Gott hinwendet, und dementsprechend auch vier Typen von Bhakti und Bhaktas (solche, die Bhakti praktizieren) abgeleitet: Leidende, Erkenntnissuchende, nach Wohlstand Strebende, Weise.[30] Letztere gelten als am höchsten stehend, denn sie verehren Gott mit «ständig geeintem Bewusstsein» und «ungeteilt». Unterschiedliche Dispositionen, Motivationen und psychische Konstellationen prägen die Art der Gottesbeziehung, es lassen sich etwa kinetische, emotionale, willensbe-

Hingabe an Gott: Bhakti

tonte und intuitive Charaktere unterscheiden, die entsprechend auch unterschiedliche Frömmigkeitstypen ausbilden, wobei jeder jedoch die für ihn geeignete rituelle Form findet.

Bhakti ist die wechselseitige Partizipation oder Teilhabe von Gott und Mensch, und die mystische Grundspannung in dieser These besteht darin, dass Gott und Mensch zwar eins sind, aber doch durch liebende Verschmelzung in einer gewissen polaren Dynamik aufeinander bezogen bleiben. Das Gebet gipfelt in der Bitte, Gott zu werden, das heißt, die Liebe Gottes als die Realisierung des eigenen Wesens zu verstehen, etwa im Ich-bin-Shiva-Gewahrsein (*soham shivabhāvana*). Dieses Gewahrwerden ist ein Stufenweg: Am Anfang der Gottesbeziehung ist der Mensch von Gottes Größe und Glanz begeistert und reagiert mit kindhaftem Staunen. Danach aber erkennt er die Zusammenhänge, das Staunen mündet in Erkenntnis, und die Liebe zu Gott gipfelt in höchster Selbstreflexivität. Die Eigenschaften, die der Gottheit zugeschrieben werden (*kalyānaguna*), wie zum Beispiel die unbedingte Bereitschaft zur Verzeihung als Inbegriff mütterlicher Liebe, dienen zur Identifikation, damit der Mensch diese Eigenschaften in sich selbst entwickelt. Dabei sind die Gegensätze, also auch Furcht und Schrecken, die am Gottesbild sichtbar werden, in die Psyche zu integrieren.

Die indische Bhakti ist (mit Ausnahmen, etwa bei Madhva) meist nicht-dualistisch (*advaita*) interpretiert worden. Gleichzeitig gab es aber durchaus eine personale Liebesmystik des vollkommenen Ineinander-Fließens von Gott und Mensch, die auch noch heute die Frömmigkeit im Hinduismus wesentlich bestimmt.

Bereits Shankara beschreibt das Wesen der Bhakti in eindringlichen Metaphern. In der großen Hymne Shivānandalaharī,[31] die ihm zugeschrieben wird, heißt es (61):

> So wie die Samen des Angkola-Baumes sich mit den Wurzeln verbinden, wie eine Nadel sich an den Magneten klebt, wie eine keusche Frau sich auf ihren Gatten und die Kletterpflanze auf den Baumstamm ausrichtet, so ist es, wenn der Strom des Bewusstseins zu den Lotos-Füßen des Herrn aller Lebewesen gelangt und dort unablässig verweilt – das nennt man *bhakti*.

Diese Metaphern sind immer wieder eingehend kommentiert worden, um verschiedene Aspekte der Bhakti zu verdeutlichen.[32] Das erste Bild signalisiert eine unmittelbare Verbindung des Menschen mit Gott, denn die Samen des Angkola-Baumes werden von den Wurzeln automatisch angezogen, es bedarf keiner Intention, keines Mittels, keiner Anstrengung. So wie aber die Samen nur dann in das Wurzelgeflecht fallen können, wenn sie nicht durch Wind aus der Reichweite des Baumes vertrieben werden, so kann auch der Mensch nur so lange Gott zugewandt sein, wie er sich im «Umfeld Gottes» befindet. Das zweite Bild zeigt, dass der Magnet die Nadel aktiv anzieht. Die Nadel – und damit ist der Mensch gemeint – muss nichts dazu tun, dass Gott ihn zu sich zieht, und so bedarf es auch keiner Bhakti, solange sich der Mensch im «magnetischen Feld» befindet. Das dritte Bild erwähnt die keusche Frau, die beständig an ihren abwesenden Ehemann und an keinen anderen denkt. So denkt auch der Gläubige beständig an Gott, aber dies ist noch nicht Bhakti, denn der Liebende kann die Abwesenheit des Geliebten nur schwer ertragen und ist der Versuchung des Zweifels ausgesetzt. Das vierte Bild von der Kletterpflanze hingegen zeigt ein ganz anderes Bild. Denn hier kann die Pflanze den Baumstamm so umwickeln, dass nur noch sie sichtbar ist. Das heißt, wenn die spontanen Gedanken- und Gefühlsbewegungen aufgehört haben, ist nur noch Gott Inhalt des Bewusstseins und die Identifikation mit Gott erreicht. Aber nur so lange, wie die Wurzel der Schlingpflanze nicht abgeschnitten wird; geschieht dies, vertrocknet die Kletterpflanze und der nackte Baumstamm bleibt übrig. So kann auch die Hingabe an Gott gestört werden durch weltliche Belange, die sich erneut in das Bewusstsein des Menschen einschleichen. Aus diesem Grund sind die geschilderten Formen ungenügend und noch nicht wirklich Bhakti. Wahre Bhakti dagegen, so heißt es, gleiche einem Fluss, der zum Meer hinströmt. Das Wasser des Flusses fließt unablässig und kann durch nichts aufgehalten werden, bis es schließlich ununterscheidbar im Meer aufgegangen ist. So müssen alle individuellen Bewusstseinsbewegungen permanent im Geist Gottes aufgehen, erst dann ist Bhakti erreicht. Das zumindest ist die nicht-dualistische Interpretation (Advaita Vedānta), wie sie Shankara vorträgt. Es gibt andere Deutungen, wie etwa bei Rāmānuja, denen zufolge die menschliche Seele und Gott immer unterschieden, aber in engster Liebe aufeinander bezogen bleiben, oder die Deutung des Verhältnisses zu Gott als einer «asymptotischen Annäherung», wobei Gott und Seele immer inniger miteinander verschmelzen in einem zeitlosen Prozess, der in alle Ewigkeit anhält.

Das Wesen von Bhakti besteht also in einer höchst intensiven, aber

Hingabe an Gott: Bhakti

auch innigen und intimen Liebe zu Gott. Das gesamte Spektrum menschlicher Erfahrungsweisen von Liebe wird ausgelotet, um diese Gottesliebe zu erleben – die Liebe zwischen Geliebten ebenso wie die Mutterliebe, die Vaterliebe oder die Geschwisterliebe. Bhakti besteht darin, alle Intentionen und Äußerungen des Körpers, der Sprache, des Denkens und der Gefühle auf Gott, und nur auf Gott, auszurichten. Dies bewirkt eine psychische Prägung, die indische Bhaktas von frühester Kindheit an erfahren und deren Vervollkommnung während des gesamten Lebens in der Familie wie auch in der Kultgemeinschaft geübt werden soll. Bhakti ist lebenslanges Lernen, denn es handelt sich um einen Weg, der in klar definierten Stufen gegangen werden soll. Diese *Pädagogik der Verschmelzung mit dem Göttlichen* ist ein ganz besonderes Charakteristikum der sonst durchaus unterschiedlichen Ausformungen und Gestaltungen des indischen religiösen Alltagslebens.

Die Typologisierungen von Bhakti und die Unterschiede des Gottesverhältnisses, die sich daraus ergeben, haben eine theologische und eine psychologische Seite: Theologisch ist es, wie wir gesehen haben, ein Grundsatz aller indischen Religionsrichtungen, Gott jenseits jeder Form zu wissen. «Er» ist unendlich und jenseits von *nāmarūpa* (Name und Gestalt) und darum letztlich weder in sinnlicher Anschauung noch durch begriffliche Bestimmungen fassbar. Und doch erscheint Gott in vielen verschiedenen Formen, und zwar aus seiner ästhetischen Dynamik, dem Spiel (*līlā*) seiner schöpferischen Fülle (*pūrna*) heraus. Dabei wird eine Korrespondenz zwischen göttlicher Weisheit und Liebe vorausgesetzt: Gott zeigt sich in der Gestalt, die für den spirituellen Reifungsprozess eines Menschen (oder ganzer Völker) zu einem bestimmten Zeitpunkt hilfreich ist, um diesen Prozess voranzubringen. Gott wohnt, so das Leitmotiv indischer Spiritualität, im Herzen eines jeden Menschen, doch er zeigt sich in je spezifischer Form, um die psychischen Transformationen zu ermöglichen, und Bhakti ist ein solcher Wandlungsprozess. Dies wird mit einer beliebten Metapher veranschaulicht: So wie Luft in sich selbst geruchlos ist, aber doch jeden Duft annehmen und weitertragen kann, so kann auch Gott, der eigenschaftslos ist, jede Eigenschaft annehmen, um dem Menschen in der Weise zu erscheinen, die für ihn von Nutzen ist. Gott will in jeder Erscheinung, in jedem Ereignis gefunden werden. Und dies entspricht

Symbolik und Verehrung der Gottheiten

auch der Erfahrung der erotischen Liebe: «In tausend Formen magst du dich verstecken», lässt Goethe den Liebenden sprechen, und das Auge der Liebe ist das Organ des Entdeckens.³³

Psychologisch werden Formen der Bhakti unterschieden, die nicht zufällig sind, sondern den Beobachtungen bzw. der Klassifizierung von Prozessen entsprechen, die eine reifende Persönlichkeit durchläuft. Die Anzahl der Formen variiert selbst innerhalb einer einzigen Tradition; in dem bereits erwähnten Bhāgavata Purāna, das bis heute großen Einfluss hat, werden bis zu 36 Formen der Bhakti genannt und verschieden unterteilt. Verbreitet ist die Unterscheidung von neun Gestalten der Bhakti, die in dem berühmten Gespräch zwischen Prahlāda und seinem Vater Hiranyakashipu vorgenommen wird:³⁴

1. *shravana*, das Hören von der Identität mit Gott durch Geschichten, vor allem aus den Purānas
2. *kīrtana*, den Lobpreis Gottes singen nach dem Vorbild der großen Heiligen, wie Narada oder Mirabai
3. *smarana*, das ständige Denken an Gott durch *japa* und andere Formen spiritueller Praxis
4. *pādasevana*, Gott dienen, indem vor allem sein niedrigster Teil, die Füße, verehrt werden
5. *arcana*, das Blumenopfer darbringen unter Rezitation der Namen Gottes
6. *vandana*, die Verehrung Gottes in ganz verschiedenen Formen
7. *dāsya*, Gott durch Taten dienen
8. *sakhya*, Freundschaft zu Gott entwickeln
9. *ātma-nivedana*, die völlige Hingabe an Gott und Unterwerfung unter seinen Willen.

Im Kontext der Bhakti-Praxis spielt in der indischen Tradition die spirituelle Entwicklung *als* ästhetische Erfahrung eine große Rolle. Das grundlegende Konzept aller indischen ästhetischen Theorien ist der Begriff *rasa*, wörtlich «Geschmack». Jede Form, jeder Klang, jede Farbe, jede Tanzfigur usw. hat einen spezifischen «Geschmack», und durch die Inszenierung desselben im Kunstwerk kann psychologisch eine Atmosphäre entstehen, die den Zuschauer oder Hörer in Resonanz versetzt und genau diesen «Geschmack» in ihm erzeugt. Es handelt sich dabei um die Grundformen psychischen Erlebens in allen nur möglichen Kombinationen. Auch die erotische Poesie oder entsprechende Tanzformen und *rāgas* der Musik können dabei unmittelbar für die Erzeugung einer Bhakti wirksam werden, die letztlich auf Gott gerichtet ist. Denn es geht bei der Liebe zwischen Menschen wie auch zwischen Mensch und Gott um eine ästhetisch je intensivere wechselseitige Durchdringung, bis hin zum Verschmelzen. Dieser Prozess wird durch Gesang, Tanz und Klang im Ritual intensiviert.

Eines der berühmtesten und in ganz Indien verbreiteten Beispiele ist Jayadevas Gītagovinda (12. Jahrhundert), ein gewaltiges lyrisches Drama in zwölf Teilen. Es inszeniert, provoziert und feiert den Schmerz der erotisch erlebten Gottesliebe, das heißt die Spannung des Schmerzes der Trennung vom Geliebten (*vipralambhashringāra*) und das Glück der Vereinigung mit ihm (*sambhogashringāra*) als Grundemotion (*rasa*) der Liebe. Diese Spannung im Gesang nachzuempfinden und zu verinnerlichen, gilt als Höhepunkt des ästhetischen Erlebens. Die Spannweite des Liebeserlebens wird an den Figuren des Hirtenmädchens (*gopī*) Rādhā und des Gottes Krishna, ihres Geliebten, archetypisch miterlebt; das im Kunstwerk vergegenwärtigte Gottesbild soll eben diese *rasa*-Qualität im Menschen erwecken. Die spirituell erlebte erotische Liebe wird zum psychischen Initiationsweg in das Mysterium der Vereinigung mit Gott. Gegen Ende des Gedichtes, im 11. Teil, wird eine Schau (*darshana*) dieser göttlichen Liebespräsenz als der eine und einzige Geschmack (*ekarasa*) des Lebens offenbart, und darin zeigt sich das Geheimnis hinter den Wechselfällen der Geschichte, die Rādhā und Krishna exemplarisch erlebt haben. In ähnlicher Weise wird dem Pilger im Allerheiligsten des Hindu-Tempels die Schau (*darshana*) des Gottes im Gottesbild (*mūrti*) zuteil, nachdem er rituell vorbereitet ist. Und die gleiche Struktur liegt der Selbstoffenbarung des Gottes Krishna im 11. Kapitel der Bhagavad Gītā zugrunde, wo Gott seine Allgestalt (*vishvarūpa*) dem Arjuna offenbart, nachdem dieser auf Grund seiner Hingabe an Gott zum Freund des Höchsten geworden ist, sodass er ein göttliches Auge (*divyacakshuh*) erhält, mit dem er in das letzte Geheimnis der Welt blickt. Dieses Psychodrama wird im Tempelkult ebenso inszeniert wie im Drama Jayadevas, das von gläubigen Hindus bei vielen Gelegenheiten im Tempel oder auch zu Hause gesungen wird.

An anderen Stellen des Bhāgavata Purāna[35] wird der Begriff Bhakti erweitert und auf das gesamte spirituelle und soziale Leben des Men-

schen bezogen. So zählt Kapila sieben Arten der Bhakti auf, die geeignet seien, die intensive Liebesgemeinschaft mit Gott zu erfahren, nämlich:
1. die selbstlose Erfüllung der sozialen Pflichten
2. die Entwicklung intensiver emotionaler Hingabe an Gott
3. das Erlangen von Wissen, das kompromisslos die Wahrheit (*satya*) sucht
4. die Kultivierung einer Grundhaltung, die egozentrischen Wünschen entsagt (*tyāga*)
5. die Bußpraxis
6. das Hören und Studieren der Heiligen Schriften
7. die Meditation bzw. Versenkung des Geistes in *samādhi*.

Hier wird also die gesamte Kultpraxis als Bhakti interpretiert: Die Ordnungsprinzipien und Wertenormen des individuellen wie gesellschaftlichen Lebens sind Bhakti, wenn der Geist der selbstlosen Hingabe an Gott (bzw. das Eine oder Ganze) mehr und mehr zum Motiv allen Handelns wird.

Dass die Pädagogik der Bhakti ein allmähliches Wachsen und Reifen meint, zeigt sich an einer weiteren Unterscheidung, nämlich der in *saguna* und *nirguna bhakti*. Diese Begriffe gehen auf die vedāntische Formulierung des Gottesbegriffs zurück, die wir schon erwähnt haben: Gott in sich ist ohne Eigenschaften (*nirguna*), aber er erscheint auf Grund seiner schöpferischen Kraft (*shakti, māyā*) mit Eigenschaften (*saguna*), um das Spiel der Welt zu entfalten. Dies ist im Wesentlichen das Spiel der göttlichen Liebe, durch die Gott die Welt aus sich entlässt und wieder mit sich vereinigt. Gemäß der im philosophischen Sāmkhya-System entwickelten Systematik werden dabei drei Grundeigenschaften (*guna*) unterschieden, die das Wesen aller Wirklichkeit, auch den menschlichen Körper und sein Bewusstsein, bestimmen. Es sind dies *tamas*, das Träge und Beharrende, *rajas*, das Dynamische und Verändernde und *sattva* (die lichthafte Transparenz und Ruhe jenseits der polaren Aktivitäten). Die Balance dieser Grundeigenschaften bedeutet, wie wir noch sehen werden, Gesundheit im Sinne des Ayurveda. Ausgleich, die Entwicklung hin zur Realität des *sattva*, gilt als Inbegriff von psychischer und spiritueller Reifung. Auch die Bhakti-Praxis wird eingeteilt in ein Cluster emotionaler Zustände (*bhāva*), die analog zu sozialen Beziehungen unterschieden werden und die sich der Wirkung der *gunas* in verschiedenen Kombinationen und Konstellationen verdanken:[36]

Emotionaler Zustand	Sozialer Typus	Vorbild
Shānta bhāva	Mensch zu seinem Schöpfer	Die Rishis zu Vishnu
Dāsya bhāva	Diener zu seinem Herrn	Hanumān zu Rāma
Sākhya bhāva	Freund zu Freund	Arjuna zu Krishna
Vātsalya bhāva	Eltern zum Kind	Yashodā zu Krishna
Āpatya bhāva	Kind zu den Eltern	Mārkandeya zur Devī
Kānta oder *Mādhura bhāva*	Liebender zur/zum Geliebten	Rādhā zu Krishna

Zu diesen Formen von Bhakti kommen noch die von Distanz geprägten Formen hinzu, etwa *shatru bhāva* (Feindschaft), die eine mögliche zeitweilige Gottesferne thematisieren und erklären, wie auch dämonisch geprägte Menschen oder Geistwesen letztlich zur Befreiung (*moksha*) gelangen können. So kann die schmerzhafte und emotional aufreibende Distanz zu Gott auch ein notwendiges Durchgangsstadium zur Gottesnähe sein, wenn ein Mensch so stark von seinem Karma belastet wird, dass er zum unmittelbaren Ausdruck von Liebe (*bhakti*) noch nicht fähig ist.

Die Unterscheidung in Saguna Bhakti und Nirguna Bhakti stellt sich nun folgendermaßen dar: Saguna Bhakti ist seitens des Menschen immer mit Begehren verbunden. Begehren ist das Streben des Ego, einen schmerzhaft empfundenen Mangel auszugleichen. Die entsprechende Form der Gottesliebe ist absichtsvoll und kann zunächst ganz egozentrisch sein, wenn nämlich die Qualität von *tamas* dominiert. In diesem Fall wendet sich der Mensch an Gott um seines eigenen Vorteils willen, sei es aus Machtstreben oder wegen der Genugtuung, sich im Vergleich zu anderen besonders auszuzeichnen, ein Motiv, das von der Kain-und-Abel-Geschichte bis zu einer Gebetshaltung reicht, die Vorteile auf Kosten anderer im ökonomischen, politischen oder gar militärischen Kampf sucht. Ist die *rajas*-Qualität vorherrschend, dann möchte der Mensch zwar mit göttlicher Hilfe auch weltliches Verlangen (etwa nach Besitz) erfüllen, jedoch ohne dabei anderen Schaden zufügen zu wollen. Dominiert die *sāttvika*-Qualität, so ist die Motivation rein spiritueller Natur, es geht einzig um die Teilhabe an der göttlichen Liebe, wenn auch noch aus einem ichbezogenen Verlangen heraus, weshalb es sich auch hier um einen Aspekt der Saguna Bhakti handelt. Erst wenn jedes Begehren überwunden und völlige Selbstlosigkeit erreicht ist, kann von Nirguna Bhakti gesprochen werden. Dann ist der Mensch ganz von

Gottesbewusstsein erfüllt, die Differenz von Gott und menschlichem Bewusstsein ist auch in der Eigenwahrnehmung verschwunden. Dies gilt als höchste Form der Bhakti. Es ist bemerkenswert, dass alle Formen der Bhakti akzeptiert werden und deren Bedeutung für die individuelle Entwicklung oder das soziale Leben anerkannt wird.

So werden die unterschiedlichen Arten der inneren Motivation des Gläubigen, die Verschiedenartigkeit der Opferkulte und der Gebete integriert. Wesentlich sind Intensität der Hingabe und Intention des Bewusstseins, da ein und dieselbe «weltliche» Handlung sowohl aus egoistischen Motiven als auch in einer Haltung der völligen Hingabe an Gott erfolgen kann. Dies ist auch Thema der Bhagavad Gītā. Entscheidend ist die mentale Haltung, die auch durch Rituale im Sinne des Gottesbewusstseins und der Überwindung von Egozentrizität transformiert werden kann. Denn Bilder und Symbole sollen im Gläubigen entsprechend seinem Charakter und Reifestadium Resonanz erzeugen und zu einer Transformation des Herzens führen. Dies kann auch durch zornvolle Formen der Gottheit geschehen, da auch sie bestimmte psychische Entwicklungsstufen und Bewusstseinszustände repräsentieren, die durch Resonanz aktiviert und integriert werden sollen.

Auch das Bild der Mutter spielt in Indien neben der Braut- und Liebesmystik in der Bhakti-Praxis eine bedeutende Rolle. Die Mutter hat in den späteren Schriften, speziell in den Purānas und Tantras, den Status der Göttlichen Mutter. Das Mütterliche erscheint als das Urbild des Lebens in der Natur. Und diese naturhafte Geborgenheit ist wiederum Inbegriff der göttlichen Präsenz in der Welt.

Ob Mutterliebe, Gattenliebe, Sohnesliebe – die indische Kultur fragt nach dem «Selbst» (*ātman*), dem göttlichen transzendenten Kern. So heißt es in der Brihadāranyaka Upanishad, dass man letztlich nicht die Frau um der Frau willen, nicht den Sohn um des Sohnes willen oder den Gatten um des Gatten willen liebt, sondern um des Ātman willen, der einen absoluten Kraft, die Inbegriff der göttlichen Präsenz ist, verborgen und doch anwesend in Frau, Sohn, Gatte usw. Denn wer Gott am tiefsten lieben will, liebt ihn im eigenen Selbst (*ātman*).

Ein weiteres Element der Bhakti und ihrer kultischen Ausdrucksform ist die Verehrung Gottes als Gast. Im täglichen Ritual der Pūjā, der personalen Gottesverehrung im Haus oder im öffentlichen Tempel, wird Gott eingeladen als Gast. Der Gast ist der Fremde, wird nun aber durch sein Kommen vertraut. Mit ihm tritt das Unerwartete ins Haus,

Hingabe an Gott: Bhakti

das, was die alltäglichen Gewohnheiten durchbricht. Der Gast erfordert Aufmerksamkeit. All dies weist hin auf Gott. Umgekehrt wird auch der Gast symbolisch wie Gott behandelt, und diese Symbolik ist bis in die sozialen Umgangsformen hinein spürbar. Gott wird als Gast empfangen und geehrt, die gesamte alltägliche Lebenswelt wird so mit dem Göttlichen in Berührung gebracht, sie wird zum «Sakrament». Durch das Waschen des Gottesbildes mit Wasser wird dieses geheiligt, durch das Übergießen mit Milch wird es energetisch mit *prāna* «aufgeladen», durch das Darbringen der Nahrung wird die Nahrung geheiligt und dem Opfernden geweiht zurückgegeben, der sie nun als *prasāda*, also Gottesgeschenk, erhält und konsumiert.

Nicht nur mentale Bilder oder in Mantras verdichtete Sprachformen (die Namen Gottes etwa) sind im indischen Ritual Ausdrucksformen der Gegenwart des Göttlichen, sondern fast alle Gegenstände des Alltags, die als Lebensgrundlage des Einzelnen wie der Gesellschaft dienen. Aus diesem Grunde können durchaus auch Erzeugnisse der modernen Industrie, wie Textilien und Gebrauchsgegenstände, kultische Qualität gewinnen und im Ritual gebraucht und «geheiligt» werden; die Produkte moderner Zivilisation können ohne weiteres in den weltanschaulich religiösen Zusammenhang integriert werden, und das ist einer der Gründe, weshalb sich die indische Religionswelt nicht schwer tut, die notwendige Anpassung an die Welt der Moderne zu leisten.

Immer geht es um Transparenz, um die Transformierung aller materiellen Erscheinungen ins Geistige. Dabei handelt es sich nicht um eine Transsubstantiation von Materie, sondern um einen *mentalen* Schritt. Materie und Geist bilden, wie wir bereits gesehen haben, ein Kontinuum, das sich von den subtilen feinstofflichen Körpern, die einander durchdringen können, bis zu den physischen Körpern aus fester Materie erstreckt, die einander nicht (oder nur teilweise) durchdringen können. Geistiges ist transparent und nicht an die Raumzeit gebunden, seine Wirkung ist subtil, aber unbeschränkt. Dazu wird in Indien folgende Geschichte erzählt:

> Ein armer Mann, der ein glühender Verehrer Shivas war, wollte seinem Gott einen Tempel bauen. Da er weder Geld noch soziale Verbindungen zu möglichen Sponsoren hatte, beschloss er, das Gebäude mental zu errichten, zumal ihm dann nicht minderwertiges Baumaterial, sondern das Beste zur Verfügung stehen würde:

Geist. Mit dem mentalen Bau war es aber nicht getan, denn ein Tempel muss in einem Ritual geweiht werden, damit die Gottheit Einzug halten kann. Doch da eine Konsekrationszeremonie (*abhisheka*) auch mit Kosten für die zahlreichen Brahmanen verbunden wäre, beschloss er, auch das Ritual mental zu vollziehen, und setzte dafür einen Termin fest. Zur gleichen Zeit hatte im benachbarten Königreich der Herrscher einen Tempel aus Stein und Edelsteinen bauen lassen, und das von ihm festgesetzte Konsekrationsdatum fiel auf denselben Termin wie der des armen Mannes. Shiva erschien nun dem König im Traum und ließ ihn wissen, dass er zu dem vorgesehenen Datum bereits zur Weihe eines anderen, eben des mentalen Tempels, zugesagt habe und der Einladung des Königs nicht Folge leisten könne. Der König wurde neugierig und wollte sich den anderen Tempel ansehen, denn er vermutete, dass dieser prächtiger sei als der von ihm erbaute, da Shiva ihm den Vorzug gab. Der König ritt in das besagte Dorf, fand dort aber keinen Tempel vor und besuchte, geleitet von den Bildern seines Traumes, den alten Mann. Der fürchtete sich vor dem König und beteuerte, er hätte keinen Tempel errichtet, doch der König insistierte, dass dies der Fall sein müsse, denn schließlich habe ihm Shiva persönlich den schon festgesetzten Weihetermin mitgeteilt. Da fiel der arme Mann dem König, zu dem Shiva persönlich gekommen war, zu Füßen, und der König wiederum wollte seinerseits dem armen Mann zu Füßen fallen, da Shiva diesem den Vorrang gegeben hatte. So verehrten sie einander gegenseitig.

Natürlich endet die Geschichte so, dass der König einen Tempel erbauen ließ, der den Maßen des mentalen Tempels des armen Mannes entsprach. Diese Geschichte ist die Kultlegende eines Tempels, der zwischen Chennai und Arakkonam in Tamil Nadu liegt. Dass diese Geschichte in Südindien so verbreitet ist, hängt nicht nur mit der Legitimierung eines Tempelbaus durch eine Kultlegende zusammen, sondern mit der besonderen Bedeutung, die dem Mentalen beigemessen wird. Der Bau von Tempeln, das Opfern von Blumen oder das Pflegen von Ritualen hat seinen eigenen Wert, aber entscheidend ist die mentale Einstellung, die alles Handeln qualifiziert. Die mentale Konzentration, die geistige Kraft, die das Vertrauen (*shraddhā*) und die Liebe zu Gott (*bhakti*) generiert, ist das, was letztlich zählt.

Bei jeder Form mentaler Konzentration, sei es die Rezitation der Silbe «*Om*» oder des Mantras «*Soham*» (Dies bin ich) oder «*Shivoham*» (Ich bin Shiva), der mentale Tempelbau oder die ekstatisch erlebte Gottesliebe, kann diese Identifizierung mit Gott aber noch davon geprägt sein, dass das Ich eine Intention freisetzt, dass das Ich etwas will, und in die-

Hingabe an Gott: Bhakti

sem Fall handelt es sich um *saguna upāsana*. Erst dann, wenn sich der Mensch ganz auf die Übungen einlässt, verschwindet dieses Ich völlig, und es bleibt das reine Gottesbewusstsein, es geschieht nun *nirguna upāsana*, wofür keine Willenskraft mehr aufgeboten wird. *Es geschieht*. Das nennt die Tradition *ātmavicāra*, die Selbstsuche, bei der das Selbst nach sich selbst sucht. Das Ganze ist eine Intensivierung von Bhakti, wo das Tun aussetzt und kein «Täter» mehr erfahren wird. Alle Rituale und spirituellen Praktiken, die bisher besprochen wurden, sind zweckgerichtet und bleiben damit an das Gesetz von Ursache und Wirkung (*karman*), also an Zeitlichkeit, gebunden. In der Religion geht es aber darum, das Zeitliche zu überwinden und sich dem auszusetzen, was allem Zeitlichen zugrunde liegt, und das geschieht durch eine Intensivierung von Bhakti, wo das Subjekt als Akteur selbst verschwindet. Die völlige Loslösung (*vairāgya*) nicht nur von sinnlichem Verlangen, sondern auch von spirituellen Absichten ist dafür unumgänglich. Das setzt die Kontrolle der Sinne voraus, da die Sinne stets nach außen gerichtet sind und durch den Kontakt mit Objekten Anregungen erhalten, die intern verarbeitet und als lustvoll, leidvoll oder neutral bewertet werden. Erst wenn dieser Mechanismus durch Selbstkontrolle unterbunden ist, kann sich das Bewusstsein in völligem Gleichmut ausbalancieren.

Diese Praxis wird in Indien als *Yoga* bezeichnet, und es gibt zahlreiche Hilfsmittel, einen solchen Geisteszustand zu erreichen. Letztlich geht es aber um nichts anderes als das, was wir oben unter dem Begriff Nirguna Bhakti beschrieben haben, denn auch hier sollen disparate Gefühlsenergien gebündelt und in eine einzige Richtung gelenkt werden, um im reinen Gottesbewusstsein aufzugehen. Damit verbunden ist die Fähigkeit, körperliche Empfindungen ohne Schmerz- oder Lustbewertungen sowie innere Kommentierung hinzunehmen, also die Situationen anzunehmen, wie sie kommen. Auch dieses Ideal des vollkommen gelassenen Yogi wird in volkstümliche Geschichten gekleidet, die allgemeines Erzählgut sind:

> Ein Yogi hatte äußerst intensiv geübt, und seine physischen und psychischen Energien waren so gesammelt (*tapas*), dass ihm ein Geist erschien, der ihm *jeden* Wunsch erfüllen wollte. Er stellte nur eine Bedingung, dass ihn nämlich der Yogi ununterbrochen beschäftigen müsse, ansonsten würde er ihn auffressen. Der Yogi stellte ihm alle nur erdenklichen Aufgaben, die der Geist aber im Nu erfüllte. Schließlich wurde der Yogi es leid, sich immer neue Aufgaben auszudenken, denn

er war völlig aus seiner Ruhe gebracht. Und so gebrauchte er eine List: Er ließ einen Hund kommen und befahl dem Geist, den Hundeschwanz gerade zu machen, was dem Geist nicht gelang, denn ein Hundeschwanz ist bzw. bleibt nicht gerade. Und so verschwand der Unruhe stiftende Geist.

Was lehrt diese Geschichte? Wer das physische Verlangen unter Kontrolle gebracht hat, ist umso mehr mit der Unruhe seiner Phantasien beschäftigt. Selbst ein konzentrierter Geist kann sich noch in Geschäftigkeit verlieren. Die Welt gleicht dem Hundeschwanz, der nicht geradezubiegen ist. Stattdessen soll der Wunsch nach Befreiung von allen Begierden, auch den geistigen, entwickelt werden (*mumukshutva*).

Vertrauen in die Präsenz der göttlichen Kraft: Shraddhā

Zum Abschluss dieses Kapitels soll ein weiterer Begriff geklärt werden, der im Zusammenhang mit der Kultivierung von Bhakti gebraucht wurde. Er kann auf dem Hintergrund der europäischen Religionsgeschichte Erwartungen bzw. Vorurteile erzeugen, die überprüft werden müssen: der Begriff des Glaubens bzw. Vertrauens (*shraddhā*).

Lernen setzt Vertrauen in die Kompetenz des Lehrenden voraus. Dies ist schon bei der Vermittlung von Faktenwissen der Fall, mehr noch aber bei der Einübung in emotionale Verhaltensmuster und spirituelle Praxis. Shankara beschreibt in seinem Buch Vivekacūdāmani, dass Vertrauen in den Lehrer (Guru) notwendig sei und dieses Vertrauen darin begründet liege, dass die Worte des Lehrers nicht von der Überlieferung der Heiligen Schriften abweichen. Da Interpretationen von Überlieferung aber immer auch verschieden und darum umstritten sind, kann das Vertrauen in den Guru nicht nur auf seiner ausgewiesenen Gelehrsamkeit beruhen, sondern es muss eine charismatische Komponente hinzukommen. Denn der Guru lehrt aus einer existentiellen Erfahrung, von der die Schriften berichten, das heißt, er lebt im Bewusstsein des Erwachens.

Schüler kommen mit sehr unterschiedlichen Erwartungen und Voraussetzungen. Im Sanskrit gibt es den Begriff *adhikāra*, der diese verschiedenen Haltungen und Motivationen umschreibt, mit denen der Schüler den spirituellen Weg der Reifung betritt. Dieser Stufenweg und die bisher beschriebenen Kultformen, religiösen Praxen und Vorstellungen können als vorbereitende Übungen interpretiert werden auf dem Weg zum höchsten Ziel, der Erfahrung der Nicht-Dualität bzw. Einheit mit Gott. Der Guru muss das Interesse des Schülers dort erwecken, wo er bei ihm innere Bewegung verspürt, und dadurch wiederum wächst Vertrauen, was aber nur möglich ist, wenn der Schüler Einsicht gewinnt; Vertrauen entsteht also auch durch eigene Erfahrung und Verstehen. Verstehen wiederum setzt voraus, dass die subjektiven Bewusstseinszustände interpretierbar sind, dass das, was erlebt wird, in einem rationalen Schema Sinn ergibt. Solche Schematisierungen werden in den indischen Traditionen auf vielfältige Weise vollzogen, ja, ein wesentlicher Teil der indischen Intellektualgeschichte besteht in der Systematisierung und Katalogisierung unterscheidbarer Phänomene. Dies dient letztlich nichts anderem, als Shraddhā zu erzeugen.

Grundsätzlich werden zwei Ebenen unterschieden: Erstens gibt es eine Wahrnehmung der Differenz von Schöpfer und Welt, von Ursache und Wirkung, die in raum-zeitlichen Koordinaten die Vielfalt und Widersprüchlichkeit der Welt repräsentieren. Hier ist Gott noch nicht wirklich das Absolute, sondern in den relativen Kategorien unserer Erfahrung präsent. Der Mensch sucht die Gnade Gottes und richtet sein Streben entsprechend aus, wenn er Vertrauen hat. Zweitens gibt es eine Wahrnehmung jenseits von Erwartung und Erfüllung, Ursache und Wirkung. Zeit ist das ewige Jetzt. Das Bewusstsein kennt keine Differenz von Subjekt und Objekt, Gott und Welt. Nur das Absolute ist. Es ist. Das ist alles.

Diese Bewusstseinszustände können nun differenziert werden in Typen von Dispositionen (*adhikāra*), die unterschiedliche Versenkungszustände hervorbringen. Sie unterliegen jedoch keiner Wertung, sondern sind lediglich verschieden. Sie beruhen auf den drei fundamentalen Bewusstseinszuständen Wachbewusstsein, Traum und Tiefschlaf.

1. Im *Wachbewusstsein* erscheint die mit den Sinnen erfahrbare Welt als real, und zwar objektiv, das heißt, «Dinge» treten als Objekte in die Wahrnehmung, die von den Objekten unterschieden sind. Damit erscheint die Differenz zwischen Wahrnehmendem und Wahrgenommenem real. Gott wird aus diesen Zusammenhängen nicht ausgeblendet, er ist zwar die Realität der Realität und insofern anders als andere reale Objekte, aber er tritt dem Bewusstsein als das Andere gegenüber. In *die-*

ser Welt ist man sich des Jenseits der Welt bewusst, und zwar genau auf Grund der hier vorausgesetzten Trennung.

2. Im *Traum* erscheint ebenfalls eine Objektwelt, die aber anders konfiguriert ist. Zeit- und Raumkoordinaten verschwimmen in ihrer klaren Trennung, Gleichzeitiges kann ungleichzeitig werden und umgekehrt, die Verarbeitungsmuster von äußeren und inneren Eindrücken sind anders. Subjekt und Objekt sind oft nicht mehr klar trennbar. Die Welt selbst kann wie ein Traum erscheinen. Dies zu erkennen, ist das Erwachen aus dem Traum.

3. Im *Tiefschlaf* existiert die Welt nicht. Aber es gibt eine gewisse Aktivität von Bewusstheit, die sich an der Verarbeitung von Zeit verdeutlichen lässt. Nach dem Tiefschlaf weiß man, dass Zeit vergangen ist (was bei Zuständen in Narkose nicht der Fall ist). Eindrücke werden unbewusst verarbeitet. Es ist wie bei einem Baby, das im Schlaf gefüttert wird und davon nichts merkt bzw. erinnert, aber es empfängt und verarbeitet Eindrücke.

Die Art und Weise, wie der Mensch die Realität der Welt oder die Welt als Realität erlebt, hängt vom Bewusstseinsmodus ab, nicht von der Welt. Die oben beschriebenen Wahrheitsebenen sind Bewusstseinsmodi, nicht objektive Beschreibungen der Welt. Shankara beschreibt dies mit dem Gleichnis vom Seil und der Schlange:

> Ein Wanderer sieht plötzlich in der Dämmerung einen länglichen, gekrümmten Gegenstand am Boden und erschrickt sich zu Tode, weil er diesen für eine Schlange hält. Erst wenn er die Lampe der Erkenntnis entzündet, erfährt er, dass es sich um ein Seil handelt. Die Welt hat sich nicht verändert, wohl aber das Bewusstsein.

Auch im folgenden Bild wird dasselbe Thema entfaltet: Die Erfahrung der Welt ist wie der Durchgang durch eine Wolke, die nicht substantiell in dem Sinne ist, wie sie aus der Ferne erscheint, sondern Nebel, hinter dem die Sonne wartet. Die Attribute der Welt, die man wahrnimmt, bleiben, aber was die Substanz ist, wird bewusstseinsabhängig interpretiert. So heißt es in Indien: Ein Kind und ein Händler schauen den geschnitzten Elefanten völlig verschieden an; sie sehen Unterschiedliches: Das Kind hält das Objekt für einen Elefanten, mit dem man spielen kann, der Händler wägt den Wert des Holzes ab. Oder: Der Dieb beurteilt ein Stück Schmuck aus Gold anders als der Goldschmied, der den ästhetischen Wert sieht, wohingegen der Dieb den Materialwert

Vertrauen in die Präsenz der göttlichen Kraft: Shraddhā

des Goldes im Auge hat. Und ein drittes Bild, das noch vielschichtiger ist: Wir sehen die eine Sonne scheinen, doch gibt es viele andere Sonnen, auch solche, die längst erloschen sind, die wir nicht wahrnehmen. Denn die Welt ereignet sich in gleichzeitigen Prozessen, das heißt, die multiplen Universa spielen sich gleichzeitig ab, auch wenn wir die Gleichzeitigkeit nicht wahrnehmen. Ebenso sind auch die unterschiedlichen Bewusstseinszustände und -perspektiven gleichzeitig. Die vollkommene Nicht-Dualität auszusagen ist nur auf der Ebene des absoluten Bewusstseins sinnvoll. Gleichzeitig ist die Wahrnehmung der Differenzen und Widersprüche notwendig und von bleibender Bedeutung. Es geht also nicht darum, «die Welt zu überwinden», sondern zu einem anderen Bewusstseinszustand zu gelangen und die unterschiedlichen Zustände dann ins angemessene Verhältnis zu setzen.

Aus diesem Grunde ist es notwendig, sich einem Guru anzuvertrauen (*shraddhā*), der lehrt, wie man zu diesen Zuständen gelangen und durch sie hindurchgehen kann. Der Guru initiiert. Shraddhā ist der Vertrauensvorschuss, den man dem Guru gewähren muss, wenn man sich ihm anvertraut. Der Guru aber repräsentiert gerade nicht sich selbst, sondern die göttliche Präsenz. Letztlich ist es Gott, dem der Vertrauensvorschuss gegeben werden muss, im Vertrauen, dass hinter den Widersprüchen von Raum und Zeit das Eine, das Absolute tatsächlich erfahren werden kann. Alle indischen Rituale und Religionspraktiken können als Ausdruck dieses Vertrauensvorschusses interpretiert werden.

Shraddhā impliziert vor allem die Haltung der Demut, das bedeutet, dass der Schüler jede Art von Dünkel, den er aufgrund angelernten Wissens entwickelt hat, aufgeben muss, um sich ganz der Erfahrung des Göttlichen aussetzen zu können, wodurch rationale Kalkulationen durchkreuzt werden. So ist es in Indien keine Seltenheit, dass auch berühmte Gelehrte, einflussreiche Politiker oder Filmstars einem Guru gegenüber, der spirituelles Wissen und Charisma ausstrahlt, ihre demutsvolle Verehrung zum Ausdruck bringen, indem sie seine Füße berühren (*pādasevana*). Im Sinne der klassischen Tradition wird dies als «Opfer des Bewusstseins» interpretiert, wie es in der Bhagavad Gītā heißt; der spirituell Übende soll sich ungeteilt und vorbehaltlos an die göttliche Wirklichkeit hingeben, um alle Zweifel und Missverständnisse zu überwinden. Die paradigmatische Geschichte dazu wird bereits in der Brihadāranyaka Upanishad erzählt, wo König Janaka den Weisen Yājnavalkya um Belehrung bittet. Als Lohn bietet der König Dutzende, dann Hunderte, ja tausend Kühe. Doch Yājnavalkya verlangt (und erhält) nicht materiellen Lohn, sondern die ungeteilte Hingabe des ganzen Herzens, «das ganze Selbst», die vollkommene Öffnung des Geistes des Königs.[37]

Vertrauen in die Präsenz der göttlichen Kraft: Shraddhā

4
Die vier Ziele im Leben des Menschen

Wie wir gesehen haben, gibt es innerhalb des «Systems Hinduismus» viele, auch einander ausschließende Denkformen, und so ist es nicht eine gemeinsame Weltanschauung, die den Hinduismus zusammenhält, sondern ein bestimmter Kodex von Regeln und Werten, ein praktischer Way of Life. Diese Regeln sind so zahlreich und auch unterschiedlich tradiert, dass es schwer ist, das Wesentliche herauszukristallisieren. Aus diesem Grunde wurde in den Schriften, die diesen Kodex formulieren, den Dharmashāstras, versucht, Systematisierungen anzulegen, die verschiedene Aspekte erfassen und zusammenfassen. Indische Systematisierungen neigen zu Dreiergruppen und Vierergruppen. Man zählt vier Vedas, vier Kasten, vier Weltzeitalter (*yugas*), vier Lebensstadien (*āshramas*) und eben auch vier Lebensziele, die *purushārthas*. Dass sich das System der Purushārthas zunächst unabhängig von der sozialen Struktur der vier Āshramas entwickelt hat, kann als sicher gelten, denn in den frühen Schriften wird keine Beziehung zwischen beiden Klassifikationen hergestellt, und die Zuordnung eines bestimmten Purushārtha zu einem jeweiligen Āshrama ist eher künstlich.[1] Beide Systeme versuchen, die verschiedenen Ziele des menschlichen Lebens sowie die damit verbundenen sozialen Ausprägungen zu kategorisieren, und zwar mit der Absicht, unterschiedliche Motivationen und Intentionen so zu harmonisieren, dass scheinbar Widersprüchliches aufeinander bezogen wird und der Mensch einen «ganzheitlichen» Lebensentwurf entwickeln kann.

Zunächst war nur von drei Purushārthas (*trivarga*) die Rede, nämlich den weltlichen (*laukika*) Zielen und Bestrebungen. Erst später wurde dies ergänzt durch Moksha, die überweltliche (*alaukika*) oder transzendente Ausrichtung des gesamten Lebens, sodass ein Viererschema (*caturvarga*) entstand. Die Reihenfolge der Glieder weicht bei einzelnen Autoren ab, meist wird von Kāma, Artha, Dharma und Moksha gesprochen. Alle vier Aspekte beziehen sich auf die drei grundlegenden Triebe des Menschen: das Verlangen nach Leben (*prānaishana*), das Verlangen nach Erfüllung der Bedürfnisse von Nahrung, Behausung und Kleidung (*vittaishana*) und das Verlangen nach Seligkeit in der jenseitigen Welt (*paralokaishana*).

Das Begehren: Kāma

Kāma ist das Begehren, und zwar das physische (sexuelle) ebenso wie das psychische oder physiologisch bedingte Verlangen der Sinnesorgane nach Objekten der Wahrnehmung. Aber auch das intellektuelle Begehren, die Neugierde des Erkennens sowie das Streben nach der Erfüllung jeder Art von Wünschen fallen unter diese Kategorie. Auch die Sehnsucht oder das Verlangen nach Gott speist sich aus Antrieben, die der Begehrensstruktur menschlicher Motivation folgen. Die Hindu-Tradition erkennt diese Zusammenhänge ohne Abwertung an, denn ohne Begehren gäbe es kein Leben. So fordert der Autor des Kāmasūtra – dies aber im Gegensatz zu anderen Dharmashāstras –, dass das Leben des Haushalters neben dem Aufbau der Familie und der Mehrung des materiellen Besitzes in besonderer Weise auch dem Lustgewinn durch Kultivierung des (sexuellen) Begehrens dienen solle.

Die Realität zeigt jedoch, dass der Befriedigungseffekt aus der Erfüllung von Wünschen immer nur von kurzer Dauer und daher letztlich nicht befriedigend ist. Darum ist es wichtig, das Begehren zu sublimieren, also Kāma auf Ziele zu lenken, die im Unterschied zur rein sinnlichen Erfüllung eine längere oder womöglich dauerhafte Befriedigung verschaffen können. Dies geschieht durch die Kultivierung von Kāma durch psychische und ästhetische Sublimierung. Spirituelle Praxis dient auch dazu, das Begehren zu sublimieren und von sinnlicher Erfüllung zu übersinnlichen, nämlich ästhetischen und religiösen Erfahrungen zu gelangen, die aber wiederum durch die Sinne vermittelt sind. Das sinnliche Begehren wird somit nicht prinzipiell abgelehnt, es soll allerdings in einer Weise befriedigt werden, die dem Dharma – dem dritten Purushārtha – entspricht. Diese wechselseitige Beziehung zwischen den Purushārthas ist wichtig nicht nur für die Interpretation, sondern auch für die Kultivierung der jeweiligen Triebe. In diesem Sinne erklärt die Bhagavad Gītā, dass Gott die Kraft in jedem Begehren ist, das dem Dharma nicht widerspricht.

Das Lebensziel Kāma bedeutet also Akzeptanz und Kultivierung sinnlichen Begehrens, um durch das sinnliche Verlangen hindurch zu den hintergründigen Zusammenhängen der Welt zu gelangen. Eine solche Akzeptanz des Sinnlichen gehört somit nicht allein zum tantrischen Gedankengut, sondern ist eine bereits in den Dharmashāstras angelegte Grundanschauung. Kāma ist jedoch mehr als Begehren, nämlich Liebe, und diese ist Ausdruck wie Inbegriff der Sehnsucht nach Einheit und Verschmelzen, was wiederum ein spirituelles Ziel ist.

Nur ein Begehren, das in der Unwissenheit (*avidyā*) des Menschen wurzelt und egozentrisch ausgelebt wird, wirkt sich negativ aus und ist Ursache des Leidens, wie es im Buddhismus heißt. Denn ein Begehren, das sich auslebt, um das Ich zu steigern, muss in der Selbstzerstörung enden, weil es nie erfüllbar ist, was durch eine Reizsteigerung verdrängt werden soll. Wenn aber Reizsteigerung und Ich-Steigerung einander wechselseitig stabilisieren, endet die Spirale in Frustration, die wiederum Selbstzweifel und Aggression freisetzt. Ein Begehren hingegen, das kultiviert und zunächst ästhetisch und dann spirituell transzendiert wird, ist Symbol für die Sehnsucht nach Einheit.

Die wirtschaftliche Existenz: Artha

Artha bedeutet «Ziel» und bezeichnet im weiteren Sinne jedes zielgerichtete Handeln mit der Absicht eines Gewinnes, der materieller oder geistiger Art sein kann. Im Kontext der vier Purushārthas ist im engen Sinne vor allem die ökonomische Existenz des Menschen gemeint, deren erfolgreiche Gestaltung Voraussetzung dafür ist, dass Kāma erfüllt werden kann. Denn um die Erfüllung des Begehrens zu erreichen, muss man sich die Voraussetzungen dafür leisten können. Wie wir sehen werden, ist aber auch die Realisierung von Artha mit Dharma verknüpft.

Eine erfolgreiche wirtschaftliche Existenz ist Voraussetzung für die Gründung und Ernährung einer Familie, die Führung eines Haushalts, die Erfüllung sozialer und religiöser Pflichten, sie ist also Lebensgrundlage.

Dafür mit allem Einsatz und zielgerichtet zu arbeiten, gilt als ein hohes Gut und als eines der Grundziele des Menschen. Weltlicher Besitz und das Erlangen von Wohlstand sind in Indien also nicht nur positiv konnotiert, sondern auch religiös legitimiert. Dass die ökonomische Existenz nur aufgebaut werden kann, wenn ein politischer Rahmen Vertragssicherheit, Gerechtigkeit, Stabilität und Frieden garantiert, versteht sich von selbst. Die Mittel der Politik werden deshalb in den entsprechenden Schriften ebenfalls als Ziel des Lebens abgehandelt, und der drastische Realismus, der die maßgebende Schrift zur indischen Staatskunst auszeichnet, das Arthashāstra des Kautilya (um 300 v. Chr.), steht einem Machiavelli in nichts nach.

Allerdings ist im ökonomischen wie auch im politischen Bereich eine umfassendere und langfristige Perspektive von entscheidender Bedeutung, denn nur sie entspricht der Einsicht in den Dharma. Eigentum schafft auch Verpflichtungen im sozialen Kontext, denn andere Lebewesen ins Kalkül des Erfolges einzubeziehen heißt auch, die Zusammenhänge und wechselseitigen Abhängigkeiten der sozialen Partner und der anderen Lebewesen zu begreifen. Insofern ist ein egozentrisches Wirtschaften nicht nur unmoralisch (*adharma*), sondern auch ökonomisch nicht tragfähig, weil selbstzerstörend.

Die Weltordnung: Dharma

Das dritte Ziel ist mit Dharma angegeben. *Dharma* ist die tragende Ordnung der Welt, und Kāma wie Artha können nur dann nachhaltig Zufriedenheit gewähren, wenn sie dem Dharma entsprechen. Kurzfristiger Gewinn wie auch kurzfristige Lust können langfristig Schaden anrichten, weil die umfassendere Perspektive ausgeklammert wird. Der Dharma steht für die Harmonie, den Ausgleich, die Proportionen bzw. das Maß in den ökonomischen, sozialen wie intra-psychischen Beziehungen. Nur Wechselseitigkeit kann langfristig Gewinn bringen, weil die Akteure und Faktoren in wechselseitiger Abhängigkeit voneinander stehen. Der Dharma ist das *eine* Weltgesetz, und seine Grundprinzipien gelten für alle vier Kasten (*varnas*), sie gelten universal: Gewaltlosigkeit, Wahrhaftigkeit, Nicht-Stehlen, Reinheit, Beherrschung der Sinne.[2] Allerdings erscheinen unter raum-zeitlichen Bedingungen alle Phänomene relativ zu anderen. Das bedeutet, dass unter diesen Bedingungen der Relationen alles relativ aufeinander bezogen ist. Es kann weder die eine Wahrheit noch die eine Religion noch die eine Moral geben. Alles ist abhängig von den Umständen, und hier werden meistens vier genannt: Raum, Zeit, Lebensalter und karmische Eindrücke.

– Raum ist *desha* (Gegend), der geographische Rahmen, in dem sich etwas ereignet. Dadurch sind die Kulturen unterschieden, denn ob zum Beispiel ein Leben in den Tropen oder im Hochgebirge des Himalaya geführt wird, beeinflusst alle kulturellen Ausdrucksformen.
– Zeit ist *kāla*; das gesamte Handeln des Menschen ist abhängig von der Epoche, in der er lebt. Denn sie ist das Produkt einer langen kulturellen Evolution, sie gibt Ideen, den «Geschmack», die äußeren Lebensformen also, vor.
– Ein weiterer Aspekt der Zeit ist das Lebensalter eines Menschen (*āshrama*). Es bestimmt die Pflichten und Rechte, die er für sich und in Bezug auf die Gesellschaft übernehmen muss, und wir werden diesen Aspekt im nächsten Kapitel gesondert behandeln.
– Die karmischen Eindrücke können als «kulturelle Gene» verstanden werden; der Mensch kommt nicht als unbeschriebenes Blatt auf die Welt, sondern mit einer Grundstruktur (*guna*) bzw. mit Potentialen, die sich von denen anderer Menschen unterscheiden. Sie geben den Rahmen vor für seine Charakterentwicklung ebenso wie für sein «Schicksal», in eine bestimmte Situation (Familie, Kaste, Land, Religion) geboren worden zu sein. Daraus folgt, dass jeder Mensch kontextgebunden ist, es gibt letztlich keine allgemeingültigen Vorschriften, sondern Menschen haben – in einem bestimmten Rahmen – ihrer je spezifischen Bestimmung (*svadharma*) zu folgen.

Das berühmteste Beispiel präsentiert die Bhagavad Gītā: Prinz Arjuna wird von Gott Krishna zum Kampf aufgefordert, obwohl, ja gerade weil gewaltfreie Harmonie das höchste Ziel des Dharma ist, doch ihm als Prinzen (*kshatriya*) kommt es zu, in der Not den Dharma auch mit Gewalt zu verteidigen. Diese Relativität der Pflichten und Rechte eines Menschen ist typisch für die indische Haltung zu vielen Lebensfragen und unterscheidet sie von anderen Kulturen, in denen klar definierte und allgemeingültige Unterscheidungen von «gut und böse» angestrebt werden. Der Gestaltungsrahmen von Normen, Idealen und Zielen des Menschen ist dadurch sozial- wie individualpsychologisch wesentlich geprägt.[3] Die Relativierung bzw. Kontextualisierung aller Denk- und

Handlungsformen sowie Gefühlsbewertungen ist auch die Wurzel einer prinzipiellen religiösen bzw. kulturellen Toleranz.

Dem Dharma zu entsprechen ist also wesentlich eine Frage der Einsicht und Klugheit. Weil im karmischen Ursache-Wirkungs-System die Erscheinungen der Welt nicht nur einander entsprechen, sondern auch einander beeinflussen, müssen physische, psychische, soziale und spirituelle Ziele miteinander verbunden und in Einklang gebracht werden. Dazu dient der Ritus, vor allem in Gestalt der Übergangsrituale, der Samskāras. Die Ritualisierung des Alltags bedeutet, den zugrunde liegenden Dharma bewusst zu machen und zur Geltung zu bringen. Durch den Ritus wird das Handeln geleitet. Kultivierung der individuellen wie sozialen Handlungsimpulse meint dann vor allem, Maß zu halten. Kultur ist die Fähigkeit zur Zurückhaltung, wie Sarvepalli Radhakrishnan (1888–1975), der Philosoph auf dem Präsidentenstuhl des unabhängigen Indien, einst bemerkte. Denn nur durch Zurückhaltung kann das Ganze in den Blick treten, was die Voraussetzung für nachhaltige Gestaltung ist.

Dharma besagt also, dass mit dem Begehren (*kāma*) wie auch mit den ökonomischen Zielen (*artha*) so umgegangen wird, dass sie weder den Akteur noch die Menschen in der Gesellschaft physisch oder mental schädigen. Dies ist das ökologische Prinzip, das sich aus dem Begriff Dharma ergibt. Deshalb erwähnen die Schriften, dass das *sattva*-Element (der Ausgleich und das Subtile) kultiviert und das Beharrende (*tamas*) mit dem energetischen Impuls (*rajas*) in Harmonie gebracht werden solle. Auch dies wird im Ritual eingeübt und dargestellt. Dharma ist also nicht nur ein ethischer Kodex, sondern die Einsicht in die umfassenderen Zusammenhänge. Der kosmische Rhythmus ermöglicht und bestimmt die soziale Ordnung. Diese zu erkennen und danach zu handeln, ist Weisheit bzw. das Lebensziel Dharma.

Wie schon erwähnt, haben einzelne Kasten, Berufsgruppen und Individuen verschiedene Pflichten und einen je spezifischen Dharma (*svadharma*). Wenn mit diesem Argument der Gott Krishna den Prinzen Arjuna in der Bhagavad Gītā zum gerechten Krieg auffordert, dann gilt dieses Handeln als angemessen, insofern es nicht ichbezogen, sondern am Dharma (*svadharma*) orientiert ist. Vorausgesetzt allerdings, die Interpretation entspricht den Prinzipien der kosmischen Ordnung, also vor allem der Wechselseitigkeit und Nachhaltigkeit. Denn Karma lässt sich nicht überlisten, weil die Wirkung der Tat auf den Täter selbst zurückfällt.

Die vier Ziele im Leben des Menschen

Um die weit verzweigten Überlieferungen des Dharma (*dharmashāstras*) zu systematisieren, wurde eine Grundunterscheidung eingeführt: Dharma, insofern er sich auf das Leben in der Welt bezieht (*pravritti*), und Dharma, insofern er sich auf den Weg zur Befreiung aus dem Kreislauf der Wiedergeburten, also auf das eine spirituelle Ziel, bezieht (*nivritti*). Beide hängen zusammen, *nivritti* aber ist das, worauf auch ein Leben in *pravritti* letztlich hinzielt. Während für einen jungen Menschen die Erziehung zum Dharma im Mittelpunkt steht, damit er im Erwachsenenleben die entsprechenden Werte verinnerlicht hat, müssen im Alter alle relativen Wertvorstellungen und Lebensziele überwunden werden; das Weltliche überhaupt muss transzendiert werden, damit Befreiung vom Ich, vom Anhaften an Vergänglichem insbesondere, erlangt werden kann (*moksha*). Das ist das spirituelle Ziel.

Um die jeweiligen Ziele des Dharma zu konkretisieren, werden in Indien die Heldengeschichten aus den großen Epen und den Purānas erzählt, vor allem König Rāma und seine Gemahlin Sītā werden zu Vorbildern stilisiert, die nachgeahmt werden sollen. In der indischen Geschichte sind dazu sehr unterschiedliche, auch einander widersprechende Modelle entwickelt worden.

Wenn es heißt, dass der Hinduismus weniger durch Orthodoxie (gleiche Lehrmeinungen) als durch Orthopraxie (gleiche ethische Normen) zusammengehalten wird, so ist zwar unbestritten, dass einige normative Strukturen (wie die vier Purushārthas, die Āshramas, das Kastensystem) von den Oberschichten permanent tradiert wurden, die konkrete Praxis jedoch durchaus unterschiedlich war und ist. In Indien gibt es nicht nur Polydoxie,[4] sondern auch Polypraxie; die Identität im «Hinduismus» war und ist im Fluss, und diese Veränderlichkeit alles dessen, was Name und Gestalt hat (*nāmarūpa*), ist selbst zentrale Lehre seit vedischer Zeit. Bestimmte soziale Praxen wie das Kastensystem haben zwar Stabilität geschaffen, und fremde Einflüsse konnten ständig angepasst und integriert werden. Dennoch besteht der kulturell-religiöse Zusammenhalt Indiens weniger in der Einheitlichkeit von sozialen oder religiösen Ritualen, als vielmehr in der Praxis der Erkenntnis, dass alle Denkformen, Rituale und religiös-sozialen Muster auf vielfältige Weise und immer neu *transzendiert* werden können und müssen.

Die eben beschriebene Dynamik ist auch im heutigen Indien wirksam. Eine Analyse der indischen Medien, vor allem des Films und der Comics, könnte zeigen, wie die klassischen Ideale auf die Anforderun-

Die Weltordnung: Dharma

gen in der modernen Gesellschaft bezogen und uminterpretiert werden. Inwieweit die traditionellen Vorbilder noch prägende Kraft auf die Jugend haben, ist schwer zu sagen. In den Ashrams und sozialen Gruppen, die aus der Kraft der Rituale leben, werden sie zumindest ständig neu interpretiert und inszeniert.

Die Befreiung: Moksha

118 Die Sehnsucht nach *Moksha* ist wie ein roter Faden, der alle indischen Religionsformen, Ritualkulturen und Sozialstrukturen durchzieht. Diese Sehnsucht überwindet die Relativierungen von Raum und Zeit, sie überwindet die sozialen Unterschiede ebenso wie die unterschiedlichen Ansprüche auf Grund der Geschlechterdifferenz, sie vereint alle Lebewesen. Moksha ist die Freiheit von allen raumzeitlichen Bedingungen, mithin die Befreiung von den Inhalten der drei ersten Lebensziele, die jedoch als hinführende Disziplin gelten können, insofern sie dharmisch sind. Denn der Dharma weist darauf hin, dass alles in einen größeren Zusammenhang eingebunden ist und keinen Wert in sich hat. Der Inhalt von Moksha ist seit den Upanishaden beschrieben worden als *saccidānanda* (Sein-Bewusstseins-Seligkeit), wobei dieses Kompositum in allen logisch möglichen Relationen der drei Komponenten lesbar ist. Es geht um das Erwachen des reinen Bewusstseins zum wahren Sein, und das bedeutet die absolute Seligkeit.

Moksha meint zunächst vor allem die Befreiung von Wünschen. Denn Wünsche sind Projektionen, die sich aus einem vorher entstandenen Verlangen ergeben, sie sind Produkte der Bedürftigkeit des Ich (*ahamkāra*). Wenn sich das Ich aber klar darüber wird, dass es als unwirklich erkannt werden muss, weil letztlich nur der Ātman oder «Gott im Herzen» der eigentliche Akteur und innere Lenker (*antaryāmin*) ist, wird es frei von der Selbstzentrierung. Der befreite Mensch sieht Gott und nur Gott in allem. In diesem Sinne spricht Swami Gnanananda davon, dass Gott vier Arten von «Klienten» habe, nämlich erstens solche, die nur Weltliches wollen, zweitens jene, die ein wenig Welt und ein wenig Gott möchten, drittens diejenigen, die nur Gott wollen und viertens schließlich die, die nicht einmal Gott wollen, weil sie *Gott in allem* erfahren. Nur letztere sind frei von Wünschen (*moksha*), während die anderen noch in den drei ersten *purushārtha*s gefangen sind.

Die vier Ziele im Leben des Menschen

Das Wort Moksha ist eine Ableitung der Wurzel *muc*, befreien. Moksha ist Befreiung aus der Unwissenheit, die darin besteht, dass der Mensch sich als ein von Gott getrenntes Wesen erfährt. Nur durch das Wissen der Nicht-Zweiheit von Ātman und Brahman erlangt man *brahmavidyā*: die befreiende Erkenntnis der Nicht-Dualität des Seins.⁵ Dabei müssen wir an den Grundsatz erinnern, dass einer, der das Brahman erfahren hat, *brahman*-gestaltig wird. Dieses «Werden» ist aber nicht eigentlich ein Prozess der Veränderung, sondern ein Gewahr-werden dessen, was ist: Man «wird» nicht zu Brahman oder gottähnlich, sondern ist es schon immer.⁶ Um es in einem Bild auszudrücken, das Swami Gnanananda zu gebrauchen pflegte: Es ist wie bei einem Moschusochsen, der überall nach der Ursache des Duftes sucht und nicht erkennt, dass er selbst die Quelle ist. Die noetische und die ontische Ebene der Wirklichkeit sind nicht trennbar, denn es handelt sich um meditative Vergegenwärtigung, die den Menschen als Ganzen verändert.⁷ Dabei spielen sowohl Vernunftargumente als auch Intuition (*vrittijñāna*) eine Rolle. Nach der Tradition Gnananandas wird der Samen für die Erkenntnis durch die Vielzahl der Rituale gelegt. Mit der Hilfe des Guru und durch ständiges Nachdenken und Wiederholung wird der Samen dann zur Reife gebracht, um schließlich in einer alle Übung transzendierenden Erfahrung der Nicht-Zweiheit die Frucht zu präsentieren.

Moksha gründet aber – ebenso wie *jñāna*, die spirituelle Erkenntnis – nicht in einer Fähigkeit des individuellen Ich, sondern im Ātman, der das Individuelle transzendiert und doch als nicht-verschieden von der empirischen Persönlichkeit aufzufassen ist. Er ist gleichsam die transzendente Dimension, die in, mit und unter dem Empirischen erfahren wird als dessen Grund. Der Ātman also ist das Subjekt von Moksha.⁸ «Erlösung» oder «Befreiung» heißt, dass das Absolute (*brahman*) die durch Unkenntnis (*avidyā*) verborgenen, gegensätzlichen und miteinander zerstrittenen vielen einzelnen Ichs (*jīva*) zum Licht der Erkenntnis bringt. Einmal erwacht, können sie die Weisheit erlangen und zum eigentlichen Selbst zurückkehren.

Moksha ist also nicht so zu verstehen, dass man in ein Jenseits gelangt, das getrennt von der Welt existieren würde. Durch Moksha wird vielmehr eine falsche Haltung aufgegeben und die Einheit der Wirklichkeit erkannt. Der Schleier des dualistischen Nichtwissens wird beseitigt, damit das, was ist, sichtbar wird.⁹ Die Dinge zu sehen, wie sie in

Die Befreiung: Moksha

Wirklichkeit sind, hinter den Formen das Formlose zu erkennen, *ist* Moksha. Mit anderen Worten: Moksha ist die Erfahrung der Gegenwart des Einen oder der Einen Gegenwart. Alles, was dieser Erfahrung entgegenstehen könnte, ist in Moksha überwunden: Die Wirklichkeit erscheint in ihren Wechselwirkungen und totalen Vernetzung als Ausdruck des Einen.

5
Die vier Lebensstadien

Ordnungsprinzipien der indischen Gesellschaft

Das traditionelle indische Sozialsystem versteht sich, wie andere vormoderne Kulturen auch, nicht nur als Organisation und Ausdruck menschlicher Interessen, sondern auch als Abbild universaler Harmonien. Jeder Mensch hat – wie die Sterne am Firmament – einen bestimmten Platz in der Sozialordnung. Ereignisse in der Geschichte werden demnach nicht nur auf menschliches Handeln, sondern auch auf astrologische Konstellationen zurückgeführt. Damit wird dem Menschen nicht die Freiheit des Handelns abgesprochen, wohl aber den menschlichen Möglichkeiten ein bestimmter Rahmen vorgegeben, der erkannt und beachtet werden muss, will man erfolgreich das Leben gestalten.

Die Großfamilie, das Kastensystem und die Idealvorstellung der vier Lebensstadien (*āshramas*) markieren die wesentlichen Rahmenbedingungen für das Leben des Einzelnen, der nicht zufällig, sondern dem Karma entsprechend, in eine bestimmte soziale Schicht, Familie oder in eine spezielle Religionszugehörigkeit geboren wird. Dies zu erkennen ist notwendig, um die eigene Lebenssituation zu begreifen und verändern zu können. Wenngleich die Rahmenbedingungen feste Strukturen setzen, eröffnen sie doch gleichzeitig auch Handlungsmöglichkeiten, die allerdings nicht beliebig sind. Der Mensch ist nicht determiniert, wohl aber konditioniert.

Dieses bedingt flexible sozialpsychologische Muster durchzieht, prägt und strukturiert die indische Gesellschaft seit ca. 3000 Jahren und ist ein Bindeglied dieser unglaublich vielgestaltigen indischen Welt. Auch heute, unter den Bedingungen der Modernisierung und Industrialisierung, sind die ritualisierten Sozialbeziehungen und programmierten Erwartungen hinsichtlich des Lebens entscheidende Faktoren für die Handlungsdynamik sowohl des Einzelnen wie auch in Unternehmen und politischen Systemen. Das prekäre Verhältnis von Stabilität und Flexibilität wird in diesen Konstellationen jeweils neu austariert, und Motivationen entwickeln sich entlang der seit alters eingeübten Strukturen.

Name, Kleidung, Essgewohnheiten, Heiratsmuster, Sprachform, Körpersprache, Schmuck usw. waren – und sind es teilweise noch immer – Erkennungsmerkmale der sozialen Zugehörigkeit, wie wir es aus wohl allen Kulturen kennen. Doch in Indien haben diese Differenzierungen – etwa der Kleider-, Speise- und Heiratsordnungen – eine Bindekraft über besonders weite zeitliche und geographische Räume hinweg entwickelt.

Auf das Kastensystem und die Dynamik der Großfamilie werden wir hier nicht näher eingehen und verweisen auf entsprechende soziologische und sozialpsychologische Analysen.[1] Wenngleich das Kastensystem im säkularen Indien durchbrochen wird und politisch als nicht mehr vermittelbar gilt, ist sein Einfluss in der indischen Gesellschaft weiterhin erheblich. Die Großfamilie ist heute unter den Bedingungen der Flexibilisierung der Arbeitswelt nicht mehr selbstverständlich der soziale Lebensraum der Stadtbewohner, aber sie bietet noch immer Stabilität und ein soziales Netz. Die vier Lebensstadien oder Lebensordnungen (*āshrama*) sind ein Idealtypus und, soweit wir wissen, zu keiner Zeit durchgängig bindend gewesen, nicht einmal für die oberen Schichten. Aber sie bilden eine Struktur, die Orientierung vermittelt bis in heutige urbane und von der industrialisierten Arbeitswelt geprägte Lebensverhältnisse hinein.

Außerdem spielt noch immer die Religionszugehörigkeit eine Rolle. Wie wir gesehen haben, ist der Begriff «Hinduismus» seit Alexander dem Großen (4. Jahrhundert v. Chr.) eine Fremdbezeichnung für alle Religionen gewesen, die jenseits des Indus existierten. Inzwischen haben die Hindus diesen Begriff längst selbst verinnerlicht, und er bezeichnet alle religiösen Traditionen, die in Indien heimisch sind und die Vedas als unumstößliche Autorität anerkennen. Das, worin sich der

Die vier Lebensstadien

Hinduismus von anderen Religionen unterscheidet, ist das Spektrum der ganz unterschiedlichen Lebenspraxen wie soziale Muster, Ritualkulturen, Berufsgruppen oder Wertorientierungen, die jedoch im großen Rahmen von Kastenzugehörigkeit (*varna* bzw. *jāti*) und Erwartung an die Lebensstadien (*āshrama*) aufeinander bezogen sind. Diese Wertorientierungen sind brahmanischen Ursprungs, wurden aber bereits seit Jahrhunderten auch von den anderen oberen Kasten angenommen und – mit verschiedensten Varianten, die von völliger Akzeptanz bis zum offenen Widerstand reichen – auch von den unteren Gesellschaftsschichten mehr oder weniger adaptiert. Varna und Āshrama gelten als so fundamental für das brahmanische Wertesystem (*dharma*), dass beide zusammen als *ein* Begriff eben dieses Wertesystem kennzeichnen können (*varnāshrama dharma*).[2] Dabei handelt es sich um eine Struktur, die inklusiv ist; sie diente und dient dazu, nicht-brahmanische Lebensformen und soziale Gruppen zu integrieren bzw. – und das ist die Kehrseite jeder Integration – andere auszugrenzen. Innerhalb des genannten Spektrums gibt es ganz unterschiedliche religiöse Überlieferungen, die nicht ohne weiteres als «eine» einzige Religion betrachtet werden können. Und doch haben sich diese Traditionen gegenseitig beeinflusst, sie haben Synthesen gebildet und einander immer wieder zu Neubildungen von «Religion» angeregt. Dieses komplexe System, das beständig und auch noch heute «im Werden» ist, kann als «Hinduismus» bezeichnet werden.

Mit der Unterteilung in Shivaiten und Vishnuiten, um nur zwei «Allgemeinbezeichnungen» zu nennen, werden aber beispielsweise die vielen verschiedenen und einflussreichen lokalen Tradierungen noch gar nicht erfasst. Die einzelnen Kasten und Berufsgruppen haben traditionell ihre je eigenen Schutzgottheiten, was auch bedeutet, dass wir es hier mit mehr oder weniger exklusiven Ritualgemeinschaften zu tun haben. Diese Gottheiten symbolisieren das Ideal der Vollkommenheit des betreffenden Berufsstandes, und sie geben die Standards vor, auf die hin sich der Mensch ausrichten soll, der es zur Meisterschaft im Rahmen seiner je spezifischen Pflichten bringen will: So ist etwa Sarasvatī die Göttin der Schriftsteller, Gelehrten und Intellektuellen oder Vishvakarman der Meister der Handwerker und Architekten. Außerdem wird jedem Menschen nach seiner Geburt eine individuelle schützende Gottheit (*ishtadevatā*) durch einen rituellen Akt zugeordnet, und zwar im

Kontext von Familientraditionen und der Guru-Linie, mit der die jeweilige Sippe (oder Großfamilie oder Kaste) in Verbindung steht. Dementsprechend sind die rituellen Verpflichtungen unterschiedlich, was für das gesamte Sozialleben von Bedeutung ist.

Man kann das Āshrama-System auch als den Versuch verstehen, zwei einander gegensätzliche Tendenzen in der indischen religionskulturellen Entwicklung miteinander in Harmonie zu bringen: einerseits die Erfüllung weltlichen Glücks durch Ordnungen, die materielle und psychische Sicherheit bieten, und andererseits die Erfüllung einer überweltlichen Bestimmung des Menschen, die durch Askese, Entsagung und ein Leben jenseits der weltlichen Verpflichtungen erreicht werden kann. Denn die indische Kultur ist seit ihrem Bestehen einerseits von der Erfahrung der Einheit (Nicht-Dualität) des Materiellen und Geistigen durchdrungen, andererseits aber auch von einer «Entweltlichung» oder asketischen Tendenz gekennzeichnet. Diese zeigt sich im Leben des Einzelnen oft in einer Abwendung vom Körperlichen und Sozialen, indem das Spirituelle als Gegensatz zum Körperlichen verstanden wird. Beide Lebensideale (Anthropologien, Weltanschauungen) werden im Āshrama-System integriert und den verschiedenen Zeitphasen in der Lebensentwicklung eines Menschen zugeordnet, das heißt, sie werden evolutionär interpretiert.

Das System der Āshramas[3]

Studium – Brahmacarya

Der Begriff Brahmacarya bezeichnet den Stand des Schülers, der sich dem Vedastudium unterzieht und spirituelles wie auch lebenspraktisches Wissen erlernt. Traditionell erfolgte dies in der Hausgemeinschaft des Guru (*gurukula*) oder in speziellen Schulen, die einzelne vedische Traditionen repräsentieren. Das Studium im Haus des Guru beginnt, nachdem der Schüler die *upanayana*-Initiation[4] empfangen hat. Die Dauer des Studiums beträgt normalerweise zwölf Jahre, gelegentlich auch mehr. Der Guru vermittelt nicht nur Wissen, sondern auch Erfahrung, er bildet den Schüler also auch mit seiner Persönlichkeit. Inhalt des Studiums sind die Texte der Vedas, die auswendig gelernt werden, und zwar im je vorgeschriebenen Versmaß. Die Texte sollen aber auch studiert und als Ritualwissen praktisch anwendbar werden. Dazu sind mehrere Hilfswissenschaften (*vedāngas*) entwickelt worden, die in den klassischen Sutren-Texten des Sāmaveda (*Sadvimsha Brāhmana* 4,7) in sechs Abteilungen gegliedert sind: Phonetik (*shikshā*), Ritual (*kalpa*), Grammatik (*vyākarana*), Etymologie (*nirukta*), Metrik (*chandas*) und Astrologie (*jyotisha*).[5] Jede dieser Disziplinen hat Sub-Disziplinen und eigene Literaturen hervorgebracht, die mit großer Genauigkeit studiert und kommentiert werden.

Vom Schüler ist während des Studiums ungeteilte Hingabe gefordert, die durch keine anderen Bindungen oder Ablenkungen gestört werden soll, was auch den strikten Zölibat beinhaltet. Brahmacarya, ein Lebenswandel im Brahman, steht bereits in der Tradition für zölibatäres Leben, und zwar nicht nur wegen möglicher Bindungskonflikte, sondern auch aufgrund der indischen Auffassung von Sexualität. Danach kann sexuelle Enthaltsamkeit (*tapas*) die Lebensenergie (*prāna*) stärken, wohingegen sexuelle Aktivität zu physischer, psychischer und spiritueller Ermüdung führen und sich damit negativ auf das Studium auswirken kann.

Darüber hinaus wird vom Brahmacārin erwartet, dass er sich weiteren Regeln unterwirft, die u. a. seinen Willen stärken sollen, aber auch die Pflicht zum Gehorsam gegenüber dem Guru zum Inhalt haben: So soll der Schüler stets die Wahrheit sagen, freundliche Rede pflegen, körperliche Ertüchtigung etwa durch kalte Bäder praktizieren, Demut und Hingabe üben, indem er sich das Essen selbst rituell erbettelt, mäßig speisen und dem Lehrer dienen.

Diese traditionellen Formen des Lernens gehören heute immer mehr zu den Ausnahmen und sind oft nur noch in ausgesuchten Vedaschulen für Brahmanen-Knaben anzutreffen, die auch mit Tempeln oder Ashrams verbunden sein können. Das Brahmacarya-Ideal steht aber in einigen seiner Aspekte auch hinter den Schulen für traditionelle Künste wie Tanz und Musik, die Männern wie Frauen offen stehen.[6] Wenngleich die Regeln in der Praxis gelockert sind, gelten die traditionellen Ideale zumindest prinzipiell als Standard. Auch zahlreiche Schulen für Yoga und traditionelle indische Medizin wie Ayurveda und tamilische Siddha-Medizin folgen diesem Muster. Denn in diesen Bereichen geht es um die Herausbildung von intuitivem Wissen, Körperwissen, Charisma und Persönlichkeit, was auch einen existentiellen Austausch zwischen Lehrenden und Lernenden voraussetzt.

Das System der Āshramas

Man kann in den genannten Bereichen sogar von einer Renaissance dieser Bildungslandschaft sprechen, und zwar auch in dem Maße, wie das Interesse an solchen Traditionen im europäischen und amerikanischen Ausland wächst. Indische Lehrer unterrichten diese Traditionen mit Erfolg im Ausland, und dieser Erfolg verschafft ihnen in der indischen Heimat Prestige, sodass nun auch hier vermehrt Ayurvedazentren und Yogaschulen entstehen, die überwiegend von Ausländern sowie von Indern der Ober- und Mittelschichten aufgesucht werden. Bei diesem «Boom» handelt es sich mithin in gewisser Weise nicht selten um einen «Rückimport» von Traditionen.

Moderne Bildung vollzieht sich heute in staatlichen oder privaten Schulen, Colleges und Universitäten, die nach britischem bzw. westlichem Vorbild organisiert sind. Aber die sprichwörtliche Disziplin und Einsatzbereitschaft indischer Schüler und Studenten, ihre Konzentrationskraft und Leistungsfähigkeit hängen zweifellos mit den Traditionen zusammen, die hier beschrieben werden. Auch das Studium ist Pflichterfüllung gegenüber der Familie, die wiederum in der Ordnung des Kosmos steht, welche in Ritualen alltäglich erinnert und erneuert wird.

Hausstand und Familie – Grihastha

Unmittelbar auf den Abschluss des Studiums oder der Ausbildung folgt das Stadium der Haushalterschaft, das mit der Hochzeit beginnt. Entsprechend den vier Lebenszielen (*purushārtha*) steht der wirtschaftliche und soziale Erfolg in dieser Lebensphase im Vordergrund. Spirituell wird die Lebensgestaltung in dieser Form als *karma yoga*, als spirituelle Übung des Handelns, eingestuft, und der Text, der hier Vorbildcharakter in ganz Indien hat, ist die Bhagavad Gītā. Danach hat der Haushalter seinen Pflichten nachzukommen und damit auch einen Dienst an der Gesellschaft zu leisten, und zwar in der ihm/ihr bestimmten je eigenen Weise. Für denjenigen, der in dem Bewusstsein handelt, damit die von Gott gesetzte Ordnung zu erfüllen, ist dies Gottesdienst. Nicht das Tempelritual, nicht religiöse Formeln oder die vom Alltag abgehobenen kultischen Handlungen, sondern das Tun im Alltag wird hier zum Ritual, das den Dharma repräsentiert. Wirtschaftlicher Erfolg, politischer Einfluss, eine prosperierende Familie usw. sind in diesem Sinne positiv konnotiert und Teil der religiösen Ordnung.

Der Erwerb von Reichtum oder wirtschaftlicher Macht ist jedoch an moralische Standards gebunden, die der Dharma setzt. Das bedeutet, dass das Gemeinwohl Ziel aller Bemühungen zu sein hat. Obgleich das indische Sozialsystem durchaus Individualität kultiviert und den Erfolg des Einzelnen anerkennt, sollte das Handeln immer auch auf das soziale Ganze ausgerichtet sein. Das «Ganze» aber vereint sozial unterschiedliche Verpflichtungsstrukturen, die miteinander in Konflikt geraten können: die Großfamilie, die Kaste, die lokale Dorfgemeinschaft, das größere politische Gemeinwesen, den Staat. Die Rituale vergegenwärtigen das Ganze, sie stellen alles menschliche Handeln in einen Rahmen von kosmischen Dimensionen. Dass dieser Rahmen jedoch starre Hierarchien auch unhinterfragt stützen kann, ist das Problem eines jeden Ritualsystems, auch des indischen. So hinterlässt die beliebte Geschichte von Harishcandra, die im Bhāgavata Purāṇa erzählt wird, einen unter psychologischen wie sozialen Gesichtspunkten widersprüchlichen Eindruck. Es ist eine Geschichte, die das Hiobsmotiv der vorderorientalischen Weisheitsliteratur auf spezifisch indische Weise aufnimmt:[7]

Harishcandra war der Sohn Trishankus, eines Königs der Solardynastie, und mit Candramatī verheiratet. Doch da das Paar kinderlos blieb, wandte es sich an Varuna, den Gott des Wassers, und dieser gewährte ihnen wegen ihrer religiösen Hingabe einen Sohn. Der heilige Seher Vasishtha empfahl dem erfolgreichen Harishcandra, das Rājasūya-Opferritual auszuführen, um damit seine Herrschaft noch weiter zu stabilisieren.

Nun trifft Vasishtha in der jenseitigen Welt einen anderen heiligen Seher namens Vishvāmitra, der erbost darüber ist, dass Vasishtha dort bevorzugt wird. Vasishtha führt dies auf seine besondere Verbindung zu den Königen der Solardynastie und insbesondere auf das Rājasūya-Ritual zurück, das König Harishcandra unter seiner, Vasishthas, Leitung durchgeführt hat. Er lobt Harishcandra als einen untadeligen Herrscher, der, was auch immer geschehe, nicht vom Gehorsam gegenüber dem Dharma abzubringen sei, was zu entsprechenden karmischen Folgen geführt habe.

Vishvāmitra will nun das Gegenteil beweisen und führt mit Hilfe seiner yogischen Kräfte Harishcandra in schwerste Prüfungen des Charakters. Dabei bedient er sich eines Dämons und lockt den König in einen Hinterhalt, aus dem dieser nicht mehr herausfinden kann. In Gestalt eines Brahmanen bietet er Harishcandra seine Hilfe an und nimmt ihm das Gelübde ab, ihm ein Geschenk seiner Wahl zu geben. Vishvāmitra fordert schließlich vom König das gesamte Königreich mit allem Besitz. Harishcandra trennt sich von seinem ganzen Besitz, um sein Gelübde zu erfüllen, bleibt aber Vishvāmitra der Tradition entsprechend eine symbolische Summe, *dakshiṇā*, schuldig. Doch dieser verlangt den ganzen ihm zustehenden Betrag mit rücksichtsloser Härte, sodass Harishcandra erst seine Frau und seinen

Das System der Āshramas

Sohn und schließlich auch sich selbst verkaufen muss. Der Sohn stirbt, seine Frau Candramatī leidet entsetzliche Qualen als Sklavin ihres Käufers, der, in Verkleidung, Vishvāmitra selbst ist. Weil ihr unablässiges Klagen für die ganze Umgebung unerträglich geworden ist, soll Candramatī vom Hüter des Leichenverbrennungsplatzes getötet werden. Dieser Hüter aber ist kein anderer als Harishcandra selbst, der gezwungen war, diese niedrigste aller Arbeiten anzunehmen. Die Gatten erkennen einander auf dem Leichenverbrennungsplatz und beschließen, gemeinsam in den Tod zu gehen, ohne in irgendeiner Weise ihre sozialen Pflichten zu verletzen. Die Götter aber retten und segnen Harishcandra und Candramatī für ihre Charakterstärke und geben ihnen die königlichen Würden zurück. Vishvāmitra erklärt sich als besiegt und gibt allen Reichtum zurück. Nach einem langen Leben werden sie mit einem vergoldeten Platz in der jenseitigen Welt geehrt.

Diese Geschichte wird als Beispiel für die Ehre des Haushalters erzählt, der in der Welt seine Pflichten erfüllt, die das altehrwürdige Gesetz vorschreibt. Harishcandra weicht nicht einen Schritt von den traditionellen Vorschriften ab, auch dann nicht, wenn diese offenkundig Unmögliches verlangen, nämlich die eigene Frau in die Sklaverei zu verkaufen. Der Eid (besonders gegenüber einem göttlichen Wesen oder einem Guru) gilt als absolut bindend. Harishcandra beweist Charakterstärke, bezahlt dafür aber einen hohen Preis. Andere Traditionen, wie zum Beispiel der Buddhismus, lassen in derartigen Konfliktsituationen das rationale Abwägen von Gründen zu. Das ist im hinduistischen System dem Guru vorbehalten, dessen Wort höchste Autorität hat.

Dennoch kann Grihastha-Dharma auch eine Herausforderung für die religiöse Autorität darstellen: Wenn die Gottheit mit speziellen Riten im Tempel verehrt wird, ist der Ritualspezialist, also der Brahmane, zuständig für den Kontakt mit Gott. Denn das vedische Opferritual, wenngleich nicht an einen Tempel gebunden, verlangt nach dem Priester, der als «Mittler» zwischen Mensch und Gott das Wohlergehen der im Kult vereinten Gemeinschaft ermöglicht. Das ist in vielen Religionen der Fall, und das religiöse System wird dadurch stabilisiert. Wenn aber, wie es die Bhakti-Traditionen lehren, Gott im Herzen eines jeden Menschen wohnt, kann jeder Gläubige unabhängig vom sozialen Stand sein eigener «Priester» sein, da es letztlich darauf ankommt, das Bewusstsein für die Präsenz Gottes an jedem Ort und in jeder Situation zu öffnen und entsprechend zu handeln. Genau das ist Grihastha-Dharma, wie er von Ramakrishna (1836–1886) im modernen Indien neu interpretiert worden ist.[8] Es geht auch hier wieder um die weitere Perspektive, die

Die vier Lebensstadien

den Horizont von «Ich» und «Mein» überwindet und das Handeln im Gemeinwohl und schließlich im Ganzen der Welt verankert. Dies ist nicht nur eine pragmatische Erwägung, die als solche sinnvoll wäre, sondern religiöser Imperativ.

Beliebt ist in diesem Zusammenhang eine Geschichte aus dem Mahābhārata,[9] die durch Swami Vivekananda (1863–1902) Popularität erlangte. Sie gilt auch als paradigmatische Darstellung jeder Pflichterfüllung und gehört in vielen Ashrams zum erbaulichen Lehrinhalt:[10]

Ein junger Sannyāsin übte über Jahre hinweg intensiv Yoga und brachte es zu einiger Meisterschaft. Als er einmal unter einem Baum saß, fochten zwei Vögel im Geäst einen Kampf aus, wobei einige trockene Blätter auf seinen Kopf fielen. Ärgerlich blickte er nach oben, und da er über paranormale Kräfte verfügte, traf er mit einem Energiestrahl seines Auges die Vögel und verbrannte sie. Befriedigt über seine Macht zog er weiter und kam in eine Stadt, wo er an einer offenen Tür nach der Hausfrau rief und um Essen bat. Diese rief zurück, er solle warten. Gerade dachte er bei sich, dass es unerhört sei, dass eine Frau ihn, den berühmten Yogi, auf der Schwelle warten ließ, da hörte er schon die Frau sagen, er solle nicht eingebildet sein, hier gebe es auch keine Vögel, die er töten könne. Als die Frau schließlich erschien, fiel er ihr zu Füßen und fragte: «Wie kannst du meine Gedanken lesen?» Sie antwortete: «Ich bin eine einfache Frau und kenne deine Praxis des Yoga nicht. Ich ließ dich warten, weil ich mich um meinen kranken Mann kümmern musste. Indem ich meine häusliche Pflicht erfülle, habe ich Erleuchtung erlangt. So konnte ich deine Gedanken lesen und wusste über deine Vergangenheit Bescheid. Wenn du noch höhere Erkenntnis erreichen willst, geh, und besuche einen bestimmten kastenlosen Vyādha,[11] den ich dir nennen werde.»

Er ging und fand jenen Vyādha, der mit einem Messer Fleisch zerteilte und dieses verkaufte, was zu den niedrigsten und verachteten Tätigkeiten in der Hindu-Gesellschaft gehört, deren Ideal bekanntlich der Vegetarismus ist. Der Fleischer ließ den Yogi warten, bis er sein Geschäft abgeschlossen hatte, und nahm ihn mit in sein Haus, wo er ihn wieder warten ließ, bis er seine alten Eltern gepflegt hatte. Dann erteilte er dem Sannyāsin Belehrungen, die von seiner Erfahrung der Nicht-Dualität und höchster philosophischer Einsicht zeugten. Der Sannyāsin fragte: «Warum bist du in einem so hässlichen Körper und tust so schmutzige Arbeit?» Darauf antwortete der Vyādha: «Keine Arbeit ist hässlich oder unrein. Durch Geburt bin ich in diese Umstände gelangt, aber ich tue meine Pflicht, ohne an etwas anzuhaften. Allein darauf kommt es an.»

Das System der Āshramas

Gemeinschaft im Ashram – Vānaprastha

Das indische Religionssystem erkennt die Vielzahl der Begabungen und Verpflichtungen auch im religiösen Sinne an. Jeder hat den Platz auszufüllen, an den er durch sein Karma gestellt ist, und wer dies mit Hingabe und ohne Eigennutz tut, erreicht spirituelle Vollkommenheit. Der Mensch soll sich nicht mit einem Maß messen, das ihm nicht zukommt, denn sein Platz ist vorgegeben als Folge seiner Handlungen in der Vergangenheit, sein zukünftiges Schicksal aber hängt vom Handeln und den Motivationen in der Gegenwart ab. Jeder schmiedet sein eigenes Glück oder Unglück, und es ist nur eine Frage der Zeit, wann sich Erfolg oder Misserfolg einstellen. Auf diesem Hintergrund ist langfristiges Denken im indischen Alltagsleben sehr verwurzelt, während ein schneller Gewinn mit Skepsis zu betrachten ist.

Dennoch gibt es eine «Hierarchie» der Lebensformen. Denn wer sein Leben als Haushalter abgeschlossen und die Kinder großgezogen hat, sodass sie selbständig sind, soll sich zurückziehen und der spirituellen Übung widmen, und zwar zunächst in der zurückgezogenen Gemeinschaft von Waldeinsiedlern (*vānaprastha*).[12] Normalerweise gehen beide Eheleute gemeinsam diesen Weg, aber es gilt auch als legitim, wenn sich ihre Wege in der spirituellen Übung trennen, dass sie also im Alter verschiedenen Zielen folgen. Ein Ashram ist eine Gemeinschaft derer, die sich auf eine solche spirituelle Suche begeben haben.

Im Ashram steht das Leben jenseits von weltlichen Verpflichtungen im Mittelpunkt. Es geht um Moksha, das vierte Lebensziel, nämlich die Befreiung aus Bindungen, insbesondere aus den Fesseln der eigenen Projektionen und unklaren Bewusstseinsinhalte. Diese Stufe kann die Vorbereitung auf ein Leben in völliger Entsagung (*sannyāsa*) sein, muss aber nicht in dieser radikalen Praxis münden. Viele Menschen leben eine bestimmte Zeit im Ashram, lesen unter Anleitung des Guru die Heiligen Schriften, hören seine Belehrungen, praktizieren Yoga oder Ayurveda oder eine der Künste. Vor allem aber kommen sie in Kontakt mit der Aura des Guru, sie haben sein *darshana*. Die indische Gesellschaft hat bis heute ein Gespür für die charismatische Qualität von Gurus (oder Gurunīs, denn es gibt auch sehr viele weibliche Gurus), und nicht selten holen sich auch Politiker oder Führungskräfte aus Wirtschaft und Wissenschaft von ihnen Rat. Darshana ist das «Sehen», der physisch-psychische Kontakt mit einem erleuchteten Guru, der auf den

Gläubigen «abfärbt». In der Begegnung mit solchen Meistern werden eigene Zweifel geläutert, Emotionen geglättet, sie wirkt erneuernd im umfassenden Sinn. Auch nach dem Tod des Guru, nachdem der Leichnam eingeschreint worden ist,[13] lebt man im Ashram in der «Aura» bzw. spirituellen Präsenz des Guru. Der Ashram ist der soziale Ort, eine quasi-institutionelle Form, Charisma «verfügbar» zu machen. Dass dies nicht immer gelingt, versteht sich von selbst. Aber in der ritualisierten indischen Alltagswelt spielt diese Dimension eine kaum zu überschätzende Rolle.

Im Ashram verbinden sich nicht selten die Traditionen des Tempelkultes (regelmäßige Pūjā), der Bhakti-Frömmigkeit, der Yoga-Praxis und das intellektuelle Studium der klassischen Literatur. Darin spiegeln sich auch Phasen der indischen Religionsgeschichte wider. Am Anfang stehen die vedischen Opfer (*yajna, homa*), die auf Altären im Freien durchgeführt werden, wobei geschulte Brahmanen die vedischen Hymnen rezitieren. In purānischer Zeit kam der Tempel hinzu, in dem nicht das vedische Opfer, sondern die Pūjā im Mittelpunkt steht mit der Āratī vor dem Gottesbild (*mūrti*) als Höhepunkt, dem Darshana der Gottheit und der von der Gottheit geweihten Gnadengabe (*prasāda*). Schließlich wird das Ritual der Pūjā auch am häuslichen Herd vollzogen, wobei das Feuer im Herd als Opferfeuer die Kontinuität der Tradition verbürgt. In dieser Synthese kommt wieder die Grundintuition der indischen Religionen zum Ausdruck, dass nämlich die Wirklichkeit eine ist, aber in verschiedenen Gestalten erscheint.

In den Ritualen des Ashrams sind auch die vier Aspekte des Yoga erkennbar, die als Systematisierung der eben genannten historischen Synthesen gelten können: *caryā, kriyā, yoga, jnāna*. Während der Tempel täglicher (oder gelegentlicher) Pilgerort ist (*caryā*), begeht jeder Hindu in seiner engeren Gemeinschaft im eigenen Haus (*kriyā*) die Rituale, die sich aus dem Jahreszyklus oder der Familiengeschichte ergeben. Weil aber letztlich das Bewusstsein, in dem der Mensch die Rituale vollzieht, entscheidend ist, muss deutlich sein, dass die ursprüngliche Quelle allen Bewusstseins und der reflektierende Bewusstseinsakt nicht getrennt sein können, und dies ist Yoga. Durch psycho-physische Konzentration wird diese Erkenntnis (*jnāna*) zum eigenen Erleben. Das Erkennen dieser Nicht-Zweiheit ist das Ziel und der Sinn des Lebens, dem der im Ashram Lebende in dieser Lebensphase besonders nachgeht.

Ein wesentlicher Aspekt der Ritualpraxis im Ashram ist das gemein-

Das System der Āshramas

schaftliche Singen. Einerseits haben die vedischen Hymnen, die Bhajans und Kirtans, die Gott in verschiedenen Formen und Namen ansprechen und verehren, einen semantischen Gehalt, der die jeweilige Kulttradition vergegenwärtigt. Andererseits geht es aber um den Klang. Das ganze Universum schwingt (*spanda*), jeder Körper hat eine eigene Klangqualität, und dies betrifft Himmelskörper ebenso wie menschliche Körper. Diese Qualitäten zu harmonisieren, ist Sinn der Klangwelten, die im Ritual inszeniert werden. Deshalb gibt es reine Klangsilben, die mantrische Bedeutung haben, nicht aber semantische. Der Klang aller Klänge ist das OM. Es steht für den Anfang und das Ende (des vokalischen Alphabets: A-U plus Nasal), für die drei Bewusstseinszustände (Wachen, Traum und Tiefschlaf) sowie als Schweigen nach der Klangschwingung für den vierten, den Versenkungszustand (*turīya*), also für die Klangharmonie des gesamten Universums. Das OM ist das abstrakte Klangsymbol, das in einzelne Bilder und Namen der Gottheiten aufgebrochen wird, hinter diesen Bildern aber als das alles Umfassende stehen bleibt. So heißt es in einer beliebten und im Gnanananda-Ashram häufig gesungenen Hymne:[14]

OM. Preist den Herrn der Welt, oh Meister, preist den Herrn der Welt.

Alle Schmerzen derer, die Dich anbeten, die Qualen Deiner Diener wirst Du schnell beseitigen. Darum preist den Herrn der Welt. Mögen alle, die ihn anbeten, gesegnet sein. Vernichte ihre Sorgen und Schmerzen. Meister, vernichte ihre Sorgen und Fehler. Fülle ihre Häuser mit Wohlstand und Glück. Heile ihre Körper von Krankheiten.

Heiliger Herr der Welt, Du bist meine Mutter und mein Vater, wo sonst könnte ich Zuflucht finden? Meister, wo sonst außer bei Dir könnte ich Zuflucht finden? Außer Dir gibt es keinen, wovon könnte ich sonst abhängig sein? Nur von Dir, dem Herrn der Welt.

Du bist der ewige Gott. Du wohnst immer in meinem Herzen. Herr, allmächtiger Schöpfer, Du bist unser aller Meister, heiliger Herr der Welt. Du bist ein Meer der Barmherzigkeit. Herr, Du Meister der Welt. Du bist jenseits unserer Sinne. Du bist die Quelle allen Lebens. Wie kann ich Dich wirklich erkennen? Mein Verstand hat nicht die Kraft, Dich zu erkennen.

Oh Herr, Heil Dir, dem Herrn der Welt. Du Herr der Lebenden und der Ahnen. Du Beschützer der Verängstigten. Du bist meine Zuflucht und meine Verteidi-

Die vier Lebensstadien

gung. Strecke Deine Hände zu mir aus, die voller Barmherzigkeit sind. Gehe Du den ersten Schritt und komme mir zu Hilfe. Am Boden liege ich vor Deiner Tür. OM. Preist den Herrn der Welt. Beseitige mein egozentrisches Verlangen. Befreie mich von Verfehlungen, oh mein Herr. Meister, befreie mich von Verfehlungen. Fülle mein Herz mit Vertrauen und Hingabe. Führe mich dazu, von den Weisen zu lernen. OM. Preist den Herrn der Welt. Mein Körper, Bewusstsein und Wohlstand, all das gehört Dir. Meister, alles, was ich habe, gehört Dir. Dir opfere ich alles, was mein ist. Denn nichts gehört mir. OM. Preist den Herrn der Welt.

Völlige Entsagung – Sannyāsa

Der Sannyāsin ist der Mönch. Neben dem Priester (*purohita*) und dem Schriftgelehrten (*pandita*) ist er die dritte personelle Institution des Hinduismus – eigentlich aber eine Nicht-Institution. Denn der Sannyāsin steht außerhalb der sozialen und rituellen Ordnung, er gilt nicht mehr als gesellschaftliches Wesen: Name, Familie, Kaste, Religion, jede Form von kultischer oder sonstiger Verpflichtung hat er hinter sich gelassen. Er ist der Mönch (*monachos*), der Einsame, par excellence. Der Sannyāsin ist der Welt gestorben, im Mittelpunkt steht für ihn, das aller Welt Transzendente zu suchen, zu verwirklichen und darzustellen.

Sannyāsin «wird» man nicht auf Grund eines Willensentschlusses, denn dieser wäre ja noch ein Begehren. Es ereignet sich. Gleichwohl gibt es eine Initiation (*dīkshā*) in Sannyāsa, bei der der Adept in Wasser getaucht (symbolisch getötet) und danach mit dem ockerfarbenen Gewand bekleidet wird, das die Farbe der Asche, der verbrannten Leidenschaften hat. Der Guru repräsentiert die je individuelle göttliche Gegenwart (*ishtadevatā*), mehr noch, er ist der Ātman, das Selbst auch des Initianden. In dem Ritual, das auch *nirvānadīkshā* genannt wird, schneidet er die Fesseln des Karma durch, und damit ist der Sannyāsin rituell an nichts mehr gebunden. Er ist ein «Hausloser» und hat weder Besitz noch Wohnsitz, sondern lebt vom Betteln und ist damit Teil der großen Tradition der Bettelmönche, deren berühmteste Gestalt in Indien der buddhistische *bhikshu* ist. Sannyāsin zu sein bedeutet die völlige Selbsthingabe aus dem Selbst an das Selbst, die Zufriedenheit durch das Selbst im Selbst (*ātmany evā'tmanā tushtah*),[15] es ist die radikale Hingabe im zweifelsfreien Vertrauen (*shraddhā*). Der Sannyāsin lebt damit

Das System der Āshramas

das spirituelle Ideal, das – nicht in dieser Radikalität, aber doch im Prinzip – jeder Hindu anstrebt: sich in Gott aufzulösen, so wie Hagel in den Ozean fällt.¹⁶

Seit den Tagen des frühen Buddhismus war es umstritten, ob es ein Mindestalter für den Beitritt zum Orden geben solle. Nach den Hindu-Shāstras ist Sannyāsa das vierte Lebensstadium, das nach der Haushalterschaft und der Vorbereitung im Gemeinschaftsleben eines Ashram den Abschluss des Lebens, die Vorbereitung auf das Sterben, bedeutet. Doch hat es schon immer auch junge Sannyāsins gegeben, die die Lebensstadien von Brahmacarya und Sannyāsa miteinander verbunden haben. Berühmtestes Beispiel ist Shankara, der zum Vorbild zahlreicher (nicht aller) Sannyāsa-Traditionen geworden ist.

Shankara gilt als Erneuerer des Hinduismus.¹⁷ Der Buddhismus mit seiner Ablehnung des vedischen Ritualismus hatte in ganz Indien sehr großen Erfolg gehabt. Shankara nahm die buddhistische Herausforderung an, vor allem in der Philosophie, und integrierte zahlreiche Aspekte der buddhistischen Erfahrung, so auch das disziplinierte Mönchtum. Es waren neue Schulen entstanden, wie zum Beispiel Mīmāmsā, die eine systematische Veda-Exegese und Hermeneutik der alten Riten lehrten. Es gab also eine Renaissance des alten Ritualismus in neuer Form, eine Gegenbewegung zum Buddhismus, dessen Einfluss allmählich wieder zurückging. Zu Shankaras Zeit kamen auch die Tantras hinzu, die aus der Einheitserfahrung zu dem Resultat kamen, dass grundsätzlich *alles* geheiligt sei. Dabei wurden auch Kulturstandards bewusst verletzt. Wir wissen wenig über die tatsächliche Praxis, dass aber Missbräuche vorgekommen sind, geht aus den entsprechenden Gegenreaktionen der konservativeren brahmanischen Kreise gegen die tantrische Kultpraxis hervor. Tantra war und blieb ein Ferment in der indischen Religionsgeschichte, und die Lösung bestand meist darin, dass die rituelle Praxis spiritualisiert wurde.

Shankara, der Erneuerer und Integrator, ohne den der neuere Hinduismus nicht denkbar wäre, hielt zwar daran fest, dass die Rituale der Vedas unverzichtbar seien, betonte aber die geistige Präsenz, mit der die Rituale vollzogen werden müssten. Er lehnte eine reine Opferritualistik ab, vielmehr sollten alle Rituale dazu dienen, das Bewusstsein im Sinne der höheren geistigen Erfahrungen, von denen schon die Rede war, zu formen. Spätestens seit Shankara wird die vedische Überlieferung in Indien als Einheit wahrgenommen. Die meisten westlichen Indologen und Religionswissenschaftler vertreten die Ansicht, dass der Rigveda sehr alt ist, vedische Überlieferungen wie der Atharvaveda (der vierte Veda) aber erst später hinzugekommen sind und die Upanishaden (als Vedānta, Ende des Veda) den Abschluss bilden, in dem die Kritik am Opferritual des Veda erkennbar sei. Von den Hindus hingegen wird die vedische Überlieferung gewöhnlich als Einheit wahrgenommen, sodass die Upanishaden und andere in den vedischen Sammlungen (*samhitā*) überlieferte Schriften einander interpretieren. Demnach ist schon im Veda eine Suche nach Einheit, nach Unsterblichkeit angelegt, die Suche nach dem Ātman und dem, was aller Sinneserfahrung zugrunde liegt, wenn auch die Sprachform eine andere ist als in den Upanishaden. Nach Shankara sind die Rituale des vedischen Opfers nur dann wirksam, wenn sie begleitet sind von geistigem Erwachen, wenn also das, was rituell inszeniert wird, auch spirituell realisiert wird. In diesem Sinne begründet Shankara die Opferritualistik neu, und zwar in Anlehnung und unter Einbezug der buddhistischen Kritik, doch mit der Voraussetzung, dass das, was er vermittelt, schon in den Upanishaden ausgedrückt sei.

Ganz neu bei Shankara ist der geordnete und ritualisierte Übertritt in den Sannyāsa-Stand. Ein spontanes Fortgehen in die Hauslosigkeit hatte es in Indien ja schon seit vorbuddhistischer Zeit gegeben. Aber erst Shankara schuf einen rituellen Rahmen, indem er das Ritual der *dīkshā* einführte, womit der Übergang in die Rituallosigkeit durch ein Ritual erfolgt. Er institutionalisierte auch das Studium, das mit diesem Schritt verbunden wird. Je nach Initiation gehört der Sannyāsin dann einem bestimmten «Orden» an, einer rein spirituellen oder «virtuellen» Gemeinschaft, da Sannyāsins nicht zönobitisch, in einer Gemeinschaft, leben. Shankara hat also, obwohl er den Weg des Erkennens (*jnāna mārga*) lehrte, die Rituale nicht abgelehnt, sondern neu interpretiert, ebenso hat er auch Tantra nicht abgelehnt und die Verehrung der Göttlichen Mutter gepflegt. Nach dem Urteil vieler westlicher Indologen schließen der Weg der Erkenntnis (*jnāna*) und der Weg der Hingabe (*bhakti*) einander aus, und darum gelten viele der Hymnen, die Shankara zugeschrieben werden, als nicht von ihm verfasst. Nach hinduistischer Auffassung hingegen können Bhakti, Rituale oder auch die Verehrung einer persönlichen Gottheit, zum Beispiel als Mutter, ohne weiteres mit der Nicht-Dualität (*advaita*) verbunden werden, da es sich hier um verschiedene Bewusstseinsebenen handele. Shankara habe die verschiedenen

Das System der Āshramas

Ebenen integriert und zu einer Gesamtheit verwoben. Dabei habe er sich auf die Upanishaden, die Bhagavad Gītā, Tantra, ja auch auf das Kāmasūtra gestützt, um einen integrativen spirituellen Weg zu schaffen. Die systematische Schulung des Sannyāsin besteht in dem Dreischritt von

– *shravana*, dem Hören (der Heiligen Schriften),
– *manana*, der Reflexion über das Gehörte, und
– *nididhyāsana*, der Versenkung, in der die Einheit mit dem Göttlichen als eigene Erfahrung praktiziert wird.

Dies gilt aber auch für Nicht-Sannyāsins. Das Besondere an Sannyāsa ist, dass letztlich weder eine Systematik noch ein Studium die Erfahrung des völligen Einswerdens lehren kann. Es ist ein kompromissloses Sich-Aussetzen und ein Durchtränktwerden von dem göttlichen Einen. Dies bedeutet, dass sich der Sannyāsin weder mit seinem Körper noch mit seinen Gedanken, Empfindungen oder mit seinem Willen, der etwas Spezifisches wollen kann und muss, identifizieren darf und eine radikale Umorientierung erlebt. Er wird und ist das Ganze. So heißt es bei Shankara:[18]

> Das Selbst ist Brahmā. Das Selbst ist Vishnu. Das Selbst ist Indra.
> Das Selbst ist Shiva. Das Selbst ist das gesamte Universum.
> Nichts in der Tat existiert außer dem Selbst.
>
> Das Selbst ist innen. Das Selbst ist außen. Das Selbst ist vorn.
> Das Selbst ist hinten. Das Selbst ist im Süden. Das Selbst ist im Norden.
> Es ist oben und unten.
>
> Welle, Schaum, Wirbel, Strudel – sie alle sind im Grunde Wasser.
> So sind auch alle (Erscheinungsformen) vom Körper bis zum Ich in Wirklichkeit nichts als reines Bewusstsein (*cit*).
> Alles ist in Wahrheit nichts als das eine reine Bewusstsein.

Solche Aussagen sind nicht mit einer pathologischen Ich-Inflation zu verwechseln, denn das Subjekt einer solchen Erkenntnis ist nicht das empirische Ich (*ahamkāra*), sondern der alles transzendierende Ātman. Es handelt sich um eine spirituelle Erfahrung, bei der jede Ichhaftigkeit überwunden ist, um ein Spiegeln des reinen Geistes in sich selbst.

Guru und Sannyāsin ist nicht das Gleiche. Ein Guru kann Sannyāsin sein, muss es aber nicht. Und der Sannyāsin kann als Guru wirken, darf sich aber nie an diese Rolle binden, denn das Wesen von Sannyāsa ist die Freiheit von *jeder* Bindung. So kann es sein, dass Sannyāsins an einem Ort leben, um den sich ein Ashram bildet. Nicht selten aber verlässt der Sannyāsin diesen Ort wieder und lebt ein Wanderdasein. In der jüngsten Geschichte ist die nordindische Heilige Anandamayi Ma (1896–1982) dafür ein berühmtes Beispiel gewesen. Sadguru Gnanananda hingegen lebte gegen Ende seines Lebens für längere Zeit an einem Ort, aber auch er war in früheren Phasen seines Lebens spontan in die Hauslosigkeit gegangen und hatte jede Bleibe hinter sich gelassen.

Diese Radikalität der Askese hat tiefe Wurzeln in den Grundkonstellationen der psychischen Erfahrung und ihrer systematischen Reflexion, wie sie in Indien seit den Upanishaden formuliert worden ist. Sie spiegelt sich in der bereits erwähnten grundsätzlichen Unterscheidung zweier Lebensgestaltungen: *pravritti* und *nivritti*. Ersteres ist das Sich-Einlassen auf die komplexen Ereignisse in Raum und Zeit, während letzteres den Abzug aller Aufmerksamkeit und Lebenspraxis von eben jenen Verstrickungen bedeutet. Sämtliche Rituale einschließlich des Tempelkultes gehören zur *pravritti*, doch indem die Pūjā nicht nur äußerlich vollzogen wird, sondern zu einem inneren mentalen Erleben wird (*mānasikā pūjā*), wie Shankara dies empfiehlt, geschieht der Übergang zu *nivritti*. Shankara beschreibt dies in seinen Hymnen: Die Elemente der Pūjā werden zu den inneren Körperenergien und Cakras. Der Gott, der in der Pūjā verehrt wird, erscheint als Ātman, als der innere Lenker (*antaryāmin*). Die Göttliche Mutter ist die Shakti, die alles von innen belebt, und die Freunde, die das rituelle Geschehen begleiten, sind die Prānas, die inneren Lebensenergien in je verschiedener Ausprägung der psycho-physischen Vorgänge. Der Leib ist das Haus, in dem der Ātman wohnt. Jeder Schritt bedeutet die verehrungsvolle Umrundung (*pradakshinā*) des Gottes, der überall ist. So werden das Innere und das Äußere in Entsprechung gesetzt, wobei die Trennung zwischen beiden Erlebnisbereichen letztlich aufgehoben wird. Das vedische rituelle Erbe wird nicht aufgegeben, sondern transformiert in den inneren Prozess der spirituellen Reifung.

Zusammenfassend lässt sich sagen, dass Sannyāsa *nivritti* in reiner Form ist. Der Sannyāsin ist der Gesellschaft nichts schuldig, er ist das lebende Zeugnis dafür, dass es ein Jenseitiges (Transzendentes) gibt, in dem und aus dem der Sannyāsin ungeteilt lebt. In diesem Sinne ist er eine «lebende Upanishad».

Das System der Āshramas

6
Rituale des Übergangs

Historischer und sozialer Kontext

Das Leben ereignet sich in Rhythmen, deren Entsprechung zu den Rhythmen des Universums in vielen Religionen thematisiert wird. Wenn dieser Zusammenhang bewusst gelebt und sozial inszeniert wird, gestalten sich die Lebensphasen zu einem Festkalender. Das ist die Ritualzeit der Religionen. Es ist bezeichnend, dass einige der *Samskāras* auch für Götter(statuen) vollzogen werden, denn auch die Götter unterstehen der kosmischen Ordnung und gewinnen an Kraft, wenn dieser Zusammenhang rituell gestärkt wird.[1]

Andere Rituale und Feste folgen den im Mond- und Sonnenkalender vorgegebenen Rhythmen, etwa Dīvālī, Shivarātri, Navarātri, Holī, Ganesha Caturthī usw. Sie vergegenwärtigen zum einen Taten oder Ereignisse aus dem Leben der Götter bzw. Heroen, zum anderen erneuern sie Aspekte der sozialen Werteordnung, die in den entsprechenden Erzählungen thematisiert werden. Solche Feste sind für den Zusammenhalt der Hindu-Gesellschaft von großer Bedeutung, sie prägen das Leben in Indien bis heute. Die Beschreibung dieser Feste ist jedoch nicht Gegenstand unseres Buches, sondern hier sollen Rituale im Mittelpunkt stehen, die den Übergang des Menschen von einer Lebensstufe zur nächsten markieren, wie sie im «Kalender der Lebensalter» festgelegt sind, vom Werden im Mutterleib bis zum Tod und Begräbnis.

Die Samskāras sind Übergangsrituale, die das gesamte Leben strukturieren und die einzelnen Stationen des Lebens zu Symbolen für das spirituelle Wachstum werden lassen. Erstmals in den Grihasūtras[2] umfassend beschrieben, gehen viele Elemente dieser Riten aber weiter zurück bis zu den Vedas[3] und nicht-vedischen oralen Traditionen. Eine Kodifizierung, die bis heute gültig ist, wenn auch in vielen Details der Veränderung und Anpassung an moderne Lebensverhältnisse unterworfen, erfolgt in der Manusmriti.[4] Samskāras sind eine sozial geforderte Kultivierung, bei der die Entwicklungschancen und Erwartungen des Individuums in die Ordnungen der Gesellschaft und der kosmischen Kräfte eingegliedert werden. Sie dienen der rituellen Reinigung und dem Übertragen göttlicher Kräfte und Qualitäten[5] auf denjenigen, der sich dem Ritus unterzieht. Die Samskāras betreffen zunächst den Körper, der in der hinduistischen Überlieferung als «Tempel Gottes» gilt. Die Art und Weise des Umgangs mit dem Körper, seine Pflege und Kultivierung, ist selbst ein Samskāra, denn der Körper bildet die Grundlage für die spirituelle Entwicklung des Menschen.

Die Samskāras gründen in dem Wissen, dass das ganze Leben heilig ist, dass das Göttliche *alle* Dimensionen des Lebens, von der physischen, psychischen und mentalen Ebene bis hin zu den sozialen Lebensbezügen, durchdringt. Aus diesem Grund hat man Samskāra auch mit «Sakrament» übersetzt. Und obwohl das ganze Leben betroffen ist, werden die wesentlichen Übergänge des Lebens mit speziellen Ritualen, den Samskāras, begangen. Sie sollen an diesen Nahtstellen des Lebensprozesses negative dämonische Kräfte abwehren, u. a. durch magische Elemente in den Ritualen, und unheilsame Tendenzen in der menschlichen Natur überwinden, indem die Aufnahmefähigkeit für positive lebensspendende Einflüsse durch ein Bewusstwerden der tieferen Zusammenhänge gestärkt wird. Nicht nur Gesundheit, Vitalität, psychische Stabilität und intellektuelle Präsenz werden als Wirkung der Samskāras gesehen, sondern auch die acht Tugenden: Barmherzigkeit gegenüber allen Lebewesen, Geduld, Abwesenheit von Eifersucht, Reinheit des Körpers, Maßhalten, Mut, Freigebigkeit und Freiheit von Habsucht.[6]

> «Die Hindus haben seit alters verstanden, dass das Leben eine feine Kunst ist, die beständige Sorgfalt, Kultivierung und Verfeinerung verlangt. Ein Mensch, der geboren wird und sich selbst überlassen bleibt, ist bloße Materie, grob und roh und isoliert von seinen Mitmenschen … Die alten erleuchteten Seher und Weisen, die aus der Quelle des Lebens schöpften, versuchten mittels der Sakramente, das grobschlächtige Tier in einen kultivierten Menschen umzuwandeln. Wie in der Philosophie so wird auch in den Ritualen das Leben als Kreislauf betrachtet. Es

beginnt dort, wo es endet. Von der Geburt bis zum Tod ist es eine fortlaufende Reihe von Ereignissen, die sich um eine Achse drehen – das Verlangen nach Leben, nach Lust, nach Denken und schließlich nach Ruhe. Daraus entspringen alle Samskāras und die damit verbundenen Rituale. Am Beginn der menschlichen Zivilisation war das Leben viel einfacher als heute und noch nicht fragmentiert. Soziale Institutionen, Glaubensvorstellungen, Gefühle, Künste und Wissenschaft waren eng miteinander verwoben. Die Samskāras haben all diese Lebensbezüge abgedeckt. Religion war der allumfassende Faktor im Leben, der Heiligkeit und Stabilität für alle Aspekte der Existenz gewährte. Diesem Ziel dienten alle moralischen und materiellen Ressourcen, über die man verfügte. Die Samskāras wurden entwickelt, um die religiösen Voraussetzungen zu schaffen, dass der zweimal geborene Hindu [die drei oberen Kasten, die aus diesen Ritualen leben, Vf.] seine Persönlichkeit entwickeln und diese in die Gesellschaft integrieren konnte, in die er hineingeboren war, aber auch in eine Umwelt, von der er glaubte, dass sie von übermenschlichen Kräften durchdrungen sei.»[7]

Die Samskāras, deren Anzahl in der Tradition variiert, können unter fünf Aspekten zusammengefasst werden:[8] 1. Pränatale Riten (besonders *garbhādhāna*), 2. Kindheitsriten (*jātakarman, nāmakarana* usw.), 3. Bildungsrituale (*vidyārambha* und *upanayana*), 4. Hochzeitsrituale (*vivāha*), 5. Sterbe- und Totenrituale (*antyeshti*). Die Rituale kommen in bestimmten «Zeitfenstern» zur Anwendung; der Zeitpunkt der Rituale ist entsprechend dem Lebensalter zwar nicht starr fixiert, wohl aber an normierte Entwicklungsstadien gebunden. Bezeichnenderweise werden die Lebensjahre ab der Empfängnis, nicht ab der Geburt gezählt, denn der Zeitpunkt der Empfängnis markiert den Anfang der spirituellen und sozialen Entwicklung jedes Individuums. Die vorgeburtlichen und Kindheitsrituale werden heute nur noch selten, und wenn, dann überwiegend in traditionellen Familien und in verkürzter Form vollzogen. Von den Bildungsritualen wird der *upanayana*-Ritus zwar nicht von allen, aber doch von vielen Familien der Ober- und Mittelschichten praktiziert. Allein die Hochzeits- und Totenrituale sind Allgemeingut und aus dem Leben der Hindugesellschaft nicht wegzudenken.

Ursprünglich sind die Samskāras brahmanische Riten und als solche männlich dominiert, weil Brahmanen als Priester fungierten. Dies hat sich im Laufe der Zeit geändert, zum einen durch das Ausüben von rituellen Funktionen auch durch Nicht-Brahmanen, zum anderen durch Diffusion der Rituale in nicht-brahmanische Kasten bis in die unteren sozialen Schichten hinein. Die rituellen Rezitationen der Vedas selbst aber sind auch heute noch männlich-brahmanische Domäne.

Historischer und sozialer Kontext

Analog zu den männlichen Initiationsriten gibt es auch Riten für Mädchen und Frauen, die aber nicht in gleicher Weise wie die männlichen Riten in der Dharmashāstra-Tradition verankert sind. Diese Riten orientieren sich in erster Linie am biologischen Reifungsprozess der Frau, sind also nicht sozial eingesetzt wie die Reifungsrituale für Knaben und Männer, die durch sozial konzipierte Bewertungen in die jeweils nächste Phase ihres Lebens eingeführt werden. So wird etwa die Menarche rituell begangen durch Absonderung des Mädchens für einige Tage, rituelle Bäder, Āratī, Speiseobservanzen und Gelübde. Diese Rituale werden heute in urbanen Milieus zwar oft verkürzt durchgeführt, fallen aber auch nicht vollständig aus.[9] Auch das vedische Hochzeitsritual (*vivāha*) beinhaltet Riten, die ausschließlich von Frauen für die Braut oder das Brautpaar vollzogen werden, beispielsweise rituelle Bäder, Bestreichen der Braut mit Gelbwurzpaste, *annapūrnā pūjā* (die Göttliche Mutter als Quelle aller Nahrung) oder Fastenrituale. Daneben gibt es besondere Rituale, die von Frauen für das Wohlergehen und lange Leben des Ehemannes durchgeführt werden, besonders *vatasavitrī*, ein Ritual auch für die Unverbrüchlichkeit der Ehe, das mit der Erzählung von Savitrī und Satyavān[10] legitimiert wird. Auch Schwangerschaft und Geburt sowie die Namensgebung sind von entsprechenden Ritualen begleitet.

Die Samskāras sind ganz wesentlich mit der Institution der Großfamilie verbunden, in der mehrere Generationen zusammenleben. Das System der Großfamilie begegnet uns zwar auch in zahlreichen anderen Kulturen, doch in Indien hat es eine ganz besondere Legitimation, was auf die Ritualkulturen der Samskāras, wie sie im Familiensystem gepflegt werden, zurückzuführen ist.[11] Interessanterweise ist die Großfamilie auch heute gegenüber der Modernisierung äußerst resistent, und sie ist in den urbanen Milieus oft stabiler als auf dem Dorf, gerade umgekehrt also, als zu erwarten wäre.[12] Wenngleich die Samskāras seit Jahrhunderten in den Ober- und Mittelschichten (die drei oberen Kasten) gepflegt werden, so sind doch auch die landlosen Bauern und einige kastenlose Gruppen vom kulturellen Sog dieser Rituale so beeinflusst worden, dass sich ähnliche, teilweise analoge Rituale in fast allen indischen Gesellschaftsschichten ausgebildet haben. Die Deutung der Samskāras freilich ist sehr unterschiedlich, und diese Vielfalt an Interpretationen reicht weit in die Geschichte zurück.

Rituale des Übergangs

Die wichtigsten Samskāras

Lebensbeginn

Das Leben beginnt mit der Empfängnis des männlichen Samens im Mutterleib. Dieses spontane Geschehen als Ritus zu zelebrieren, setzt einen Haushalt voraus, ein dauerhaft zusammenlebendes Paar, den Wunsch nach Kindern sowie die Vorstellung, dass höhere Mächte beitragen können, diesen Wunsch zu realisieren; die Empfängnis als Ritus ist eingebettet in einen sozialen Rahmen. Die *garbhādhāna*-Zeremonien, wie sie in der Sutren-Literatur beschrieben werden, legen den Zeitpunkt der sexuellen Begegnung im Monatszyklus der Frau (vom 4. bis zum 16. Tag nach der Periode) wie auch im Tagesrhythmus (nur nachts) fest, ebenso die wechselseitige Verpflichtung dazu während der fruchtbaren Zeit (*ritu*) der Frau. In einigen Traditionen gibt es außerdem pragmatische Erwägungen zum günstigsten Zeitpunkt der Geburt: Demnach soll das Paar im Herbst zeitweise sexuell abstinent sein, damit die mögliche Geburt eines Kindes nicht in die heißeste Zeit (April–Juni) fällt.

Der eigentliche Ritus beginnt mit dem Bad der Frau und dem Rezitieren von Hymnen. So spricht der Mann während der Begegnung vedische Verse, die Anspielungen auf die sexuelle Vereinigung enthalten. Der Gott Pūshan wird angerufen mit der Bitte, dass der Same zur Empfängnis führen möge. Der Ehemann beugt sich über die rechte Schulter der Frau und berührt ihre Herzgegend mit den Worten:[13]

> Oh du, deren Haar gut gescheitelt ist. Dein Herz, das im Himmel wohnt, im Mond, das ich erkenne, es möge mich erkennen. Mögen wir hundert Herbste erleben.

Die Anspielung auf das geordnete Haar verweist auf die in zahlreichen Kulturen verbreitete Vorstellung einer Verbindung von Lebenskraft und Haar, wonach die Ordnung des Haares wohl die Meisterung und Integration der Lebenskräfte symbolisiert – eine Voraussetzung für Stabilität in der Familie. Die Bitte um wechselseitiges Verstehen und Eintracht geht einher mit dem Wunsch nach langem Leben, und dies wird mit der kosmischen Heimat des menschlichen Herzens in Verbindung gebracht.

Die Riten zeigen, dass in vedischer und nachvedischer Zeit die Zeugung von Kindern nicht dem Zufall überlassen wurde. Kinder waren das höchste Gut, nicht nur für die Eltern, sondern für die gesamte soziale Gemeinschaft, und zwar auch aus wirtschaftlichen Gründen. Die vedischen Hymnen spiegeln dies eindrucksvoll wider. In späterer Zeit veränderten sich Interessen und Sichtweise. Die Suche nach der spirituellen Dimension des Lebens bzw. nach der Befreiung aus dem Kreislauf der Geburten und Wiedergeburten rückte zunehmend in den Vordergrund. Seit der Zeit der Upanishaden stand, zumindest für Teile der Bevölkerung, weniger das Weiterleben in den eigenen Kindern oder ein Leben in Wohlstand im Mittelpunkt, sondern Moksha, die spirituelle Vervollkommnung. Im heutigen Indien ist die Vermehrung des Wohlstands ein unangefochtenes Ziel, das sich in rationalen Entscheidungen bekundet, denen abhängig vom sozialen Stand auch der Kinderwunsch unterworfen sein kann.

Und doch hat die Geburt von Kindern in der indischen Gesellschaft bis heute einen zentralen Stellenwert. In Übereinstimmung mit der Tradition und den *garbhādhāna*-Riten wird interessanterweise schon den pränatalen und perinatalen Begleitumständen besondere Aufmerksamkeit geschenkt. Dies geschieht aus dem Wissen heraus, dass das Umfeld während der Zeugung und besonders auch in der Zeit des Heranwachsens des Embryos im Mutterleib Einfluss auf die Entwicklung des Kindes haben wird. Das Kind soll von Anfang an willkommen sein. Neben psychologischen Kriterien spielen in vielen Familien auch heute noch astrologische Aspekte eine wichtige Rolle. Das Kind soll im Dharma gezeugt und geboren werden. Damit die Empfängnis gut vorbereitet ist und die Entwicklung des Kindes im Mutterleib komplikationsfrei und gut verläuft, werden auch die medizinischen Vorschriften des Ayurveda beachtet, so das Einnehmen bestimmter Kräuter oder die Anwendung spezieller Bäder.

Der Tradition zufolge sollte das Ehepaar nach der Hochzeit zunächst drei Nächte getrennt schlafen als Vorbereitungszeit auf die erste sexuelle Begegnung. Für diese Zeit gibt es ein Ritual, die «Fünf Feuer». Es geht auf die Upanishaden zurück und soll das Paar an die uralte Vorstellung erinnern, wonach die Lebenskraft bzw. die Seelensubstanz aus dem Bereich der Ahnen (*pitriloka*) kommt und über den Regen in die Pflanzen gelangt, als Nahrung aufgenommen wird und auf diese Weise die Spermien des Mannes (bzw. das Ei der Frau) erreicht und so das neue Lebewesen hervorbringt. Zum Ritus gehört die Reinigungszeremonie des Bades, das Mann und Frau getrennt nehmen, wobei Mantras gesprochen werden, deren Energie in das Wasser übergeht. Die Mantras sollen das Paar auch darauf vorbereiten, sich mit liebendem Bewusstsein und im Einklang mit der allumfassenden Gegenwart des Göttlichen zu vereinigen. Nur dann, so heißt es, werden sie ein Kind bekommen, das nicht nur gesund, sondern auch tugendhaft, intelligent und stark ist. Diese Ritualkultur betont die Verantwortung von Mann und Frau für die Weitergabe des Lebens. Sexualität soll eingebettet sein in die kosmischen Bezüge des Lebens. Bei der Liebesvereinigung geht es nicht nur um Lust und individuelle Selbstverwirklichung, sondern auch um die Hingabe an die kosmische Kraft des Lebens.

Ursprünglich folgte, nachdem die Schwangerschaft festgestellt worden war, ein zweites Ritual (*pumsavana*), das die Geburt eines männlichen Kindes sicherstellen sollte. Dies wurde später uminterpretiert zu einem Ritual für die Gesundheit und das ungestörte Heranwachsen des Embryos, das im zweiten oder dritten Monat der Schwangerschaft durchgeführt wird. Dabei nimmt die werdende Mutter ein Bad, wobei auch hier die begleitenden Mantras das Wasser positiv «aufladen» sollen, um Lebenskraft zu vermitteln. Dafür werden zur Inhalation einige Tropfen der Essenz aus dem Banyan-Baum in das rechte Nasenloch der Frau geträufelt. Außerdem kommen verschiedene Kräuter, die im Ayurveda empfohlen werden, zur Anwendung. Der Ehemann legt seine Hand auf den Bauch der schwangeren Frau und rezitiert ein Mantra aus dem Yajurveda. Darin wird die geistige Energie des Embryos angerufen mit dem Wunsch, dass die verschiedenen Verse, Versmaße, Gliederungselemente der Vedas sich als die jeweiligen Körperteile und Organe des Kindes manifestieren mögen. Der Leib des werdenden Menschen wird hier als eine Manifestation der Strukturen, die in den Vedas repräsentiert sind, verstanden. Der Schwangeren wird schließlich unter Anrufung verschiedener Gottheiten (Agni, Indra usw.) ein geheiligter Faden um das linke Handgelenk gebunden. Nun unterliegt sie bestimmten Restriktionen hinsichtlich der Nahrung, sie soll aber vor allem Ärger, Hass und Gier vermeiden und stattdessen ein fröhliches Gemüt entwickeln, da dies der Entwicklung des Kindes zuträglich ist.

Im sechsten oder siebenten Monat der Schwangerschaft (früher schon im fünften) unterzieht sich die Frau einem weiteren Ritual (*sīmantonnayana*), bei dem der Ehemann das Haar der Frau an der Stirn scheitelt und Lakshmī, die Göttin des Wohlstands, zu ihr einlädt. Das Kind wird als Lakshmīdāna bezeichnet, als Reichtum, den Lakshmī gewährt hat.

Die wichtigsten Samskāras

Die Ursprünge dieses Ritus gehen auf den alten, in Indien weit verbreiteten Glauben zurück, dass Schönheit und Klugheit von Kindern den Neid böser Geister erregen, die dann aus Eifersucht den Kindern schaden wollen und darum abgewehrt werden müssen. Der Zeitpunkt des Rituals (ursprünglich fünfter Monat) hängt vermutlich mit der Vorstellung zusammen, dass sich ab diesem Zeitpunkt die mentalen Fähigkeiten des Fötus herauszubilden beginnen. Die sorgfältige Pflege des Kopfhaares der Mutter als Ausdruck ihrer mentalen Kraft symbolisiert diesen Zusammenhang, der auch heute noch gesehen wird. Die Familie ist angehalten, Schockerlebnisse bei der Schwangeren zu vermeiden. Und der Ehemann soll, wie es schon bei Yājnavalkya heißt, alle Wünsche der Schwangeren erfüllen. So regeln detaillierte Anweisungen auch das Verhalten des werdenden Vaters: Er darf nicht verreisen, in den Krieg ziehen oder sich anderen Gefahren aussetzen, etwa dem Baden im Meer oder dem Fällen eines Baumes, er darf kein Haus bauen, was ihn ruinieren könnte, keine Askesepraktiken üben, keinen Sex erzwingen und vieles mehr. Durch die Anrufung Lakshmīs soll die Psyche der Mutter mit Schönheit, Anmut und Ausgeglichenheit erfüllt werden, um dem Kind entsprechende unbewusste Eindrücke zu vermitteln.

Bei allen genannten Ritualen werden auch die Ahnen angerufen mit der Bitte um Schutz, aber auch im Bewusstsein der Dankbarkeit, in diese lange Reihe der Generationen eingebunden zu sein und das Leben nun wieder weitergeben zu dürfen.

Das nächste Ritual bezieht sich auf die Geburt des Kindes (*jātakarman*). Schon einen Monat vor dem Geburtstermin werden mithilfe astrologischer Berechnungen die günstigen Umstände für die Geburt, insbesondere ein geeigneter Ort, ermittelt. Haben die Wehen eingesetzt, werden Gebete an die Ahnen und an Gott gerichtet. Der Ehemann bittet um Erleichterung bei den Schmerzen der Wehen. Es ist nicht ganz klar, ob der Ehemann in früherer Zeit bei der Geburt anwesend war; die meisten Schriften sprechen davon, dass er erst, nachdem ihm die Nachricht von der Geburt überbracht worden ist, Frau und Kind sieht. Eine Hymne aus dem Atharvaveda[14] beschreibt den Geburtsvorgang in allen Einzelheiten. Durch die Rezitation dieser und anderer Hymnen soll Klangenergie freigesetzt werden, die zusammen mit Segenswünschen die Frau bei der Geburt unterstützen soll. Auch ein Feuer wird entzündet, dessen Rauch Mutter und Kind einhüllt, wobei das Feuer (*agni*) als Verbindung zu den Ahnen und Göttern, der Rauch als apotropäisches Mittel gegen böse Geister interpretiert werden können. Höhepunkt ist das Durchschneiden der Nabelschnur, wobei der Vater – falls anwesend – ein Mantra rezitiert, in dem es heißt:

> Du bist mein eigenes wiedergeborenes Selbst. Du bist aus meinem Herzen, von meinen Gliedern geboren.

Der Vater soll diese Verse mit größter Sorgfalt, Liebe und Hingabe sprechen. Außerdem soll er den Stern anrufen, unter dem das Kind nach astrologischen Berechnungen geboren ist. Ein mit Wasser gefüllter Krug wird vom Vater neben den Kopf der Mutter gestellt, und auch dieses Wasser der Reinigung dient dazu, böse Geister fernzuhalten. Dazu spricht er folgende Worte:

> Oh Wasser, ihr seid mit den Göttern wachsam. Wie ihr mit den Göttern wacht, so wacht auch über diese Mutter mit ihrem Kind.

Wasser und Feuer, die traditionellen Elemente der Reinigung und spirituellen Transformation, sind also rituell unverzichtbar für Mutter und Kind bei der Geburt. Unmittelbar nach dem Durchschneiden der Nabelschnur schaut der Vater konzentriert das Gesicht des Neugeborenen an, womit die Verbindung zu den Ahnen hergestellt werden soll. Danach hat er sich, bekleidet, einem rituellen Bad in kaltem Wasser zu unterziehen, wenn möglich soll er in einen Fluss springen, damit das Wasser möglichst weit aufspritzt. Auch dieses Ritual deutet wohl darauf hin, dass der Akt der Reinigung so hoch wie möglich, also bis zu den Ahnen hin, wirksam sein soll. Danach verteilt er Almosen und tut andere gute Werke im sozialen Umfeld, denn die Geburt eines Kindes ist ein soziales Ereignis, und der Vater erwirbt zu diesem Zeitpunkt besonders viel Verdienst, wenn er sich sozial betätigt.

Darauf gibt der Vater mit dem vierten Finger der rechten Hand einen Tropfen Honig auf die Lippen des Kindes (*medhājanana*) mit den Worten: «Himmel, Erde und Zwischenraum. Ich fülle alles in dich hinein.» Und weiter: «Mögen die Götter dich segnen mit Lebenskraft, Intelligenz und Glück.» Auch Butterschmalz, saure Milch, Reis, Goldblätter usw. können dem Honig beigegeben sein, alles Symbole, die mit der Entwicklung des Geistes in Verbindung gebracht werden. Den Quellen zufolge, die diesen Ritus beschreiben, soll er die Intelligenz des Kindes beför-

Die wichtigsten Samskāras

dern, und es ist bezeichnend, dass gerade die Intelligenz einen so hohen Stellenwert in der indischen Gesellschaft hatte und immer noch hat.

Es folgt ein Ritus, der ein langes Leben gewährleisten soll (*āyushya*). Der Vater flüstert dem Baby ein entsprechendes Gebet ins Ohr, das rigvedische Vorstellungen wiedergibt. Und auch der Erde muss vom Vater dafür gedankt werden, dass sie einen Ort für die Geburt bereitgestellt hat.

148 Das nächste Ritual ist das der Namensgebung (*nāmakarana*), das am 10. oder 12. Tag nach der Geburt stattfinden sollte, doch wurde dem Baby schon unmittelbar nach der Geburt ein geheimer Initiationsname ins Ohr geflüstert. Der Name wurde wohl ursprünglich deshalb «geheim» gegeben, damit böse Kräfte keine schwarze Magie mit ihm betreiben können. Zur Namensgebung werden der oder die Gurus der Familie, befreundete Familien usw. eingeladen. Auch hier werden Mantras rezitiert, die dem Kind Gesundheit und gutes Wachstum wünschen. Die Wahl des Namens erfolgt nicht zufällig, der Name bezieht sich entweder auf die Gottheit, mit der die Familie in besonderer Weise verbunden ist (*ishtadevatā*), oder auf die astrologischen Konstellationen, unter denen das Kind geboren wurde. Der Name sollte zumindest mit dem Anfangsbuchstaben des entsprechenden Sterns beginnen. In den Schriften der klassischen Zeit werden die Silbenzahlen, die Komponenten des Namens, die Verteilung von Vokalen und Konsonanten usw. genau vorgeschrieben. Der Name hat hier einen vierfachen Bezug, nämlich zur astrologischen Konstellation, zur Hauptgottheit des betreffenden Monats, zur Familiengottheit und zum öffentlichen Rufnamen, in dem sich meist auch der soziale Status ausdrückt. Die Normen der Namensgebung haben sich heute verändert, wenngleich Kaste und Familientradition (meist) immer noch daran ablesbar sind. Heute wird der Name oft direkt bei der Geburt im Krankenhaus gegeben, ohne dass die beschriebenen Rituale zur Anwendung kommen. Dennoch lassen die Eltern bei der Namensgebung meist Sorgfalt walten. Denn im Namen äußert sich mantrische Qualität. Der Name ist Bündelung von Energie, er ist Programm.

Das Ritual der Namensgebung wird von den Eltern durchgeführt, nachdem die vorgeschriebenen Reinigungszeremonien stattgefunden haben. Die Mutter besprenkelt den Kopf des neu eingekleideten Kindes mit Wasser und übergibt es dem Vater. Nachdem Prajāpati, Agni, Soma und anderen Gottheiten ein Opfer dargebracht worden ist, berührt der Vater die Brust des Kindes und flüstert ihm seine Namen ins Ohr, jeweils mit der Begründung «weil du an dem und dem Tag geboren bist», «weil du dieser und jener Schutzgottheit unterstehst» usw. Wenn Brahmanen zur Zeremonie eingeladen sind (was heute immer seltener der Fall ist), bestätigten diese den Ritus durch Wiederholung der Namen.

Für die folgenden ersten Entwicklungsschritte des Kindes sind ebenfalls spezielle Rituale vorgesehen, dazu gehören das erste Anlegen an die Brust, die erste Ausfahrt aus dem Haus (*nishkramana*) sowie die Verabreichung der ersten festen Nahrung (*annaprāshana*). Das erste Anlegen an die Brust wird von einem Gebet begleitet mit der Bitte, dass das Kind neben der Milch der Mutter stets auch mit der Milch der Erkenntnis genährt werde. Die erste Ausfahrt findet, je nach Umständen, zwischen dem dritten und vierten Monat nach der Geburt statt. Der Tradition gemäß unternehmen die Eltern gemeinsam dieses Ritual, es gibt aber auch Überlieferungen, in denen Verwandte, besonders der Onkel mütterlicherseits, den Ritus vollziehen. Das Kind wird unter Gesängen und Musik vor die Familiengottheit im Haus gebracht, wo die Beschützer der acht Himmelsrichtungen[15] sowie Sonne und Mond angerufen werden. Man achtet darauf, dass der Kopf des Kindes nach Norden zeigt, die Füße nach Süden, denn Norden ist die Richtung, aus der Leben, Energie und Wohlstand kommen, der Süden hingegen ist die Richtung des Todes.[16] Beim Auszug aus dem Haus rezitiert der Vater die vedische Hymne:

> Ob das Kind bei Bewusstsein ist oder nicht, bei Tag und bei Nacht,
> mögen alle Götter unter der Führung Indras das Kind beschützen.

Im Tempel wird anschließend die entsprechende Gottheit geehrt, dann wird das Kind zu Hause beschenkt und die begleitenden Brahmanen werden (wie bei jeder Zeremonie) gespeist. Das Ritual soll dem Kind erste wesentliche Eindrücke vermitteln und Schutz gewähren. So soll der Anblick der Sonne im Bewusstsein des Kindes einen Eindruck von der Schönheit des Universums erzeugen, die Anrufung der herrschenden Gottheiten aller Richtungen sowie von Tag und Nacht soll das Kind rundum schützen.

Sechs oder sieben Monate nach der Geburt erhält das Kind die erste feste Nahrung (*annaprāshana*), wiederum ein wichtiger Schritt in die Selbständigkeit. Es soll sich um einen Brei handeln, der aus verschiedenen Nahrungsmitteln besteht, meist Joghurt, Honig und Butterschmalz, dem Reispulver beigemischt sein kann. Interessanterweise wird in den Grihyasūtras auch das Fleisch des Ati-Vogels und des Rebhuhns erwähnt, denn anders als die Jainas waren Hindus in dieser Zeit nicht unbedingt Vegetarier. Vor allem aus gesundheitlichen Erwägungen konnte das frühzeitige Essen von Fleisch empfohlen werden. Im Ritual wird die Göttin als Spenderin aller Nahrung ebenso eingeladen wie die Götter, die Stärke verleihen. Das Ritual enthält Elemente, die die allmähliche Ablösung des Kindes von der Mutter thematisieren. Während es strikt untersagt war, dem Kind vor dem vierten Monat feste Nahrung zu geben, sollte das Abstillen jedoch auch nicht zu spät erfolgen. Zum einen wohl deshalb, damit die Entwicklung des Kindes durch eine zu große Abhängigkeit von der Mutter nicht beeinträchtigt würde, zum anderen auch aus Rücksicht auf die Gesundheit der Mutter.

Ein weiteres Ritual ist das Durchstechen der Ohrläppchen (*karnavedha*), das bereits kurz nach der Geburt, in jedem Fall aber vor dem Erscheinen des ersten Zahnes stattfinden soll. Der Vater leitet die Zeremonie, das Durchstechen wird aber – je nach Tradition – von einem Chirurgen oder einem Goldschmied durchgeführt, wobei das Kind auf dem Schoß der Mutter sitzt. Dieses Ritual hat drei Aspekte: Es soll vor bösen Einflüssen schützen, das Tragen von Ohrringen ermöglichen und aus medizinischer Sicht im Zusammenhang mit ayurvedischen Akupunkturtraditionen wirkungsvoll sein. Diese drei Bedeutungen gehen auf ganz unterschiedliche Quellen und Traditionen zurück. Der Schutz ergibt sich aus der archaischen Vorstellung einer angedeuteten oder tatsächlich durchgeführten Selbstverstümmelung – sie soll die Dämonen besänftigen, die, wie schon gesagt, dem Kind aus Eifersucht Böses zufügen wollen. Der Schaden wird rituell vorweggenommen, damit er nicht tatsächlich eintritt. Das Tragen von Ohrringen (*kundala*) ist in der indischen Kultur nicht nur als Statussymbol, sondern auch im kultischen Kontext von großer Wichtigkeit. Es ist Ausdruck von Pracht, Reichtum und Segen. Nach traditioneller ayurvedischer Vorstellung enthält das Ohrläppchen Energiepunkte, die durch das Stechen stimuliert werden sollen, um u. a. vor Leistenbruch zu schützen.

Als nächstes Ritual folgt die Tonsur (*cūdākarana*). Das Ritual wird bereits in den Vedas beschrieben und soll ein langes Leben gewähren. Dies hängt mit der uralten Vorstellung zusammen, dass sich die Lebenskraft im Wachstum des Haares ausdrückt. Durch das Opfer des Haares in der Tonsur wird diese Kraft an die Götter, von denen sie kommt, zurückgegeben. Mit einer solchen Rückbindung wird die Lebenskraft regeneriert und kann «fließen». Die Zeremonie wird entweder vom Vater des Kindes oder von dafür ausgebildeten Barbieren zwischen dem Ende des ersten und dem dritten (heute oft erst im fünften) Lebensjahr im Beisein der Mutter vollzogen. Dies geschieht entweder zu Hause oder im Tempel, in jedem Fall aber am Tage und zu einem astrologisch berechneten Zeitpunkt, nämlich wenn die Sonne im *uttarāyana* (Wintersonnenwende) steht. Die Symbolik ist klar: Es geht um die Erneuerung der Lebenskraft, die von der Sonne kommt. Während entsprechende Verse – vor allem aus dem Atharvaveda – rezitiert werden, wird das Kopfhaar mit einer Mischung aus warmem und kaltem Wasser und etwas Butterschmalz angefeuchtet und in bestimmter Weise geformt, wobei die Anzahl der Haarbüschel Auskunft gibt über die Familien- bzw. Kastenzugehörigkeit. Nach dem Lösen des Haares werden zum Schutz des Kindes drei Sprossen Kusha-Gras ins Haar gesteckt. Mit einer scharfen Klinge wird das Haar dreimal von links nach rechts geschnitten, wobei ein oder mehrere Haarbüschel stehen bleiben können. Traditionell wird das abgeschnittene Haar mit Kuhdung vermischt und dem Lebenskreislauf zurückgegeben. Während er das Rasiermesser selbst ansetzt oder es dem Barbier übergibt, rezitiert der Vater ein Mantra, in dem es ausdrücklich heißt, dass das Verkürzen des Haares jeder Verkürzung des Lebens entgegenwirken soll.[17]

Das Ritual stellt auch eine erste Initiation in das Studium von Sprache und Schrift dar, denn aus Anlass der Tonsur wird das heilige Zeichen OM in Reismehl geschrieben, das das Kind erkennen soll. Hier findet bereits der Übergang zur nächsten Gruppe der Samskāras statt, die mit der Sozialisation in die Gesellschaft, also mit Lernen und Kultur, zu tun haben.

Initiation in die Kultur

Während die physische Geburt ein natürliches Geschehen ist, erfolgt mit der «zweiten Geburt» (*dvija*) die Sozialisation in eine bestimmte kulturelle Tradition. Dies geschieht vor allem in zwei Ritualen, die an den sozialen Status gebunden sind. Denn nur die höheren Kasten praktizierten ursprünglich diese Rituale, da nur sie das vedische Erbe verwalten und weitergeben durften. Dies wird schon daran deutlich, dass die Durchführung dieser Riten die Alphabetisierung voraussetzt, die in Indien früher das Privileg weniger war (und bis heute nicht aller ist). Gegen diesen Exklusivismus hat sich der Buddhismus gewandt, aber auch in späterer Zeit hat es immer wieder Bewegungen gegeben, die zumindest das purānische und tantrische Erbe für alle Menschen zugänglich machen wollten, beispielsweise die einflussreiche Bewegung der Vīrashaivas um Basava seit dem 12. Jahrhundert.[18] Unter den Bedingungen moderner Bildungsinstitutionen sind diese Rituale in der heutigen indischen Gesellschaft (fast) bedeutungslos geworden, doch werden sie in traditionellen Familien noch praktiziert. So wird ein spezifisch kulturell-religiöses Wissen weitergegeben, und zwar nicht nur aus der Verantwortung dem kulturellen Erbe gegenüber, sondern auch als Statussymbol. Dies ist vermutlich einer der Gründe dafür, dass einzelne Elemente dieser Rituale auch von anderen gesellschaftlichen Gruppen übernommen worden sind.

Es handelt sich um Initiationsrituale nur für Knaben, denn den Mädchen kam bei der Weitergabe der religiösen Tradition eine andere Rolle zu. Dies hängt einerseits mit der untergeordneten gesellschaftlichen Stellung des weiblichen Geschlechts zusammen, andererseits aber auch mit der Mutterrolle.[19] Doch auch der biologisch bedingte Unterschied spielt hier mit herein: Die Mädchen gelangen mit der Menarche auf «natürliche» Weise in das Reifestadium, das bei Jungen durch einen kulturellen Akt markiert werden muss. Die Menarche wird rituell durch eine öffentliche Zeremonie begangen, bei der das Mädchen gesegnet und der neue Status öffentlich gemacht wird, in früherer Zeit galt es damit als heiratsfähig. Mädchen werden durch Instruktionen der Mutter in die religiöse Tradition eingeführt, dabei lernen sie vor allem die narrative Tradition der Mythen und Purānas kennen, die sie später ihren Kindern weitergeben werden. Als verheiratete Frauen gelten sie dann als *sahadharminī*, als Partnerin des Mannes in den häuslichen Ritualen. Auch die Mädchen werden durch Gelübde (*vrata*) auf ihre Rolle vorbereitet, die in gewisser Weise als Äquivalent zum Upanayana-Ritus der Knaben angesehen werden können. Diese Gelübde können verbunden sein mit einer Zeremonie der «symbolischen Hochzeit» zwischen Rādhā und dem Gott Krishna (*rādhākalyāna*). Rādhā steht hier für die Seele

Rituale des Übergangs

eines jeden Menschen, auch dies ist ein Hinweis darauf, dass den Mädchen das heilige Wissen im Zusammenhang der Bhakti-Tradition (durch Lieder, Erzählungen und Devotionalgesänge) oder auch tantrischer Überlieferungen zuteil wurde, nicht aber im Kontext der vedischen Rituale.

Vidyārambha: Diese Zeremonie markiert den Eintritt in die literarische Bildung, denn mit dem Ritual beginnt formell das Erlernen des Alphabets. Sprache und Schrift gelten in der indischen Überlieferung als heiliges Wissen göttlichen Ursprungs. Daher heißt die Schrift, in der das Sanskrit geschrieben wird, auch *devanāgarī* («die aus der göttlichen Stadt kommt»), sie repräsentiert also göttliche Zivilisiertheit (städtische Kultur). Schrift und Sprache drücken eine Harmonie aus, die wiederum den Proportionen der kosmischen Ordnungen entspricht, und darum ist das Erlernen von Sprache und Schrift mehr als das Erlernen von Kulturtechniken. Es ist Einweihung in die universale Ordnung (*dharma*).

Historisch gesehen ist dieses Ritual viel jünger als *Upanayana* (s. u.), die Reifezeremonie und Einweihung in das Veda-Studium. Es wurde erst dann notwendig, als das traditionelle Wissen nicht mehr oral vermittelt werden konnte, sei es, weil die Komplexität der Überlieferungen so stark zugenommen hatte, dass orale Tradierung nicht mehr ausreichte, sei es, dass die Kenntnis des Sanskrit als gesprochener Sprache zurückging. Vermutlich ist *Vidyārambha* erst nach dem 12. oder 13. Jahrhundert eingeführt worden, für indische Verhältnisse also relativ spät. Möglicherweise aber fiel ursprünglich die Einführung in das Schreiben des Alphabets zusammen mit der Tonsur, sodass der Ritus keine eigene Erwähnung fand. Als geeigneter Zeitpunkt für den Ritus wird das fünfte Lebensjahr empfohlen. Insbesondere Ganesha, Sarasvatī und Brihaspati, Gottheiten, die für die Vermittlung von Weisheit und Kultur stehen, werden in diesem Kontext angerufen. Reinigungsriten stehen neben symbolischem Schreiben und Lesen der ersten Silben.

Upanayana: Dieses Ritual ist zentral für die Identitätsbildung der Hindu-Gesellschaft. Im Rigveda wird das Upanayana-Ritual noch nicht erwähnt, dann aber durchläuft es eine komplizierte Entwicklungsgeschichte vom Atharvaveda (um 1500–900 v. Chr.) über das Shatapatha Brāhmana (um 900 v. Chr.), die Grihyasūtras (um 500–200 v. Chr.) bis hin zum normativen Text Manusmriti (um 200 n.Chr.),[20] und es unterliegt auch heute noch leichten Veränderungen. Im Laufe der Geschichte wurden unterschiedliche Ritualtraditionen und auch Elemente aus vorvedischen Kulturen verschmolzen, deren einzelne Funktionen nicht eindeutig rekonstruiert werden können.

Für alle hochkastigen Knaben ist der Upanayana-Ritus ein entscheidender Einschnitt im Leben. Er wird einerseits als eine «zweite Geburt», nämlich die soziale Geburt in die Gemeinschaft der Höherkastigen, betrachtet, andererseits markiert er den Eintritt in das Veda-Studium (*vedārambha*), das allerdings ursprünglich nur den Brahmanen vorbehalten war. Von einer rituellen Neu-Geburt des Brahmacārin ist bereits im Atharvaveda[21] die Rede. Dort ist das Ritual aber noch nicht erkennbar als das spätere Upanayana-Ritual in seiner Funktion als Bildungs-Initiation, denn das zentrale Mantra des späteren Upanayana-Rituals, die Gāyatrī, wird hier noch nicht erwähnt. Der Text erklärt, dass der Initiand rituell drei Nächte in der «Gebärmutter» des (männlichen) Guru verbringt, Himmel und Erde werden durch Pfosten repräsentiert, während die zweite Geburt unter dem Schutz der Götter stattfindet. Dem Initianden wird eine Hüftschnur (*mekhalā*) umgelegt. Wichtige Symbole, nämlich die Unterhaltung des Feuers und das Almosensammeln durch den Brahmacārin, sind heute noch aktuell. Einige Elemente dieses Rituals finden sich im späteren Upanayana-Ritus, wie er in den Grihyasūtras (um 500–200 v. Chr.) kodifiziert ist. Die Hüftschnur, an der ein Lendenschurz (*kaupīna*) befestigt wird, könnte auch auf ein ursprüngliches Ritual in die Initiation von Männlichkeit hinweisen, unabhängig vom Veda-Studium.[22] Dies zeigt, dass das Ritual über Jahrhunderte geformt und umgeformt wurde, bis es seine Gestalt gefunden hat, wie sie in der Manusmriti (um 200 n. Chr.) festgelegt ist. Bis heute variieren aber je nach Kaste, Gegend und Kontext die Details des Rituals mehr oder weniger stark.

Die Verbindung der Männlichkeits-Initiation mit dem Beginn des Veda-Studiums ist seit dem Shatapatha Brāhmana (um 900 v. Chr.) belegt.[23] Als neu gegenüber der Tradition, wie sie uns schon im Atharvaveda begegnet ist, erhält der nun «Neugeborene» das Gāyatrī-Mantra zugesprochen. In einer noch späteren Stufe, in den bereits erwähnten Grihyasūtras um 500–200 v. Chr., ist das Ritual dann sozial ausdifferenziert und enthält die sichtbaren Markierungen der Kastenunterschiede. Denn obgleich die charakteristische Opferschnur (*yajnopavīta*) eingeführt wird, die alle Initiierten in gleicher Weise über die linke

Schulter nach rechts über den Oberkörper hängend tragen, erhalten die Brahmanen als Bekleidung oder Sitzunterlage (*ajina*) ein Antilopenfell, die Kshatriya und Vaishya hingegen ein Hirsch- und Rinderfell. Auch die Hüftschnur ist kastenspezifisch aus verschiedenen Materialien[24] gefertigt, ebenso der Pilgerstab, den der Initiand im Verlauf des Rituals erhält.[25] Die Initiation macht damit auch die Abgrenzung der Kasten sichtbar.

Die Opferschnur, auch Heilige Schnur genannt, besteht symbolisch aus drei Fäden, die miteinander verflochten sind. Die Dreizahl symbolisiert die drei Grundqualitäten der Welt, wie sie im Sāmkhya beschrieben werden (*sattva, rajas, tamas*). Sie wird aber auch interpretiert als Erinnerung an die dreifache Verknüpfung des menschlichen Lebens mit Göttern, Ahnen und den Rishis. Auch die drei Buchstaben des OM (*a-u-m*) sowie die Dreigestaltigkeit (*trimūrti*) der Gottheit als Brahmā, Vishnu und Shiva soll die Dreizahl erklären.

Die Initiation soll den Grihyasūtras zufolge im Alter von 8 bis 12 Jahren vollzogen werden, das Höchstalter beträgt in einigen Traditionen 22 bis 24 Jahre. Wer bis zu diesem Zeitpunkt nicht initiiert ist, kann auch nicht heiraten.

Der Ritus, wie er heute meistens verstanden wird, soll den Initianden mit der transzendenten Wirklichkeit und ihren heilenden Kräften in Kontakt bringen und vermitteln, dass das wahre Selbst, jenseits von Bezeichnungen, Status und Profession, das eigentliche Ziel der Reifung ist. Der Guru zeigt dem Schüler den Weg zum Selbst, indem er ihn über sich selbst hinauszublicken lehrt: Das wahre Selbst (*ātman*), die Verankerung des Menschen im göttlichen Grund, wird nicht nur benannt, sondern in der Initiation rituell dargestellt. Der Initiation geht die Unterweisung in bestimmte Riten, Texte und ihre Interpretationen voraus. Der Junge erhält die Heilige Schnur um die Schulter gelegt und wird damit eingeführt in die rituell begründete Verpflichtungsgemeinschaft, die als «Kaste» bekannt ist und Pflichten wie Rechte verbürgt. Der Ritus verankert also die Lebenssituation des Menschen im Transzendenten und gleichzeitig in der sozialen Bindung an eine bestimmte Gesellschaftsschicht, und dies ist der lebensbestimmende Aspekt dieser Zeremonie. Seitens des Initianden sind Gelübde der Reinheit, Wahrhaftigkeit und Selbstbeherrschung abzulegen,[26] die dem Ethos der sozialen Gruppe entsprechen und den Zugang zur transzendenten Wirklichkeit ermöglichen sollen bzw. Ausdruck derselben sind. Nur in der Verbindung beider Aspekte wird das Ritual und damit auch die Funktion des Guru verständlich. Indem der Schüler das Gāyatrī-Mantra (Rigveda 3,62,10)[27] erhält, wird er befähigt, die Gottesverehrung (*pūjā*) im Haus zu vollziehen, d. h. er wird nun zum Mitträger der kultischen Gemeinschaft. Das Mantra lautet:

Om bhūr bhuvas svah
Tat savitur varenyam
bhargo devasya dhīmahi
dhiyo yo nah pracodayāt

Om. Erde, Zwischenbereich, Himmel.
Lasst uns meditieren über den herrlichen Glanz des Savitri,
des göttlichen Lebensspenders.
Möge Er unsere Meditation unterstützen.

Der Guru hat nun die Sukzession, die der heiligen Ordnung der kultisch-sozialen Gruppe entspricht, an den Schüler weitergegeben, wodurch die kosmische Ordnung in der Zeit aufrechterhalten wird. Es sind im Wesentlichen vier Elemente zu benennen, die den «Sinn» des Upanayana-Ritus ausmachen:
– die Rezitation des Gāyatrī-Mantra
– der Vollzug des Ritus, der die Kaste konstituiert
– das vedische Schriftstudium
– das Wissen und die Praxis der Verpflichtung, die der Einzelne gegenüber der Kaste wie der kosmischen Ordnung hat (*svadharma*).

Der Ritus wird heute an den Knaben der drei oberen Kasten im Alter zwischen sechs und acht Jahren vollzogen.[28] Untere Kasten haben einzelne Elemente des Ritus adaptiert und jeweils eigene Rituale entwickelt. Für Mädchen gibt es keinen vergleichbaren Initiationsritus in das Veda-Studium, obwohl es in sehr alten Zeiten auch für Mädchen einen Ritus des Umlegens der Heiligen Schnur gegeben haben soll.

Wichtige Elemente des Rituals sind die Tonsur und das heilige Bad, womit das Ritual beginnt, sowie das Umlegen der Heiligen Schnur als Zeichen der Selbständigkeit und der Erlaubnis, das Elternhaus zu verlassen. Zuvor fand nach den klassischen Vorschriften (heute nicht mehr überall praktiziert) die letzte gemeinsame Mahlzeit von Mutter und Sohn statt, auch dies ein Zeichen der Reife und Selbständigkeit: Nach dem rituellen Bad setzt man sich zu Tisch, wobei die Mutter in Anwesenheit der künftigen Mitschüler neben dem Sohn Platz nimmt, sich dann aber entfernt und den Sohn in der Gemeinschaft der Lernenden, das heißt in der kulturellen Gemeinschaft, zurücklässt.

Der Guru spricht nun zum Initianden, der auf einem großen Stein steht: «Dein Bewusstsein und du selbst sollen so unerschütterlich und fest sein wie der Stein.» Es folgt eine Zeremonie mit dem Umrunden des Feuers und dem Trinken von einigen Tropfen Wasser, auch dies Riten der Reinigung und der Verwandlung. Nach der Rezitation des Gāyatrī-Mantra werden die schon erwähnten Gelübde abgelegt. Der Guru spricht den Initianden mit der Formel an: «Erwache aus deiner Unwissenheit.» Der Initiand ist nun ein Brahmacārin, und damit ist er neben dem Zölibat einer Reihe von Restriktionen unterworfen, die der Konzentration auf das Studium dienen sollen, etwa das Verbot, am Nachmittag zu schlafen, oder das Verbot, Kosmetik zu benutzen. Außerdem soll der Schüler Zerstreuungen (wie Tanzveranstaltungen) meiden und seine Redeweise zügeln, also weder schwatzhaft noch prahlerisch sein. Er soll Willensstärke entwickeln und negative Emotionen wie Ärger kontrollieren lernen. Sein ganzes Leben soll nun der geistigen Konzentration, der Meditation, gewidmet sein. Zum Zeichen der Disziplin und Selbstdisziplin erhält er einen Stock (*danda*), der ihn durch das Leben begleiten wird, der auch als Pilgerstab interpretiert werden kann. Auch ein Sannyāsin führt einen Stock mit sich als Symbol der Selbstdisziplin und der unentwegten Wanderschaft.

In früheren Zeiten konnte der Schüler nun die Ursprungsfamilie verlassen, um mit den anderen Schülern im Haus des Lehrers (*gurukula*) zu leben und zu studieren. *Upanayana* heißt «geführt werden», also vom Lehrer in das Studium der Vedas eingeführt und mit dem umfangreichen kulturellen Wissen vertraut gemacht zu werden. Vor allem aber führt der Ritus in das höhere Wissen ein, das notwendig ist, um das Ziel des Lebens, Moksha, zu erreichen. Dieses Wissen wird in Indien als höchstes Gut betrachtet und mit Ehrfurcht empfangen und weitergegeben, weshalb der Lehrer in der indischen Gesellschaft großes Ansehen genießt. Der Schüler begegnet dem Lehrer mit Dankbarkeit, denn er vermittelt nicht nur das Wissen der vier Vedas – das Studium eines Veda dauert traditionell sieben Jahre –, sondern auch anderer Wissenschaften, die von dem legendären Vyāsa[29] systematisiert worden sein sollen. Dazu gehören die «Hilfswissenschaften» Phonetik, Grammatik, Prosodie, Etymologie, Astrologie, Astronomie und Ritualwissenschaft. Auch das Studium der Logik spielte eine überaus wichtige Rolle, ebenso die Dharmashāstras, die den Verhaltenskodex, also die Individual- und Sozialethik darlegen. Insgesamt zählt man 14 Abteilungen des vedischen Wissens (*vidyāsthānas*). Wer Künste (Poesie, Musik, Tanz, Drama) oder ein Handwerk erlernen wollte, tat dies zusätzlich.

Das Wissen soll vom Schüler in der Haltung der Demut und Hingabe empfangen werden, da es nur dann einen bleibenden Einfluss entfalten und verinnerlicht werden kann. So dient diese Art der Wissensvermittlung auch der Charakterbildung. Interessanterweise besteht hier eine Parallele zwischen dem Empfangen von materieller und geistiger Nahrung. So war in Indien der kulturell legitimierte Empfang von Almosen als Haltung der Demut und der Konzentration auf das Wesentliche nur zwei Gruppen von Menschen erlaubt: dem Brahmacārin und dem Sannyāsin. Daher bittet am Ende des Upanayana-Ritus der junge Brahmacārin im Kreis der Anwesenden um Almosen mit dem Spruch: «Mutter, gewähre mir Almosen.» Jede Frau, die ihm gibt, ist von jetzt an seine Mutter. Die Mutter der Mütter aber ist *annapurneshvarī*, die «Herrin der Fülle der Nahrung», die göttliche Mutter allen Lebens und aller Nahrung und auch der Erkenntnis, um die es hier geht.

An dieser Stelle soll nun ausführlicher erklärt werden, wie das Gāyatrī-Mantra im Kontext des Upanayana-Ritus verstanden werden kann.

> Om. Erde, Zwischenbereich, Himmel.
> Lasst uns meditieren über den herrlichen Glanz des Savitri,
> des göttlichen Lebensspenders.
> Möge Er unsere Meditation unterstützen.

Das Mantra wird eingeleitet mit der heiligen Silbe OM, darauf folgt die Anrufung der «drei Welten», namlich Erde, Zwischenbereich und Himmel. Das Gebet ist gerichtet an Savitri oder Sūrya, die Sonnenkraft (im Sanskrit männlich), der die physische Realität der Sonne, vor allem aber ihre psychische Kraft und spirituelle Wirklichkeit symbolisiert. Er (die Sonne) ist die Quelle des *einen* Lebens, das die physische wie die geistige Ebene einschließt. Als das unermessliche Licht (Glanz) bewegt und transformiert er alles und erleuchtet den Geist, sodass dieser zur Erkenntnis seiner wahren Natur gelangt durch Bündelung aller Erkenntnisenergie, und das ist *dhyāna*, Meditation.

Aus dem männlichen Savitri wurde später Gāyatrī, die göttliche Mutter, die Inbegriff aller Vedas ist.³⁰ Während Gāyatrī im Veda noch die Bezeichnung eines Versmaßes ist – und in diesem Versmaß ist auch der zitierte Vers verfasst –, wird unter dem Einfluss der Tantras die Gāyatrī als weibliche Energie zum höchsten Mysterium. Im Tantra verschmelzen die ursprünglich verschiedenen Kultpraktiken, also der Gebrauch mantrischer Silben zur Klangmagie (*mantra*), der Gebrauch geometrischer Muster (*yantra*) zur Formmagie und die Gottesverehrung (*pūjā*) miteinander. Die verschiedenen Aspekte des Lebens werden in den Kult integriert, was an der Verschmelzung von Savitri mit Gāyatrī deutlich wird. Heute sind vedische und tantrische Rituale oft nicht mehr klar zu trennen, denn die Kultpraxis spiegelt nicht nur eine Vermischung unterschiedlicher Traditionen, sondern auch ein völliges Ineinanderübergehen wider.

Tantra bedeutet, dass die gesamte Wirklichkeit sakramentalen Charakter hat. In der tantrischen Praxis kommt es zu einer Identifizierung mit der Gottheit, die angerufen wird. Durch die Visualisierung der Gottheit erweckt der Gläubige in sich selbst die Qualitäten dieser Gottheit. Die Gottheit betet im Menschen durch den Menschen hindurch zu sich selbst. Eigenschaften und Attribute der Gottheit werden so detailliert visualisiert, dass die Gottheit vollkommen gegenwärtig ist.

Dies hat Auswirkungen auf die Rezitation des Mantras. Denn die in der Rezitation hervorgebrachten Laute sind als Klang bzw. Schwingung schon immer im Universum vorhanden, sodass der Mensch im Rezitieren nun mit dieser Schwingung in Resonanz treten kann und in die gleiche Schwingung versetzt wird. Dies ist die göttliche Kraft, die er erfährt. So ist es letztlich das Mantra, das die Essenz aller Vedas in sich vereinigt, und dies ist Gāyatrī. Es repräsentiert die äußeren wie die inneren Welten und die Zwischenwelt, die kosmische Gestalt des Universums ebenso wie die innere Erfahrung des Menschen. In diesem Sinne können die drei Welten Erde, Himmel und Zwischenbereich auch als Entsprechung der drei Bewusstseinszustände Wachen, Traum und Tiefschlaf verstanden werden, die das Mantra durchdringt. Die Meditation «über» den Glanz des Sonnengottes Savitri ist also nicht distanzierte Reflexion, sondern identifizierende Resonanz. Die Strahlkraft dieses Glanzes verbindet die Welten, sie erleuchtet insbesondere die höhere Geisteskraft (*buddhi*), die die Kategorien des unterscheidenden Verstandes zusammenführt. Das Resultat ist die existentielle Realisierung

Die wichtigsten Samskāras

der Einheit von Ātman und Brahman, von innerer Wirklichkeit des Menschen und absoluter Realität der Welt. Dieser Zusammenfall der Gegensätze wird an der Praxis der Sādhanā[31] deutlich, denn die Rezitationen des Mantras fanden ursprünglich bei Sonnenaufgang und Sonnenuntergang statt (später kam noch der Mittag hinzu), also im Zwielicht (*samdhyā*), wo Tag und Nacht, Licht und Dunkel, Himmel und Erde einander berühren, wo die Gegensätze zusammentreffen und sich miteinander verbinden. Die Zeiten der Dämmerung, des Übergangs, der Uneindeutigkeit sind erfüllt von einer eigentümlichen Ruhe im Kosmos, und dies überträgt sich auf die Psyche. Auch die Momente zwischen Wachen und Schlafen enthalten dieses Potential, weshalb solche Zeiten als ideale Zeiträume für die Meditation gelten. Der Schüler soll allmählich lernen, diese Resonanz in sich wahrzunehmen und damit die Wirklichkeit des Mantras in sich zu realisieren. Es geht nicht um angelerntes oder auswendig gelerntes Wissen, sondern um transformative Weisheit.

Die Studienzeit ist heute unterschiedlich lang, meist jedoch gegenüber den traditionell genannten Zeiten stark verkürzt. Während des Studiums gibt es für den heranwachsenden Brahmacārin das Ritual des Bartscherens (*godāna*). Mit diesem Zeichen des Erwachsenwerdens wird die Ermahnung zu einer größeren Verantwortung für die Gesellschaft verbunden. Um dies zu bekräftigen, legt der Betreffende für einige Zeit ein Schweigegelübde ab. Die Studienzeit wird abgeschlossen mit einem Examen, das ebenfalls rituell begangen wird (*samāvartana*).

Hochzeit und Ehe

Die Hochzeit (*vivāha*) gilt als das wichtigste Fest im Leben eines Hindu. Mit der Hochzeit gehen nicht nur Mann und Frau eine Verbindung ein, sondern auch die betreffenden Familien, wozu nach indischer Tradition auch die Ahnen zählen. Die indische Kultur hat im Laufe der Jahrtausende ganz unterschiedliche Muster des Verhältnisses der Geschlechter zueinander hervorgebracht, doch immer hat die Wertschätzung des menschlichen Paares (*maithuna*) einerseits und der Mutter-Kind-Beziehung andererseits eine zentrale Rolle gespielt.

Im Zentrum der Verehrung steht das göttliche Paar. In Indien werden die Götter und Göttinnen fast immer mit einem entsprechenden Partner vorgestellt, denn die polare Partnerschaft gilt als Quelle der Kreativität. Viele indische Götter werden auch androgyn gedacht, was sich zum Beispiel in der Darstellung Shivas als Ardhanārīshvara mit einer männlichen und einer weiblichen Seite oder in der transsexuellen Verwandlungsmetaphorik bei Vishnu (Mohinī) zeigt. Interessanterweise sind in indischen Namen nicht selten der männliche und der weibliche Aspekt des Götternamens zu einem einzigen Eigennamen verschmolzen, etwa bei *Sītārām* oder *Rādhākrishna*. Das bedeutet, dass die Identität des Menschen in der ausgeglichenen Polarität der Geschlechter gesucht wird.

In der rituellen Verbindung von Mann und Frau wiederholt sich das kosmische Geschehen. Deshalb hat die Hochzeit nicht nur gesellschaftliche, sondern auch astrologische Aspekte. Heirat erfolgt in Indien nicht nach der zufälligen und oft schnell vergehenden Sympathie zweier Menschen, die sich voneinander angezogen fühlen, sondern aufgrund karmischer Strukturen, die im Status (Kaste) wie in den astrologischen Konstellationen der Partner ihren Niederschlag gefunden haben. Das Paar soll im Zeichen astrologischer Symmetrie verbunden sein. Die Hochzeit wird von den Familien arrangiert, wobei durchaus auch wirtschaftliche Erwägungen eine Rolle spielen. Dem Gesetzbuch des Manu zufolge können Frauen prinzipiell selbst einen Bräutigam wählen, wenn die Eltern bis zu drei Jahre nach dem Eintritt ins heiratsfähige Alter keinen passenden Bräutigam gefunden haben. Auch haben – jedenfalls idealiter – die zu verheiratenden Frauen ein Mitspracherecht; sie könnten im Prinzip die Wahl der Familie verweigern, was de facto aber von den Machtverhältnissen in der Familie und den wirtschaftlichen Gegebenheiten abhängt. Obwohl in Indien zivilrechtlich die Scheidung möglich ist – und es wird von diesem Recht durchaus auch Gebrauch gemacht –, ist eine Scheidung rituell nicht möglich und eine Verletzung der karmischen Bestimmung.

Die Hindu-Hochzeit ist Voraussetzung und Inbegriff der Kontinuität des Lebens in einer weit zurückreichenden Kette von Ahnen, und das erklärt ihre Bedeutung für die Gemeinschaft. Das Leben des Grihasthin, des Haushalters, erfüllt sich in der gemeinschaftlichen Ausgestaltung und Weitergabe des Lebens in der engeren wie der erweiterten Familie, in der Dorfgemeinschaft und im übergeordneten gesellschaftlichen Rahmen, wozu die Lebenden, die Verstorbenen und auch künftige Generationen zählen. Die Menschen, die sich den Restriktionen der drei Lebensordnungen von Brahmacarya, Vānaprastha und Sannyāsa

Die wichtigsten Samskāras

unterwerfen, sind auf die Spenden der Grihasthins angewiesen, deren wirtschaftlicher Erfolg die gesamte Gemeinschaft stützt.

Die Ehe selbst ist ein Sakrament bzw. eine spirituelle Praxis (*sādhanā*), die von Mann und Frau gleichberechtigt in der Beziehung ausgeübt wird. In der Ehe werden alle vier Purushārthas, die Lebensziele, aufeinander bezogen und verwirklicht. Das Streben des Ich soll in der ehelichen Gemeinschaft eingebunden werden in etwas Umfassenderes, wodurch in der ehelichen Partnerschaft ein kontinuierlicher Reifungsprozess möglich werden soll. In diesem Sinne ist die Ehe Symbol dafür, dass das Einzelne, Individuelle in der Vereinigung mit dem anderen seine Bestimmung findet.

In der Manusmriti werden acht verschiedene Typen der Hochzeit (*vivāha*) unterschieden: Brāhma, Daiva, Ārsha, Prājāpatya, Āsura, Rākshasa, Gāndharva und Paishāca. *Brāhma vivāha* gilt als die vollkommenste Form, weil in ihr das vollständige vedische Ritual zur Anwendung kommt. Doch auch die anderen Typen enthalten die wesentlichen Elemente der vedischen Tradition, sodass die Kernelemente der hinduistischen Hochzeit seit mehr als 2000 Jahren unverändert geblieben sind. Das Heiratsalter der Braut war mit der abgeschlossenen Pubertät vorgegeben, wurde aber schon in klassischer Zeit erhöht, während der Bräutigam nicht älter als 30 Jahre sein sollte. Der große Altersunterschied erklärt sich aus den geforderten Studien, bei denen die Männer privilegiert waren. Es gab durchaus die Praxis der Kinderhochzeit, wobei das Mädchen als Kind (nicht als Schwiegertochter) in der neuen Familie aufwuchs. Die gemeinsame Kindheit des späteren Paares sollte die psychologische Bindung erhöhen, diente aber auch der wirtschaftlichen Verschmelzung (und Sicherheit) der betroffenen Familien. Später erst, nach der Menarche des Mädchens, lebte das Paar als Paar zusammen.

Da der Virginität, ebenso wie dem Brahmacarya-Status des Mannes auch, ein hoher Wert beigemessen wurde, empfahl sich eine frühe Hochzeit. Aber auch rituelle Gründe wurden für eine möglichst frühzeitige Hochzeit von Mädchen angeführt.[32] Ob das Heiratsalter erst unter dem Einfluss des Islam heraufgesetzt und genauer festgelegt wurde, ist in der Geschichtsschreibung umstritten. Jedenfalls ergab sich aus der «Kinderehe» das Problem der Witwenschaft von Kindern. Es wurde entweder ignoriert oder ganz unterschiedlich gelöst, beispielsweise so, dass die sexuell noch nicht vollzogene Ehe dann doch nicht als bindend gewertet wurde, oder aber dass verwitwete Kinder tatsächlich mit dem sozialen und rituellen Stigma der Witwenschaft belastet wurden. Auch heute noch besteht eine Tendenz zur relativ frühen Heirat, um die Jugendlichen schnell in die Verantwortung für eine Familiengründung zu bringen. In der gesamten indischen Kultur genießt die Frau in ihrer Position als Mutter höchsten Respekt. Die Geburt des ersten Kindes sollte aus Rücksicht auf Gesundheit und Lebenskraft der Frau relativ früh erfolgen. Traditionell konzentrierten sich die Pflichten der Frau auf den Haushalt, die Geburt von Kindern und deren Erziehung, und darum war für Frauen auch keine weitere Ausbildung vorgesehen. Allerdings waren (und sind) Frauen in den höheren Kasten oft Träger des kulturellen Wissens und künstlerischer Traditionen. Bei den häuslichen religiösen Ritualen gilt die Frau als gleich wichtige Partnerin (*sahadharminī*) des Ehemannes, der die Rituale im eigentlichen Sinne vollzieht. Wenn die Frau stirbt, ist der Mann – so ein indisches Sprichwort – «wie ein Hund ohne Herr». Die häuslichen Fertigkeiten lernten die Ehefrauen von der eigenen Mutter bzw. Großmutter in der Großfamilie. Schönheit, passende Herkunft und ein tadelloser Charakter werden als wichtige Kriterien für eine Frau genannt. Diese Situation hat sich heute grundlegend geändert. Frauen nutzen die modernen Bildungsmöglichkeiten und üben auch nach der Heirat oft einen Beruf aus. Die klassische kulturelle Bildung in Sanskrit, Philosophie und den Künsten verliert dabei immer mehr an Bedeutung. Der Mann sollte dem Gesetz Manus zufolge charakterstark sein und über die Voraussetzungen für ein gutes Einkommen verfügen. Für eine Frau, so Manu, sei es besser, unverheiratet zu bleiben, als einem unwürdigen Mann zur Ehefrau gegeben zu werden.

Das indische Hochzeitsritual, in den Grihyasūtras festgelegt, variiert in lokalen Kasten- bzw. Sippentraditionen und verschiedenen Schulen der Veda-Auslegung. Im maßgebenden Ashvalayana Grihyasūtra wird interessanterweise darauf hingewiesen, dass ein gültiges Ritual nicht unbedingt von den äußeren Symbolen wie Feuer- und Wasseropfer abhängig sei. Wesentlich sei die geistige Haltung der Verehrung und Hingabe, nämlich die «Verinnerlichung von Feuer» bzw. gesprochenem Mantra, in welchem das Feuer als Sprach-Klang repräsentiert ist, das innere Feuer des Geistes also. So ist, wie bei allen Ritualen, auch beim Hochzeitsritus die innere Haltung entscheidend, die äußeren Symbole sind Mittel der Konzentration und emotionalen Identifikation. Aus diesem Grund kann im Hochzeitsritual gegebenenfalls auf zahlreiche Symbole verzichtet werden, wenn nur in der geistigen Einstellung des Paares und in den Mantras, die gesprochen werden, das Mysterium verdeutlicht wird, das jene kosmische Verbindung repräsentiert, die in jeder Hochzeit begangen wird. Der letzte Teil der Hochzeitshymne im Rigveda (10, 85, 20–47)[33] enthält solche Mantras, die Ritualsymbole verdichten. Einige Details des Hochzeitsrituals wie das Weggeben der Braut durch ihren Vater (*kanyā-dāna*) und die Zeremonie, bei der der Bräutigam ein Glücksband um den Hals der Braut legt (*mangala-satrabandhana*), spielen in der vedischen Überlieferung noch keine Rolle, sondern erst in den Smritis und Purānas. Sie gelten heute jedoch als zentrale Aspekte des Hochzeitsrituals.

Auch das Hochzeitsritual spiegelt die vollständige Sakramentalisierung der Wirklichkeit in den Traditionen des Tantra wider, und zwar als eine Grundhaltung des Menschen, die schon in vedischer Zeit anklingt. Danach ist, wie wir gesehen haben, alles was ist, sakramental. Das Materielle ist Geistiges in verdichteter Form, abzulesen etwa in der Cakra-Theorie des aufsteigenden geistigen Reifungsprozesses.[34] Tantra meint die Heiligkeit des irdischen Körpers als Körper der Göttin, die sich in jeder weiblichen Gestalt verkörpert, und insofern hat die erotische Gemeinschaft von Mann und Frau sakramentalen Charakter. Wo die Göttin Schöpferin ist, wie im Tantra, steht nicht ein transzendenter Schöpfergott der Welt des Materiellen gegenüber, sondern die göttliche Kraft verbindet sich mit dem Materiellen. Materie ist Mater, die Mutter. Aus diesem Grunde ist die Hochzeit Teilhabe an der göttlichen Gestaltung, am freien Spiel (*līlā*) der schöpferischen Kräfte des Universums. Einer der ältesten Texte über die Einheit von Himmel und Erde, die in der menschlichen Vereinigung von Mann und Frau rituell wiederholt wird, findet sich schon in der Brihadāranyaka Upanishad 6, 4,20f.:

> Er umarmt sie und spricht:
> «Ich bin die Lebensenergie, du bist die Klangwirkung,[35]
> du bist die Sprache, ich bin die Energie.
> Ich bin der Saman, du bist Ric.[36]
> Ich bin der Himmel, du bist die Erde.
> Komm, lass uns zusammenwirken, um einen Sohn zu zeugen.»

Rituale des Übergangs

Der Kernsatz heißt im Sanskrit: «*dhyaur aham prithivī tvam*» (Ich bin der Himmel, du bist die Erde.), und dieser Satz ist zentral für das indische Hochzeitsritual. In der sexuellen, erotischen und geistigen Vereinigung der Partner vollzieht sich das kosmische Mysterium. Hier erhält Sexualität über die regenerative Kraft hinaus, die Leben zeugt und weitergibt, transzendente Bedeutung.

Das Ritual beginnt mit einer Prozession, in der die Braut zum Wohnsitz des Bräutigams geführt wird. Nachdem sie an seiner rechten Seite Platz genommen hat, sollen beide durch die Regulierung des Atems (*prāṇā-yāma*) ihrer beider Lebensenergie (*prāṇa*) harmonisieren und in gleiche rhythmische Schwingung bringen. Der Bräutigam kündigt nun an, dass er das Hochzeitsopfer (*pāṇigrahana-homa*) darbringen werde, um gemeinsam mit der Braut den Segen des Höchsten (*parameshvara*) zu empfangen. Im Homa, dem Feuerritual, wird Agni, der Gott des Feuers, der himmlische und menschliche Sphären verbindet, angerufen und geehrt. Der Bräutigam ergreift die Hand der Braut und hebt diese empor, wobei er das Mantra spricht:

> Ich ergreife deine Hand mit meiner um des Glückes willen, dass du gemeinsam mit mir als deinem Ehemann ein hohes Alter erreichen sollst. Die Götter Aryaman, Bhago, Savitri und Puramdhi haben dich mir geschenkt als Herrin des Hauses.

Er wäscht die Hände der Braut, die diese vor der Brust zusammenlegt (*anjali mudrā*), und salbt sie mit gereinigter Butter. Der Bruder der Braut gibt geröstetes Korn (*lāja*) in die Hände der Braut, worauf der Bräutigam nochmals gereinigte Butter hinzufügt. Die Braut lässt nun den Inhalt ihrer Hände als Opfer in das Feuer gleiten, das den Göttern Agni, Varuna, Pūshan und Prajāpati dargebracht wird. Dabei werden die entsprechenden Mantras rezitiert. Beide umrunden das Feuer dreimal, in einigen Traditionen sollen sie dabei mit den Füßen einen Mühlstein berühren, der als Symbol der Unerschütterlichkeit in allen Unternehmungen gilt.

Anderen Überlieferungen zufolge singt der Bräutigam ein Lied zum Ruhme der Göttin Sarasvatī, die durch die anwesenden Frauen repräsentiert wird:

Sarasvatī, fördere unsere Hochzeit, o Schöne, o Reiche.
Du, die wir dich rühmen, da alles, was ist, zuerst in dir geboren ist,
du, in der die ganze Welt wohnt – dieses Loblied will ich Dir singen,
das der Höchste Hymnus an alle Frauen ist.

Anschließend umschreitet das Paar dreimal das Feuer (*agni pradakshinā*), während der Bräutigam folgendes Mantra spricht:

Dir hat man am Anfang Sūrya mit der Brautprozession zugeführt. Mögest du, Agni, allen Ehemännern die Ehefrau mit den Kindern zurückgeben.

Danach wird der Homa erneut durchgeführt und die Braut schüttet die übriggebliebenen Samenkörner ins Feuer.

Der zentrale Ritus der Hochzeits-Zeremonie heißt *saptapadī*. Dabei geht das Paar gemeinsam sieben Schritte vor dem heiligen Feuer in nord-östliche Richtung.[37] Die Braut geht rechts, während der Bräutigam die rechte Hand um ihre rechte Schulter gelegt hat. Bei jedem Schritt legen Braut und Bräutigam jeweils ein Gelübde ab, das in Sanskrit nacheinander von beiden gesprochen wird. In anderen Tradierungen ist es auch üblich, dass beide gemeinsam einen Text sprechen. Jeder Schritt symbolisiert einen Wunschbereich, für welchen Segen erbeten wird: Der erste Schritt für Nahrung, der zweite für Lebenskraft, der dritte für Wachstum und Wohlstand, der vierte für Gesundheit, der fünfte für Nachkommen (und Vieh), der sechste für alle Jahreszeiten, der siebente für die Freundschaft (von Mann und Frau). «Freund(in) sei mit sieben Schritten mit mir vereint, so bist du mir aufs innigste verbunden.» In einer erweiterten moderneren Form,[38] in der auch die Reihenfolge der Bereiche des Segens ein wenig verändert ist, klingt dies so:

1. Der Bräutigam sagt: «Meine Geliebte, unsere Liebe wird stark, indem du einen Schritt mit mir gehst. Du wirst meine Nahrung als Opfer darbringen und in jeder Hinsicht hilfreich sein. Ich will dich ehren und für deinen sowie der Kinder Wohlstand und Glück sorgen.»
Die Braut sagt: «Ich stelle mich ehrfurchtsvoll zu dir. Bitte übertrage mir die Verantwortung für das Haus, die Nahrung und das Geld. Ich verspreche dir, alle meine Verantwortung gegenüber dem Wohlsein der Familie und der Kinder wahrzunehmen.»

2. Der Bräutigam sagt: «Meine Geliebte, jetzt bist du den zweiten Schritt mit mir gegangen. Fülle mein Herz mit Stärke and Mut. Gemeinsam werden wir unser Haus und die Kinder beschützen.»

Die Braut sagt: «Mein Herr, wenn du verzagt bist, will ich dein Herz mit Mut und Stärke erfüllen; in glücklichen Zeiten will ich mich mit dir freuen. Ich verspreche dir, dass ich dir allezeit gefallen will mit freundlicher Rede und indem ich Sorge um die Familie und die Kinder trage. Und du sollst mich, mich allein, als deine Frau lieben.»

3. Der Bräutigam sagt: «Meine Geliebte, jetzt bist du drei Schritte mit mir gegangen. Dadurch werden unsere Tugenden und unser Reichtum sich mehren. Ich werde alle anderen Frauen wie Schwestern ansehen. Gemeinsam wollen wir unsere Kinder erziehen, die lange leben sollen.»
Die Braut sagt: «Mein Lieber, ich will dich mit ungeteilter Hingabe als meinen Ehemann lieben. Ich will alle anderen Männer wie Brüder ansehen. Meine Hingabe für dich ist die einer keuschen Frau, und du allein bist meine Freude. Dies ist mein Versprechen.»

4. Der Bräutigam sagt: «Meine Geliebte, es ist ein großer Segen, dass du vier Schritte mit mir gegangen bist. Du hast Glück und Heiligung in mein Leben gebracht. Mögen wir gesegnet sein mit edlen und wahrhaftigen Kindern. Mögen sie lange leben.»
Die Braut sagt: «Mein Herr, ich will mich für dich von Kopf bis Fuß mit Blumen schmücken, mit Girlanden und Schmuck, und mich mit Sandelholzcreme und Düften salben. Ich will dir dienen und dich erfreuen in jeder Weise, in der ich es vermag.»

5. Der Bräutigam sagt: «Meine Geliebte, da du nun fünf Schritte mit mir gegangen bist, hast du mein Leben bereichert. Möge Gott dich segnen. Mögen all unsere Lieben ein langes Leben und an unserem Reichtum Anteil haben.»
Die Braut sagt: «Mein Herr, ich will deine Freuden und Traurigkeiten teilen. Deine Liebe lässt mich dir vertrauen und dich ehren. Ich möchte all deine Wünsche erfüllen.»

6. Der Bräutigam sagt: «Meine Geliebte, du hast mein Herz mit Glück erfüllt, da du sechs Schritte mit mir gegangen bist. Zu allen Zeiten sollst du mein Herz mit Freude und Frieden erfüllen.»
Die Braut sagt: «Mein Herr, an allem, was du in Gerechtigkeit tust, an allem, was zum Wohlstand und unserer Freude beiträgt, an allen gottgefälligen Taten werde ich Anteil haben und immer mit dir sein.»

7. Der Bräutigam sagt: «Meine Geliebte, da du nun sieben Schritte mit mir gegangen bist, ist unsere Liebe und Freundschaft ewig geworden. Wir haben unsere geistige Einheit in Gott erfahren dürfen. Jetzt bist du ganz mein geworden, und ich will mein Leben für dich geben. Unsere Ehe soll für ewig sein.»
Die Braut sagt: «Mein Herr, dem Gesetz Gottes gemäß und nach den Heiligen Schriften bin ich mit dem siebten Schritt deine Frau geworden. Die Verspre-

Die wichtigsten Samskāras

chen, die wir uns gegeben haben, haben wir uns reinen Herzens gegeben. Wir wollen einander treu in allen Dingen sein. Wir wollen einander für immer lieben.»

Am Ende des Rituals benetzt der Bräutigam seine Stirn und die seiner Ehefrau mit Wasser und bittet, dass der Höchste Gott das Heiratsopfer der beiden annehmen möge. Der Mann führt die Braut in sein Haus, wo das Feuer rituell installiert wird, u. a. mit dem Opfern von gereinigter Butter. Den Rest der Butter streicht der Mann zuerst in die eigene Herzgegend, dann in die seiner Frau, und rezitiert das folgende Mantra: «So mögen die universalen Götter (*vishvadevāh*), so möge das Wasser (*ap*) unsere Herzen verbinden, mögen Mātarishvan,[39] Dhātā[40] und Deshtrī[41] uns eng miteinander verbinden.» Der Tradition zufolge soll das Ehepaar drei Nächte sexuell abstinent bleiben, am Boden schlafen und – gemäß der ayurvedischen Ernährungslehre – salzige und scharfe Nahrung vermeiden. Erst nachdem von einem Brahmanen die Hymne an den Sonnengott Sūrya rezitiert worden ist, soll der erste sexuelle Kontakt stattfinden. Von jetzt an muss das Hochzeitsfeuer im Haus aufbewahrt und gehütet werden, es darf nie erlöschen.

Die rituelle Einbindung der Elemente, vor allem die Anrufung von Feuer und Wasser, stellt die Hochzeit in kosmische Zusammenhänge, dient aber auch der Reinigung und verdeutlicht, dass das Ritual die subtileren oder feinstofflichen Kräfte, die sich in der Ehegemeinschaft verbinden, harmonisieren soll. Dem soll auch die Abstinenz von drei Nächten dienen – drei ist die Zahl der Ganzheit, die die ursprünglichen Gegensätze (Eins und Zwei, Einheit und Dualität) verbindet und zu einer neuen Einheit zusammenschließt.

Wie wir gesehen haben, ist die Ehe einerseits begründet im sozialen Arrangement zweier Familien, andererseits aber auch Symbol einer kosmischen Verbindung. Ehe beruht dieser Vorstellung zufolge *nicht* auf der Verliebtheit zweier Individuen – dieses emotionale Element kann hinzukommen und sich entwickeln, ist aber nicht konstitutiv und dem Wandel der Zeit unterworfen, und zwar aus zweierlei Gründen: Verliebtheit beruht nicht auf einer Wahrnehmung des Partners, wie er ist, sondern auf Projektionen eigener Bilder, die beide Partner aus ihrer Vergangenheit mitbringen; man liebt nicht den Partner, wie er ist, sondern sein Bild vom Partner. Wenn die Ent-täuschung einsetzt, führt dies zwangsläufig zu Frustrationen bis zum möglichen Zerbrechen der Ehe.

Rituale des Übergangs

Diese Einsicht steht im Einklang mit indischen psychologischen und erkenntnistheoretischen Traditionen. Zweitens ist die Ehe in Indien eine Familienangelegenheit. Dabei ist Liebe mehr als emotionale Attraktion, sie ist Ausdruck der wechselseitigen Verbindung von Individuen in Lebensprozessen, sie ist die Grundstruktur der Beziehung. Infolgedessen teilt sich Liebe in unterschiedliche Erscheinungsformen innerhalb der (Groß-)Familie, sie ist nicht auf die Ehepartner beschränkt. Es gibt eine berühmte Geschichte von Savitrī und Satyavān, die das eheliche Liebesideal beschreibt, wobei diese Liebe auch den Tod überwindet:[42]

> Savitrī verliebte sich in einen jungen Mann namens Satyavān, der mit seinem blinden Vater, einem vertriebenen König, als Flüchtling in der Gegend lebte. Nach einer Prophezeiung des Weisen Narada hatte Satyavān nur noch ein Jahr zu leben. Aus diesem Grund versuchten die Eltern Savitrīs, ihre Tochter von der Verbindung abzubringen. Savitrī aber erklärte, dass sie Satyavān so sehr liebe, dass sie ihn heiraten wolle, selbst wenn es nur für ein Jahr wäre und sie den Rest ihres Lebens in der Traurigkeit der Witwenschaft verbringen müsse. Sie heirateten, und Savitrī ging mit Satyavān ins Exil. Am vorausbestimmten Schicksalstag begleitete sie ihren Mann in den Wald, wo er, den Kopf in ihrem Schoß, starb. Als der Totengott Yama Satyavān abholen wollte, kam es zu einem Dialog zwischen Yama und Savitrī. Yama war so beeindruckt von ihrer Liebe und Hingabe, dass er ihr zwei Wünsche gewährte mit Ausnahme des Lebens ihres Ehemannes. Ihr erster Wunsch sollte ihrem Schwiegervater sein Augenlicht und sein verlorenes Königreich wiedergeben. Bevor sie ihren zweiten Wunsch äußern konnte, fragte Yama: «Gesetzt den Fall, dein Mann war ein Übeltäter und kommt in die Hölle, was wirst du tun?» Savitrī antwortete: «Wo immer mein Ehemann hingeht, will auch ich hingehen.» Nun hatte sie noch den zweiten Wunsch frei (außer dem Leben ihres Ehemannes) und wünschte sich: «Möge die Linie meines Schwiegervaters nicht unterbrochen werden und mögen Satyavāns Söhne diese Linie fortsetzen.» Yama war nun nicht nur von ihrer Liebe, sondern auch von ihrer Intelligenz beeindruckt und gab ihr Satyavān zurück.

Diese Geschichte zeigt, wie die Einsicht in den Zusammenhang der Generationen das Liebesideal bestimmt. Dass sich Liebe aber nicht nur in Übereinstimmung und Harmonie, sondern auch im Streiten äußern kann, belegen zahlreiche Erzählungen über die indischen Götterpaare. Streiten kann demnach eine spezifische Ausdrucksform der Liebe sein, jedoch nur auf dem Hintergrund des gegenseitigen Bezogenseins und Eingebundenseins in die Gemeinschaft des Familiensystems, und das im umfassenden Sinn bis zu den Ahnen.

Die wichtigsten Samskāras

Dies zeigt auch die Bedeutung, die das *Feuer* für die Ehegemeinschaft hat. Im Hochzeitsritual wird das Feuer aus dem Haus des Vaters in das Haus des Paares getragen und nun in zwei bzw. drei Feuer aufgeteilt, die unterschiedlichen rituellen Zwecken dienen, in Übereinstimmung mit den vedischen Ritualen.

– Das *erste* Feuer dient gemäß vedischer Tradition dem Opfer. Auch wenn ein Angehöriger der Familie stirbt, wird von diesem Feuer die Glut genommen, um das Verbrennungsfeuer anzuzünden, wobei die Verbrennung des Leibes als das letzte Opfer an die Gottheit gilt. Das Feuer des Herdes wird von Generation zu Generation weitergegeben.

– Das *zweite* Opferfeuer, das der Hausherr unterhält und im täglichen Opferritual für die Ahnen gebraucht, stellt die Verbindung der Familie zur Linie der Vorfahren her. Im Ritual der Erinnerung an die Ahnen geht es weder darum, eine Schuld abzuzahlen noch Gehorsam zu demonstrieren, der eine Veränderung der Lebensgestaltung nicht zulassen würde. Vielmehr ist dieses Ritual Ausdruck einer tiefen Verbundenheit mit den Ahnen und der Dankbarkeit ihnen gegenüber. Nicht nur für die Ahnen, sondern auch für den Opfernden ist es wichtig, da dieser sein Bewusstsein reinigt (*cittashuddhi*), sein Ego überwindet und sich in den Prozess der Kontinuität des Lebens stellt. Die Ahnen segnen die Lebenden, und bei bestimmten Festen oder vor wichtigen Unternehmungen wie Reisen und Pilgerschaften wird dieser Segen in besonderer Weise erbeten. Es gibt mithin nach allgemeiner Vorstellung eine sehr enge und besondere Verbindung zwischen den Lebenden und den Ahnen. Es wird angenommen, dass die Verstorbenen drei Generationen in der Zwischenwelt brauchen, bis eine Form von Liebe zu den Lebenden hergestellt werden kann. Diese Verbindung wird aufrechterhalten durch das rituelle Totengedenken mittels des häuslichen Feuers, auf das wir im nächsten Abschnitt eingehen werden.

– Das *dritte* Feuer dient dem Ritual für die spezielle Gottheit (*ishtadevatā*) der Familie, die als Schutzgottheit verehrt wird. Diese Gottheit ist abgeleitet aus purānischen Erzählungen und wird nicht immer von einem Guru jeweils neu bestimmt, sondern kann mit der jeweiligen Familientradition vorgegeben sein.

Die Opferrituale im Haus der Eheleute gelten aber letztlich dem gesamten Kosmos. So wird im Süden Indiens die Gottheit in fünffacher Form angerufen (Ganesha, Shiva, Vishnu, Sūrya, Shakti, später wurde Subrahmanya, der zweite Sohn Shivas, hinzugefügt), auch verschiedene

Yantras, Mantras und Gaben werden entsprechend mit dem Feuerritual verbunden, auch wird ein Opfer für alle Lebewesen (*bhūtayajna*) dargebracht. Dazu gehören auch die kunstvollen Dekorationen aus Reismehl (Hindi *rangolī*, Tamil *kolam*), die die Frauen morgens auf dem Fußboden vor der Haustür anbringen, und die den Ameisen als Nahrung dienen können. Von jedem Mahl, das im Haus gekocht wird, soll zuerst ein kleiner Teil den Göttern, dann den Vögeln, dann traditionsgemäß auch den Menschen, den Gästen des Hauses, als Opfer dargebracht werden.

Neben diesen täglichen Ritualen gibt es besondere Rituale in der Familie, die zu Festzeiten, etwa bei der Winter- und Sommersonnenwende, zur Aussaat, zum Neujahrsfest usw., durchgeführt werden, oder spezielle Rituale für eine herausragende Person (früher einen König, heute den Premierminister). Viele dieser alten Rituale werden heute aus unterschiedlichen Gründen nicht mehr praktiziert, entweder weil sie zu aufwändig sind oder weil die zu diesem Zweck ausgebildeten Brahmanen fehlen. Es gibt allerdings auch Adaptionen traditioneller Rituale für moderne Anlässe, bei denen Familientradition und öffentliche Ritualkultur verschmelzen können: So wird die Einweihung einer neuen Fabrik nicht selten mit einem großen *yajna* begangen, an dem auch das oberste Management aus der Industrie teilnimmt. Es ist ein neues Interesse an vedischen Opferritualen zu beobachten, die nun freilich nicht mehr von Königen, sondern von Managern, Filmschauspielern oder anderen einflussreichen Persönlichkeiten in Auftrag gegeben und finanziert werden.

Natürlich lebt in diesen Ritualen auch die Erinnerung, dass das Feuer in alten Zeiten kostbar war und erhalten werden musste, um Zivilisation und Kultur zu ermöglichen. Aber im hinduistischen Haushalt bekommt dies einen symbolischen Sinn: Im Feuer steckt die Kraft der Umgestaltung und der Erleuchtung zugleich. Denn ebenso wie Shiva im Feuerrad schafft und zerstört, während er die Trommel der Zeit bewegt, so bewirkt das Feuer des Herdes über Generationen hinweg durch Umgestaltung und Neuschöpfung den Prozess der Kultur. Dabei ist es immer das gleiche Feuer, das brennt. Feuer steht für Kontinuität in Diskontinuität und umgekehrt, und es ist kein Zufall, dass die Weitergabe des Lebens über Generationen und Wiedergeburten hinweg mit der Metapher des Feuers veranschaulicht wird: So wie eine Flamme an der anderen entzündet wird, so wird der Impuls des Lebens von Generation zu Generation weitergegeben, wobei die Kontinuität im Impuls liegt, nicht in der Substanz. Das Feuer des Herdes symbolisiert diese Verbindung über die Zeiten hinweg, es steht für die Einheit im Wandel. Vergleichbar der Sonne, die als sichtbare Form Gottes gilt, kann das Feuer (*agni*) auch als der sichtbare Hausherr gesehen werden. Es bringt die Dinge ans Licht und ist Zeuge all dessen, was im Hause geschieht, es ist der ständige Beobachter (*sākshin*). Damit steht es auch für die Aufmerksamkeit und Kontinuität des Bewusstseinsstromes. In diesem Sinn kann das Feuer der Liebe in der Ehe als Inbegriff von Aufmerksamkeit, Zeugenschaft, Gestaltung und Umgestaltung interpretiert werden. Kinder sind der Ausdruck dieses umfassenden Geschehens. Sie sind nicht «Eigentum» der Eltern, sondern die Eltern geben als (vorübergehende) Träger der Lebenskraft dieselbe an die Kinder weiter. Sie sind wie Gefäße, durch die das Leben hindurchfließt. Nach hinduistischer Auffassung ist die Ehe die Realisierung des Diktums der Upanishaden, wonach die Ehefrau nicht um des Frauseins, sondern um des Ātman willen, und der Ehemann nicht um des Mannseins, sondern um des Ātman willen, geliebt werden. Der Ātman ist zeitlos, er vergeht nicht mit dem Alter, sondern zeigt sich umso klarer, je mehr der Mensch spirituell reift. Insofern ist Ehe immer ein Projekt.

Lebensende

Der Tod hat in Indien einen anderen Stellenwert als in den meisten europäischen Kulturen der Gegenwart. Der Zugang zu Sterben und Tod ist zum einen ganz wesentlich von der indischen Mythologie beeinflusst, wonach das Leben doppelgestaltig ist und Entstehen und Vergehen zwei Seiten einer Sache sind. Tod ist Ausdruck der Zeitlichkeit, und dies klingt in der Ähnlichkeit der Namen für die große Göttin Kālī[43] und dem Begriff für Zeit (*kāla*) an. Die Große Mutter, Sinnbild der Leben spendenden Barmherzigkeit, ist zugleich auch die Todesgöttin. Ein Beispiel ist die Schrecken erregende Göttin Mariamma, die in den Kulten der Dörfer das alltägliche Leben überschattete, da sie als Göttliche Mutter auch den Tod bringen kann und ihr früher der Tod durch Pocken zugeschrieben wurde. Krankheiten wurden und werden teilweise auch heute noch als Heimsuchung durch die göttliche Kraft angesehen, jedoch nicht als Bestrafung für begangenes Unrecht. Damit kann auch die leidvolle Seite des Lebens ganz anders akzeptiert und integriert werden, denn nach indischem Verständnis ist jede Naturkatastrophe, jeder Tod Teil dieses Geschehens von Werden und Vergehen, dem das gesamte Universum im Rhythmus der Weltzeitalter unterworfen ist. Symbol dafür ist das Feuer (*agni*). Es zerstört und gestaltet neu. Es wärmt und erleuchtet und verbrennt dabei alles zu Asche. Es ist die Verbindung zu den göttlichen Kräften, indem es zwischen den Welten vermittelt: Im Opfer trägt es die Gaben des Menschen zu den Göttern und macht umgekehrt die göttliche Präsenz im Ritual der Āratī sichtbar. Das letzte Opfer des Menschen ist in diesem Sinne das Leichenverbrennungsfeuer. Das Totenritual ist ein Opferritual.

Zum anderen lässt der bis in die heutige Zeit fest verankerte Glaube an die Wiedergeburt den Tod in einem anderen Licht erscheinen. Zwar ist der Tod auch mit Schmerz, Trennung und Verlust behaftet, aber auf dem Hintergrund des Wiedergeburtsglaubens fehlt ihm das Endgültige. Er wird nicht als Gegensatz zum Leben verstanden, sondern als Durchgangstor zu neuer Geburt, und somit als eine Phase im Lebenszyklus. Die spirituelle Vorbereitung auf den Tod soll dem Menschen die Angst vor dem Neuen und Unbekannten nehmen, das mit diesem Lebensschritt verbunden ist. Dabei konzentriert sich die Aufmerksamkeit nicht allein auf den Tod, sondern auch auf eine gute Wiedergeburt. Die vier Purushārthas bringen diese Vorbereitung auf das Sterben zur Geltung: Moksha ist das letzte Ziel, und dies setzt ein dem Dharma gemäßes Leben voraus. Für den Hindu ist es wesentlich, zum Zeitpunkt des Todes das Bewusstsein ganz auf Gott zu richten und idealerweise mit dem Gottesnamen auf den Lippen zu sterben. Die zentrale Botschaft der hinduistischen Vorbereitung auf das Sterben ist die Aufforderung, die kurze Lebenszeit zu nützen, um sich auf das Einswerden mit Gott vorzubereiten und damit den Zyklus der Wiedergeburten, die Zeit und den Tod, zu überwinden. Dies ist Moksha. Alle anderen Lebensziele, das Anhaften an vergänglichen Dingen oder Wünschen, führen vom Wesentlichen weg. Das Zeitliche ist nur vorläufig, ein Übergang, es kann zum Mittel der spirituellen Praxis werden, muss aber auch wieder losgelassen werden, wenn das Ziel naht. Die gesamte spirituelle Praxis (*sādhanā*) einschließlich der Ritualpraxis dient der Einübung in diese Haltung.

Die Totenrituale variieren von Gegend zu Gegend, von Dorf zu Dorf. Sie sind abhängig von der jeweiligen Kaste und verändern sich zusehends in den gegenwärtigen Umbrüchen der indischen Gesellschaft.[44] Traditionell unterscheiden sich die Rituale danach, wer betroffen ist,

Die wichtigsten Samskāras

ob Kinder, Schwangere, gewaltsam zu Tode Gekommene usw. Doch grundsätzlich gilt, dass der Tod als Einbruch des «Anderen» in die dharmisch geordnete Gesellschaft erlebt wird, dass er die betreffende Familie oder das Dorf kultisch «verunreinigt». So muss der Tempel geschlossen bleiben, wenn es einen Todesfall im Dorf gibt. Da der Körper als Wohnung des Geistes gilt, muss der Leichnam bis zur Verbrennungszeremonie so verwahrt werden, dass keine andere «Seele» in ihn eintreten und Unheil anrichten kann. Es gibt zahlreiche Erzählungen bis hin zum makabren Schwank, wo von solchen Fällen berichtet wird. Die Totenzeremonien sind für männliche und weibliche Verstorbene gleich, jedoch dürfen sich nur Männer aktiv an den Ritualen beteiligen, während die Frauen im Haus zur Totenklage zurückbleiben oder, als von den Männern getrennte Gruppe, den Leichenzug begleiten.[45]

Die Verwandten versammeln sich um den Sterbenden, nach dem Tod muss die Leichenverbrennung so schnell wie möglich erfolgen, die heute eher selten von vedischen Priestern geleitet wird. Der Lärm von Trommeln und die Totenklage sollen böse Geister fernhalten. Zum Zweck der rituellen Reinigung wird der Leichnam gebadet oder in den Fluss getaucht, bevor er verbrannt wird.[46] Er wird Richtung Süden aufgebahrt, also in Richtung des *pitriloka*, des Bereichs der Ahnen, in den der Verstorbene zunächst eingeht, bevor er wiedergeboren wird. In alten Zeiten wurde eine Ziege geopfert, und die Teile des Tieres wurden an bestimmten Stellen des Scheiterhaufens platziert. Der älteste Sohn oder der nächste männliche Verwandte des Verstorbenen umrundet den Scheiterhaufen dreimal im Uhrzeigersinn mit einem Krug Wasser auf den Schultern. Bei jeder Umrundung wird ein Loch in den Tonkrug geschlagen, sodass das Wasser ausfließen kann, ein weiterer Reinigungsritus, der auch das Ausfließen der Lebenskraft symbolisiert. Danach wird, wobei die rechte Hand zum Leichnam gewandt ist, der Scheiterhaufen dreimal oder siebenmal umrundet mit den Worten:

> Ich lege Feuer an alle Glieder dieses Menschen, der willentlich oder unwillentlich Verfehlungen begangen haben mag und der nun in den Klauen des Totengottes Yama ist, ein Mensch, der geprägt ist von Tugend wie auch von Untugend, Gier und Unwissenheit. Möge er in leuchtende Gefilde gelangen.

Dann wird das Feuer, das nach der Tradition vom häuslichen Herd stammen soll, in den Scheiterhaufen gelegt. Drei Feuer werden in verschiedenen Richtungen entzündet. Sie repräsentieren die Welt der Götter, die Welt des Zwischenraumes und die Welt der Ahnen, und man glaubt, dass der Verstorbene zunächst in jene Welt eingeht, deren Feuer den Körper zuerst erreicht. Der Priester, der das Ritual leitet, gießt in das südlich (*dakshina*) angebrachte Feuer fünf Wasserspenden, zunächst an Agni, Kāma, die ganze Welt und Anumati.[47] Danach spendet er den fünften Wasserteil in Richtung der Brust des Toten mit den an Agni gerichteten Worten:

> In Wahrheit bist du aus ihm geboren worden.
> Möge er nun von dir geboren werden, (Name des Verstorbenen).
> Hin zur Himmelswelt, svāhā!

So wie der Mensch aus dem Gott des Feuers, Agni, geboren wurde, so soll nun Agni aus dem Feuer, das die Verbrennung des Toten hergibt, neu entstehen. Die Verbrennung symbolisiert den Kreislauf von Werden und Vergehen.

Wird das Ritual in einer ausführlicheren Form durchgeführt, kann nun das alte Gebet aus dem Atharvaveda[48] und dem Rigveda (*Ayurvasāna*)[49] gesprochen werden, das die einzelnen Elemente der körperlichen Existenz des Toten mit den entsprechenden universalen Elementen in Verbindung bringt und die geistige Substanz einer guten überweltlichen Existenz empfiehlt:

> Möge das Sehorgan zur Sonne gelangen, möge die Lebensenergie sich mit der Luft verbinden, mögest du entsprechend deinen tugendhaften Taten zum Himmel, zur Erde oder in den Bereich des Wassers gelangen, an den Ort, der für dich heilsam ist. Mögest du dort, mit reichlich Nahrung gesegnet, eine körperliche Existenz finden.

In der berühmten Hymne des Rigveda, deren Rezitation während des Rituals Segen für den Verstorbenen bringen soll, wird Agni gebeten, den Toten freizugeben und – falls verwundet – wiederherzustellen, damit er unversehrt in Yamas Reich bzw. zu den Vätern eingehen kann. So heißt es zu Beginn:[50]

> Verbrenne ihn nicht und vernichte ihn nicht total, o Agni,
> Zerstreue nicht seine Glieder und Haut!
> Mache ihn vollkommen, Du, der Du des Menschen Taten überschaust,
> Und schicke ihn weiter zum Reich der Väter.

Besonders in den letzten Jahrzehnten kommen bei Totenritualen in weniger traditionellen Kreisen in Indien wie im Ausland die Verse der Bhagavad Gītā zur Rezitation, die von Sterben, Tod und Wiedergeburt bzw. Aufnahme des Toten in das Reich des Höchsten Gottes (Krishna) handeln. Nur einige Beispiele seien genannt:

> Du bist der Ursprungsgott, der alte personale Geist,
> du bist der höchste Ruheplatz der Welt;
> du bist Erkenner, Gegenstand des Erkennens und höchste Stätte,
> von dir wurde das All ausgebreitet, o du Grenzenlos-Gestaltiger.[51]

> Weder wird es (das Selbst) geboren, noch stirbt es jemals,
> noch wird es, immer seiend, jemals nicht sein;
> ungeboren, ewig, beständig ist es. Dieses Ursprüngliche
> stirbt nicht, auch wenn der Körper getötet wird.[52]

> So wie ein Mensch abgetragene Kleidung wegwirft
> und neue, andere anlegt,
> so wirft das verkörperte Selbst die verbrauchten Körper weg
> und verbindet sich mit anderen, die neu sind.[53]

Wenn durch die Hitze des Feuers der Schädel springt, gilt dies als der Zeitpunkt, wo der subtile Körper (*prāṇamayashaṛīra*), die Lebensenergie, aus dem Leichnam austritt. Gegen Ende der Zeremonie werden sieben Holzscheite ins Feuer geworfen, wonach erneut Umrundungen des Feuers erfolgen. Die glühende Asche wird mit Wasser gelöscht, die Knochenreste werden eingesammelt und einem Fluss (vorzugsweise der Gaṅgā) oder dem Meer übergeben. Die Hinterbliebenen entfernen sich vom Verbrennungsplatz, ohne zurückzuschauen. Sie nehmen rituelle Reinigungsbäder und opfern dabei Wasser für den Verstorbenen und die Ahnen (*gotra*). Im Hause des Verstorbenen darf an diesem Tage keine Nahrung zubereitet werden. Die Verwandten dürfen außerdem drei Tage kein Salz zu sich nehmen und haben weitere Tabus zu beachten.

Für zehn Tage (oder auch nur am zehnten Tag[54]) nach dem Tod wird eine Reiskugel mit Wasser und Milch vermischt geopfert (*tarpana*), es folgen monatliche Gedenkzeremonien (*shrāddha*), später entsprechende Zeremonien am Jahrestag des Todes.[55] Am Ende des Lunarjahres wird eine *Shrāddha*-Zeremonie durchgeführt, die den Zeitpunkt markiert, da der Verstorbene endgültig in die Gemeinschaft der Ahnen eingeht.[56]

Rituale des Übergangs

Das Gesetzbuch des Manu bezeichnet *tarpana* als *pitriyajna*, als Opfer an die Ahnen. Sechs verschiedene Arten von *tarpana* (für unterschiedliche Gottheiten, insbesondere auch für den Totengott Yama) sollen sowohl die Bedürfnisse des Verstorbenen wie auch der anderen Ahnen in der jenseitigen Welt erfüllen.

Die indischen Totenrituale tragen bis heute Züge verschiedener sehr alter Glaubensvorstellungen, die im Einzelnen nicht vollständig miteinander harmonieren. Wie schon erwähnt ist nach indischem Verständnis auch das Totenritual ein Opfer, das dem Ausgleich kosmischer und individueller Kräfte dient. Das Feuer der Leichenverbrennung ist aber auch ein Reinigungsfeuer, dessen nur zwei Gruppen nicht bedürfen: ganz kleine Kinder und Heilige, die bereits während des Lebens als vollkommen befreit (*jīvanmukta*) gelten. Sie werden begraben.

Feuer, Wasser, Luft und Erde – die vier manifesten Elemente – ebenso wie der in Indien als fünftes Element gezählte *ākāsha*, der feinstoffliche Raum oder Äther, unterliegen einem sich in Kreisläufen vollziehenden ständigen Wandel, in den auch der Mensch einbezogen ist und der rituell im Opfer dargestellt und aufrechterhalten werden soll. Jeder Gedanke, jedes von der Seele durch den Willen oder die Gefühle erzeugte «Kraftfeld», wird als eine Wirklichkeit betrachtet, die zukünftiges Geschehen beeinflusst. Daraus folgt, dass der Zustand des Bewusstseins während des Sterbens, insbesondere zum Zeitpunkt des Todes, von entscheidender Bedeutung für die Zukunft der «Seele», also des Purusha, des Ātman, des Prāna, des Bewusstseinskontinuums ist – je nachdem, wie der Begriff gedeutet wurde. Die indischen Totenrituale basieren auf der Vorstellung von der Kontinuität des Lebens, und zwar in zwei Dimensionen: Zum einen werden die körperliche und die geistige Wirklichkeitsebene nicht als strikt voneinander getrennt vorgestellt, sondern als verschieden subtile Formen ein und derselben Realität. Die fünf grobstofflichen Elemente Erde, Wasser, Feuer, Luft und Raum erfahren im Tod eine Transformation, während die mit ihnen verbundenen individuellen Besonderheiten und Ausprägungen als der subtile Seelenkörper zu den Ahnen eingeht. Körperliche und geistige Prozesse bilden also ein Kontinuum. Zum anderen wird das, was dem Menschen im Tod geschieht, nicht einfach als ein Zerfall des Leibes gesehen, sondern als ein Austausch von Energien mit der Umgebung, mit niederen und höheren Wirklichkeitsebenen. Der Tote geht zu den Ahnen ein, die wiederum auf die Gemeinschaft der Lebenden einwirken.

Die wichtigsten Samskāras

Ahnenwelt und Lebenswelt sind also nicht getrennt, und der Austausch durch Gabe und Gegengabe manifestiert die Verbindung zwischen der hiesigen und der jenseitigen Welt. Die Reisbällchen (*pindas*), die der Seele geopfert werden, sind mehr als nur Toten*gedenken*, sie symbolisieren vielmehr eine *Kommunikation*, die von der *Kontinuität* zwischen Lebenswelt und Ahnenwelt ausgeht, und zwar auf physischer, subtilphysischer und psychischer Ebene.

In den ältesten vedischen Texten fehlt die Vorstellung von einem Totengericht. Im Rigveda ist es Yama, der Gott des Todes, der sich mit Empathie für das Wohl der Toten einsetzt, da er einst selbst der erste Sterbliche war. Yama hat im Rigveda einen Sohn namens Amrita (der Nektar der Unsterblichkeit), er gewährt den Toten Unterkunft und Nahrung und wird als überaus freundlich beschrieben. Gegen Ende der vedischen Zeit wird er dann zum Herrn eines schrecklichen Totenreiches, der Hölle, wo er die Toten richtet.[57] Im Atharvaveda wird ihm ein Sohn mit dem Namen Duhsvapna zugeschrieben, «schlechter Traum». Bis heute gilt es in Indien als Tabu, den Namen Yamas außerhalb der Rituale auszusprechen. Während der Tod, und dies bis in den öffentlichen Sprachgebrauch hinein, ganz selbstverständlich als natürliches Ereignis akzeptiert wird, ist Yama, das geheimnisvolle Prinzip der Transformation, mit einer Aura des Unaussprechlichen umgeben.[58] Yama repräsentiert den Tod in seiner Doppelgestalt: als erlösenden Freund und schrecklichen Zerstörer zugleich. In der Katha Upanishad (500–300 v. Chr.) tritt Yama, der Herr des Todes, als Initiations-Lehrer auf, der den Knaben Naciketas in das Mysterium des Lebens und des Todes einweiht und spricht:[59]

> Jenseits der Wirklichkeit ist der große *ātman*,
> höher als der Große ist das höchste Ungeschaffene,
> Jenseits des Ungeschaffenen ist der *purusha* (Geist),
> der Alldurchdringende, ohne ein Merkmal:
> Der Mensch, der ihn erkennt, wird befreit
> Und geht ein in die Unsterblichkeit.
> Seine Gestalt ist nicht sichtbar,
> niemand kann ihn mit dem Auge schauen.
> Mit dem Herzen, mit Einsicht, mit dem Denken bereitet,
> die ihn kennen, werden unsterblich.
> …

Rituale des Übergangs

Da Naciketas diese vom Tod verkündete Weisheit
Und die vollkommene Yogapraxis empfangen hatte,
erlangte er *brahman* und wurde frei von Sünde und Tod. –
Ebenso geschieht es dem, der es im eigenen Selbst erfährt.

Dies entspricht auch den Erwartungen der meisten gläubigen Hindus in der heutigen Zeit. Wie schon erwähnt, weisen die konkreten Vorstellungen in Bezug auf ein Leben nach dem Tod in der Tradition große Unterschiede auf. Neben der Vorstellung eines Kreislaufs der Seelenenergie in Verbindung mit dem Kreislauf des Wassers steht die Erwartung einer zeitweiligen Existenz in einer höheren Himmelswelt, die durch entsprechendes Leben auf der Erde erworben und, nach Verbrauch der positiven Kräfte, automatisch durch einen erneuten Tod beendet wird. Damit verbunden ist der Glaube an eine karmisch bedingte Wiedergeburt in einer irdischen Existenz (als Mensch, Tier, höheres oder niederes Geistwesen, gelegentlich auch Pflanze).[60] Als letztes Ziel eines jeden Menschen gilt die vollkommene Befreiung des geistigen Seelenprinzips von jeder Bindung an Raum und Zeit (*moksha*).

Auch die Vorstellung von einem Totengericht unter dem Vorsitz des Totengottes Yama ist in unterschiedlichen Kombinationen mit diesen Erwartungen verbunden worden. Spätestens seit der Zeit der älteren Upanishaden taucht die Überzeugung auf, dass es die Qualität des Bewusstseins zur Todesstunde sei, die auf das weitere Schicksal Einfluss nimmt, da hier das Bewusstsein in einzigartiger Weise (wenn auch nicht vollkommen) von negativem Karma gereinigt werden kann. Die endgültige Befreiung ist möglich, wenn der Mensch von jedem Verlangen frei geworden ist. Denn es ist gerade dieses Verlangen, das «Lebensmotivation» erzeugt und damit Bildekräfte freisetzt, die sich zunächst feinstofflich und dann grobstofflich «materialisieren». Dieser Gedanke findet sich an prominenter Stelle bereits in den ältesten Upanishaden:[61] Wie einer handelt, so wird er. Durch Handeln, das *punya* erzeugt (positive Bewusstseinsgestaltung), wird man zu *punya*, und ebenso entstehen durch rituell und moralisch unreines (*pāpa*) Handeln entsprechende Prägungen. Der Mensch besteht aus den Gestaltungen seines Verlangens (*kāmamaya*), das sich auf den Willen (*kratu*) auswirkt, der wiederum das Handeln formt – was ein Mensch tut, in das verwandelt er sich.[62]

Daher müssen im Sterbeprozess die besonderen rituellen Vorkehrungen beachtet werden, sie sollen beim Sterbenden Ruhe, Ausgeglichen-

Die wichtigsten Samskāras

heit und vor allem Bewusstseinsinhalte erzeugen, die den brahmanischen Ritualvorstellungen entsprechen. Diese können durchaus auch exklusiver Art sein – wer nicht am brahmanischen Ritual teilhat (also außerhalb des Kastensystems steht oder zu den unteren Kasten gehört), kann nicht rituell rein werden und deshalb auch nicht auf ein günstiges Schicksal nach dem Tod hoffen. Doch mit der Spiritualisierung der Karma-Idee erst im Buddhismus und dann in den Bhakti-Bewegungen wurde dieser Exklusivismus aufgebrochen. Heute ist die indische Spiritualität ganz und gar von dieser Bhakti-Haltung geprägt: Wer immer heilvoll handelt, wer Gott, in welcher seiner vielen Gestalten auch immer, in der Todesstunde erinnert, der geht zu Gott ein. So heißt es paradigmatisch in der Bhagavad Gītā:[63]

> Wer in der Stunde des Todes mich erinnert, wenn er vom Leib losgelöst wird, indem er nur meiner gedenkt, der gelangt zu meiner Seinsweise.
> Darüber gibt es kein Zweifel.
> ...
> Richte dein Denken auf mich, liebe mich mit Hingabe, opfere mir, verehre mich!
> So sollst du zu mir kommen – ich verspreche es dir wahrhaftig,
> denn du bist mir lieb.

Gott ist der Tod, der alles nimmt, und er ist der Ursprung dessen, was sein wird.[64] Der Tod wird hier nicht als Gegenmacht empfunden, sondern als die umgestaltende, liebende Schöpferkraft Gottes in ihrer notwendig negativen, das Alte zerstörenden Form. Wer das erkennt und besonders in der Todesstunde bedenkt, überwindet die Angst. Das ermöglicht den Eintritt in ein friedvolles Bewusstsein, in dem Gott selbst dem Menschen entgegentritt.

Der Tod ist ein allmählicher Übergang, eine Verwandlung, deren einzelne Phasen der rituellen Reinigung und Unterstützung bedürfen. Die Toten sind zwar fortgegangen, aber sie befinden sich nun in Gemeinschaft mit den anderen Ahnen oder Geistern oder sie sind als wiedergeborene Wesen präsent. Die Totenrituale dienen somit immer auch der Verbindung zur Ahnenwelt.

7
Der Guru

Ideal und Rolle

Wie eingangs dargestellt, kennen alle Kulturen Riten, die die wesentlichen Übergänge des Individuums oder auch ganzer Gruppen innerhalb des Lebenszyklus begleiten und den Menschen in diesen herausgehobenen Lebensstationen mit der göttlichen oder transzendenten Sphäre in Verbindung bringen sollen. Bei diesen *rites de passage* handelt es sich um kultische Handlungen, die vor allem der Reinigung und Unterweisung des Betreffenden dienen. Man spricht von Initiation, wenn damit «eine radikale Veränderung des religiösen und sozialen Status» verbunden ist.[1] Diese Initiationen bilden neben der Meditationsschulung in den Upanishaden die Grundlage für die Entwicklung des Guru-Ideals in Indien.

Ritualisierte Initiationen sind in Indien seit vedischer Zeit bekannt. Wir wollen an dieser Stelle einen Initiationstypus herausgreifen, an dem Funktion und Verständnis des Guru besonders deutlich werden, nämlich den Ritus der *dīkshā*. Dieser Ritus hat sowohl vedische als auch tantrische Wurzeln. Das Wort ist von der Wurzel *daksh* = «fähig, geeignet sein», abgeleitet. Nach tantrischer Anschauung, die wohl vor allem auf nicht-indogermanische kulturelle Substrate zurückgeht, verfügt der Mensch im feinstofflich psycho-physischen System über Kräfte (*kundalinī*), die erweckt und durch Kraftübertragung auch bei anderen aktiviert werden können. Der Guru vollzieht in der *dīkshā* diese Kraftübertragung und ermöglicht damit dem Schüler einen direkten Zugang zu einer spirituellen Wirklichkeitserfahrung. Im Shaktismus und im Shivaismus sowie im tantrischen Buddhismus ist die *dīkshā* mit dieser Kraftübertragung (*shaktipāta*) verbunden. Eine Ableitung des Begriffs *dīkshā*, die in Indien häufig zitiert wird, stellt die Initiationspraxis in den Zusammenhang der Karma-Lehre und verbindet sie auf andere Weise mit dem Guru-Ideal: Demnach ist *dīkshā* aus den Wurzeln *dā* = «geben» und *kshi* = «zerstören» gebildet, wobei das Geben auf die Gabe des Göttlichen hinweist, während Zerstörung die Vernichtung der karmischen Verunreinigungen (*klesha*) bezeichnet. Der Guru wird dieser Deutung zufolge als «Zerstörer von Dunkelheit (Unwissenheit)» betrachtet.

Neben seiner Bedeutung im Zusammenhang mit Initiationen lassen sich Stellung und Funktion des Guru in der indischen Gesellschaft auch auf die Weisheits- und Meditationstradition der Upanishaden zurückführen, die sich bereits bei den vedischen Sehern (*rishi*) andeutet. Der Rishi ist der Prototyp des späteren Guru, den im Wesentlichen folgende Merkmale auszeichnen:
– Er belehrt und führt die Menschen zu heilswirkender Erkenntnis (*jnāna*), die auf Erfahrung (*anubhava*) beruht.
– Er ist voller Geistkraft, indem er die heilswirkende Erfahrung selbst gemacht hat (er *ist jnānī*).
– Er kann die Erfahrung (*anubhava*) auf andere übertragen (*shaktipāta*) und ist als Guru der Repräsentant Gottes.

Besonders im buddhistischen wie auch im hinduistischen Tantrismus ist die Vorstellung verbreitet, dass die göttliche Gnade (*prasāda*) durch den Guru hindurchgeht und sich auf diese Weise den Menschen vermittelt. Der Guru wird hier in spezifischem Sinne vergöttlicht und als Gott in menschlicher Form gesehen bis hin zu einer völligen Identifizierung beider. Im nicht-tantrischen Buddhismus wie auch im Advaita Vedānta hingegen spiegelt der Guru lediglich das wahre Selbst des Schülers – beide sind in ihrer Buddha-Natur (*buddhatva*) bzw. im Ātman (Selbst) nicht-verschieden. Das ist nur möglich, wenn der Spiegel, also der Guru, völlig rein ist. Im Advaita Vedānta führt der Guru den Schüler nicht zu esoterischem Wissen, sondern hilft ihm, sein eigenes wahres Selbst (*ātman*) zu erkennen. Der Guru überträgt hier also nicht seine Kräfte, sondern legt die wahre Natur des Schülers frei.

In den theistischen Religionsformen Indiens ist Gott (*īshvara*) der eigentliche Guru, im Buddhismus ist es die Erkenntnis, die der *dharma* erweckt, im Advaita Vedānta ist es das wahre Selbst (ātman) in jedem Menschen, das jedoch mit dem Absoluten (brahman) identisch ist.

Beim Guru-Ideal geht es um ein besonderes Verhältnis zwischen Lehrer (guru, ācārya) und Schüler (shishya, cela), das im sozialen Kontext des indischen Gesellschaftssystems interpretiert und verstanden werden muss. Zum einen ist die indische Gesellschaft in hohem Maße hierarchisch organisiert.² Dabei kommt der Integrität dieser Hierarchien – von der Großfamilie über das Bildungssystem bis hin zur Arbeitswelt – eine größere Bedeutung zu als dem, was man individuelle Abgrenzung oder Selbstverwirklichung nennen kann. Zum anderen gründet sich der Hinduismus auf einen Kanon heiliger Texte, die als göttlichen Ursprungs und anfangslos gelten. Diese Texte heißen *shruti*, das «Gehörte» bzw. Geoffenbarte. Daran schließen sich die auf Tradition beruhenden Schriften (*smriti*) an. Der Unterschied zwischen beiden ist nicht so sehr der Grad an Autorität, die allen diesen Texten in höchstem Maße zukommt, sondern die zeitliche und räumliche Reichweite. Shruti-Texte werden als unbedingt gültig angesehen. Ihr Inhalt ist das, worauf das menschliche Leben letztgültig ausgerichtet sein soll, nämlich die spirituelle Erfahrung jenseits sozialer, psychischer und intellektueller Konditionierungen. Smriti-Texte hingegen werden aufgefasst als Beschreibungen des Weges bzw. der Praxis (sādhanā), die in verschiedenen Situationen und für den einzelnen Menschen ganz unterschiedlich sein kann. Rituale, Symbole, Gottesvorstellungen usw. gehören zum relativen Bereich der Smriti, der dem geschichtlichen Wandel unterworfenen Überlieferung. Das aber hat Konsequenzen für die «Reichweite» der Texte: Shruti-Texte sind universal gültig, während Smriti-Texte oft nur für eine spezielle Gruppe des Hinduismus verbindlich sein können.³

Aufgabe des Guru ist es, diese Tradition unverfälscht weiterzugeben; er lehrt nichts Neues, sondern er *ist* ein neuer und einzigartiger Ausdruck der heiligen Überlieferung (*shruti*), er *ist* eine «lebende Upanishad», und dies war besonders auch in früheren Zeiten von Bedeutung, wo die heilige Tradition teilweise geheim bzw. den Analphabeten (Laien) nicht zugänglich war. Der Guru ist also mehr als ein Lehrer, er ist die lebende Vergegenwärtigung der Tradition. Er ist nicht nur anspruchsvolles Vorbild, sondern die Einladung zur *imitatio*. Das ist es, was im Schüler schließlich die eigene Qualität zur Realisierung des wahren Selbst (ātman), das identisch mit dem des Guru ist, erweckt. Die Begegnung in der Tiefe des Geistes bzw. Herzens (*citta*), die sich zwischen Guru und Schüler ereignet, heißt *darshana*. Es ist das gleiche Wort, das für die Begegnung mit Gott, vermittelt durch das Symbol oder Bild der Gottheit im Tempel, aber auch als Bezeichnung der sechs klassischen philosophischen Schulen verwendet wird und dann mit «System der Weltanschauung» wiedergegeben werden kann. Darshana ist das Anschauen, die Ein-Sicht, die das eigene Bewusstsein zur Erkenntnis des wahren Seins (*satyadrishti*) führt. Dazu schreibt Swami Abhishiktananda auf dem Hintergrund seiner Begegnung mit Sri Gnanananda als seinem Guru:[4]

> Darshana bedeutet etymologisch Vision, Schau. Man begegnet der göttlichen Wirklichkeit in der Form, die unserer Schwäche entspricht. Es gibt philosophische Darshanas, das sind die Systeme der Denker, die an die Wirklichkeit mit Hilfe von Begriffen und Ideen heranführen. Es gibt ein Darshana der heiligen Orte (*kshetra*) oder der Tempel, der heiligen Bilder (*mūrti*), in die das Göttliche, das alle Formen transzendiert, niedersteigt und sich in die vielfältigen Formen kleidet, die die religiöse Phantasie der Menschen erdacht hat. Vor allem aber gibt es das Darshana der Heiligen, das besonders bedeutungsvoll ist für den, der sein Herz zu öffnen versteht.
>
> Das Darshana des Guru ist der letzte Schritt zum endgültigen Darshana, bei dem sich auch der letzte Schleier von der Wahrheit hebt und alle Dualität transzendiert wird.
>
> Das ist das wesentliche, das absolute Darshana, nach dem Indien seit seinen Anfängen sucht, und, indem es sich selbst offenbart, offenbart es dir gleichzeitig den eigenen geheimen Seelengrund.

Die Wieder- und Weitergabe des heilswirkenden Wissens geschieht auch im oben genannten Initiationsritus, und die spätere Lehr- und Lernzeit ist eine Ausfaltung desselben. Inhalt und Praxis des Wissens sind eins.

Der Schüler lebte früher nicht selten im Haus des Guru, wo er auch häusliche Pflichten übernahm. Er diente dem Guru in Ehrfurcht (*guru-sevā*) und gehörte zur Familiengemeinschaft des Guru (*gurukula*). Das Guru-Schüler-Verhältnis ist am ehesten vergleichbar mit dem Vater-Sohn (bzw. Schwiegersohn)-Verhältnis. So haben einige Initiationszeremonien, die den Schüler in ein enges Vertrauensverhältnis mit dem Guru bringen, Ähnlichkeiten mit dem Hochzeitszeremoniell. Während die leiblichen Eltern dem Kind das leibliche Leben gegeben haben, gilt der Guru als Vater einer neuen Geburt im Wissen, die als eine höhere Geburt verstanden wird.[5]

In Indien kommt Autorität uneingeschränkt dem Höhergestellten – und damit auch dem Guru – zu, und dies keineswegs nur im religiösen Bereich, sondern überall in der Gesellschaft wie in der Familie, im Bildungswesen oder im Wirtschaftsleben, doch ist das Verhältnis nicht wirklich autoritär, sondern eher paternalistisch. Denn der Höhergestellte hat mit Empathie und familiärer Fürsorge für den Nachgeordneten zu sorgen, während dieser gegenüber dem Leiter oder Guru Idealisierungen pflegt und Verehrung entwickelt.[6]

In früheren Zeiten unterrichteten Gurus nicht selten an Königshöfen, wie es auch von Shankara überliefert ist. Andere lebten und leben in einem Ashram, wo der Guru die dort anwesenden Familien manchmal über Generationen hinweg betreut, die Söhne initiiert und seelsorgerlichen Rat gibt. Die Familien bleiben dem Guru, auch wenn sie inzwischen an einem anderen Ort leben, aus der Ferne verbunden. Solche Gemeinschaften sind oft kastenüberschreitend. Im heutigen Indien ist dieser Typus weit verbreitet.

Immer ist der Guru auch Beispiel und Vorbild, und zwar in Bezug auf Lebenswandel, Wissen und Yogapraxis. Seitens des Schülers wird in der *guru-shishya*-Beziehung vor allem Vertrauen (*shraddhā*) in zweifacher Hinsicht erwartet, nämlich Vertrauen in die Wahrhaftigkeit der *Person* des Guru und Vertrauen in die Wahrheit seiner *Lehre*.

Seit etwa 100 v. Chr. kam ein weiteres Element hinzu, nämlich die Liebe (*bhakti*) zu der vom Guru/Lehrer verehrten Gottheit. Der Guru wird in diesem Zusammenhang auch als Manifestation dieser Gottheit (*deva*) verehrt, denn so, wie die Gottheit verehrt wird, muss auch der Guru verehrt werden.[7] In einem Vers, der Shankara zugeschrieben wird, heißt es:

> Der Guru ist Vishnu,
> der Guru ist Shiva,
> der Guru ist Brahman selbst,
> es gibt keinen *deva* als den Guru.

Offensichtlich hat diese Identifikation des Guru mit der Gottheit immer wieder auch zu Schwierigkeiten und Missbrauch geführt, den bereits klassische Texte einzudämmen versuchen. Darum heißt es, dass der Guru nicht per se und immer als Gott betrachtet werden dürfe, sondern nur dann und insofern er die *dīkshā* und das befreiende Wissen vermittelt. Seine herausgehobene Stellung ist hier also nicht Habitus, sondern wird an eine spezifische Funktion gekoppelt. Man könnte von einem sakramentalen Verständnis seines Amtes sprechen. In Indien wird allerdings in Bezug auf den Guru nie abgrenzend zwischen Wesen und Funktion der Person unterschieden, weil den Guru eine einzigartige geistige Erfahrung (*jnāna*) auszeichnet, die sein «im Göttlichen gründendes Wesen» aktualisiert. Der Gott erscheint, so fast durchgängig alle Tantras, in menschlicher Form, und der Körper eines Guru ist wie die Ikone oder ein Yantra der Gottheit. In Texten wie der Guru Gītā oder der Ribhu Gītā (in Tamil) wird der Guru als *gurumūrti*, als die menschliche Form des absoluten Brahman, als Inbegriff der allem Zeitlichen und Relativen enthobenen Ich-Bin-Bewusstheit, begriffen. Sadguru Gnanananda zitierte häufig den folgenden Text über das «Wesen» des Guru (*gurutattva*):[8]

> Ehre sei dem *Sadguru*, der in der non-dualen *akhāndakāra vritti* leuchtet als Es Ist, ohne eine Spur der drei *gunas*!
> Ehre sei dem *Sadguru*, der die unanfängliche Unwissenheit und dessen (sic!) Auswirkungen beseitigt hat durch das Höchste Wissen. Dieses Transzendente, *Brahman*, das *akhānda* ist, ist unbegrenzt, ungeteilt und vollkommen rein!
> Ehre sei dem Höchsten Guru, der das Unveränderliche Ewige ist,
> der jenseits aller Meditationen ist als Das, was makellos ist.
> Ehre, Ehre sei dem Höchsten Guru, der Dieses Aus-sich-seiende Absolute Sein ist, *Sat*, das Eine ohne ein Zweites, Wesen und Grundlage von allem.

Der Schüler hat die Aufgabe, den Guru seiner Wahl genau zu prüfen, er muss also erkennen, ob der Guru authentisch ist. Dafür gibt es intellektuelle Kriterien, Kriterien der Meditationspraxis und solche des allgemeinen sozialen Verhaltens. Die klassischen Texte geben folgende Eigenschaften an, die einen echten Guru auszeichnen:[9]

Intellektuelle Kriterien:
– Er muss viele Schriften (Tantras) kennen
– Er muss in der Lage sein, Zweifel aufzulösen
– Er muss alle Wissenschaften (*shāstra*) beherrschen
– Er muss den Veda und seine Bedeutung kennen

Kriterien der Meditationspraxis:
– Er muss die Yoga- bzw. Versenkungspraxis durch eigene unablässige Übung beherrschen
– Er muss «an das Herz Gottes rühren»
– Er muss völlig im Geist des Göttlichen versunken sein (*adhyātmavyākula*)

Kriterien des allgemeinen Verhaltens:
- Er muss den Schülern gegenüber freundlich sein
- Er darf spirituelle Lehren nicht verkaufen
- Er muss zwischen geeigneten und ungeeigneten Schülern unterscheiden können
- Er muss einen untadeligen Lebenswandel führen

Zu den wichtigsten Aufgaben des Guru gehört die direkte Führung des Schülers in der Meditation, und dies setzt voraus, dass der Guru den Weg selbst gegangen ist und die Gefahren der Selbsttäuschungen bei der geistigen Verwirklichung kennt. In europäischer Terminologie formuliert: Er muss fähig sein, «die Geister zu unterscheiden».
Swami Gnanananda hat dies in ein anschauliches Bild gefasst:[10]

> Ich werde Dir erzählen, ... was ein Guru ist. Nehmen wir an, du gehst auf einer geraden Straße, die an einem Fluß entlangführt. Plötzlich stehst du vor einer steilen Felswand. Kein Entkommen. Rechts und links ist der Weg versperrt. Du mußt hinaufklettern, das ist die einzige Rettung. Doch der Felsen ist zu steil. Du versuchst es, doch du fällst immer wieder herunter. Dann beginnst du zu jammern und um Hilfe zu rufen: *appa, ammā...* Papa, Mama, wie ein Kind. Das ist Bhakti, der Weg der Gottesliebe, den Herrn anzurufen, denn er vermag alles. Und während du schreist und jammerst, spürst du plötzlich, wie dich etwas streift. Du blickst auf. Es ist ein Seil, das dir aus der Höhe der Felsenwand zugeworfen wurde. Jemand ist schon dort oben, einer hat es schon geschafft. Er hält das eine Ende des Seils. Er ruft dir zu: «Faß an und halt das Seil fest!» Das ist der Guru. Du mußt dich nur noch hinaufziehen und darfst vor allem nicht loslassen; das ist *shraddhā*, der Glaube.

Wir können hier nicht im Einzelnen die verschiedenen Meditationswege und die sich daraus ergebenden Aufgaben des Guru bei der konkreten Führung des Schülers beschreiben. Denn da die einzelnen Meditationsmethoden deutlich voneinander abweichen, stellt sich auch die Rolle des Guru jeweils anders dar. Grundsätzliche Kriterien werden in den «Zehn Vorschriften der Gurus» im tibetisch-buddhistischen Yoga aufgelistet, die in ähnlicher Weise auch für andere buddhistische Schulen, den Yoga des Patanjali sowie die Meditationspraxis im Vedānta und anderen hinduistischen Traditionen gelten.[11] Danach muss der Guru zehn Probleme beachten, die bei der spirituellen Übung auftreten können, nämlich:

1. Ein Wunsch kann für Glauben gehalten werden.

Ideal und Rolle

2. Besitzergreifende Liebe kann mit Wohlwollen und Mitgefühl verwechselt werden.
3. Ein Aussetzen der Gedankenströme kann die Ruhe des unendlichen Geistes vortäuschen, die das wahre Ziel ist.
4. Sinnliche Wahrnehmungen (oder Erscheinungen) können für Offenbarungen der Einen Wirklichkeit (oder für ein vorübergehendes Aufleuchten derselben) gehalten werden.
5. Ein vorübergehendes Aufleuchten der Einen Wirklichkeit kann für vollkommene Seinsverwirklichung gehalten werden.
6. Solche, die Religion äußerlich bekennen, nicht aber ihr gemäß leben, können für wahrhaft Gläubige gehalten werden.
7. Sklaven ihrer Leidenschaften können sich als Meister des Yoga ausgeben, die sich «von allen konventionellen Gesetzen befreit haben».
8. Handlungen aus eigenem Interesse können irrtümlich für selbstlos angesehen werden.
9. Betrügerische Methoden können fälschlich für klug erachtet werden.
10. Scharlatane können für Weise gehalten werden.

Damit sind Maßstäbe gesetzt, an denen der Guru die geistige Entwicklung des Schülers und der Schüler die Authentizität des Guru messen kann. Kritische Analysen, der Rückbezug auf die Heiligen Schriften und die Verifikation der meditativen Erfahrung ergeben ein Netz von Kriterien, die in jeder Situation angewendet werden können.

Wenn der Guru beansprucht, er sei Gott, ist zu fragen, wer hier das Subjekt dieses Anspruchs ist. Einer der «großen Aussprüche» (*mahāvākyāni*) der vedāntischen Tradition ist der Satz *aham brahmāsmi*, «ich bin *brahman*». Wer aber ist das Ich, das den Satz spricht? Es ist nicht das empirische egozentrische Ich (*ahamkara*), das als Zentrum des Oberflächenbewusstseins erscheint und ichhafte Wünsche sowie egozentrische Antriebe repräsentiert, sondern es ist das tiefe Selbst (*ātman*), das wahre Wesen des Menschen, das mit dem Absoluten bzw. Gott eins ist. Der Satz müsste also im Sinne der vedāntischen Lehre als *ātman brahmāsti*, «*ātman* ist *brahman*», interpretiert werden. Und tatsächlich heißt der «große Satz» (*mahāvākya*) der Māṇḍūkya Upaniṣad: *ayam ātmā brahman*, «dieser *ātman* ist *brahman*». Wenn sich also ein Guru mit dem Anspruch, das Absolute zu repräsentieren, auf diesen Satz beruft, dann ist gerade nicht seine empirische Erscheinung gemeint, sondern der verborgene Wesensgrund, der allerdings durch die Erscheinung hindurch als der «innere Lenker» (*antaryāmin*) alle psycho-physischen und mentalen Vorgänge bestimmt. Ein inflationäres Ego, das viele Pseudo-Gurus zur Schau stellen, ist sicheres Anzeichen dafür, dass es sich – im Sinne der indischen Tradition – nicht um einen echten und geistig erwachten Guru handelt.

Es ist eine der wichtigsten Einsichten der gesamten indischen Anthropologie, dass jede Praxis, einschließlich der meditativen Übung, den Menschen real verändert. «Wie einer handelt und wie einer geht, so wird er.»[12] Womit man sich identifiziert, dazu wird man. «Ein Mensch wird so wie jene, mit denen er spricht, denen er dient, denen er es gleichtun möchte», heißt es im Mahābhārata.[13] Was schon im alltäglichen Leben gilt, wird verstärkt durch die Konzentration aller Bewusstseinskräfte, wie man sie in der Meditation praktiziert. Wer also Gott meditiert, wird von göttlichen Eigenschaften «überformt». Ob er mit Gott identisch wird oder vom Göttlichen überformt wird, ist auch in Indien Gegenstand des Disputs:

> Es ist ... darauf hinzuweisen, dass die Upanishaden nicht behaupten, dass einer, der eine bestimmte Gottheit meditiert, im gegenständlichen Sinn zu dieser Gottheit wird. Er wird ihr gleich oder ähnlich, innert ihre Attribute und lebt aus ihrem Wesen. Er imitiert sie vollkommen durch totale Identifikation. Dies hat dann auch für den zu gelten, der das *brahman* in seinem *saguna*-Aspekt meditiert. Er gelangt zu (*āpyeti*) dem *brahman*, wird *brahman*-gestaltig, und doch bleibt – *saguna* gesprochen – eine bestimmte Differenz zweier Subjekte, die personal aufeinander bezogen sind.[14]

Ist Meditation, zu der ein Guru anleitet, Selbstanstrengung oder Gnade?[15] Es sei nur erwähnt, dass *shaktipāta* immer als gnadenhaftes Ergriffenwerden erlebt und gedeutet wird. Ferner ist Demut ein entscheidender Maßstab in den Upanishaden. Ein berühmter Spruch, der gleich in zwei der wichtigsten Upanishaden an herausragender Stelle erscheint, lautet:[16]

> Der *ātman* wird nicht erlangt durch Belehrung, durch den Verstand, noch durch viel Schriftgelehrtheit. Nur wen Er erwählt, von dem wird Er erlangt, diesem offenbart der *ātman* sein eigenes Wesen.

Ideal und Rolle

Der Guru versteht sich als Kanal des Göttlichen, auch dann, wenn er seinen Wesensgrund letztlich mit dem Göttlichen identifiziert:

> Öffnet man einen Wasserhahn, wird sich der Eimer schnell mit Wasser füllen. Man hat dafür nicht dem Wasserhahn zu danken, sondern dem Wasserwerk. Schaltet man alle Lampen und Ventilatoren ein, können diese doch nichts für sich selbst beanspruchen, sondern wir müssen dem Elektrizitätswerk danken. Die einzige Tugend des Ventilators, der Lampe oder des Wasserhahns ist die, dass sie die Verbindung mit dem Wasser- oder Elektrizitätswerk aufrechterhalten.[17]

Dies ist der Vergleich, den der weltbekannte Guru Swami Chidananda von Rishikesh gebrauchte, um das Verhältnis von göttlicher Quelle und menschlichem Guru zu erläutern.

Der Guru verkörpert das Ideal der Vollkommenheit; er ist das, wozu jeder Mensch letztlich bestimmt ist, eine Seele (*jīva* bzw. *jīvātman*), die vollkommen transparent geworden ist für das göttliche Licht (*paramātman*). Je nach philosophischer Schule wird zwischen diesen beiden Aspekten Identität behauptet oder auch nicht. In jedem Fall bedeutet die Befreiung aus den Fesseln der Unwissenheit und Angst (*moksha*), dass der Mensch *total* vom göttlichen Bewusstsein erfüllt ist.

Wie wir schon sahen, gibt es im Hinduismus die grundsätzliche Unterscheidung von verschiedenen Motivationen (*adhikāra*), auf Grund derer Menschen ihr Leben gestalten.[18] Unterschiedliche Dispositionen und Wege werden anerkannt, und bei aller Einbindung in kollektive soziale Zusammenhänge wird in der indischen Spiritualität die Individualität mit Nachdruck gepflegt. Dies geht bis zu grotesken Übertreibungen, wo sich Unberufene für Gurus halten, ihre ganz eigene (nicht selten skurrile) Philosophie entwickeln, eine «Schule» gründen und die Ergebnisse ihrer Weltverbesserungsphantasien in kleinen Traktaten publizieren, die im Selbstverlag unters Volk gebracht werden. Dieses Gespür für und die Freude an der Vielheit zerreißt die indischen Kulturen wohl deshalb nicht, weil – und das schon im Rigveda – alles auf das Eine (*tad ekam*) ausgerichtet ist, weil alle Götter, Rituale, Ideen und Lebenspraxen Manifestationen *dieses Einen* sind und auch wieder in dieses Eine zurückkehren. Das ist die indische Vorstellung von Transzendenz, dass alles Gewordene relativ ist, es ist eine Manifestation des spielerischen Ausdrucks (*līlā*) der Gottheit. Die göttliche *cit-shakti* (Bewusstseinskraft) «spielt» die Welt in unglaublich vielen Formen durch, und dies wird vom Menschen freudvoll und leidvoll, gut und schrecklich miterlebt, wobei der Mensch Mitspieler und Beobachter zugleich ist. Aber alles im Kreislauf von Ursachen und Wirkungen ist endlich. Erst wenn man zur Ursache der Ursachen gelangt, ist eine Ebene erreicht, die keine Widersprüche kennt, weil sie «eins ohne ein zweites» (*ekam eva advitīyam*) ist. Das ist die Ebene reinen Beobachtens. Dies zu erkennen, ist dem Menschen in einer tiefen Bewusstseinserfahrung möglich, wenn alle Widersprüche in einer überklaren Bewusstheit aufgelöst sind. Auch das, was der Mensch durch seine eigenen Bewertungen als negativ erlebt, ist Teil des göttlichen Spiels. Die Gottheit wird (meistens) als Material- und Wirkursache der Welt interpretiert: So wie die Spinne ihr Netz aus sich hervorbringt und dann im Netz sitzt, aber unterschieden von ihm, so entlässt Gott die Welt aus sich, um sie dann aber wieder in sich einzuholen. Die Welt ist von Gott unterschieden und nicht-unterschieden zugleich. Wer das erkennt, erkennt seine wahre Identität. Die indische Kultur hat für diese Erkenntnis unendlich viele symbolische Ausdrucksformen gefunden. Aber es geht immer darum, das namenlose Eine hinter allen Erscheinungen von Raum und Zeit zu erkennen und zu verstehen, dass dieses nicht-verschieden von mir selbst ist. Und das ist es, was der Guru mit unendlich vielen geschickten Mitteln[19] nicht von außen dem Schüler aufprägt, sondern als Erfahrung im Inneren des Schülers selbst anregt.

Die Folge davon ist Freiheit, eine Freiheit insbesondere von Projektionen, Wünschen, Identifikationen und Identitätsängsten, mit denen sich der Mensch belastet, wenn er mit einer *bestimmten* endlichen Form identifiziert ist. Denn, so die Lehre der Upanishaden, das Bewusstsein ist der Grund für die Gebundenheit wie für die Freiheit des Menschen. Darum ist es notwendig, das Bewusstsein zu erkennen. Das Bewusstsein, das sich auf sich selbst richtet, verbleibt zunächst in der Unterscheidung von Subjekt und Objekt. Wenn es aber Vorstellungen, Willensimpulse und Gefühlsregungen zu vermeiden lernt (und das ist Yoga), erfährt es sich als reines Gewahrsein, selbstleuchtend (*svayamprakāsha*) und ohne ein Zweites. Es kann dann durch nichts mehr an dieser Erfahrungsfülle gehindert werden. Eine solche Erfahrung entzieht sich der Sprache, und darum ist das Schweigen die höchste Form der Präsenz des Guru (*muni*). Allenfalls der Hymnus, der das Staunen und die Freude angesichts dieser Erfahrung zum Ausdruck bringt, der

Ideal und Rolle

sich dabei mythischer Bilder, ritueller Formen und ästhetischer Metaphern bedient, steht dem befreiten Bewusstsein als Kommunikationsform außer dem Schweigen zur Verfügung. Einer der berühmtesten Verse der Upanishaden bringt das, was der Guru repräsentiert, in dieser hymnischen Form zur Sprache:[20]

> OM. pūrnamadah pūrnamidam purnat pūrnam udacyate pūrnasya pūrnamādāya pūrnam evāvashishyate. OM

> OM. Fülle ist dies, Fülle ist das. Fülle kommt von Fülle.
> Nimmt man Fülle von Fülle, bleibt Fülle. OM

Das Unendliche kennt kein mehr oder weniger, also auch keine Bewegung und Unruhe. Es hat per definitionem keine Grenze, und darum kann nichts außer ihm sein. Alles ist in ihm «aufgehoben». Wer dies zutiefst erfährt, ist befreit.

Ein Guru kann sich entweder einer intensiven Lernzeit bei einem anderen Guru unterzogen haben oder als ein Spontan-Erleuchteter eine Anhängerschaft anziehen. Beide Faktoren schließen einander nicht aus. Ein Spontan-Erleuchteter wie z. B. Ramana Maharishi konnte eine große Anzahl von Menschen um sich versammeln, erst später wurde sein Ashram Institution. Andere wie z. B. Swami Muktananda haben viele Jahre als Schüler bei einem Guru gelebt, bevor um ihn ebenfalls allmählich eine Anhängerschaft entstand. Andere wiederum, nämlich die Wanderasketen, wandern lehrend von Ort zu Ort.

Im heutigen Indien lassen sich drei Typen von Gurus unterscheiden, wobei eine soziologische Analyse sicher noch weitere Differenzierungen erbringen würde:
- Gurus, die regional bekannt sind und in traditioneller Weise Familien auch spirituell und psychologisch betreuen, oft selbst ein Familienleben führen und in jeder Weise authentisch sind.
- Wundertäter, die über parapsychische Kräfte (*siddhi*) verfügen und daher eine große Anhängerschaft anziehen. Sie sind oft über die Medien überregional bekannt, gelegentlich auch sozial engagiert, aber manchmal auch der Gefahr einer Korrumpierung durch Geld und Ruhm ausgesetzt.
- Gurus, die aus säkularen Berufen kommen und eine Verbindung der traditionellen hinduistischen Ideale mit den Herausforderungen der

Moderne anstreben und durch ihr Lehren die geistige Tradition Indiens im fortschreitenden Säkularisierungsprozess lebendig erhalten wollen.

Gurus genießen auch heute in Indien eine kaum hinterfragte Verehrung, selbst wenn man den Lehren, für die sie stehen, distanziert gegenüber steht.[21] Das betrifft alle Schichten der indischen Gesellschaft, und die Verehrung gilt auch dem, was den «Mythos Indien» verbürgt, der eher konstruierte Vergangenheit ist als reale Geschichte, aber in den gegenwärtigen sozialen Bezügen Wirkung zeigt. Ein Guru wird dann als authentisch erkannt, wenn er diesen Erwartungen entspricht: Er zeichnet sich vor allem durch *Hingabe* und *Meisterschaft* aus und widmet sein ganzes Leben dem einen Ziel, für das er steht. Er *ist*, was er ist; er ist nicht zersplittert in unterschiedliche Rollen. Und er tut dies mit Meisterschaft, die mehr charismatisch oder mehr handwerklich sein kann. Das «heilige» Wissen (der religiösen Schriften und Praktiken), das Wissen überhaupt, das ein Guru weitergibt, hat seine Gültigkeit einerseits aus sich selbst, andererseits aber dadurch, dass es durch das Charisma des Guru vermittelt ist. So kann auch, wer mit totaler Hingabe, Kompetenz und Authentizität Wissenschaftler, Künstler und Lebensvorbild ist, als Guru verehrt werden.[22] Zu berühmten Gurus pilgern Premierminister, ehemalige Fürsten, Konzernchefs, Neureiche aus der IT-Branche oder Filmstars ebenso wie Bauern, Händler und Touristen, völlig unabhängig von Religionszugehörigkeit, Geschlecht, Alter und sozialem Status.

Swami Gnanananda

Man kann den Hinduismus zu Recht als «mystische Religion» bezeichnen, zumindest ist dies ein wesentlicher Aspekt nicht nur der Überlieferung, sondern auch der Praxis, denn die «unmittelbare Gotteserfahrung» und ihre Auswirkung auf das Leben eines Menschen hat auch im heutigen Indien einen ganz besonderen Stellenwert, mehr als Wissen oder andere «Eigenschaften», die einen Status in der Gesellschaft begründen mögen. Das Guru-Ideal entspricht genau dieser Erwartung. Wie schon erwähnt, gilt der Guru in der vedāntischen Tradition als «lebende Upanishad», denn er präsentiert nicht nur das Wissen dieser für Indien maßgeblichen Literaturen, er repräsentiert es auch.

Swami Gnanananda

Swami Gnanananda ist und war ein solcher Guru, um den sich der Tapovanam-Ashram in Südindien gebildet hat, ein Ashram, in dem Familien, Mönche und Pilger zusammenleben. Gnanananda, dessen Geburtsjahr nicht genau bekannt ist, zog sich nach dem Tod seines Guru in die Einsamkeit zurück. So wie das Absolute namenlos ist, wie jede Form der Gottesvorstellung auf die unbegreifliche Gottheit hinter allen wahrnehmbaren Erscheinungen verweist, so auch der geisterfüllte Mensch: Er lebt das namenlose Leben des Einsiedlers, fernab von definierbaren Rollen, religiösen Mustern und kategorisierbaren Erwartungen. Deshalb liegt die Biographie Gnanananda, wie die vieler anderer Meister auch, größtenteils im Dunkeln, nur aus späteren Jahren sind Geschichten durch Schüler überliefert. Aber auch diese sind nur interessant, insofern sie verdeutlichen, wie der Guru in einer spirituellen Bewusstheit lebt, die Name und Form, Zeitbewusstsein und soziale Unterscheidungen, das heißt die üblichen kulturellen Kategorien, übersteigt. Auch die «Biographien» bedeutender Gestalten der Vergangenheit, ob Shankara oder Rāmānuja, ob Chaitanya oder Mīrābāi, sind idealtypisch, historisch Zufälliges interessiert nicht und wird darum auch nicht überliefert.

Gnanananda war ein *paramahamsa*, eine Gestalt aus der Gruppe heimatlos umherwandernder Mönche, die traditionsgemäß namenlos bzw. unter verschiedenen Namen auftauchen und sich wieder zurückziehen, damit der Ruhm nicht an einem «Ego» haften bleibt. Um jeder Eitelkeit vorzubeugen, leben solche Mönche oft auch als anonyme «Verrückte».

Das Leben von Sri Gnanananda war schon zu seinen Lebzeiten von Legenden umwoben. Es wird erzählt, dass er 120 Jahre oder noch älter gewesen sein soll. Fragen nach seinem Alter und seinen früheren Lebensstationen begegnete Gnanananda jedoch meist ausweichend oder mit dem Hinweis, dass das Interesse nicht seinem vergänglichen Körper gelten sollte, sondern dem zeitlosen Ātman. Denn der Kern seiner Philosophie ist die Überwindung des Ich, und das schließt das biographische Ich ein. Als ihn einmal ein kleines Mädchen nach seinem Alter fragte, antwortete er mit einem hintergründigen Lächeln: «Sechzehn». Auf die Reaktion des Mädchens, dass die Leute aber erzählen würden, dass er 150 Jahre oder sogar noch älter sei, kam von seiner Seite nur ein vages «Vielleicht...» Mit der Zahl Sechzehn bezog sich Gnanananda auf eine Geschichte, in der es heißt, dass Shiva dem sechzehnjährigen Mārkandeya die Gabe der Unsterblichkeit angeboten habe.[23] Er wollte damit andeuten, dass sein Leben mit den geläufigen Zeitvorstellungen nicht erfasst werden könne. Über die frühen Lebensjahre Gnanandas ist wenig bekannt, doch lassen sich aus verstreuten Bemerkungen und Andeutungen gegenüber seinen engsten Schülern einige wichtige Lebensstationen nachzeichnen. Demnach wurde Gnanananda irgendwann im 19. Jahrhundert in Mangalapuri («Stadt des Glücks») im Norden Karnatakas in einer orthodoxen Brahmanenfamilie geboren. Am Schulunterricht, so heißt es, habe er wenig Interesse gezeigt, ein Motiv, das auch bei Ramana Maharishi auftaucht: Das existentielle Wissen, um das es letztlich geht, ist etwas ganz anderes als das sogenannte Schulwissen. Wohl mit zwölf Jahren ging er von zu Hause fort. Nach dem Erleben einer spontanen spirituellen Transformation, *shaktipāta* (Begnadung mit göttlicher Energie), zog es ihn nach Pandharpur, dem berühmten Zentrum der Mystik in Maharashtra, das am Ufer des Flusses Chandrabhaga liegt. Dort begegnete er seinem Guru, Sri Shivaratna Giri von Jyotirmath,[24] und diese Begegnung beschreibt Gnanananda so:[25]

> Diese Welt ist ein Fluss, der Hochwasser führt und dessen starke Strömung aus Kampf, Leid und Schmerz uns zu vernichten droht. Aber ein gutes Schicksal rettete mich aus diesen Gefahren und setzte mich sicher auf den strahlenden Fels von Shivaratna. Seine Gnade umgab mich und ergriff mein ganzes Wesen, bevor ich ertrinken konnte. Mein Meister wartete auf mich unter einem Baum am Ufer, und das eindringliche Strahlen seiner Augen zog mich ohne wenn und aber wie ein Magnet zu ihm hin.

Es war die «klassische» Begegnung von Guru und Schüler, von der gesagt wird, dass der Guru erscheint, wenn der Schüler bereit ist. Der junge Gnanananda folgte seinem Guru nach Srinagar im Kashmir, wo ihn dieser in den Stand eines Sannyāsin initiierte, ihm den Namen Gnanananda Giri gab und ihn zum Nachfolger bestimmte. Nach dem Tod von Swami Shivaratna Giri verzichtete Gnanananda jedoch auf jegliche Funktion in der berühmten Institution, ging in die Hauslosigkeit und lebte in den höher gelegenen Regionen des Himalaya für mehrere Jahre in strengster Askese (*tapas*). Daran schloss sich ein Wanderleben (*parivrājaka*) an, das ihn durch ganz Indien vom Norden bis Kannyakumari (Südspitze) und von Westen nach Osten geführt haben soll und schließlich sogar nach Tibet, Birma und Sri Lanka. In dieser Zeit soll er mit zahlreichen berühmten Meistern in Kontakt gekommen sein, unter ihnen Sai Baba von

Shirdi, der Heilige Ramalinga, Sendamangalam Avadhuta Swamigal und dessen Guru, der Heilige Vithoba von Polur, Sri Seshadri Swamigal, Bhagavan Sri Ramana Maharishi, Sri Aurobindo und andere. Es werden hier Zeitspannen angesprochen, die historisch unwahrscheinlich sind. Doch bei einer Gestalt wie Gnanananda, der als *jīvanmukta* nach traditionellen Vorstellungen die Grenzen von Raum und Zeit überwunden hat, tritt das kulturell Biographische in den Hintergrund, und es ist das transkulturell Archetypische, was als erinnerungswürdig gilt und eine besondere Faszination auf die Menschen ausübt.

Gegen Ende des 19. Jahrhunderts kam Gnanananda erneut nach Südindien, wo er um 1900 in den Sampathgiri-Bergen in der Nähe von Pollur lebte. Am heiligen Berg Arunācala traf er Ramana Maharishi, der damals noch ein junger Mann war. Er meditierte über längere Zeit in der Virupaksha-Höhle, in der später auch Ramana und der Benediktiner-Mönch Henri Le Saux zeitweilig lebten und meditierten. Gnanananda war ein *paramahamsa parivrājakācārya*, ein Wandermönch, der mit seinem außergewöhnlichen Charisma Menschen aller Schichten anzog, wo immer er sich aufhielt und unterrichtete. Aber in der gleichen Freiheit, mit der er an einem Ort länger blieb, verließ er diesen auch wieder und zog sich in die Einsamkeit zurück. Zu Beginn des 20. Jahrhunderts kam er schließlich nach Attayampatti im Distrikt Salem, wo um ihn ein Ashram entstand. Gegen Ende der dreißiger Jahre lebte er dann in Siddhalingamadam in der Nähe von Tirukoiylur, stets aber wechselte er zwischen Zeiten des Lehrens und des Rückzugs. Dass er selbst nie eine Institutionsgründung intendierte, ist den Erzählungen über seine frühen Jahre zu entnehmen, wonach er die Leitung von Jyotirmath abgelehnt hatte. Und dies entspricht ganz dem radikal anspruchslosen Leben eines Wandermöches, einem Leben der kompromisslosen Entsagung und Freiheit.

In seiner letzten Lebensphase hat sich der Guru Swami Gnanananda in der Nähe von Tirukoiylur niedergelassen, wir werden im nächsten Kapitel davon ausführlicher berichten. Der französische Benediktiner-Mönch Henri Le Saux (1910–1973) erkannte in Gnanananda seinen Guru,[26] und das wohl auch deshalb, weil er auf dem Hintergrund der benediktinischen Tradition mit der Einheit von Selbst-Erkenntnis und Liebe ein Echo vernahm, das in den Upanishaden, bei Benedikt, bei Gnanananda die eine Erfahrung in verschiedener Weise zum Ausdruck bringt.

Der Guru

Obwohl Swami Gnanananda ein Lehrer des Advaita Vedānta war, repräsentiert er doch auch zahlreiche andere Facetten des Hinduismus, einschließlich der personalen Gottesverehrung. Indische Gurus sind selten exklusiv, sondern fast immer inklusiv: Andere Kulttraditionen, andere Theologien, andere «Religionen» werden als Stufen angesehen, als hilfreiche Zwischenschritte zu dem einen Ziel.

Das Wesen des Guru ist nicht gebunden an die äußere Form, auch nicht an Rituale, sondern ist Inbegriff dieser Geisteskraft selbst. Aber der Guru ist präsent in der Form, in der der Schüler seiner bedarf. Der Guru ist der Ātman. Der Guru Gnanananda verweigerte (mit wenigen Ausnahmen) Initiationen. Und er gab folgende Begründung: Wenn der Schüler nicht reif ist, sei Initiation wirkungslos. Wenn er aber bereit sei, bedürfe es der Initiation nicht mehr. Initiation geschehe von selbst, aus der Kraft des Geistes (*ātman*).

Was aber ist der *ātman*?[27] Mit dem Begriff «das Selbst», das Absolute, der Geist usw. werden Worte gebraucht, die interpretationsbedürftig sind. Was meinen wir, wenn wir «der» Geist oder «das» Bewusstsein sagen? Beim Erkennen des Ātman geht es um ein unvermitteltes, unmittelbares Wissen, das nicht durch die Sinnesorgane vermittelt ist. Dies wird als Erfahrung (*anubhava*) bezeichnet, ein «Gemäßwerden» des eigenen Bewusstseins, eine spontane Gewissheit, ohne die Konstruktion eines Bildes bzw. «Objektes» aus Einzelimpulsen. Es ist ein selbstverständliches «Ich bin da», und im eigentlichen Sinne sollte nicht einmal von «Erfahrung» gesprochen werden, wenn Erfahrung bedeutet, dass sie durch ein «Objekt» hervorgerufen wird. Der Ātman ist nicht Objekt, sondern Subjekt, er ist «der Zeuge» (*sākshin*) jeden Erkennens, die reine Subjekthaftigkeit. Diese Wirklichkeit aber ist der eigentliche Guru. Shankara beschreibt dies in seinem Dakshināmūrti Stotra, und Sureshvara[28] gibt davon eine Zusammenfassung: Das Ich-Bewusstsein muss völlig in den Ātman hineinverschmelzen, und dann ist das Resultat der wahre Guru, jenseits von Raum und Zeit.

Daraus folgt, dass die Rede von «meinem Guru» und «deinem Guru» ebenso irreführend ist wie die Rede von «meinem Gott» und «deinem Gott», weil damit subtile Besitzansprüche ausgedrückt werden und Eifersucht geschürt wird. Gnanananda lehrte hingegen, dass die Gotteserfahrung ein weites Spektrum hat, denn die Nicht-Dualität (*advaita*) sei nicht eine Perspektive neben anderen, sondern eine Perspektive, die alle anderen umfasst, selbst aber jenseits von Perspektivität ist. Sie ist das Namenlose und deshalb universal, und auch der Begriff Erfahrung sei letztlich nicht zutreffend, weil auch darin wieder eine Unterscheidung liege. Es sei eine «Erfahrung», die geschieht, wenn sie geschieht, und die sich nicht in Worte fassen lasse. Nur so könnten Eifersucht und Besitzdenken sowohl aus dem täglichen Leben als auch aus der Religion verschwinden. Die indische Tradition drückt dies im Symbol des Edelsteins (*cintāmani*) aus: Ein Guru ist wie der Edelstein, der jedes Licht auf seine Weise bricht bzw. reflektiert. Und es ist geradezu ein Gütesiegel für den Guru, wenn er jedem, der zu ihm kommt, das Gefühl vermittelt, dass er speziell gemeint ist, dass er exklusiv geliebt ist, dass er das Wichtigste in der Welt ist. Der Guru begegnet jedem, der zu ihm kommt, mit seinem ganzen Sein, ohne Unterscheidung und Parteilichkeit.

Ein indisches Sprichwort besagt, dass demjenigen, der intensiv in der Gottesgegenwart lebt und alles im Leben, unabhängig von eigenen Werturteilen, als Gabe Gottes empfängt, der Guru im rechten Moment erscheint. In allen indischen Ritualen, aber eben auch in diesem Guru-Vertrauen, drückt sich der indische Glaube an die *Gesetzmäßigkeit* allen Geschehens aus: Das, was dem Menschen schicksalhaft widerfährt, ist das ihm Angemessene. Die Weisheit, die ein Mensch erlangen kann, besteht darin, sich dieser Gesetzmäßigkeit des universalen Zusammenhangs, der systemischen Einheit von Makrokosmos und Mikrokosmos, bewusst zu werden und sich zur rechten Zeit der Präsenz des Guru zu öffnen und ihn zu erkennen. Wer hingegen etwas mit Willensanstrengung forcieren will, kann leicht an den falschen Guru geraten.

Als Henri Le Saux Swami Gnanananda zum ersten Mal begegnete, erkannte er in ihm sofort seinen Guru. Die erste Frage an den indischen Meister lautete: «Ist die menschliche Seele identisch mit dem Absoluten, ist sie ein Teil desselben oder getrennt von ihm?»[29] Die Antwort Gnananandas lautete: «Wozu stellst du die Frage? Blicke tief in dich selbst hinein, dann wirst du es wissen.» Gnanananda schickte den Schüler also auf den Weg der mystischen Suche. Das ist es, was ein Guru tut. Dies illustrierte Gnanananda mit einer Erzählung aus dem Epos Mahābhārata:

> Der Held Bhīshma liegt auf dem Sterbebett, das aus übereinanderliegenden Pfeilen hergerichtet wurde, die im Kampf verwendet worden waren. Als ihn dürstet, möchte ihm König Duryodhana ein Glas Wasser reichen. Doch Bhīshma lehnt den Becher ab, ergreift noch einmal Pfeil und Bogen und schießt seinen Pfeil in

Der Guru

die Erde ab, aus der eine Quelle entspringt, die dem Sterbenden sogleich Wasser spendet. So ist das Wirken des Guru: Er schießt seinen Pfeil direkt in das Herz des Schülers, aus dem nun Wissen und Erkenntnis hervorsprudeln, die dort immer schon eingeschlossen waren.

Die Sterberituale für den Guru werfen ein charakteristisches Licht auf dessen Status und Bedeutung. Ein unter den Bedingungen dieses Lebens vollkommen frei gewordener Mensch, also ein «Erleuchteter», gilt als *jīvanmukta*, als Lebend-Befreiter. Wenn er stirbt, legt er in Freiheit den Körper ab (*videhamukta*). Aber seine innere Energie (*tapas*), die er angesammelt und verdichtet hat, verbleibt im subtilen Körper (*sūkshma sharīra*), der in gewisser Weise mit dem grobstofflichen Körper (*sthūla sharīra*), der begraben wird, verbunden bleibt. Die sterblichen Überreste eines als erleuchtet geltenden Guru werden nicht verbrannt (es gibt nichts mehr zu reinigen), sondern an geweihter Stätte in der Erde begraben. Wo ein solcher Guru begraben ist, befinden sich also nicht nur die sterblichen Überreste des materiell-grobstofflichen Körpers, sondern auch der subtile Körper mit den angesammelten Energien ist an diesem Ort in besonderer Weise – aber nicht nur dort – präsent. Während bei gewöhnlichen Menschen die Lebensenergie (*prāna*) den subtilen Körper verlässt, die Energien sich neu formieren und eine neue materielle Gestalt annehmen, was gemeinhin als Wiedergeburt bezeichnet wird, muss ein *jīvanmukta* nicht wiedergeboren werden, um sich weiter zu vervollkommnen; seine subtilen Energien bleiben an diesem Ort. Deshalb heißt die Begräbnisstätte *mahāsamādhi*, Ort der großen Versenkung, denn der Tod hat die geistige Kraft der Konzentration und Versenkung nicht beendet, sondern nur vom grobstofflichen Körper befreit. Folgerichtig wird ein *jīvanmukta* im Lotossitz (*padmāsana*), in der Haltung der Meditation also, begraben. Der so anwesende subtile Körper hat nun eine besondere Ausstrahlungskraft für die spirituelle Praxis (*sādhanā*) derer, die sich an diesem Ort aufhalten. Er zieht Pilger an, lädt zum Gebet ein und wird selbst zu einem Ort der Präsenz des Göttlichen, das heißt zum Mittelpunkt einer Kultstätte, an der Gottesverehrung (*pūjā*) praktiziert wird. Viele große Tempel, etwa Cidambaram und Palani, sollen auf einem Samadhi-Schrein für einen bedeutenden Heiligen gegründet sein.

Ein Guru wirkt also auch nach seinem Tod weiter, und zwar nicht nur durch seine Schüler oder seine Schriften, die er hinterlassen hat, sondern durch seine subtile Gegenwart im feinstofflichen Bereich, und oft ist die Anziehungskraft eines solchen Ortes noch größer als zu Lebzeiten des Guru. Darum gibt die indische sprachliche Form den Erwartungen präzisen Ausdruck: Der gestorbene Guru ist nicht fortgegangen, sondern er hat die große Versenkung erlangt (*mahāsamādhi*). Shankara schreibt in seinem Kommentar zum Brahmasūtra allerdings auch, dass ein gestorbener Weiser (*jnānin*) zwar seine gesamte feinstoffliche Energie an einem Ort gebündelt belassen könne, dass er sich aber auch reinkarnieren könne, um im physischen Körper erneut tätig zu sein. Dies ist keine Wiedergeburt aus karmischer Notwendigkeit, sondern aus erleuchteter Freiheit, eine Vorstellung, die zuerst im Mahāyāna-Buddhismus aufkam, bei Shankara wiederkehrt und auch heute noch wirksam ist. Nach Vorstellungen, die in der Tradition des Shaiva Siddhānta gepflegt werden, lösen sich die grobstofflichen Elemente des Körpers unmittelbar auf, und zwar in das Element, das vorherrschend ist (Erde, Wasser, Luft, Feuer, Äther). Solchen Spekulationen pflegte Swami Gnanananda jedoch entgegenzutreten, denn ob sich der Körper in die Elemente auflöse oder nicht, sei wenig bedeutsam. Wichtig sei allein die Erkenntnis der Identität des Ātman mit dem höchsten Einen (*brahman*), das nach seiner Erfahrung auch personale Gestalt annehme (*Shiva*).

Abhishiktananda schrieb, dass jede Pilgerschaft zu Tempeln, heiligen Bergen, heiligen Flüssen und den großen Festen ihre Wirkung haben mag. Komme man aber in die Präsenz eines Guru und empfange sein Darshana, so sei das unvergleichlich und das größte Geschenk, das die indische Kultur der Welt präsentieren könne.

8

Leben im Ashram Sri Gnanananda Tapovanam

Zur Geschichte des Ortes

Der Ashram Sri Gnanananda Tapovanam entstand seit etwa 1954 um Sadguru Gnanananda Giri, der bis zu seinem Tod (*mahāsamādhi*) im Januar 1974 hier lebte.[1] Gnanananda Tapovanam (Niketan) folgt der Gurulinie (*guruparamparā*), wie sie in der Guru Gītā beschrieben wird. Wie bei jedem indischen Ashram handelt es sich nicht primär um eine institutionelle Gründung, sondern um die charismatische Ausstrahlung eines Menschen, der als Wissender (*jnānin*) verehrt wird und – oft, wie auch hier – als lebend Befreiter (*jīvanmukta*) gilt. Der Guru ist das Zentrum des Ashrams, und dies auch nach seinem Tod, denn spirituell bleibt er mit dem Ort verbunden.

Sri Gnanananda Tapovanam liegt am Nordufer des südlichen Pennar-Flusses in unmittelbarer Nähe von Tirukoiylur in Tamil Nadu. Die Gegend wird in der indischen Tradition *Krishnāranya* (Wald Krishnas) genannt und ist «heilige Geographie». Es wird berichtet, dass einige der bedeutendsten Gurus und Heiligen Indiens hier gewirkt haben, unter ihnen Mrigandu, von dem die Legende erzählt, dass er durch seine spirituelle Praxis das Wohlwollen Krishnas gewann, worauf dieser ihm als Zwerg (*vāmana*), einer der Avatare Vishnus, erschienen sei. Auch die ersten drei tamilischen Ālvārs (vishnuitische Heilige und Sänger) sollen Erzählungen zufolge hier gelebt haben. Aber Tirukoiylur hat auch eine lange shivaitische Tradition mit entsprechenden heiligen Orten. So ist der Kilaiyur-Tempel in Tevaram einer der acht besonderen Tempel (*ashta vīrattāna*) Shivas in Südindien. Die Dichterin Avvaiyar soll hier

Ganesha besungen und ihm das berühmte Gedicht *Vinayakar Agaval* dargebracht haben, das tiefe Erfahrungen im Kundalinī-Yoga widerspiegelt. Am Nordufer des Flusses erhebt sich ein Felsen, von dem man den nur ca. 30 km entfernten heiligen Berg Arunācala, den südlichen Sitz Shivas (gegenüber dem nördlichen auf dem Berg Kailāsa zwischen Himalaya und Transhimalaya) sehen kann. Auf dem Felsen steht der Atulyanatheshvara-Tempel, in dem der Heilige Gnanasambandar, so wird berichtet, angesichts des heiligen Berges in tiefe Ekstase gefallen sei. Und ganz in der Nähe befindet sich auch der Mula Brindavana – der Schrein des Swami Raghottama Tirtha, eines Heiligen in der Madhva-Tradition. Dieser halb historisch, halb mythische Hintergrund prägt das Bewusstsein der Menschen, die hier leben. Vor allem aber sind es der heilige Berg Arunācala und die Präsenz Shivas, die der ganzen Gegend eine besondere spirituelle Anziehungskraft verleihen. Kein Wunder also, dass Sri Gnanananda am Ende seines Lebens als Wandermönch gerade diesen Ort für sich erwählt und bis zu seinem Tod nicht wieder verlassen hat. Das Eingebundensein in eine mythisch und mystisch bedeutsame Geographie und Geschichte wird von den Gläubigen in Indien immer wieder gesucht, denn es stiftet eine Identität, die Gewissheit und Sicherheit vermittelt. Es ist nichts Zufälliges.

Gnanananda bezeichnete den Ort als *Adhyātma Vidyālaya*, als Schule der Selbst-Erkenntnis. Den Namen des Ashrams – Sri Gnanananda Tapovanam – erklärte er folgendermaßen: *Tapas* ist die Energie (Hitze) der yogischen Erkenntnis, eine Hitze, die durch Konzentration des Geistes entsteht. *Vana* bedeutet Wald. Während es heute in Indien im Gegensatz zu früheren Zeiten kaum noch bewaldete Gebiete gibt, bildeten in klassischer Zeit Wälder und Berge die idealen Rückzugsorte in die Stille als Plätze der Selbst-Erkenntnis. Solche besonderen Orte, so Gnanananda, müssten gegenwärtig wieder neu etabliert werden. *Gnana* (*jnāna*), Erkenntnis, ist das Gewahrsein des tieferen Selbst (*ātman*), dessen Natur Glückseligkeit (*ānanda*) ist, das heißt, Gnana *ist* ānanda. Das Wort Gnanananda bedeutet demnach, dass nur durch Erkenntnis des Selbst wahre Glückseligkeit erlangt werden kann, in der sich Angst, Sorge und Illusion auflösen. Sri Gnanananda Tapovanam ist ein solcher Ort, an dem man dem eigenen Selbst als der Wahrheit (*satya*) begegnen soll.

Ab 1951 hielt sich Gnanananda oft in einem kleinen Hain aus fünf alten Mangobäumen auf, der am Nordufer des Pennar-Flusses gelegen war, nur drei Kilometer von Tirukoiylur entfernt. Hier ließ er sich schließlich ganz nieder, und nach und nach entstand der Ashram Tapovanam, zunächst ohne einen vorgefassten Plan. Der Ashram entwickelte sich zu einer einzigartigen Lebensgemeinschaft und unterschied sich ganz wesentlich von den Ashrams in Attiyampatti und Siddhalingamadam sowie von dem Zentrum in Yercaud, das den Sannyāsins als Rückzugsmöglichkeit aus dem Ashramleben dienen sollte.

Während sich Gnanananda in früheren Jahren jeder Öffentlichkeit stets durch einen Rückzug in die Anonymität entzogen hatte, empfing er nun in Tapovanam jeden, der zu ihm kam, mit großer Offenheit, sodass die Zahl der Besucher ständig wuchs. Unter ihnen war, wie schon erwähnt, auch Henri Le Saux, ein Benediktinermönch aus Frankreich, der später den Namen Swami Abhishiktananda annahm und einer seiner berühmtesten Schüler werden sollte. Ihm verdanken wir einen ausführlichen Bericht seiner Begegnungen mit Sri Gnanananda, der von tiefer Einsicht in das Wesen indischer Guruschaft getragen ist.[2] Abhishiktananda beschreibt als Augenzeuge und aus eigenem Erleben die Haltung, mit der Sri Gnanananda denen, die ihn aufsuchten, begegnete:[3]

> Gnananandas ganzes Wesen strahlte eine reine und zarte Liebe aus, eine Liebe, die für jeden einzelnen total und die gleiche für alle war. Die Freude, sich von ihm geliebt zu fühlen, bewirkte ein intensives inneres Gelöstsein, denn wer träumt nicht davon, einzeln und in besonderer Weise geliebt zu werden? Doch gleichzeitig fühlte sich jeder gleichsam eingehüllt in eine Fülle von Liebe. Man spürte, dass mit Gnanananda alle Unterscheidung (*bheda*) überwunden und verschwunden war. Es war die wahre Person, das Selbst allein, der Ātman in jeder Person, die von ihm unmittelbar wahrgenommen wurde.

Sri Gnanananda machte bei den Besuchern des Ashrams keinen Unterschied in Bezug auf Religionszugehörigkeit, Kaste oder Geschlecht. So respektierte er Muslime, Sikhs, Christen oder auch Zweifler in gleicher Weise wie Hindus. Sicher nicht zufällig betonte er gerade ausländischen Besuchern gegenüber, dass es wichtig sei, in der je eigenen Religion die Tiefe zu erkennen, die jenseits von Formen, Sprache oder Ritualen liegt, denn in jeder Religion sei der Zugang zu dem zu finden, was unbenennbar ist. Auch wies er immer wieder darauf hin, dass es eine Kostbarkeit sei, als Mensch geboren worden zu sein und dass diese einzigartige Gelegenheit nicht vertan werden dürfe.

In der Ashramgemeinschaft lebte Gnanananda zusammen mit Sannyāsins und Laien. Ein wichtiges Anliegen war ihm die spirituelle Unterweisung der Frauen, und er scheute sich auch nicht, verheirateten wie unverheirateten Frauen dieselben spirituellen Qualifikationen zuzusprechen wie zölibatären Männern, was in jener Zeit keineswegs unumstritten war. Der Ashram folgte und folgt auch heute noch dem klassischen *vānaprastha*-Ideal, demzufolge Ehepaare, die aus dem Erwerbsleben ausgeschieden sind und deren Kinder das Erwachsenenalter erreicht haben, sich dem Studium der religiösen Tradition widmen. Einige studieren Vedānta unter der Leitung der geschulten Sannyāsins, und von den besonders ausgebildeten Laien hat Gnanananda selbst einige als Sannyāsins initiiert. Die Kinder, die mit im Ashram wohnen, werden von Anfang an mit der Atmosphäre der Rituale vertraut und lernen die Mantras und Lieder auswendig. Die ehemaligen Schüler von Tapovanam, von denen einige heute auch im Ausland leben, pflegen in ihren Familien die liturgischen Traditionen, die sie in der Kindheit kennengelernt haben. Daraus resultiert eine stabilisierende Identität, die nicht an den Ort gebunden bleibt.

Obwohl Mönche und Laien im Ashram zusammenleben, bleibt doch eine strikte Unterscheidung gewahrt. Die beiden Gruppen widmen sich verschiedenen Aufgaben. So leben in Tapovanam Sannyāsins, die dem Weg der Erkenntnis im Schweigen folgen, neben Bhaktas, deren spiritueller Weg im Singen von Kīrtans und Bhajans[4] Ausdruck findet. Wieder andere praktizieren die ausgedehnten vedischen Rituale. Gnanananda begegnete den im Ashram lebenden Familien und Besuchern, die Laien waren, mit großer Sympathie und Liebe, doch bei der Ausbildung der Mönche hatte er einen sehr hohen Anspruch, um die Qualität zu gewährleisten, die von der Tradition gefordert wird. So bestimmte er zwar keinen Nachfolger für die Leitung des Ashrams, achtete aber darauf, dass die Ausbildung der Sannyāsins traditionsgemäß erfolgte und die monastische Linie (*paramparā*) fortgesetzt würde.

Ganz besonders aber lagen Gnanananda die Kinder am Herzen. Er ließ eine Schaukel installieren, die bis heute im Ashram zu besichtigen ist. Hier gab er den Kindern Unterweisungen oder sang mit ihnen Lieder. Er war allen Augenzeugenberichten zufolge selbst von einer beinahe kindlichen Neugier und heiteren Spontaneität und Offenheit. Die Kinder liebten es, seinen Belehrungen und Geschichten zu lauschen. Eine Erzählung war bei seinen kleinen Zuhörern besonders beliebt und soll hier kurz wiedergegeben werden. Sie handelt von Ganesha (Ganapati) und soll das seltsame Ritual, das die Gläubigen vor seinem Kultbild im Tempel ausführen, erklären. Bei der Durchführung dieses Rituals ergreift der Gläubige mit der rechten Hand das linke Ohrläppchen und mit der linken Hand das rechte Ohrläppchen und geht in dieser Haltung mehrmals in die Kniebeuge, erst nach links, dann zur Mitte und nach rechts gedreht:

> Ganesha, ein Sohn Shivas, saß auf dem Schoß seines Onkels Vishnu, der als Bruder Shivas gilt. Vishnu hielt seinen Diskus in der Hand, als plötzlich Ganesha denselben ergriff und verschluckte. Vishnu war entsetzt, dass das Kind die heilige Waffe verschluckt hatte, und vertraute sich in seiner Not Shiva an. Dieser riet ihm, Ganesha eine Geschichte zu erzählen, über die er so lachen müsste, dass er den Diskus wieder ausspeien würde. Vishnu ging also zurück zu Ganesha, nahm seine Ohrläppchen in die je entgegen liegende Hand, schnitt eine Grimasse und wollte mit dem Erzählen der Geschichte beginnen. Doch bereits angesichts der seltsamen Haltung seines Onkels Vishnu brach Ganesha in ein solches Gelächter aus, dass er den Diskus wieder ausspie. Schnell ergriff Vishnu seinen Diskus und lief davon.

Das Höchste Wesen und das Göttliche Kind in einer Szene des Scherzens. Auch durch Humor und grotesk anmutende Geschichten entsteht Vertrautheit mit den Gottheiten sowie die Sehnsucht nach Teilhabe.

Die lebenspraktischen Geschichten und Anekdoten, die Sri Gnananda seinen Hörern erzählte, sind gesammelt worden.[5] Sie spiegeln die Lust indischer Lehrtraditionen an Metaphern, Gleichnissen und Erzählungen. Eindrucksvoll sind die Zehn Gebote, die Gnananda formuliert hat. Sie sind Grundlage einer trans-religiösen Ethik, die für die Anhänger aller Glaubensbekenntnisse, die in den Ashram kommen, Bedeutung hat:[6]

1. Sei gütig – aber sei nicht sklavisch.
2. Sei barmherzig – aber lass dich nicht betrügen.
3. Sei mildtätig – aber lass dich nicht auf Mangel reduzieren.
4. Sei genügsam – aber sei nicht geizig.
5. Sei engagiert – aber sei nicht hektisch.
6. Sei ruhig – aber sei nicht faul.
7. Sei mutig – aber sei nicht rücksichtslos.
8. Lebe ein Familienleben – aber sei nicht abhängig von Lust.
9. Sei frei von den Dingen – aber ziehe dich nicht in die Einsamkeit zurück.
10. Suche Gemeinschaft mit Weisen – aber hasse nicht die Bösewichter.

Zur Geschichte des Ortes

In Attiyampatti und Siddhalingamangalam hatte Gnanananda die Dorfbewohner, die zum großen Teil Analphabeten waren, in die tamilischen Devotionalgesänge eingeführt und sie die Hymnen des Tevaram[7] und Tiruvasagam[8] gelehrt. Die abstrakteren philosophischen Lehren des Vedānta gab er hingegen nur an diejenigen weiter, die entsprechende Voraussetzungen dafür mitbrachten. Dies behielt er auch in Tapovanam bei und verband damit keinerlei Wertung. Fast im gleichen Atemzug konnte er einem einfachen Bauern raten, wie er nach vedischem Ritual zwei Bäume zu ihrem Schutz miteinander zu verheiraten habe, um gleich darauf zum nächsten Besucher über die Lehren der Upanishaden in philosophischer Terminologie oder in humorvoll konzipierten Gleichnisreden zu sprechen.

Gnanananda war nicht nur mit der vedischen Tradition vertraut, sondern auch mit dem Buddhismus und der tamilischen Siddha-Tradition, einschließlich ihrer tantrischen Elemente und der Siddha-Medizin. Diese Medizin arbeitet mit Methoden, die aus europäischer Sichtweise dem Paranormalen zugerechnet werden. Zahlreiche Heilungsgeschichten sind von Gnanananda überliefert, doch diese «Wunder» gelten als unbedeutend gegenüber der Transformation, die Menschen durch ihre Begegnung mit ihm erfahren haben. Gnanananda hat verschiedene Formen des Yoga praktiziert, u. a. Kundalinī-Yoga, seinen Schülern gegenüber jedoch stets betont, dass jede Art der Yogapraxis völlig nutzlos sei, wenn sie nicht in der Frage «Wer bin ich?» gipfele, wenn nicht Selbsterkenntnis das Ziel allen Suchens sei. Auch in der hier nur kurz erwähnten Verwurzelung in den Dorftraditionen Indiens samt ihren Überlieferungen liegt ein Geheimnis der Wirksamkeit Gnananandas, wie vieler anderer indischer Gurus auch.

Als die Zahl der Besucher in Tapovanam ständig wuchs, gründete Swami Gnanananda 1969 Sri Gnanananda Pranava Nilayam als ein Retreat-Zentrum, das den Mönchen das intensive meditative Selbststudium, die schweigende Suche nach dem inneren Selbst, ermöglichen sollte. OM (*pranava*) ist Symbol für das, was namenlos ist, für den Bewusstseinszustand der Versenkung (*dhyāna*), der als vierter (*caturtha*) Zustand jenseits von Wachen, Traum und Tiefschlaf kultiviert werden kann. In diesem Zentrum gibt es keine Rituale oder gemeinsame Zeremonien. In der Haupthalle hängen die Bilder von Sri Gnanananda, dem Buddha, Swami Vivekananda, vom Heiligen Herzen Jesu und der Kaaba in Mekka.

Leben im Ashram Sri Gnanananda Tapovanam

Beide Zentren lebten und leben von der Inspiration durch den Guru, dessen Wesen und Wirkungsweise Gnanananda einmal so beschrieben hat: Der Guru teilt sein Wissen mit den Schülern nicht aus weltlichen, religiösen, moralischen, professionellen oder sonstigen Motiven, sondern einzig und allein aus dem Impuls göttlicher Barmherzigkeit, die spontan und ohne jede Spur von Ich-Bewusstsein ist. So wie die Sonne die Dunkelheit der Nacht vertreibt, so vertreibt der Guru die spirituelle Dunkelheit des Schülers, der bereit ist. Hierbei ist es nicht der Schüler, der handelt, sondern die Gnade, die durch den Guru wirkt. Und doch ist der Schüler nicht völlig passiv. Er muss sich vorbereiten und öffnen, um die Gnade empfangen zu können. Auch dies hat Sri Gnanananda treffend in einem Bild ausgedrückt:
Kann man etwa ein Feuer mit grünem Holz zum Brennen bringen? Nein, erst muss das grüne Holz geschnitten und getrocknet werden, dann kann es Feuer fangen. Das Feuer ist die Gnade (*prasāda*), und die Zubereitung ist die spirituelle Übungspraxis (*sādhanā*).

Das Morgenritual

Anders als in Attiyampatti und Siddhalingamangalam bildet sich in Taponanam bald ein rituell strukturierter Tagesablauf heraus, der genau eingehalten und im Laufe der Zeit weiterentwickelt wurde. Er folgte der Tradition der Āgamas und ist im Ashram im Wesentlichen bis heute verbindlich. Die Ritualpraxis ist vedisch, purānisch und tantrisch: vedisch, insofern nicht die Formen der Gottheit, sondern Mantras verwendet werden, wobei der Klang für die entsprechenden göttlichen Qualitäten steht; purānisch und tantrisch, insofern Yantras gebraucht werden, bei denen für jede Gottheit ein Mandala (Kreis, Wohnsitz der Gottheit) geformt wird, das im Tantra als «Körper» der Gottheit gilt. Tantrisch ist auch die kultische Praxis, im Ritual Wasser über die Gottheit auszugießen, das dabei mit der Mantra-Energie «aufgeladen» wird. So empfängt der Gläubige, wenn er am Ende des Rituals von diesem Wasser trinkt, die göttliche Energie. Diese Mantra-Energien werden als das heilige Feuer verstanden, das im vedischen Ritual die Opfergaben verbrennt und der Gottheit dargebracht wird. Das Feuer repräsentiert die Tatsache, dass Leben sich für Leben opfert, damit Leben sein kann. Mittels dieser «Interpretationsschleife» können vedische Feueropferrituale und devotionale Pūjās in den täglichen Ritualen des Ashrams harmonisch miteinander verbunden werden.

Da das Morgenritual nicht nur im Ashram (Abb. 12), sondern auch in den Familien ein wichtiger Teil des täglichen spirituellen Lebens ist, wollen wir hier etwas ausführlicher darauf eingehen. Das Morgenritual ist durch die Tradition der Dharmashāstras geprägt worden. Neben Bädern bzw. der Reinigung des Körpers, die immer auch einen spirituellen Aspekt hat, steht als Inbegriff der Handlungen, die ein frommer Hindu in der Zeit der Morgendämmerung vollzieht, die Reinigung und das Ausbalancieren der subtilen Energien (*prāna*) durch Yoga- und Atemübungen sowie die mentale Konzentration in der Meditation einschließlich der Verehrung der Gottheiten in der Pūjā. Oft ist dies verbunden mit der Rezitation von Mantras, dem Studium der Heiligen Schriften (besonders der Bhagavad Gītā und der Upanishaden) und Devotionalgesängen.

Ursprünglich erstreckten sich die Morgenrituale über mehrere Stunden, und auch aus diesem Grund sind sie in der heutigen Arbeitswelt nicht mehr in dieser Ausführlichkeit zu praktizieren. Einzelne Elemente werden jedoch bis heute insbesondere in den Mittel- und Oberschichten täglich zelebriert, um den Tag zu empfangen, in einen höheren Zusammenhang einzubinden und gesammelt, in körperlich-geistiger Balance, zu beginnen. Im Ashram ist das Morgenritual ausgedehnter, aber es besteht kein Zwang: Jeder befolgt quantitativ und qualitativ das, was ihm entspricht. Wir wollen im Folgenden eine sehr alte Anleitung für das Morgenritual, die unterschiedliche Ritualtraditionen Indiens geprägt hat,[9] zusammenfassend wiedergeben.

Man soll im letzten Viertel der Nacht aufstehen, den Geist sammeln und alle Schläfrigkeit vertreiben. Nun sollen die *prānas* (die nach unten strömenden vitalen Energien) reguliert und auf das Sonnenzentrum im Herzen konzentriert werden, worauf im Herzen das göttliche Wesen (von der Größe des Daumens) visualisiert und dabei das höhere und niedere Brahman (in Gestalt des Lichtes) erkannt werden soll. In diesem Zustand soll man so lange wie möglich verbleiben und dann das Göttliche mit Lobgesängen preisen.

Nun begibt man sich, wobei kleine Tiere oder Exkremente auf dem Weg zu beachten sind, zu einem (möglichst fließenden) Gewässer, und bittet dabei die Erde um Verzeihung dafür, dass man sie mit den Füßen tritt. An einem geeigneten Ort wird die Notdurft in Stille verrichtet.

Nach Osten gewandt werden anschließend die Zähne mit einem speziell präparierten Zweig gereinigt. Daran schließt sich ein Gebet um langes Leben, Wohlergehen, heilige Liebe und Erkenntnis an. Noch vor Sonnenaufgang erfolgt nun das Bad. Man dankt den Göttern mit einer Wasserspende in Richtung Osten, den Weisen mit einer Spende in Richtung Norden, den Ahnen mit einer Spende in Richtung Süden. Beim Auswringen des Gewandes spendet man das ausfließende Wasser den Ahnen, die ohne Söhne gestorben und daher rituell nicht versorgt sind. Das physische Bad wird ergänzt durch den mentalen Reinigungsritus, die Kontemplation über die Allgegenwart Gottes. Aus Krankheits- oder auch anderen Gründen können die Badezeremonien abgewandelt werden, doch das mentale Bad gilt als das wirkungsvollste. Während des Bades ist Schweigen zu bewahren, da sonst Lebenskraft verloren gehen kann (ähnlich wie auch beim Opfern und Essen geschwiegen werden soll), auch darf das Wasser nicht verunreinigt werden. In konzentrierter geistiger Haltung wendet man sich nun nach Osten, wäscht Füße und Handflächen, nimmt zwei Schluck Wasser und verehrt Samdhyā, das Zwielicht kurz vor Sonnenaufgang, das heißt den Übergang zwischen den Polaritäten Nacht und Tag, dunkel und hell, widergöttlich und göttlich usw. Der Übergang von der Nacht zum Tag, ebenso wie abends vom Tag zur Nacht, gilt als die Zeit der Veränderung, voller Potential und Hoffnung auf eine Erneuerung des Geistes und der gesamten Welt. Deshalb wird der Meditation und Gottesverehrung zu diesem Zeitpunkt besondere Bedeutung beigemessen. In einer geeigneten Sitzposition praktiziert man nun Prāṇāyāma, die Atemkontrolle. Bei Sonnenaufgang wendet man sich nach Osten, versprengt Wasser und rezitiert das Gāyatrī-Mantra, bis die Sonne vollständig über dem Horizont erschienen ist. (Das Ritual wird ebenso auch bei Sonnenuntergang vollzogen, dann jedoch nach Westen gewandt, bis die Sterne sichtbar werden.[10]) Darauf opfert man, ins Haus zurückgekehrt, im Feueropfer die vorgeschriebenen Gaben, zuerst dem Dharma, dann den Göttern und schließlich den Ahnen, zelebriert die Pūjā vor den Götterbildern und gedenkt zuletzt in Verehrung der Lehrer, Ältesten und Veda-Kundigen. Nun ist man bereit, den täglichen Verpflichtungen nachzugehen.

Im Gnanananda Ashram wurde das Morgenritual zu Lebzeiten Swami Gnananandas wie folgt durchgeführt: Am frühen Morgen (*brāhma muhūrta*) um 4 Uhr läutete die Tempelglocke und kündigte die Ankunft Swami Gnananandas in der Halle an. Nach einer Begegnung (*darshana*)

Das Morgenritual

mit dem Guru wurden vedische Verse und Gebete in Sanskrit und Tamil[11] rezitiert und gesungen. Ursprünglich wurde dann eine einfach gehaltene Pūjā zu Füßen des Guru zelebriert. Später hat man sie durch das elaborierte Ritual der Verehrung der symbolisch dargestellten und in Gold gefassten Sandalen (*pādukās*) Shankaras, die auch die Sandalen des Guru symbolisieren, ersetzt. Bei diesen Sandalen repräsentiert das eine Paar die besondere Tradition, den je spezifischen Guru, in dessen unmittelbarer Schülerschaft sich die gemeinsam Zelebrierenden befinden. Denn in einer autorisierten und abgrenzbaren Gurulinie (*sampradāyanishtha*) zu stehen ist wichtig, um sich von selbsternannten Gurus mit zweifelhafter Kompetenz abzugrenzen. Das andere Paar steht für die Tradition jenseits der Traditionen. In diesen Sandalen werden alle spirituellen Wege der Menschheit verehrt, denn alle (*sarva*) Traditionen weisen, wenn auch auf verschiedene Weise, auf das Eine (*ekam*) hin. Dies ist wichtig, damit kein Stolz und Hochmut gegenüber anderen religiösen Traditionen entsteht, es ist die Transzendierung der Rituale und spezifischen religiösen Traditionen.

Die Verehrung der Kuh: Go-Pūjā

Die morgendlichen Rituale im Ashram beginnen auch heute noch am frühen Morgen mit der *Go-Pūjā*, der Verehrung der Kuh, die als Mutter allen Lebens gilt, wie wir schon erläutert haben. In dieser Verehrung wird die wechselseitige Abhängigkeit, in der alle Lebewesen miteinander verbunden sind, bewusst gemacht – die Ehrfurcht, die der Mensch dem schuldet, wovon er lebt. Die Kuh repräsentiert in Fortschreibung vedischer Traditionen die Große Göttin, und zwar in verschiedenen Formen.

Zuerst wird im Rigveda die Göttin *Ushas*, die Morgenröte, angerufen. In poetisch starken Bildern wird sie als die Kraft gepriesen, die die Dunkelheit vertreibt, damit dem Leben Bahn bricht und alles in Bewegung setzt. Insbesondere wirkt sie auf das Gemüt des Menschen und motiviert ihn, das Tagewerk mit neuer Inspiration zu beginnen. Erst danach wird das Opferfeuer entfacht. Weil die Göttin Ushas jeden Morgen im regelmäßigen Rhythmus wiederkehrt, symbolisiert sie auch *rita*, die kosmische und moralische Ordnung der Welt. Weil ihr Licht den Tag ankündigt, der eine Fortsetzung des Lebens bedeutet und Wohlstand verspricht, wird sie auch mit der Kuh identifiziert. In Rigveda 1,92 erscheint sie als «Mutter der Kühe». Wie eine Kuh, die ihr Euter hingibt für die Ernährung des Menschen, so gibt Ushas ihre Brüste, um allen Wesen Licht und Leben zu spenden.

Eine andere Göttin, die in der vedischen Literatur auftaucht, ist *Aditi*. Ihr Wesen ist die Mutterschaft und sie gilt als Mutter aller Götter. Auch Aditi wird mit der Kuh identifiziert, denn als Kuh gibt sie Nahrung. Als «kosmische Kuh» aber repräsentiert sie den in vedischer Zeit bekannten Soma-Trank, der vermutlich psychedelisch wirkende Substanzen enthielt, durch die man gesteigerte Lebenskraft erfuhr. Aditi setzt die kosmisch-moralische Ordnung durch und wird Stütze aller Kreaturen genannt.

Die Göttin *Vāc* schließlich «strömt Süße aus», sie wird «Königin der Götter» genannt. Auch sie ist eine nährende Göttin, die organisches Wachstum und den Segen der Sprache sowie der spirituellen Visionen spendet. Sie wird häufig als himmlische Kuh angerufen, die Menschen und Götter durch ihre Gaben erhält. Sie gewährt den alten Sehern der Tradition (*rishis*) die Visionen, den Priestern das Ritualwissen und den anderen Menschen die Alltagssprache, die Voraussetzung für ein menschliches Gemeinwesen ist. Vāc ist die Kraft in der Schöpfung und im Ritual, sie ist das, was der spätere Hinduismus Shakti (Schöpfungskraft) genannt hat.[12]

Die vedische Göttin *Prithivī*, die immer mit der Erde assoziiert wird, repräsentiert die stabile, fruchtbare und wohlwollende Präsenz des Göttlichen als Mutter, die alle Wesen in gleicher Weise stützt und nährt. Im Mythos erscheint sie immer dann als Kuh, wenn sich auf der Erde in Natur oder Geschichte Katastrophen abzeichnen. Dann nämlich wendet sie sich an Gott oder den König mit der Bitte, sie zu erretten. Der große König Prithu, eine Inkarnation Vishnus, schickte sich an, diese «Kuh» zu «melken», also die Früchte der Erde zu kultivieren und zu ernten.

Dies ist der Hintergrund der vedischen Göttin in ihren unterschiedlichen Formen, die als «Mutter der Götter» bezeichnet und im Symbol der Kuh verehrt wird. So ist es auch nicht verwunderlich, dass es heißt, die Götter wohnten «in den Gliedern» der Kuh. Die irdischen Kühe werden bezeichnet als Töchter der himmlischen Kuh Kāmadhenu oder Surabhi, die alle Wünsche erfüllt. Die Kuh genießt höchste Verehrung, denn sie gibt Milch und Milchprodukte wie gereinigte Butter (Ghee) oder Joghurt, die in den Ritualen Verwendung finden. Menschen leben

Das Morgenritual

zuerst von der Muttermilch, dann aber von der Kuhmilch. Sie wird darum als nährende Mutter aller Wesen betrachtet. Die Heiligkeit der Kuh gilt als so unvergleichlich, dass die Gläubigen bei bestimmten Ritualen für eine bestimmte Zeit im Kuhstall leben und übernachten. Ja, *pancagavya*, eine Mischung aus den fünf Produkten der Kuh (Milch, Joghurt, Ghee, Dung und Urin) gilt als heilig und wird bei bestimmten Reinigungsriten, die von Verfehlungen befreien sollen, konsumiert. In den Upanishaden, den Epen und den Purānas gilt das Geschenk von Kühen (*godāna*) an den Guru als besonders erwähnenswert und angemessen.

Im Tempel des Tapovanam Ashram wird die Go-Pūjā mit dem Hymnus *Shrī Sūkta* eröffnet, einem Preislied an Shrī, das im Appendix des Rigveda überliefert ist. Shrī, die identisch mit der Göttin Lakshmī ist, gilt als Personifikation aller heilbringenden Qualitäten, besonders in Gestalt königlicher Macht und Reichtümer. Shrī wird angerufen, um Ruhm und Wohlstand, Rinder, Pferde und Nahrung zu gewähren. Sie wird gebeten, Alakshmī (ihre Schwester) zu verbannen, die das Gegenteil verkörpert, nämlich Armut, Bedürftigkeit, Hunger und Durst. Shri aber wird immer mit Wachstum, Fruchtbarkeit, feuchtem fruchtbarem Boden, ja mit den schöpferischen Potenzen der Erde überhaupt, identifiziert.

Die Präsenz der Göttlichen Mutter: Dīpa Jyoti

Auf die Go-Pūjā folgt der Ritus *dīpa jyoti* (Abb. 13). Dieses Ritual bezieht sich auf die immerwährende Präsenz der Göttlichen Mutter, die in dreierlei Gestalt verehrt wird: als *māyāshakti* (die Energie des männlichen Gottes), als *īshvarī* (eine selbständige weibliche Gottheit) und als *nirguna brahman* (das Absolute jenseits jeder Form). Früher führte Swami Gnanananda selbst die noch in der Dunkelheit stattfindende Prozession durch den Ashram an, heute obliegt dies einem der Shivācāryas (s. Kap. 8, Anm. 54) oder der Sannyāsins im Ashram. Unter dem Gesang der Frauen und Männer wird eine brennende Öllampe (*dīpa jyoti*) von Haustür zu Haustür getragen, die das Licht, die Kraft und die Erleuchtungsgabe der Göttlichen Mutter bzw. die *cit-shakti* (Bewusstseinskraft) symbolisiert. Jeder Haushalt empfängt das Licht, auch als Symbol der Gemeinschaft und des Friedens sowie der Fürsorge füreinander. In besonderer Weise gilt der Segen Müttern und Kindern. Die Öllampe wird von einem jungen Mädchen getragen als Zeichen für Reinheit, Schönheit und Erneuerung des Lebens. Der erste Gesang während der Prozession ist eine Hymne an die Göttin Lakshmī:[13]

Komm als die Strahlkraft der Lampe – Du, Göttliche Mutter!
Komm als die Strahlkraft der Lampe!
Oh Lakshmī, Mutter, die Du alle Güter schenkst!

Wenn Du Deine Gnade ausschüttest, ist das weltliche Leben gut,
andernfalls ist das Leben in der Welt eine schreckliche Hölle.
Wohlstand, Korn und gute Gaben gewähre uns bitte.
Oh Lakshmī, Mutter, die Du alle Güter schenkst!

Goldene Form mit schlanker Hüfte, wie eine goldene Schlingpflanze,
wie Svarnalata, vom Milchozean entsprungen – jenen, die durch Deinen Blick gesegnet sind, ist alles leicht.
Gewähre, dass das, was wir erarbeiten, uns zum Segen gereicht!
Oh Lakshmī, Mutter, die Du alle Güter schenkst!

Der liebevolle Blick der Vīralakshmī, Göttin allen Heldentums,
Inbegriff der Beharrlichkeit, die den Sieg gewährt.
Gewähre alle geistigen Fähigkeiten und Anmut.
Oh Lakshmī, Mutter, die Du alle Güter schenkst!

Oh! Strahlkraft des blühenden Lotos!
An des göttlichen Herrn breiter Brust bist Du das strahlende Juwel.
Meine Mutter! Mögen Du und Deine Gnade immer bei mir sein.
Oh Lakshmī, Mutter, die Du alle Güter schenkst!

Mit dem Lotos, wie Augen voller Barmherzigkeit,
Mögest Du mich segnen mit ewig strömender Poesie.
Gewähre mir deine Gunst der Gnade für alle meine Nachkommen.
Oh Lakshmī, Mutter, die Du alle Güter schenkst!

Mit Deiner beständigen Gnade an meiner Seite
wird alles, was ich berühre, viel Frucht bringen.
Gewähre mir ein Leben erfüllt von Yoga und voller Lust und Freude.
Oh Lakshmī, Mutter, die Du alle Güter schenkst!

Anschließend wird eine Hymne des bereits erwähnten Tamil-Dichters Thayumanavar[14] angestimmt. Darin wird die Göttin Umā, Tochter Himavāns und Schwester Vishnus, als Quelle der Heiligen Silbe *OM* (*pranava*), als Inbegriff des Großen Schweigens, als Ziel des Vedānta, gepriesen. In dem Lied heißt es: Sie ist «Licht der Bewusstheit des Absoluten», «unendliche Seligkeit» (*ānanda*). Sie hat die Seele von trennendem Wissen befreit und steht für die reine Bewusstheit, die alles Objektwissen transzendiert. Dem, der sie verehrt, schenkt sie Haus und Reichtum, Nachkommen und Freunde, langes Leben und ruhigen Schlaf. Sie ist die Sonne der Weisheit, des Glücks und aller geistigen und subtilen Kräfte (*siddhi*).

In einem weiteren Lied wird die göttliche Mutter als *Dakshināmūrti Rupinī* angerufen. Dies ist eine Form Dakshināmūrtis, das heißt Shivas, der die Welt lehrt. Dieses Lied geht auf Sri Gnanananda selbst zurück und wird zu einer Volksliedmelodie gesungen. Darin wird die unfassliche Gottheit als Mutter des Universums, als die Urkraft und als das Unendliche verehrt und gleichzeitig in ihrer Präsenz im Ashram (Tapovanam), im Erkennen eines jeden Menschen, im «Du bist» (das Absolute). Liebevoll wird sie hier als das kleine Mädchen (*ponnu*) besungen:

Sie hat die Gestalt der Göttlichen Mutter – *Gnana*[15] *Ponnu*.
Sie ist die Mutter der Mütter – *Gnana Ponnu*
Sie ist die Mutter des Universums – *Gnana Ponnu*
Sie ist jenseits des Universums und der gesamten Schöpfung – *Gnana Ponnu*.

Einst das Wort «*asi*» (du bist) gesprochen – *Gnana Ponnu*,
ist sie der Ursprungs-Guru, sitzend unter dem Banyan-Baum – *Gnana Ponnu*.
Sie ist die *Ādi Parāshakti*[16] – *Gnana Ponnu*.
Sie gewährt dir Erkenntnis des Selbst (*ātmajnāna*) – *Gnana Ponnu*.

Sie ist die Gestalt reiner Bewusstheit – *Gnana Ponnu*.
Sie ist Siddhalingamadam[17] – *Gnana Ponnu*.
Sie ist die Gestalt der Befreiung (*mukti*) – *Gnana Ponnu*.
Sie ist das Unendliche – *Gnana Ponnu*.

Sie ist mit allen lebend Befreiten (*jīvanmukta*) – *Gnana Ponnu*.
Sie ist die Befreiung der lebend Befreiten – *Gnana Ponnu*.
Sie ist in Gnana Tapovanam – *Gnana Ponnu*.
Sie ist in der Form von Gnanambikā[18] – *Gnana Ponnu*.

Sie gewährt *darshana*[19] den Weisen – *Gnana Ponnu*.
Man nennt sie *Gnana-Ānanda* – *Gnana Ponnu*.
Sie ist immer mit denen, die Erkenntnis suchen.
Sie ist die Form der Bewusstheit des Selbst – *Gnana Ponnu*.

Leben im Ashram Sri Gnanananda Tapovanam

Ein weiterer Hymnus in Sanskrit gilt der Göttin als *Sri Lalitā Parameshvarī*. Er enthält die «50 Zeichen des Sanskrit-Alphabets», die *akshara*, das Unzerstörbare, genannt werden. Dem Klang jeden Lautes wird eine besondere Bedeutung, eine je eigene Kraft (*shakti*) zugeschrieben, weshalb dieser Klang als *mātrikā*, Mütterchen, bezeichnet wird. Da alles in der Welt durch Bezeichnungen unterschieden werden kann, ist die ganze Welt auch aus «Buchstaben» zusammengesetzt. Damit repräsentiert das Alphabet in seiner Gesamtheit die Welt als Ganzes. So verstanden ist die Welt das Fließen der *ānandashakti* der Göttlichen Mutter, symbolisiert im Alphabet. Jeder Buchstabe zeugt von einem anderen Aspekt dieser Kraft. Die Göttliche Mutter wird darin verehrt als *parātparā*, die vollkommen Transzendente, die im Geist des Sannyāsin wohnt, als *advaitāmritavarshinī*, die den Unsterblichkeitsnektar der Nicht-Dualität ausgießt.

Die emotionale Tiefe dieser Lieder, ihre rhythmische Kraft, verbindet sich mit einer poetischen Verdichtung des philosophischen Wissens in der Schönheit von Melodien, die ihresgleichen suchen. Die «Stimmung» solcher Lieder kennzeichnet mehr als alles andere die besondere Spiritualität, die in den Ritualen und Gesängen des Ashrams nun schon seit Jahrzehnten gepflegt wird.

Das Feueropfer: Ganapati-Homa

Nach diesen ersten Morgenritualen zelebriert der Shivācārya des Ashrams an der Feueropferstätte (*homa kund*) zwischen Tempel und Gurumūrti-Schrein ein *Ganapati-Homa* (Abb. 17). Er verbindet dabei Elemente des vedischen Feueropfers (Holz, Ghee, Getreidekörner usw. werden dem Feuer übergeben) mit āgamischen Hymnen, also devotionalen Elementen, in denen Ganapati als Herr des Universums besungen wird, der die Anwesenden und den ganzen Erdkreis segnet und alle Hindernisse beseitigt. Folgender Text entstammt der Sri Ganapati Atharvashīrsha Upanishad und wird auch bei der Pūjā rezitiert:

Verehrung Dir, Ganapati!
Du bist in der Form des Klanges. Du bist in der Form des Bewusstseins.
Du bist in der Form der Seligkeit. Du bist *brahman*, die letzte Wirklichkeit.
Du bist das nicht-duale Sein-Bewusstsein-Seligkeit.
Du bist das manifeste *brahman* vor unseren Augen.
Du bist in der Form von Erkenntnis und Weisheit.

Das Morgenritual

Das gesamte Universum geht aus dir hervor,
es ist in dir und kehrt zu dir zurück.
Du bist die Elemente – Erde, Wasser, Feuer, Luft und Raum.
Du bist die vierfache Rede (*parā, pashyantī, madhyamā, vaikharī*).[20]
Du übersteigst die drei Gunas (*sattva, rajas, tamas*).
Du übersteigst die drei Zustände des Bewusstseins (Wachen, Traum, Tiefschlaf).
Du übersteigst die drei Körper (grob materiell, subtil, kausal).
Du übersteigst die drei Zeitmodi (Vergangenheit, Gegenwart, Zukunft).
Du wohnst beständig im *mūlādhāra cakra* an der Basis der Wirbelsäule.
Du manifestierst dich als dreifache Kraft (*icchā, kriyā, jnāna*).[21]

Yogis meditieren unentwegt über dich.
Du bist Brahmā,
du bist Vishnu, Rudra, Indra, Agni, Vāyu, Sūrya und Candra.
Du bist Alles als *brahman*.
Du bist der Urklang als *bhūr, bhuvah, svah* (Erde, Himmel und Zwischenbereich).
Du bist OM (*turīya*,[22] das *brahman*).

Die Rezitation der Atharvashīrsha Upanishad verdeutlicht, dass Ganapati als Symbol der Letzten Wirklichkeit, des *ātman-brahman*, betrachtet wird. Gleichzeitig oder wenig zeitversetzt findet im Mani Mandapa[23] am Mahānirvāna-Schrein Sri Gnananandas eine Pūjā statt. Das ist der Ort, wo über Gnananandas in die Erde versenktem Körper ein Shīla Vigraha errichtet wurde, ein Linga,[24] das die ewige Einheit der feinstofflichen Präsenz des Guru und des allgegenwärtigen Gottes Shiva repräsentiert. Die Gottheit wird hier in formloser Gestalt verehrt. Während des *abhisheka*-Rituals, bei dem Wasser, Milch, Joghurt, Honig usw. über dem Gottessymbol ausgegossen werden, erfolgt die Rezitation der Taittirīya Upanishad und einiger Verse aus den Vedas, in denen die «großen Sprüche» (*mahāvākyāni*) enthalten sind, die auf die Einheit von individuellem und kosmischem Selbst verweisen («Das bist du», «Dieser *ātman* ist *brahman*» usw.). In der Āratī wird dann das Licht vor der Gottheit geschwenkt und anschließend allen Anwesenden dargeboten, die die Hände über die Flamme halten und als Symbol der Reinigungs- und Erleuchtungskraft zu ihrer Stirn führen. Die Priester reichen die heilige Asche, die von den Gläubigen auf die Stirn gestrichen wird zum Zeichen der Entsagung, Reinigung und verbrannten Begierden. Eine ähnliche Pūjā findet auch am Abend, als Abschluss des Tages, statt.

Die Verehrung der Sandalen: Pādukā-Pūjā

Auch die für das Ashramleben wichtige Pādukā-Pūjā enthält vedische und āgamische Elemente, insbesondere aber berühmte Hymnen der klassischen Tamil-Tradition, die die vedāntische Philosophie der Nicht-Dualität in eindrucksvolle poetische Bilder setzen. Die Verehrung der Sandalen bezieht sich auch auf die Polarität im Göttlichen, Shiva und Shakti, den männlichen und weiblichen Aspekt. Dieser Ritus war und ist im Ashram von zentraler Bedeutung, und Sri Gnanananda legte Wert darauf, dass auch die Sannyāsins an diesem Ritual teilnahmen, obwohl sie traditionsgemäß jeder rituellen Verpflichtung enthoben sind. Die Verehrung der Sandalen soll eine symbolische Verbindung herstellen mit der gesamten heiligen Tradition vom gegenwärtigen Guru bis zu Shankara und noch weiter zurück bis zu den Sehern der vedischen Zeit. Da Shankara im Advaita Vedānta und damit auch in Sri Gnanananda Tapovanam als die Autorität schlechthin gilt, wird im Ritual der Pādukā-Pūjā seine Litanei der 108 heiligen Namen Gottes verwendet, bei deren gemeinsamer Rezitation durch Priester und Laien Blumen gespendet werden. Shankara steht hier für die Einheit aller Hindu-Traditionen. Die Verehrung der Pādukās des Guru kann Shankara zufolge den Gläubigen in besonders wirkungsvoller Weise auf die Erkenntnis des eigenen Selbst (*ātman*) vorbereiten – des Selbst, das alle drei Bewusstseinszustände als «Zeuge» wahrnimmt, ohne von ihren fluktuierenden Formen verändert zu werden (*avasthātrayasākshin*).

Die Pādukā-Pūjā kann, so lehrte Gnanananda, bei jedem Gläubigen, unabhängig von der religiösen Zugehörigkeit, ein Gespür für die letztliche Einheit der verschiedenen spirituellen Wege erzeugen und dabei gleichzeitig die Verbindung mit der je eigenen Tradition vertiefen. Dadurch kann religiöse Identität begründet und immer wieder neu gefunden werden: So kann für den Muslim die Verehrung der Sandalen und Füße die Hingabe an Muhammad und den Koran bedeuten, für den Christen die intensive Hingabe an Jesus, wie sie vorbildhaft von Maria Magdalena vorgelebt worden ist. Diese Vergegenwärtigung der Verbindung mit dem Strom der göttlichen Liebe verweist zugleich auf den Ursprung, denn indem der Gläubige die Füße bzw. Sandalen des Guru verehrt, wird er sich bewusst, dass er in einer ununterbrochenen Kette der Überlieferung steht, die ihn trägt, ihm Orientierung bietet und Identität verleiht. Ohne diese Sicherheit verliert der Mensch nach indischer Er-

Das Morgenritual

fahrung seinen Halt und kompensiert dies durch Zerstreuung und/oder Gewalt.

Das Ritual der Pādukā-Pūjā, das den Guru in seiner transzendenten Form, aber mittels der körperlichen Gegenwart – nämlich der Sandalen bzw. der Füße – verehrt, hat sakramentalen Charakter. Wesentlich dabei ist, dass das äußerlich Sichtbare meditativ verinnerlicht wird, damit die kultische Übung (*upāsana*) der vollkommenen Hingabe (*bhakti*) dient, und vollkommen ist die Hingabe, wenn sie rein und nicht um irgendwelcher Wünsche und Ziele willen vollzogen wird (*nishkāmya bhakti*). Wir haben es bei diesen Kulthandlungen mit einer Stufenfolge geistiger Verwirklichung zu tun. Das religiöse Leben spielt sich auch in Indien zum großen Teil auf der Ebene einer vom Theismus geprägten Frömmigkeit ab, wo Gott als mächtige und in das Leben des Gläubigen eingreifende «Person» vorgestellt wird. In der Kultausübung will sich der Gläubige der Gnade dieser Gottheit vergewissern, sich ihr öffnen und ihre Gegenwart erfahren. Der Sannyāsin in der Tradition des Advaita Vedānta hingegen sucht das absolute Eine hinter der Welt der Erscheinungen und lässt den Kultus hinter sich. Doch gibt es auch Mönchsorden, in denen theistische Kultpraktiken ausgeübt werden.

Dem Advaita Vedānta zufolge geht der Gläubige einen Stufenweg, auf dem auch die kultische Verehrung einer Gottheit für die spirituelle Entwicklung einen wichtigen Stellenwert hat. Die religiöse Praxis ist zunächst auf eine personal gedachte Gottheit ausgerichtet, erst später kommt die Erfahrung einer transpersonalen Gottheit jenseits von Raum und Zeit hinzu. Der Kult kann sich der Symbole des Rituals bedienen, um auf diese letzte Wirklichkeit hinter den Erscheinungen zu verweisen. So gibt es in vielen großen Tempeln, aber auch in zahlreichen Ashrams und im häuslichen Umfeld frommer Hindus kleine Tempel, in denen alle Gottheiten, die mit den entsprechenden Traditionen verbunden sind, als Statuen verehrt werden, ganz analog zu den Seitenaltären in der katholisch-christlichen Ritualtradition. Die Gottheit ist letztlich eine, aber ihre verschiedenen Aspekte werden in einer Vielzahl von Göttern, Heiligen und Gurus repräsentiert.

Der vierfache «Stufenweg zur Vervollkommnung» (*sopāna mārga*), wie er in Bhagavad Gītā 7, 16–17 angedeutet wird, ist das Grundgerüst aller Ritualpraxis und ihrer Transzendierung im Gnanananda Ashram. Dabei gilt ein Leitsatz des Philosophen Shankara als Maxime, die dieser in seinem Kommentar zu Bhagavad Gītā 18,55 so formuliert hat:[25]

Diese Unerschütterlichkeit (*nishthā*) in der Erkenntnis, von der es heißt, dass sie die höchste Form ist, die vierte Stufe der Formen der Hingabe im Hinblick auf die anderen drei, nämlich «die aus Leiden heraus verehren» usw. Durch diese höchste Hingabe verwirklicht man den Herrn in Wahrheit. Damit verschwindet die Vorstellung des Unterschieds zwischen dem Herrn und dem «Erkenner des Feldes»[26] auf vollkommene Weise.

Die Pūjā am Morgen dauert etwa zweieinhalb Stunden. Männer, Frauen und Kinder aus dem Ashram sowie aus den umliegenden Dörfern und auch anwesende Gäste versammeln sich in stiller Kontemplation. Ein Shivācārya vollzieht die Riten der Verehrung (Waschungen und Salbung der Pādukās durch Ausgießen von Milch, Joghurt, Reis und Wasser).

Das Ritual beginnt mit einem Lied in Tamil, *Gurunathan Tiruvadiyat Nadu*, das die Zuflucht beim Guru besingt, der den Menschen auf seinem Weg führen wird. Danach erklingt eine Hymne von Shankara (*Guru Ashtaka*), Verse also, die die *Guru Bhakti* preisen:

> Wer auch immer jugendfrisch ist und eine schöne Frau sein eigen nennt,
> Wer als König berühmt ist für seine Macht und Freigebigkeit –
> All dies ist nichtig ohne die wahre Verehrung des Guru.
> Wissen, poetisches Talent, alle spirituellen Übungen und yogischen Fähigkeiten,
> All dies ist nichtig ohne *Guru Bhakti*.

Nun wird ein vedischer Gesang angestimmt, *Na karmanā na prajayā*, der in traditioneller Weise die Sannyāsin willkommen heißt und sie einlädt, die *bhikshā* anzunehmen, die Speise, die von den Laien mitgebracht wird, um die Bettelmönche zu versorgen. Die vedischen Mantras haben auch heute noch ihre ganz eigene Strahlkraft. Ursprünglich zielten vedische Rituale in erster Linie nicht auf weltliches Glück und die Sicherung von Wohlstand ab, sondern sie sollten der Seele nach dem Tod den Eintritt in eine himmlische Sphäre (vorzugsweise *pitriloka*[27]) mit übersinnlichen Freuden ermöglichen. Da dieser Zustand jedoch zeitlicher Begrenzung unterlag, musste die Seele, nachdem das aus dem Ritual stammende «Kapital» aufgezehrt war, auf der Erde wiedergeboren werden, um sich weiter zu vervollkommnen. Ebenso sind auch die Rituale begrenzt und können deshalb nur begrenzten Zielen dienen. Um sich auf das Unbegrenzte zu konzentrieren, muss man *allem* Handeln, das einem Begehren entspringt, entsagen und über das Wahre Selbst (*ātman*) meditieren. So die vedischen Überlieferungen.

Dann wird, wie zu Beginn jeden Rituals, Ganapati angerufen. Eine

Das Morgenritual

kleine Statue dieses Gottes, der alle Hindernisse beseitigt, wird vor den Pādukās aufgestellt und mit Milch, Joghurt und Honig übergossen, mit Blumen überschüttet und durch Räucherwerk, Blumendekoration (*mantra pushpa*), rituelles Opfer von Speisen (*naivedya*), Schwenken des Lichtes (*āratī*) usw. geehrt (Abb. 15 und 19). Erst dann folgt die eigentliche Verehrung der Pādukās.

Hier nun ist ein Ritual äußerst eindrucksvoll, bei dem Blüten (Abb. 16) unter dem Gesang vedischer Mantras geopfert werden (*mantra pushpa*). Obwohl Sannyāsins, die der Welt völlig entsagt haben, keinen rituellen Pflichten nachzukommen haben, empfahl Sri Gnanananda gerade ihnen die Teilnahme an diesem Teil der Pādukā-Pūjā (*arcana*). Die Blumen symbolisieren die Schönheit des Geistigen. Ihm wird in hingebungsvoller Liebe (*bhakti*) und gläubigem Vertrauen (*shraddhā*) als dem Ursprung von allem Verehrung dargebracht. Bei diesem Ritual sind alle Anwesenden aktiv beteiligt,[28] indem sie Blüten aus einem Korb nehmen, diese zuerst zum eigenen Herzen führen und dann vor dem Gottesbild bzw. den Pādukās niederlegen, während einer der 108 heiligen Namen Gottes rezitiert wird.[29] Im folgenden Āratī-Ritual mit fünf Feuern (fünf Elemente) wird Kampfer verbrannt, denn so wie Kampfer ohne Rückstände verbrennt, sollen auch alle Unreinheiten im Bewusstsein (*vāsanās*) weggebrannt werden, bis nur noch reine Bewusstheit bleibt. Jedes Ritual wird von Sanskrit-Mantras sowie Gebeten und Liedern, vor allem Sanskrit-Hymnen von Shankara und Tamil-Liedern der Āḷvārs, begleitet. Dabei werden wiederholt Verse der Guru Gītā und – als besonders beliebter Text – *Guru Pādukā Stotra* eines berühmten Shankarācāryas von Sringeri rezitiert:[30]

> Verehrung den zwei *pādukās* des Guru, wieder und wieder!
> Sie sind die Schiffe, um den endlosen Ozean des *samsāra* zu überqueren,
> sie segnen den Gläubigen mit Hingabe an den Guru,
> dessen Verehrung den Weg bahnt
> für die höchste Selbstbeherrschung des Entsagens.[31]

> Verehrung den zwei *pādukās* des Guru, wieder und wieder!
> Sie vernichten die Schlangen der Begierde, der zügellosen Leidenschaft,
> des Hasses, der Verblendung, des Stolzes, der Eifersucht.[32]
> Sie gewähren die Schätze des Unterscheidungsvermögens
> und der Entsagung,[33]
> deren Früchte Erkenntnis des Selbst
> und der Segen der sofortigen Befreiung sind.

Leben im Ashram Sri Gnanananda Tapovanam

Die Pādukā-Pūjā wird mit dem *Tat tvam asi pancaka*, dem fünffachen Gesang *tat tvam asi* («das bist du», nämlich die eine *brahman/ātman*-Wirklichkeit), und einer Tamil-Hymne beschlossen, was den Gläubigen noch einmal vergegenwärtigt, dass die Gnadengabe (*prasāda*), die sie von der Gottheit empfangen, nicht nur eine süße Speise oder Frucht ist, sondern die befreiende Botschaft des *mahāvākya* der Upanishaden, eben des *tat tvam asi*.

Daran schließt sich eine Meditation über die große Gottheit (*mahādeva*) an, die mit fünf Gesichtern visualisiert wird, die die Präsenz der Gottheit in allen vier Himmelsrichtungen und in der Richtung nach oben repräsentieren. Die fünf Aspekte Shivas – Schöpfung, Zerstörung, Verhüllung, Enthüllung und Gnade – werden vergegenwärtigt, indem fünf Öllampen vor den Pādukās und der Gottheit geschwenkt werden (*panca brahma dīpa* und *pūrnakumbha dīpa*). Anschließend werden Schirm, Fliegenwedel (*camara*) und Fahne vor der Gottheit gezeigt, Symbole der Herrschaft und der reinigenden Präsenz der Gottheit. Es folgen Gesänge aus allen vier Vedas und den Shivāgamas sowie das Gebet für das Wohlergehen aller Lebewesen, das jedes indische Ritual beschließt:

Lokāh samasthāh sukhino bhavantu
Mögen alle Lebewesen von Glück erfüllt sein.

Zuletzt wird den Pādukās, wie oben bereits beschrieben, von allen Anwesenden ein Blumenopfer (*mantra pushpa*) dargebracht. *Vibhūti*, die heilige Asche, und *prasāda*, süße Reis- und Fruchtspeisen, werden zum Zeichen der Segnung an alle verteilt, abschließend wird eine Komposition des berühmten tamilischen Dichters und Yogi Suddhananda Bharati (1897–1937) gesungen:[34]

Ehre sei dem Aus-Sich-Selbst Strahlenden!
Möge die reine Ātman-Kraft[35] alles durchdringen!
Mögen die sieben Welten erfüllt sein von der Seligkeit
der vollkommenen Befreiung schon in diesem Leben.
Möge der Herr im Herzen Gefallen daran finden.
Möge ein Leben in Unwissenheit mit egozentrischem Bewusstsein
für immer überwunden sein.
Möge der Nektar des Transzendenten, *saccidānanda*,[36] auf uns regnen.
Lasst die ewige Shiva-Wesenheit[37] erblühen ohne Hindernis.
Lasst ein vollkommenes Verschmelzen sein mit dem Wesen von *cit*[38]
und seinem unvergleichlichen Leuchten.

Das Morgenritual

Lasst ein Echo ertönen von *Hamsa Soham*[39] in allen acht Himmelsrichtungen.
Lasst die Wahrheit, dass alles *brahman* ist, überall aufleuchten.
Ehre und nochmals Ehre dem Aus-Sich-Selbst Strahlenden!
Möge die reine Ātman-Kraft alles durchdringen!

Dieser komplexe Ritus der Pādukā-Pūjā dauert bis etwa 7.30 Uhr. Danach gehen die Ashrambewohner ihren verschiedenen Pflichten nach, die Kinder gehen zur Schule, viele Männer arbeiten außerhalb des Ashrams.

Zu Lebzeiten Gnananandas kam es während des Tages oft zu spontanen Treffen mit ihm (*satsanga*), wobei er Fragen beantwortete oder Unterweisungen gab. Spezielle Zeiten waren der Belehrung der im Ashram lebenden Sannyāsins vorbehalten. Heute ist dies die Zeit zum Studium in der Bibliothek oder für Verabredungen mit den anwesenden Sannyāsins zu spirituellen Gesprächen. Am Nachmittag singen Frauen im *Annai Mandapa* (der Versammlungshalle, die der Göttlichen Mutter gewidmet ist) tamilische Lieder von Thayumanavar, wie *Gītāsāratalattu*, auch dies Lieder, die das vedāntische Wissen der Einheit von Ātman und Brahman in poetischer Sprache verdichten. Bei diesen Gesangstreffen war Sri Gnanananda meist anwesend, und nicht selten erläuterte er zwischen den Gesängen den Anwesenden die Bedeutung einzelner Verse, da es ihm besonders am Herzen lag, den Frauen durch seine Belehrungen die gleichen Voraussetzungen für ein spirituelles Wachstum zu ermöglichen wie den Männern. Am Ende dieser Treffen wurden Bhajans, devotionale Lieder mit kurzen, immer wiederholten Texten, in Sanskrit und Tamil gesungen. Am Abend folgte, wie weiter oben beschrieben, der Ritus der Āratī.

Transzendieren der Rituale

Gnanananda wollte den Ashram nicht zu einem Kloster (*math*) im Sinne der Tradition Shankaras entwickeln, denn für sich selbst lehnte er jede Hierarchie und eine zu starke Institutionalisierung ab. Außerdem war es ihm ein Anliegen, dass Brahmacārīs, Sannyāsins und Familien nicht nur nebeneinander, sondern miteinander im Ashram leben sollten, und dies ist bis heute der Fall.[40] Trotzdem wird Shankara auch in Tapovanam besonders verehrt. Das Ritual um Shankaras Pādukās wird, wie wir oben erläutert haben, täglich vollzogen, sein Bild hängt im Tempel, und das

Ideal von *sannyāsa* wird gemäß der Tradition Shankaras intensiv gepflegt. Dies drückt sich auch aus in einem Gesang, der im Ashram bei vielen Gelegenheiten gesungen wird: *Nirvānashatkam*, die «Sechs Strophen über Nirvana», die ebenfalls Shankara zugeschrieben werden. Nicht nur alle Rituale werden hier transzendiert, sondern auch alle konventionellen Formen der Vorstellung über Gott, die Welt, das eigene Bewusstsein. Jeder Ausdruck und jede Praxis werden als nur vorläufig erkannt und in dem unnennbaren Einen aufgehoben (*cidānandarūpah shivoham shivoham*, «Ich bin vom Wesen her Bewusstsein-Seligkeit, ich bin Shiva»). Mit keinem «etwas» soll sich der Mensch identifizieren, denn er besteht in dem, was jenseits jeder Dualität ist:[41]

1. Ich bin nicht Verstand, Intellekt, Denken oder Ego;
   Nicht das Hören, Schmecken, Riechen oder Sehen;
   Weder Äther noch Erde, weder Feuer noch Luft.
   Ich bin die Seele der Erkenntnis und der Glückseligkeit –
   Ich bin Shiva, ich bin Shiva.

2. Ich bin weder das, was *prāna* genannt wird, noch die fünf Lebenswinde;
   ich bin weder die sieben Elemente des Körpers noch die fünf Hüllen
   noch die fünf Tatorgane.[42]
   Ich bin die Seele der Erkenntnis und der Glückseligkeit –
   Ich bin Shiva, ich bin Shiva.

3. Ich habe weder Abneigung noch Anhaftung, weder Gier noch Wahn,
   weder Neid noch Stolz, weder Pflicht noch Absicht,
   weder Wünsche noch Freiheit.
   Ich bin die Seele der Erkenntnis und der Glückseligkeit –
   Ich bin Shiva, ich bin Shiva.

4. Ich bin weder Tugend noch Sünde, weder Freude noch Leid,
   weder heiliges Wort noch Pilgerfahrt noch Vedas noch Opfer;
   ich bin nicht die Erfahrung, nicht das Erfahrene noch der Erfahrende.
   Ich bin die Seele der Erkenntnis und der Glückseligkeit –
   Ich bin Shiva, ich bin Shiva.

5. Ich besitze weder Tod noch Furcht noch Unterscheidung nach Kasten;
   weder Vater noch Mutter noch Geburt;
   weder Freund noch Verwandte, weder Lehrer noch Schüler.
   Ich bin die Seele der Erkenntnis und der Glückseligkeit –
   Ich bin Shiva, ich bin Shiva.

Transzendieren der Rituale

6. Ich bin ohne Wandel und ohne Form, alldurchdringend und allgegenwärtig;
ich werde nicht berührt durch die Anhaftung der Sinne;
ich bin weder Befreiung noch bin ich zu erkennen.
Ich bin die Seele der Erkenntnis und der Glückseligkeit –
Ich bin Shiva, ich bin Shiva.

Gnanananda lehrte, dass man vom religiösen Leben der Vorstellungen, der Rituale und der äußerlich vollzogenen Gottesverehrung zu einem inneren Leben des geistigen Erwachens voranschreiten müsse. Religiöses Leben ist an Formen gebunden, die abgrenzend und nicht selten auch ausgrenzend sind, da sie den Menschen in einer *spezifischen* Identität verankern. Gott aber ist nicht hier oder dort. Gott ist das Eine, Alldurchdringende. Dies verlangt nach einer Gotteserfahrung, die eine *universale* Identität widerspiegelt, was nur im spirituellen Erwachen jenseits religiöser Ausdrucksformen möglich ist. Gnananandas Schüler Swami Abhishiktananda drückt dies so aus:[43]

> Jeder *dharma* (Religion) ist für die, die ihm folgen, das höchste Fahrzeug für die Ansprüche, die das Absolute stellt. Jedoch: Hinter und jenseits des *nāmarūpa* (Name und Form) der äußeren Merkmale wie zum Beispiel Glaubensbekenntnis, Ritus usw., durch welche die (spezifische) Religion erkennbar ist und überliefert wird, enthält sie in sich selbst einen unüberhörbaren Anruf an die Menschen, dieselbe (Religion) zu überschreiten, insofern es ja ihr Wesen ist, ein Zeichen für das Absolute zu sein. Wie großartig eine Religion auch sein mag, sie bleibt immer auf der Ebene der Zeichen (und Symbole); sie verbleibt auf *dieser* Seite der Wirklichkeit, und zwar nicht nur in ihrer Struktur und den institutionellen Formen, sondern auch in all ihren Versuchen, die unaussprechliche Wirklichkeit zur Sprache zu bringen, sei es in mythischen oder begrifflichen Bildern. Das Mysterium, auf das sie hinweist, überfließt ihre Grenzen in allen Richtungen. Wie der Kern eines Atoms explodiert der innerste Kern einer Religion, wenn die Tiefe des menschlichen Bewusstseins durch den Strahl des reinen Erwachens bis in den Abgrund aufgerissen wird. In der Tat, ihre wahre Größe liegt genau in ihrem Potential, über sich selbst hinauszuführen.
> Jenseits von allen Manifestationen des Geistes, jenseits der Ebene von *nāmarūpa*, ist es der Geist selbst (vgl. den 1. Korintherbrief des Paulus, Kap. 12,4 ff.), der weder definiert noch in irgendein System eingekerkert werden kann. Alle a priori Deduktionen und Spekulationen erreichen nicht die Entdeckung des Geistes in einem selbst jenseits der Ebene der Religionen. Dies kann nur existentiell erreicht werden, indem man in das Herz der religiösen Erfahrung selbst durchbricht. Solange wir aber meinen, diesen inneren Kern benennen oder definieren zu können, beweisen wir damit nur, dass wir uns noch auf der Ebene der *dvandva* (Gegensätze) und des *nāmarūpa* befinden, die das Bewusstsein jedes Individu-

ums an der Grundlage des reflexiven Denkens bestimmt. Aber in jeder Religion und jeder religiösen Erfahrung gibt es ein *beyond* (Jenseitiges), und es ist genau dieses *beyond*, das unser Ziel ist.

Sri Gnanananda hat sich zur «Vorläufigkeit» der Rituale und der Notwendigkeit, diese zu transzendieren durch eine spirituelle Praxis, die in der Realisierung des Einen gipfelt, noch radikaler geäußert. So berichtet Abhishiktananda von einem Gespräch zwischen Gnanananda und einem religiösen Sucher, der fragt, ob Riten, religiöse Zeremonien, Gebete und Lieder notwendig seien, von folgender Antwort des Guru:[44]

Nützlich oder notwendig? Überhaupt nicht! Sie sind im Gegenteil ein Hindernis für jemanden, der den Weg des *Jnāna* geht. Er muss sie entschlossen beiseite legen. *Dhyāna* (Meditation, Vf.) allein ist notwendig, und zwar unbedingt notwendig. *Pūjās, japa*, Riten, Litaneien und all das sind nur Äußerlichkeiten. Sie hängen von der Welt der Erscheinungen ab und haben nichts mit der Wirklichkeit zu tun. Ein *sādhaka*, der sich an diese Dinge hängt und an ihnen Gefallen findet, sie ausübt, als seien sie ein wirksamer Weg zur spirituellen Selbstverwirklichung, begeht einen grundlegenden Fehler, der ihn von seinem Ziel fernhält. All das bringt nur am Anfang Nutzen, nur denen, die den Ruf ihres Innern noch nicht vernommen haben, die verheiratet sind und ihren Verpflichtungen in der Welt nachkommen müssen und keine Zeit haben, beharrlich zu meditieren. Erinnere dich, mit welch beißender Ironie die Mundaka-Upanishad über die Menschen spricht, die Gebete und Opferriten ansammeln, um in den ‹Himmel› zu kommen. Nun, sie werden ihr Ziel erreichen, doch müssen sie eines schönen Tages auf die Erde zurückkehren, um endlich Brahman zu entdecken, das nichts mit einem Himmel zu tun hat.

Für Anfänger jedoch oder für Suchende mit entsprechenden psychischen Dispositionen, so Swami Gnanananda, seien die Rituale nicht nur nützlich, sondern unverzichtbar. Es sei ein großer Unterschied, ob Rituale aus Ignoranz oder Bequemlichkeit aufgegeben oder auf Grund von Weisheit transzendiert würden. Wer Rituale ausübe, solle sich aber – im Sinne der Bhagavad Gītā – nicht an sie binden, an ihnen anhaften oder sie zwecks eigener Identitätssuche als «meine Religion» gegen andere in Stellung bringen, sondern er soll die Rituale in ihrer Vielfalt wertschätzen und achten. Gnanananda unterstrich den Wert von *karma yoga* und *bhakti yoga*. Er stützte sich auf die traditionelle Sichtweise, wonach *upāsana* (die devotionale Meditation) einen wichtigen Platz auf dem spirituellen Weg (*sādhanā*) habe, da nur, wer die Reinheit des Herzens (*cittashuddhi*) und Konzentration kultiviert habe, sich

Transzendieren der Rituale

schließlich der Erkenntnis des Selbst widmen könne. Um diesen Ansprüchen vieler der Gläubigen, die zu ihm kamen, zu genügen, ließ er einen kleinen Tempel unter den fünf Mango-Bäumen errichten und in dem Gebäude Gottheiten einschreinen. Jede der Gottheiten hat im Namen das Präfix Gna-: *Gnāna Vināyaka, Gnāna Skanda, Gnāna Purisha, Gnānambikā, Gnāna Venugopāla, Gnāna Ānjaneya*.

In seinen Reden kam Gnanananda auch immer wieder auf die Bedeutung der Anbetung Gottes in personaler Form zu sprechen und pflegte dabei einen Vers des Tamil-Mystikers Thayumanavar (1706–1744) zu zitieren:

> Der Guru erscheint dem, der den Stufenweg der Anbetung von *mūrtis, sthalas und tīrthas* gewissenhaft durchschritten hat.

Das Gottesbild (*mūrti*), der geweihte Ort (*sthala*) und der Pilgerort (*tīrtha*) sind Symbole der Allpräsenz Gottes. Gott zeigt sich zwar an spezifischen Orten (*kshetra*), doch ist er grundsätzlich überall. Das Ritual bzw. der geweihte Ort (oder Gegenstand) kann jedoch den Zugang zum Göttlichen erleichtern. Das Feuer der Hingabe an Gott (*bhakti*) soll den Idolen oder geheiligten Orten zusätzliche Kraft verleihen, eine Vorstellung, die auch in anderen Religionen verbreitet ist. Das Besondere der indischen Tradition ist es, die grundsätzlich formlose Gottheit im Guru zu erkennen. Die Erscheinung Gottes im Guru ist die höchste Form der personalen Präsenz des Göttlichen, denn hier wird Gott unmittelbar greifbar, hier findet die Übertragung von Kraft und gnadenvoller Energie (*shaktipāta*) in unmittelbarer Form statt, sodass der gläubige Schüler (*shishya*) den Impuls zur Transformation des eigenen Bewusstseins effektiv empfangen kann.

Die Rituale im Ashram werden vom Gesang traditioneller oder auch von Swami Gnanananda komponierter Hymnen in Sanskrit und Tamil begleitet, die unter anderem die notwendige Transzendierung der Rituale thematisieren, die Realisierung des *ātman* jenseits jeder bildhaften Erfahrung. Der Weg führt von *upāsana* (Rituale, Meditation, spirituelle Anstrengung jeder Art) zu *ātmavicāra*, der Suche nach dem allem zugrunde liegenden Selbst, das formlos ist und nicht durch Anstrengung gefunden wird, das sich vielmehr von selbst zeigt. *Upāsana* gibt die Stabilität, die notwendig ist, damit das Bewusstsein als reines Beobachtungs-Bewusstsein (*sākshicaitanya*) von den Eindrücken und Projektionsbildern aus der Vergangenheit (*vāsanās*) nicht gestört wird. Aber auch das

«Zeugen-Bewusstsein», das etwas als etwas wahrnimmt, ist relativ und erscheint in verschiedenen Zuständen (Wachen, Traum, Tiefschlaf). Erst im alles transzendierenden Zustand, *turīya*, gibt es keine konditionierende Differenzierung mehr. Hier wird die Wirklichkeit als solche, die Wirklichkeit der Wirklichkeit (*satyasya satya*) erkannt. Im Unterschied zum Tiefschlaf ist dieser Zustand aber bewusst, ja überbewusst, denn man weiß, dass man weiß. Dies freilich lässt sich weder in Worten noch in Bildern, Symbolen oder Ritualen erfassen.

Bhakti, die leidenschaftliche Hingabe an Gott, ist ein *rāga*, eine Modifikation oder Einfärbung des Bewusstseins. Gott zeigt sich, so die Gītā, seinen Bhaktas, aber er ist auf dieser Stufe noch nicht als das innere Selbst bzw. der innere Lenker (*antaryāmin*) erkannt. Jede spirituelle Praxis beruht darauf, dass der Mensch selbst aktiv wird und sich mit aller Energie der Praxis widmet, aber genau das ist – so Shankara – der Inbegriff des *samsāra*, des unheilvollen Kreislaufs der Geburten. Wahre Erkenntnis setzt dort ein, wo der Mensch erkennt, dass nicht er der Urheber seines Tuns ist, sondern Gott in ihm, wie die Bhagavad Gītā durchgängig lehrt. Das Ritual ist also eine sinnvolle Vorbereitung, aber sie ist nicht das Ziel.

Kulträume des Ashrams

Die Architektur der Kulträume im Ashram symbolisiert die Geometrie der geistigen Erfahrung. Sie besteht aus dem Dreieck von *Mahāsamādhi* des Guru, *Shīla Vigraha* der lebensgroßen Statue (*mūrti*) und der Lichtsäule (*dīpa stambha*). Diese drei symbolisieren die Erscheinungsweise des Göttlichen, das jenseits von Name und Form (*nāmarūpa*) ist und bleibt. Und so ist die Ritualpraxis, die sich um diese drei Zentren gruppiert, auch nur «die Spitze des Eisbergs», so Gnanananda. Der wesentlich größere Teil der spirituellen Praxis befindet sich, im Bild gesprochen, unter der Oberfläche und ist die Übung des Bewusstseins in Erkenntnis des Ātman jenseits der Rituale in schweigender Versenkung.

Der Samādhi-Schrein wurde von Gnanananda noch vor seinem Tod konzipiert, und er gab detaillierte Anweisung für dessen Bau. Er betonte, dass dies ein *jīva samādhi* sein werde, das heißt, dass die Energien seines subtilen Körpers an dem Ort des Begräbnisses bleiben wür-

Grundrissskizze von Sri Gnanananda Tapovanam:

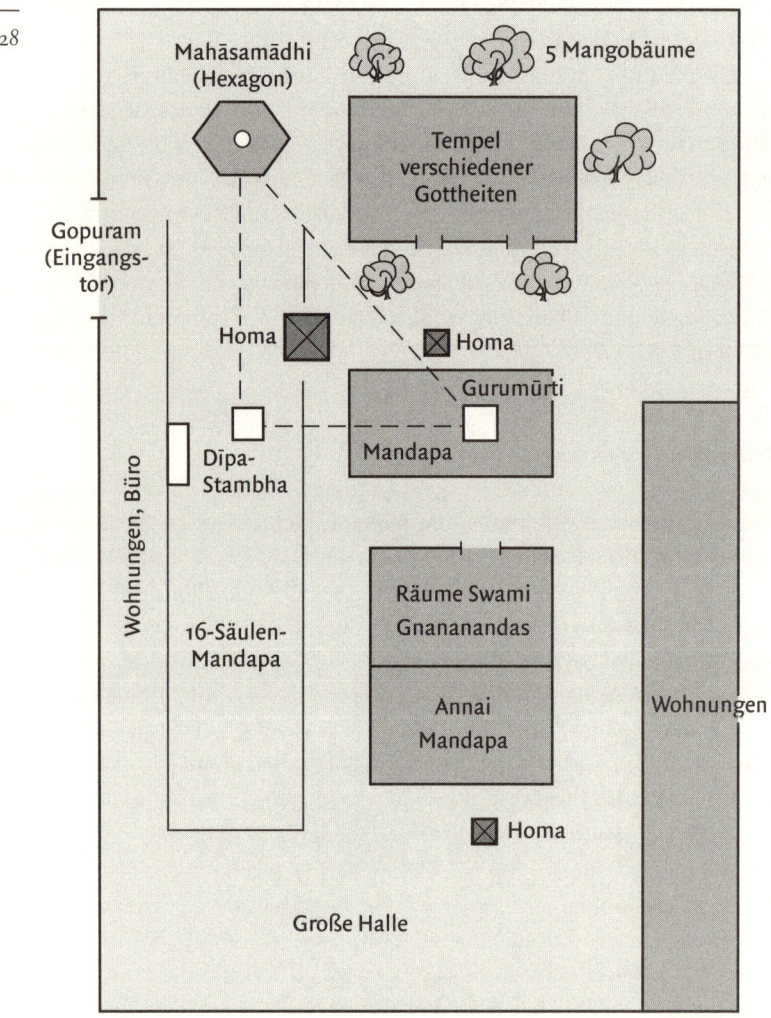

Leben im Ashram Sri Gnanananda Tapovanam

den, sodass die Gläubigen auch in Zukunft hier seine Ausstrahlung (*darshana*) spüren könnten. Er pflegte bei dieser Erklärung einen Ausspruch des Sai Baba von Shirdi[45] zu zitieren: «Mein Grab wird sprechen; meine Tonerde wird euch antworten; mein Schrein wird meine Gläubigen segnen und ihre Wünsche erfüllen.» Die in vielen Religionen verbreitete Pilgerschaft zu Heiligengräbern beruht auf der Erwartung, dass diese Kraftorte eine besondere «spirituelle Präsenz» ausstrahlen, wobei in Indien dieser Glaube mit der detailliert ausgeformten Anschauung vom subtilen Körper (*sūkshma sharīra*) verbunden ist.

Das *sanctum sanctorum* des Samādhi-Schreins ist ein Hexagon aus schwarzem poliertem Granit, in dessen Mitte das *shivalinga* steht. Das Linga ist die symbolische Präsenz einer unsichtbaren Wirklichkeit, in diesem Fall der von Shiva. Es steht aber auch für die regenerative Lebenskraft des Gottes (Phallus), es ist Gott in seiner formlosen Form. Die Konstruktion des Baus wird von sechs Säulen getragen. Sie symbolisieren die sechs Erscheinungsformen der Gottheit (*shanmata*), wie sie Shankara klassifiziert hat: Ganesha, Shiva, Vishnu, Sūrya, Subrahmanya (Skanda) und Shakti (die Göttliche Mutter). Jede Säule trägt Doppelbilder der jeweiligen Gottheit im Halbrelief. Die Symbolik deutet darauf hin, dass jede Form der Gottesverehrung gesegnet ist und dass jede dieser Formen der Gottheit *advaitavāsanā*[46] erweckt, die Sehnsucht nach der Erfahrung der Nicht-Dualität. Diese wird symbolisiert durch zwei Schwäne (*hamsa*), die auf der Spitze jeder Säule sitzen und einander anschauen: Sie repräsentieren *jīvātman*, die verkörperte Seele, und *paramātman*, das ununterscheidbare Beobachtungs-Bewusstsein jenseits aller Dualität, die letztlich identisch sind. In der Mitte des Hexagons ist der Guru begraben (Abb. 21). Der hexagonale Schrein ist ein dreidimensionales Mandala, in dem der Guru in Meditationshaltung (*dhyānamudrā*) präsent ist. Die Wirbelsäule bzw. ihre architektonische Verlängerung in der Struktur des Schreines symbolisiert den Weltenberg Meru, und damit wird auch religionsgeographisch deutlich: Wo ein Erleuchteter präsent ist, dort ist das Zentrum der Welt. Es gibt ein Zentrum, das symbolisch an jedem Ort geistigen Erwachens lokalisiert ist. Der Guru ist nicht nur zeitlos, sondern auch raumlos: Er ist zu jeder Zeit in jedem Raum.

Von größter, weil direkter Wirkung ist die Erscheinung Gottes im lebenden Guru. Der Guru ist Gott selbst in menschlicher Form. Darum ist *guru upāsana* für indisches Empfinden die leichteste und zugleich höchste Form von *saguna upāsana*, der kultischen Gottesverehrung, in der Gott Attribute zukommen. Schon zu Lebzeiten wurde eine Statue der Gestalt Swami Gnanananda angefertigt, sitzend, mit der rechten Hand die *cinmudrā* zeigend, also lehrend, wie auch Shiva als *dakshināmūrti*, nach Süden gewandt, in dieser Geste lehrt (Abb. 22). Inhalt der Lehre ist das *tat tvam asi* («das bist du») der Upanishaden, die nicht-dualistische Einheit des kosmischen Selbst (*brahman*) und des Selbst am Grunde der Person (*ātman*). Demzufolge ist der wirkliche Guru der Guru in uns selbst, der Ātman. Die *cinmudrā* wird auch hier symbolisch gedeutet als Geste der Bewusstheit – drei Finger sind abgespreizt und negieren die drei differenzierenden Bewusstseinszustände Wachen, Traum, Tiefschlaf, während der vierte Finger den Daumen berührt als Zeichen der Einheit von Gott, Tiefenbewusstsein und Welt (s. Kap. 3, Anm. 20). Alles, was ist, ist Manifestation dieser Bewusstheit. Zunächst war die Statue am Rande des Ashrams aufgestellt worden. Später wurde sie dann als sichtbarer Aspekt des unsichtbaren Gottes, als Ausdruck der Präsenz Gottes in Menschengestalt (sozusagen als zweite Person der Trinität) in Sichtweite des Shivalinga-Schreines platziert und erhielt ein kleines *cela* («Gewand», eine Behausung), also ein Mani Mandapa (s. o.). Im Januar 1973, während der Jayanti-Feierlichkeiten, erklärte Sri Gnanananda, indem er hinter der Statue stehend auf dieselbe deutete, dass im folgenden Jahr die Gläubigen sein *darshana* in dieser Gestalt erfahren würden. Die Statue ist also Symbol des Guru als Lehrer in menschlicher Form, während das Shivalinga im Samādhi-Schrein die Manifestation der Gottheit zwischen Form und Nicht-Form (*rūpa-arūpa*) ausdrückt.

Die dritte Manifestationsebene der Gottheit ist ihre Präsenz als Bewusstsein, ihre Kraft, die unterschiedlichen Evolutionsstufen von Bewusstheit hervorzubringen, was in der Lichtsäule (*dīpa stambha*), in Tamil Makara Vilakku genannt, symbolisiert wird (Abb. 23). Dieser Leuchter mit sieben Ebenen ist im Stile der Kerala-Kunst gefertigt. Er steht nach Anweisung Sri Gnananandas genau im Schnittpunkt der Linien, die vom Mani Mandapa und dem Samādhi-Schrein gerade in Richtung Westen und Süden ausgehen. Die Lichtsäule symbolisiert den Ātman, das Licht der Lichter, durch den alles erleuchtet wird, wie es in den Upanishaden heißt. Der Leuchter hat sieben Ebenen und ruht auf einer Schildkröte, während er nach oben in der Gestalt eines Vogels ausläuft. *Kūrmapītha*, der Schildkröten-Sockel repräsentiert das Brahman, die

Eine Wirklichkeit, die allem zugrunde liegt, aber selbst nicht als Erscheinung neben anderen Erscheinungen verstanden werden darf.

Die sieben Ebenen symbolisieren die sieben Cakras oder, einer anderen Deutung zufolge, die sieben Evolutionsebenen des Lebensprinzips (*jīva*), das sich vom Einfachen zum Komplexen, vom Primitiven zum Höheren, vom Dunklen zum Licht hin entwickelt:
- Die erste Stufe ist die fundamentale Unwissenheit (*avidyā*),
- auf der zweiten Stufe ist das wahre Selbst (*ātman*) verdeckt (*āvarana*),
- auf der dritten Stufe zeigt sich das Eine in Projektionen als Vielheit (*vikshepa*),
- darauf folgt die vierte Stufe des indirekten mentalen Wissens, der äußeren Wahrnehmung und der Begriffsbildungen, die noch durch Eindrücke von außen (durch Hören der Lehren) vermittelt werden (*paroksha jnāna*),
- die fünfte Stufe ist das innere Wissen, das im Herzen unmittelbar aufleuchtet, aber noch durch die Sinne und das *manas* vermittelt ist (*aparoksha jnāna*),
- als sechste Stufe folgt die Erkenntnis der Überwindung von Angst und Sorge (*duhkhanivritti*) aufgrund der Identifikation mit dem Unvergänglichen,
- schließlich ist die siebente Stufe die uneingeschränkte Zufriedenheit (*nirankushatripti*), die nichts mehr wünscht und die vollkommene Ruhe des Friedens (*shānti*) durch die Realisierung des Ātman erlangt hat, wo jede Unterscheidung und objektivierendes Verstehen überwunden sind.

Dies alles ruht auf der Schildkröte (*kūrma*), dem Symbol nach die Stütze der Welt, die keiner eigenen Stütze bedarf, und die – nach alter indischer Mythologie – die Welt trägt.[47] Die Evolution wird an der Spitze des Leuchters abgeschlossen durch den Vogel, dessen freier Flug die spirituelle Ungebundenheit symbolisiert. Er ist leicht und hinterlässt beim Fliegen keine Spur.

Eine andere Deutung sieht in den sieben Ebenen die sieben Stufen der Erkenntnis (*saptajnānabhūmikā*),[48] die von selbst aufeinander folgen, wenn sie der Tradition gemäß praktiziert werden.
- Die erste Stufe ist *shubhecchā*, das ernsthafte Verlangen nach Erkenntnis, das geweckt wird durch die Lektüre der heiligen Bücher und durch Gemeinschaft mit weisen Menschen,

- die zweite ist *vicāraṇa*, das bohrende Fragen nach Wahrheit und die Ausrichtung des Lebens nach diesem Ziel,
- die dritte ist *tanumānasī*, die Verfeinerung des Bewusstseins, das sich nun nicht mehr unwillkürlich auf Sinnesobjekte richtet,
- die vierte ist *sattvāpattī*, das Erlangen eines geläuterten (*sattva*) Bewusstseins, das sich schon indirekt auf den Ātman ausrichtet,
- die fünfte ist *asamsakti*, das Nicht-Anhaften und der Gleichmut gegenüber angenehmen oder unangenehmen Erfahrungen,
- die sechste ist *padārthabhāvanā*, die Absorption in das tiefere Bewusstsein, das spontan keine Objekte mehr wahrnimmt, sodass man von anderen auf dieselben aufmerksam gemacht wird,
- die siebente ist *turyāga*, das Eintreten in den vierten Bewusstseinszustand jenseits von Wachen, Traum und Tiefschlaf, die vollkommene nicht-duale Einheit mit dem Ātman.

Am Abend werden die Öldochte des großen Leuchters (*dīpa stambha*) auf allen sieben Ebenen angezündet. Die Frauen und Mädchen des Ashrams sowie die weiblichen Gäste tanzen um die Feuersäule nach einem Rhythmus, der *kummi* genannt wird, und singen dabei Hymnen an die Göttliche Mutter (Abb. 20).

Die Abendliturgien werden mit der Āratī beschlossen. Dabei wird das Licht (*dīpa*) unter dem Klang von Trommeln und Glocken vor dem Gottesbild geschwenkt. Durch den Klang, so die indische Erfahrung seit vedischer Zeit, sollen alle Energien des Kosmos in Bewegung gesetzt und die Kraft der Gottheit «erweckt» werden, wobei die Aufmerksamkeit des Menschen auf dieselbe gelenkt wird. Die Gottesbilder, zuerst das *shivalinga*, dann die *gurumūrti*, schließlich der *dīpastambha*, werden vom Licht erhellt, das so bewegt wird, dass das heilige Schriftzeichen OM in der Luft nachgezeichnet und für das menschliche Auge einen kurzen Augenblick sichtbar wird. Das heilige Licht wird nun zu den anwesenden Gläubigen getragen, die ihre Hände darüberlegen und dann zur Stirn führen. Der Widerschein des heiligen Lichtes soll im eigenen Bewusstsein verinnerlicht werden.

Die Zeremonien werden begleitet vom Gesang devotionaler Hymnen. Wie am Schluss jeder Pūjā erhalten die Gläubigen *prasāda*, nämlich die Speisen, die der Gottheit vor dem Kultbild geweiht wurden, nun in gesegneter Form, meist gesüßter und leicht gewürzter Reis sowie reinigendes Wasser, denn «der Geschmack der Gottheit ist süß und angenehm».

Malereien

Die Symbolik der Rituale wird in den Deckengemälden der großen Haupthalle (*mandapa*) des Tempels aufgenommen und zusätzlich veranschaulicht. Diese Deckengemälde geben Szenen aus der shivaitischen und vishnuitischen Mythologie wieder, die in den Ritualen, Gesängen oder in den Belehrungen von Guru Gnanananda eine Rolle spielen. Aber auch Darstellungen Shankaras fehlen nicht, der seiner Bedeutung für Gnanananda und den Ashram gemäß als Lehrer dargestellt wird, der sein Gesicht nach Süden[49] (*dakshināmūrti*) wendet, mit der Handgeste (*mudrā*) des Lehrens. Zum anderen gibt es Darstellungen der legendären Heiligen Narada und Sahara. Narada gilt als Herr der himmlischen Musikanten. Er besingt in seinen Hymnen die Herrlichkeit Gottes und die Liebe zu Gott als Vorbereitung für die höhere Erkenntnis, ein im Hinduismus wichtiger Aspekt: Erkenntnis ist nicht abstrakt, sondern wird durch das Gotteslob vorbereitet. Denn der ekstatische Gesang (Musik) erweckt emotionale Kräfte, die spirituell transformiert werden können und so den Frieden des Geistes (*shānti*) ermöglichen. Eine weitere Darstellung zeigt die berühmte mythische Szene, in der Gangā auf die Erde herabströmt:

> Der Rishi Kapila hatte den aus *tapas* gebündelten Strahl seiner Yogakraft auf die zahlreichen bösen Söhne eines Königs von Ayodhya gelenkt und diese verbrannt. Um aber die unverdorbenen Teile ihrer Seelen retten zu können, bedurfte es der Abkühlung durch Himmelswasser. Der König konnte nun zwar aufgrund seines *tapas* die Göttin Gangā vor sich erscheinen lassen, erhielt aber die Warnung, dass die Kraft ihrer Fluten die ganze Erde zerstören könnte. Nur Shiva sei es möglich, diese gewaltige Kraft zu zügeln, und so öffnete dieser schließlich sein Haar und ließ das Wasser der Gangā gebändigt auf die Erde strömen.

Der Mythos verweist auf die ungezähmte weibliche Energie (*shakti*), die durch die maskuline Struktur (*shiva*) kanalisiert wird. Erfahrungsgemäß bedarf Energie der Formung, um heilsame Wirkung zu erzielen, wofür der Strom Gangā ein Beispiel ist (Abb. 8). Denn seine Fluten können nach der Schneeschmelze verheerende Wirkungen haben, wenn sie die nord-indischen Ebenen überschwemmen, werden sie aber kultiviert, spenden sie Fruchtbarkeit. Der Ausgleich der polaren Kräfte ermöglicht Leben, die Balance der psychischen Kräfte fördert eine heilsame spirituelle Entwicklung.

Ein weiteres Bild zeigt die Göttliche Mutter (*devī*), wie sie Shiva verehrt. Im Mythos wird dieses Verhältnis als wechselseitig beschrieben – auch Shiva verehrt Devī. In der Darstellung hier im Tempel wird Shiva in den fünf Elementen verehrt, nämlich in Erde, Wasser, Feuer, Luft und Raum, die, wie bereits erwähnt (Kap. 2), wiederum mit fünf bedeutenden Shiva-Tempeln Südindiens verbunden sind.

In einem anderen Bild (Abb. 9) sehen wir Vishnu, und zwar zunächst in seiner Inkarnation als Zwerg und dann in seiner kosmischen Gestalt (*vishvarūpa*), wie er in drei Schritten (*trikrama*) das gesamte Universum durchmisst – mit dem ersten Schritt die manifeste Welt, mit dem zweiten Schritt die unmanifeste Welt, und schließlich durchschreitet er mit dem dritten Schritt, wobei er den Fuß auf den Kopf des Königs Bali legt, die psychische Ich-Anhaftung und zeigt den Weg zur Erkenntnis (*mahābodhi*). Die Symbolik besagt, dass Gott sowohl das Kleinste als auch das Größte ist, und darüber hinaus jenseits jeder menschlichen Kategorisierung gedacht werden muss. Es sind hier die Formen Vishnus abgebildet, die mit der mythischen Geographie in Verbindung gebracht werden: Vishnu als Venkateshvara, der alle Wünsche erfüllt, wird im berühmten Tempel von Tirupati verehrt, Vishnu, der die drei Schritte geht, im Tempel von Tirukoiylur in Sichtweite von Sri Gnanananda Tapovanam. Die Verehrung der Göttlichen Mutter (*devī*) als Ursprung und Ziel allen Lebens, als Inbegriff aller physischen und spirituellen Energien (*shakti*) ist hingegen in allen hinduistischen Traditionen Grundlage der Frömmigkeit, sie ist im Shivaismus wie im Vishnuismus anzutreffen.

An den Säulen werden die sechzehn Repräsentationen Shivas gezeigt, wie er erscheint als *Ardhanārīshvara*, Gott in halb männlicher und halb weiblicher Form, als Inbegriff des Zusammenfalls der Gegensätze: als *Mīnākshī*, eine Lokalgöttin in der Tempelstadt Madurai, die auf Grund ihrer Hingabe an den Gott seine Gunst gewann und mit Shiva verheiratet ist, als *Shiva-Pārvatī*, das göttliche Paar in Form der ewigen Ehegemeinschaft, als *Bhairava* (die zornvolle Form Shivas, die das Böse vernichtet), als *Shankaranārāyana*, als *Arunācala*, als die ewige unveränderliche Realität, ohne Anfang und Ende, um nur einige zu nennen (Abb. 1 und 2).

Küche

Die Küche hat in der indischen Kultur eine ganz besondere Bedeutung, denn hier brennt das Feuer des Herdes, das nicht ausgehen darf und das über Generationen hinweg die Kontinuität des Lebens verbürgt. Mit der Glut von diesem Feuer wird das Opferfeuer ebenso entzündet wie das Feuer, das der Leichenverbrennung dient. In der Küche als einem Ort der Wandlung werden die Gaben der Natur so zubereitet, dass sie den Menschen ernähren und die «Verdauungsfeuer» in Gang halten. Das Zubereiten der Nahrung unterliegt auch im Ashram speziellen Vorschriften, so ist insbesondere auf äußerste Reinheit zu achten (in der Küche ist zum Beispiel das Spucken ebenso untersagt wie das Auswaschen des Mundes, zwei Arten der Reinigung, die in Indien ansonsten ausgiebig praktiziert werden). Die Nahrung wird als göttliche Gabe aufgenommen und auch den Ahnen, den Tieren und den anderen Lebewesen geopfert. Durch die Nahrung wird der Kreislauf des Lebens aufrechterhalten.

Nicht nur der Ort der Nahrungszubereitung gilt traditionsgemäß als heilig, sondern auch die Ingredienzien, die für die Nahrung verwendet werden. Alles ist heilsam, wenn das Maß, die Proportionen und die Qualität der Verarbeitung stimmen. Nahrung gilt als Medizin, und so ist für die ayurvedische Tradition die Ernährungslehre ein ganz wesentlicher Aspekt. Die einzelnen Substanzen haben physische wie spirituelle Qualitäten und können das Bewusstsein ebenso stärken wie die Herzkraft oder die Willenskraft. Es ist nicht unwichtig, zu welchem Zeitpunkt eine bestimmte Nahrung zubereitet oder gegessen wird – die astrologische Konstellation, die Jahreszeit oder auch die Tageszeit können hier von Bedeutung sein.

Für die indisch-ayurvedische Lebenswelt gilt mehr als in irgendeiner anderen Kultur: Der Mensch ist, was er isst. So hat die Unterscheidung der «Reinheit» der Kasten ganz wesentlich mit deren Speisegewohnheiten zu tun. Wer Fleisch isst, nimmt nicht nur Nahrung auf, die aus traditioneller Sicht rituell tabu ist und physisch zu Aggression und Triebhaftigkeit führen soll, sondern er übernimmt mit dem Verzehren von Fleisch auch die Energie der Angst, die das Tier bei seiner Schlachtung empfunden hat. Dies ist einer der Hauptgründe für den Vegetarismus. Wer aber in Indien Rindfleisch isst, wird nicht nur physisch, sondern auch rituell abgelehnt, denn er stört die Weltordnung, was sich auf das geistige Klima der Umgebung auswirkt. Die gesamte Vorstellung vom Körper-Geist-Kontinuum des Menschen wird in der Küche konkret umgesetzt: Die physische wie psychische Gesundheit hängt an der Balance der verschiedenen Grundkräfte und Substanzen.

In der Sāmkhya-Philosophie sind das die drei Grundeigenschaften, die *gunas* (*sattva, rajas, tamas*); in der Ayurveda-Tradition werden die drei *doshas* (*vāta, pitta, kapha*)[50] unterschieden. Die beiden Dreiergruppen bedeuten nicht dasselbe, aber sie verweisen in beiden Fällen darauf, dass das Leben auf der Mischung von widerstreitenden Energien beruht und die Unterschiede der Lebensformen aus der Differenz der Mischungsverhältnisse resultieren. Diese erlauben eine gewisse Bandbreite. Gesundheit ist die Balance (*sāmya*) der Lebenselemente, mehr noch die Beständigkeit mit sich selbst im eigenen Selbst, wie man den im Ayurveda am häufigsten gebrauchten Begriff für Gesundheit, *svāsthya* (wörtl. «Stehen im Selbst»), übersetzen kann.[51] Wenn durch das Überwiegen auch nur eines Elements die Balance verlorengeht, entsteht Krankheit, und zwar physisch wie psychisch, denn die Zustände von Körper und Bewusstsein beeinflussen einander gegenseitig.[52] Das Leichte und Durchdringende, Ruhige und Intelligente (*sattva*), das Energievolle, Rastlose, Sinnliche (*rajas*) und das Träge, Instabile (*tamas*) wirken aufeinander. Dabei soll es besser sein, sattvische Nahrung zu sich zu nehmen und sattvische Gedanken zu haben, als sich dem Triebhaften oder Trägen zu überlassen. In der Sprache des Ayurveda hängen die drei Doshas (*vāta, pitta, kapha*) mit den Grundeigenschaften der Nahrung (und des entsprechenden Typus des Menschen) zusammen. *Kapha* regelt das Wachstum, gleicht aus, erzeugt feuchte Wärme, stabilisiert. *Pitta* regelt den Stoffwechsel, gibt Energie. *Vāta* reguliert das, was wir vegetativ gesteuerte Prozesse nennen (Atem, Kreislauf). Auch bestimmte Organe und Gewebeformen werden den drei Doshas zugeordnet, ebenso werden die Menschen als Typen dieser Kategorien oder als Mischtypen eingeordnet. Keines der drei Elemente sollte zu sehr überwiegen, weil dies physische und psychische Störungen zur Folge hat.

Diese Typen werden nun wiederum mit den Grundklassen der Nahrungseinteilung Geschmack (süß, sauer, salzig, stechend, bitter, beißend), «Verdauungsverarbeitungsqualität» (aktiv – träge), Energiehaushalt (erhitzend – kühlend), Verdauungsintensität (fördernd – hemmend) verbunden. Für ein gutes Leben ist die Balance entscheidend, und zwar nicht nur hinsichtlich der stofflichen Substanzen der Nahrung, sondern

Leben im Ashram Sri Gnanananda Tapovanam

auch der Tages- und Jahreszeit der Ernte, des Reifegrades, der sozialpsychischen Gegebenheiten, unter denen geerntet, zubereitet und gegessen wird. Dieses System ist komplex, und nicht jeder Koch ist auch ein Ayurveda-Arzt. Aber die Grundprinzipien sind den Menschen in Indien bewusst und werden, ob im Ashram oder in den Familien, berücksichtigt und auch eingehalten. Alles, was mit Nahrung zusammenhängt, die Umstände des Kochens und Verzehrs, unterliegen strikter Kontrolle und Beobachtung, weil es um heilsamen oder unheilsamen Austausch zwischen Individuum und Umwelt geht. Denn Gesundheit oder Krankheit sind im indischen Wissen vom Leben (*āyurveda*) nicht nur die Folge von Insuffizienz einzelner Organfunktionen, die durch äußere Störungen (Viren, Bakterien) hervorgerufen werden, sondern hängen ab von der Balance aller Beziehungen des Individuums mit der Umwelt auf der physischen, psychischen und geistigen Ebene.

Auch die mentale Einstellung des Kochs während der Nahrungszubereitung soll der Tradition zufolge von Bedeutung sein, da die «geistige Energie» auf die Nahrung übergeht und sich auf die Bekömmlichkeit auswirken kann. Deshalb wurden früher nicht selten in der Küche Mantras rezitiert. Während des Essens soll geschwiegen werden, damit das Gemüt ausgeglichen bleibt und die Nahrung konzentriert aufgenommen werden kann.

Auch auf eine rasche Beseitigung der Stoffwechselprodukte wird Wert gelegt, und das regelmäßige Reinigungsfasten ist wichtig, um Krankheiten vorzubeugen oder zu heilen. Küche und das Wissen des Ayurveda sind also nicht zu trennen. Und hier wiederum bilden körperliche und geistige Aspekte ein Kontinuum – der Charakter des Menschen hat auch mit seiner Nahrung zu tun.

Natürlich ist unter den modernen Lebensbedingungen von Großstadtrestaurants, Betriebskantinen und Reisen die strikte Küchendisziplin der Tradition nicht mehr jederzeit und überall praktikabel. Aber es ist erstaunlich, wie anpassungsfähig und erfinderisch die Inder diesbezüglich im Detail sind, ohne das Prinzip aufzugeben. Reisende Inder haben nicht selten einen Koffer mit den ihnen gemäßen Nahrungsmitteln im Gepäck. Vor allem aber soll wenigstens zu Hause die Qualität stimmen.

Küche

Die wirtschaftliche Basis

Ein Ashram lebt von Spenden. Die traditionellen Veda-Schulen wurden meist von den Herrschern oder reichen Gönnern gegründet und mit finanziellen Mitteln bzw. Landschenkungen ausgestattet, und einige funktionieren auf diese Weise bis in die Gegenwart. Doch in der heutigen Zeit kann sich eine Veda-Schule, auch wenn sie Land besitzt, oft nicht mehr selbst finanzieren und ist auf Spenden angewiesen. Ursprünglich besaßen Brahmanen kein Land, sondern bekamen dies im Laufe der Zeit von Mitgliedern anderer Kasten, namentlich von Kshatriyas, geschenkt.[53]

Die Brahmanen wohnten und lebten in der Nähe von Tempeln oder zum Teil auch innerhalb der großen Tempelanlagen, und als Gelehrte (*pandits*) war es ihre Aufgabe, Zeremonien zu leiten, Horoskope zu erstellen, Belehrungen zu geben usw. Dafür erhielten sie Geschenke und gelegentlich auch Land. Auf diese Weise haben Brahmanen in späterer Zeit auch Landbesitz erworben, der dann mit in die Veda-Schulen, die sie etablierten, eingehen konnte. Hatten es Brahmanen, die formell weder politische noch ökonomische Macht besaßen, zu hohem Ansehen gebracht, konnte dies mit einem gewissen Wohlstand verbunden sein. Es entstanden Gelehrtentraditionen und Schulen, die zum Teil überregionale Bedeutung gewannen (Kānchipuram, Hampi/Vijāyanagar, Vārānasī) und Pilger und Schüler aus dem ganzen Subkontinent anzogen. Daraus entwickelte sich ein Bildungs-Pilgerwesen mit der wirtschaftlichen Konsequenz, dass derartige Zentren ihr Vermögen durch Schenkungen vermehren konnten. Dies betraf nicht nur Veda-Schulen, sondern auch Schulen, die für ihre handwerkliche und künstlerische Bildung berühmt waren.

Auch in Sri Gnanananda Tapovanam ist es so, dass Swami Gnanananda das Land, auf dem dann der Ashram entstand, als Schenkung erhielt. Weitere Schenkungen, aus denen später ein Trust gebildet wurde, ermöglichten den Zukauf von zusätzlichem Land. Aus aller Welt kommen Spenden von den Anhängern Gnanandas, die in den Bau von Gebäuden, den Unterhalt einer Bibliothek sowie die Vergabe von kleineren Stipendien fließen, aber auch in die Speisungen der Armen (*annakshetra*), in Publikationen (in Sanskrit, Tamil, Englisch und anderen Sprachen) oder in Seminare, die dem Studium des Yoga, des Vedānta, der Meditation, dem Gebet und dem interreligiösen Dialog dienen. Neben dem klassischen Vedastudium wird auch ein durchgängiges Curriculum auf diesem Gebiet angeboten, ebenso eine Ausbildung für Knaben (Abb. 18) in der shivaitischen Tradition (*shivāgāmapadasthala*).[54] Viele der Jugendlichen, die im Ashram leben und diesen Studien nachgehen wollen, kommen aus armen Familien. Weil die Familien jedoch häufig auf die Arbeit und das Geld ihrer Söhne angewiesen sind, sehen sich die jungen Männer oft gezwungen, das Studium abzubrechen, um die Familie unterstützen zu können. Um diesen Schülern einen Abschluss ihres Studiums zu ermöglichen, übernimmt dann der Ashram die Unterstützung der Familien und hilft danach gegebenenfalls auch beim Start ins Leben. Hier zahlt also nicht der Student für seine Bildung, sondern er wird bezahlt, damit er sich bilden lassen kann. Der Ashram kann diese Zahlungen jedoch nur aufgrund von Spenden leisten.

Es gibt zwar Hinweise, dass es in vedischer Zeit auch für Mädchen Möglichkeiten zum Vedastudium gegeben hat, in späteren Zeiten aber beschränkte sich die Rolle der Frauen auf die Erfüllung der Pflichten in der Ehe. Das Ritualwissen der Frauen bezog sich lediglich auf die häuslichen Rituale, bei denen die Ehefrau eine jeweils korrespondierende Funktion gegenüber dem Ehemann hat. Mädchen wurden in Literatur, den Künsten und allem, was zur Bhakti-Tradition gehört, unterwiesen. Ausnahmen sind möglich, wenn nämlich eine Frau die charismatischen Qualitäten einer Gurunī aufweist. Dann konnte und kann sie sich innerhalb oder außerhalb der Familie einem spirituellen Sādhanā widmen, manchmal aber erst beim Eintritt in die Lebensphase von *vānaprastha*, die wir bereits geschildert haben (s. Kap. 5). Die Situation und Stellung der Mädchen und Frauen ändert sich in der modernen indischen Gesellschaft rapide. Die traditionellen Ritualschulen haben darauf aber noch keine Antwort gefunden.

Das Leben der Studenten im Ashram folgt nicht mehr dem traditionellen Prinzip, wonach die Schüler im Haus des Guru leben (*gurukula*), oft auch, weil die Lehrer für diese Lebensform die Verantwortung nicht mehr übernehmen wollen. So werden die Studenten von einem durch den Ashram angestellten Koch versorgt. Die Studenten nehmen an den täglichen Ritualen des Ashrams teil, gehen aber tagsüber in einem eigenen Gebäude ihren Veda- bzw. Āgama-Studien nach.

Auch in Bezug auf die zu vermittelnden Wissensinhalte ist die Situation heute komplizierter geworden. Denn im Wesentlichen wird in den Veda-Schulen das Wissen der klassischen Traditionen auf höchstem

Die wirtschaftliche Basis

Niveau weitergegeben, während die Erziehung in modernem säkularem Wissen (Mathematik, Naturwissenschaften, Englisch) auf ein Minimum reduziert ist. Anders ist es in den staatlich finanzierten Veda-Schulen, in denen säkulares Wissen und die traditionellen Fächer gleichberechtigt nebeneinander unterrichtet werden. Hier tritt das Problem auf, dass die Studenten nach Abschluss der Ausbildung meist säkulare Berufe vorziehen. Wer über klassisches Wissen in Philosophie und Ritualtraditionen verfügt, kann dieses außerhalb der Ashrams und Tempelsysteme kaum anwenden. Da das indische Schulsystem streng säkular ist, besteht auch kein Bedarf an Religionslehrern. Der Sog der modernen Berufswelt hat auch die Dörfer und Ashrams längst erfasst, und so nimmt es nicht wunder, dass die Zahl der Absolventen an klassischen Veda-Schulen äußerst gering ist. An den Universitäten wird Philosophie gelehrt, aber überwiegend mit historischem oder philologischem Interesse und nicht im Kontext der klassischen Ritualtraditionen. Die Berufsaussichten dieser Absolventen bleiben auf das akademische Feld beschränkt. Das Fach Philosophie wird nicht selten von jungen Frauen aus den Oberschichten belegt, da eine klassische Bildung immer noch – aber in deutlich abnehmendem Maße – als Kulturgut und eine geistige «Mitgift» für die Familiengründung gilt. Das Studium der Vergleichenden Religionswissenschaft steht an indischen Universitäten noch in den Anfängen. Ob das neue öffentliche Interesse an Religion, das in den Massenmedien greifbar wird (vgl. Kap.9), neue Wissenskompetenzen erfordert, durch die Philosophie-Departments wie Veda- und Sanskritschulen im traditionellen Stil einen Aufschwung erleben könnten, steht dahin.

Leben im Ashram Sri Gnanananda Tapovanam

Abb. 11

Blick auf den Shiva-Tempel (Arunācaleshvara) in Tiruvannamalai

Abb. 12
Abb. 13

Oben: Haupthalle des Tempels im Gnanananda-Ashram, vorbereitet für das Morgenritual
Unten: Das Dīpajyoti-Ritual im Gnanananda-Ashram, *siehe Seite 212 ff.*

Abb. 14
Abb. 15

Links: Der Shivācārya verehrt die neun Planeten (navagrahas), *siehe Seite 70ff.*
Rechts: Der Shivācārya verehrt die Pādukās durch Schwenken des Kampfer-Feuers, *siehe Seite 217ff.*

Abb. 16

Unter Rezitation vedischer Verse und der Namen Gottes werden Blumenopfer dargebracht (Mantra pushpa und arcana), *siehe Seite 47, 220.*

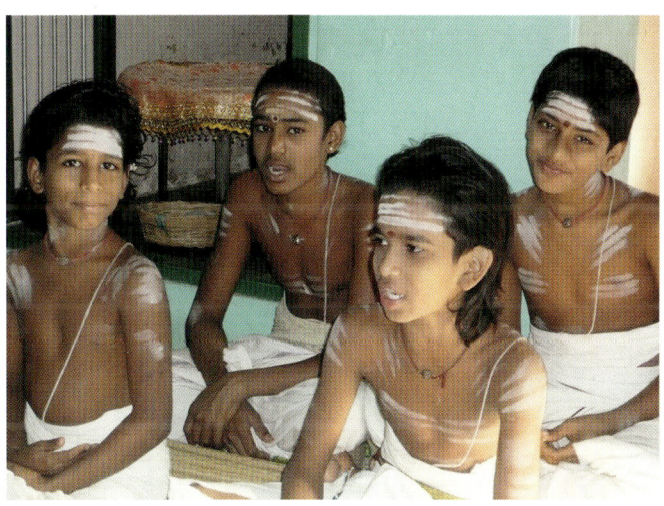

Oben: Ein Shivācārya beim Ganapati-Homa, *siehe Seite 215f.*
Unten: Bahmanen-Knaben in der Veda-Schule, *siehe Seite 238*

Abb. 19
Abb. 20

Oben: Verehrung der Pādukās, *siehe Seite 217ff.*
Unten: Kummi-Tanz um den Dīpa stambha, *siehe Seite 232*

Abb. 21
Abb. 22

Links: Mahāsamādhi Sri Gnanananadas (Hexagon), *siehe Seite* 229
Rechts: Gurumurti Sri Gnanananadas in Mani Mandapa, *siehe Seite* 230

Abb. 23
Abb. 24

Links: Āratī am Dīpa Stambha. Auf dem Höhepunkt des Rituals wird an der Lichtersäule Feuer geschwenkt, *siehe Seite 47, 55, 230*
Rechts: Swami Nityananda Giri

9
Rituale im modernen Indien

Neue Medien, moderne Gurus

Die indische Gesellschaft verändert sich rapide. Dies ist im Wesentlichen auf drei Faktoren zurückzuführen, die einander verstärken können: den ökonomischen Aufbruch, die zunehmende Selbstbestimmung und politisch aktive Rolle der unteren Schichten (insbesondere der Kastenlosen) und die Veränderung der Rolle der Frauen. Die Formulierungen sind mit Bedacht gewählt, denn sie sollen die unterschiedliche Motivation, Dynamik und Struktur der drei Veränderungen anzeigen. Wir wollen die Folgen für die Ritualkulturen knapp erörtern.

Zunächst ist zu beobachten, dass die Transformationen der Ritualkultur den Hinduismus in seiner Identität keineswegs erschüttern. Das hängt vor allem mit der strikten Unterscheidung von *shruti* und *smriti* zusammen. Shruti («das Gehörte») bezieht sich auf die unveränderliche heilige Überlieferung, wie sie in den Vedas überliefert ist (vgl. Kap. 7). Hier sind selbst der Wortlaut, die Prosodie und die Metrik der zu rezitierenden Texte genau einzuhalten, und die Tradition ist diesbezüglich oral über Jahrtausende ohne Abstriche weitergegeben worden. Aber auch derartige Texte erschließen sich nicht von selbst, sie sind interpretationsbedürftig, und das ermöglicht Spielräume. So ist Smriti («das Erinnerte») das heilige Wissen, das sich in kultureller Vielfalt entwickelt hat und ständigen Neubildungen unterworfen ist, wozu auch alle Rituale gehören. Dies hat zu einer facettenreichen Verschmelzungs- und Veränderungsdynamik geführt, die die indischen Kulturen bis heute auszeichnet und adaptionsfähig macht.

Der ökonomische Aufbruch hat in sehr kurzer Zeit die gesamte indische Gesellschaft erfasst. Zwar sind bereits nach der Unabhängigkeit (1947) starke einheimische Industrien entstanden, wobei die größeren zumeist als Familien-Imperien und nicht als multinational agierende Konzerne auftraten. Bis in die 1990er Jahre hinein war die Ökonomie staatlichen Regulierungsmechanismen unterworfen. Die traditionellen Sozialstrukturen wurden zwar durchlässig und schliffen sich ab, aber der Wertekanon der Ritualgemeinschaft blieb im Wesentlichen unangetastet, auch wenn man zunehmend «säkularisiert» lebte. Insbesondere Südindien zeichnet sich durch eine starke Kontinuität der Traditionen aus. Dies hängt mit der Geschichte zusammen, denn im Süden haben die muslimischen Eroberungen weit weniger kulturelle Brüche bewirkt als im Norden.

Nachdem Indien aber seit den neunziger Jahren des 20. Jahrhunderts die Kapital- und Warenmärkte geöffnet hat, ist ein rapides Wirtschaftswachstum im Gange, was dramatische Ungleichzeitigkeiten vor allem zwischen urbanen Zentren und den Mehrheiten im ländlichen Indien erzeugt. Alle sind betroffen, und selbst wenn Teile der Ober- und Mittelschichten vom «Boom» profitieren, so spüren gerade die Menschen in den Dörfern oft die negativen Auswirkungen, weil die Preise für nahezu alles steigen. Grobe Schätzungen lassen vermuten, dass nur etwa ein Viertel der Bevölkerung in die neuen Wirtschaftskreisläufe aktiv eingebunden ist, aber auch das wären mehr als 250 Millionen Menschen.

Die indische Lebenswelt verändert sich schnell: Die Urbanisierung nimmt zu, ebenso die Umweltverschmutzung, soziale Netze werden durch zunehmende Mobilität zerrissen, die Großfamilie löst sich zumindest räumlich auf. Migration innerhalb Indiens, aber auch die Beschäftigung vieler Inder im Ausland und die Rückkehr von Auslandsindern schaffen neue Sozialisierungen und kulturelle Muster. Dies wirkt sich auf die Ritualkultur ebenso aus wie die neuen Anforderungen an Bildung und Ausbildung. Wir hatten gesehen, dass «klassisches Wissen» zurückgedrängt wird, weil die Ausbildung in modernen Wissenschaften und Technologien die Chancen auf dem Arbeitsmarkt und damit auf ökonomischen Aufstieg verbessert. Das gesamte Leben in Indien (einschließlich der Bildung, des Gesundheitswesens usw.) wird, wie überall in der Welt, mehr und mehr ökonomisiert. Die Folge davon ist, dass traditionelle Religionskulturen die Alltagswelt weniger bestimmen als zuvor.

Rituale im modernen Indien

Jedoch zeigen sich auch umgekehrte Trends: Vor allem die modernen Medien wie Film, Video, Tonträger oder Internet haben das symbolische und rituelle Wissen längst erschlossen. Viele Menschen sind, auch bedingt durch Migrationen, auf der Suche nach Identität, und sie finden sie nicht selten in der religiösen Kultur. Die bewusste Adaption von Ritualen, vor allem bei Hochzeiten und Totenzeremonien, wird gerade auch durch im Ausland lebende Inder verstärkt, denn als Rückkehrer aus dem Ausland sind sie oft besonders traditionsbewusst. Beliebt sind vedische Rezitationen, Bhakti-Hymnen und Ritualtexte, die in Millionenauflagen auf Tonträgern verbreitet werden. Der Mangel an brahmanischen Priestern wird durch diese neuen Medien ausgeglichen. Damit entsteht eine neue Ritualkultur, die unter den Bedingungen der Moderne praktikabel ist. Dazu gehört auch, dass sich die Rangfolge wichtiger Texte verändert. So ist unter Migranten die Bhagavad Gītā außerordentlich beliebt, und dies wirkt auf Indien zurück: Der Text hat in Buch-, Hörbuch- und Videoform eine nie dagewesene Popularität erlangt. Rezitationen und Diskurse charismatischer Gurus werden in Millionenauflagen auf CD oder durch das Internet verbreitet.[1]

Oft haben diese Bewegungen eigene Zentren im Ausland (besonders USA und England) und wirken über die elektronischen Medien auf die technikbegeisterte Jugend in Indien zurück. So ist es auch bezeichnend, dass die Tradition der Tamil-Hymnen bei den Tamilen in Sri Lanka besonders lebendig ist und sich auch in England und Kanada immer größerer Beliebtheit erfreut. Untersuchungen haben gezeigt, dass bei indischen Hausfrauen der Mittelschichten der Fernsehkonsum etwa zwei bis drei Stunden am Tag beträgt, und hier stehen religiöse Sendungen und Familiendramen an erster Stelle. Menschen aus ganz unterschiedlichen, auch aus technischen Berufen oder aus dem Dienstleistungssektor, widmen sich dem Studium vedischer Traditionen und des Yoga, entsprechende Institute haben einen ständig steigenden Zulauf. Zeitungen berichten ausführlich über religiöse Rituale und Feste. Fernsehgurus sind in täglichen Sendungen präsent. Freizeitparks befassen sich ausschließlich mit Themen aus der religiösen Tradition, besonders den Epen und purānischen Göttererzählungen. Pūjās werden im World Wide Web angeboten. Fernsehen, Film und Internet tragen zu einer Verbreitung rituell-religiösen Wissens bei, gleichzeitig aber auch zu einer nie gekannten Homogenisierung dieses Wissens.

In den Mittelschichten geht der Trend in Richtung Kleinfamilie mit

Neue Medien, moderne Gurus

durchschnittlich zwei Kindern, denen man eine Ausbildung in modernen Berufen zuteil werden lässt. Dies wirkt sich negativ aus auf die Schulen klassischer religiöser Überlieferungen, auf Klöster und Wanderasketen. Gleichzeitig aber wird die Überlieferung von Religion nun zur bewussten Aufgabe, die nicht nur den Familien obliegt, sondern der Öffentlichkeit. Und dieser Aufgabe hat sich die indische Gesellschaft gestellt: Religion wird zum kognitiv vermittelten Lebensweg, sie ist damit mehr als selbstverständliche Überlieferung und gewinnt dadurch an Profil.

Die Veränderung der Rolle und Position gerade der untersten Schichten (Kastenlosen) hat schon vor der Unabhängigkeit Indiens eingesetzt und eine Dynamik entfaltet, die sowohl von innen als auch von außen inspiriert war und ist. Die Kritik am Kastenwesen ist in Indien nicht neu.[2] Aber nach 1947 konnten sich die unteren Schichten (*Dalits*, die Unterdrückten) auf den rechtlichen Rahmen der indischen Verfassung berufen und die ökonomischen Möglichkeiten nutzen, die sich mit den Landreformen sowie der Industrialisierung boten. Damit bekam die Befreiungsbewegung zunehmend eine ökonomische Basis. Die Dynamik ist keineswegs erlahmt, und sie erlebt auch Einbrüche und Rückschläge, weil angesichts des ökonomischen Booms billige Arbeitskräfte gesucht (und ausgebeutet) werden, was wiederum die Solidarität der Arbeitsuchenden unterminiert. Nach wie vor sind mangelnde Bildung und Ausbildung ein Hauptproblem. Die Geschichte und politische Dynamik dieser teils spontanen, teils organisierten Bewegungen ist oft beschrieben worden, und es kann hier nicht der Ort sein, dies erneut zu tun.

Uns interessieren die Auswirkungen auf das Ritualwesen, und hier ist die Situation widersprüchlich. Einerseits hat der brahmanische Einfluss in der Gesellschaft in den letzten hundert Jahren stark abgenommen, und das bedeutet auch, dass brahmanisch geleitete Rituale seltener geworden sind. Andererseits drängen nun die unteren Schichten nach sozialer Anerkennung, kultureller Bildung und hinduistischer Identität, die zuvor von der brahmanischen Ritualkultur ausgeschlossen waren bzw. Strukturen eines eigenen Ritualwesens entwickelt hatten. Millionen von Menschen eignen sich nun die Tradition des purānischen und teilweise sogar des vedischen Hinduismus neu an und partizipieren an seinen Ritualen, teilweise mit neuen Gruppen von Akteuren. Das betrifft sowohl die öffentlichen als auch die häuslichen Rituale. So werden die Totenrituale heute keineswegs nur von Priestern durchgeführt, die nach vedischer Tradition ausgebildete Brahmanen sind, sondern von jedem, der das notwendige Ritualwissen erworben hat. Ähnliches trifft auch auf die Hochzeitsrituale zu. Während in der Vergangenheit die Reifungsrituale für die Knaben (*upanayana*) vorwiegend von Brahmanen durchgeführt wurden, vollzieht sie heute immer häufiger der eigene Vater. Weitere Beispiele sind in diesem Buch erwähnt worden.

So haben die Guru-Bewegungen in den letzten Jahrzehnten keineswegs abgenommen. Satya Sai Baba etwa ist mit Millionen von Anhängern in der ganzen Welt zweifellos einer der populärsten Gurus. Er unterscheidet sich aber nicht unerheblich von der in diesem Buch vorgestellten Guru-Gestalt Sri Gnanananda oder auch von dem berühmten Meditations-Meister Ramana Maharishi. So kann er nicht nahtlos in die Reihe der herkömmlichen traditionellen Weisen in der upanishadischen Tradition eingereiht werden, denn er ist ein moderner Mensch, der die Massenmedien und neuen Kommunikationssysteme nutzt, dazu die finanziellen Potentiale von riesigen Spendensummen. Er verkörpert in sich die Tradition der Bhakti, die er auf seine Präsenz, den lebenden Gott, lenkt. Dabei gelingt es ihm, die unterschiedlichen indischen *sampradāyas* (Shivaiten, Vishnuiten etc.) in seiner Gestalt zusammenzuführen. Er integriert auch Elemente aus dem Sikhismus, Islam und Christentum und predigt einen humanistischen Universalismus im Geist der Liebe aller Menschen und der Verständigung aller Religionen, die unter dem Schirm seiner göttlichen Präsenz ihre eigene Relativierung erfahren. Denn er gilt bei seinen Anhängern, zu denen auch Politiker und Führungskräfte aus Wirtschaft und Wissenschaft gehören, als die Inkarnation des Göttlichen schlechthin.

Er ist außerdem Wundertäter und Heiler und inszeniert dies auch medienwirksam. Er baut Schulen, Universitäten und Krankenhäuser, in denen sich modernes (westliches) Wissen mit den indischen Überlieferungen verbindet. Sein «Ashram» ist eine moderne Stadt mit eigenem Flughafen, und seine Anhänger, sehr viele auch aus dem Ausland, kaufen Wohnungen in diesem Umkreis, um der heiligen Präsenz des Guru so oft wie möglich nahe sein zu können. Die weltweite Bewegung versteht sich durchaus als Elite, als Speerspitze einer geistigen Erneuerung der Menschheit, in der sich individuelle Ideale und soziale Ziele miteinander verbinden. Denn die göttliche Präsenz ist – und hier steht Sai

Neue Medien, moderne Gurus

Baba ganz und gar in der indisch-vedāntischen Tradition – in jedem Menschen angelegt, der dies durch Verehrung der Gestalt Sai Babas und in der Gemeinschaft der Anhänger erfahren kann. Sai Baba predigt traditionelle Werte des Dharma, und dies trägt dazu bei, dass seine Anhänger in den Familien die Ritual- und Frömmigkeitstraditionen wiederbeleben, die indische Identität seit langem kennzeichnen.

Satya Sai Baba ist nicht der einzige moderne Guru, obgleich sein Erfolg hinsichtlich der Massenwirkung beispiellos ist. Eine weitere Guru-Bewegung aus Südindien sei noch erwähnt, weil auch diese typisch ist: Ende der siebziger/Anfang der achtziger Jahre kristallisierte sich in Tamil Nadu um Bangaru Adigalar eine Bewegung heraus, die Aspekte einer neuen weiblichen Spiritualität und ökologische Elemente mit dem Guru-Ideal verknüpft. In der Kleinstadt Melmaruvatthur etwa fünfzig Kilometer südlich der Millionenstadt Madras (Chennai) trat Bangaru auf, ein ehemaliger Lehrer, der Visionen hatte, in denen er die Göttliche Mutter als *Ādiparāshakti* («höchste ursprüngliche Kraft») erfuhr. Die Ausstrahlung des Guru war immens, und innerhalb weniger Jahre scharten sich Millionen Anhängerinnen und Anhänger um ihn. Es ist eine tamilische Bewegung, die Sprache der Verehrungsgesänge (*bhajans*) und Gebete ist Tamil. Alle kultischen Akteure sind Frauen, das heißt ausschließlich Priesterinnen zelebrieren die Pūjā. Gleichwohl sind ebenso viele Männer wie Frauen Mitglieder der Bewegung, die auch von Wirtschaftsunternehmen und Bankgewerbe gesponsert wird. Neben dem neuen Kult und der Vision der Ādiparāshakti ging es in der Bewegung auch um ökologische Ziele. So dienten Massenveranstaltungen mit Hunderttausenden der Idee, Millionen von Bäumen zu pflanzen, um das karge Land wieder aufzuforsten und – in Begeisterung für die Schöpfungskraft der Göttlichen Mutter – selbst Hand anzulegen, damit die Einheit von Natur und Mensch nicht nur gelehrt, sondern auch praktiziert werde. Die Inspirationskraft des Guru war es, die auch hier Millionen von Menschen in Bewegung brachte.

Nicht selten kommt es in Indien zu einer Deifizierung, zu einer Vergötterung im wörtlichen Sinne, von Filmschauspielern aus den «Bollywood»-Studios. So kann es vorkommen, dass bekannten und hochverehrten Schauspielern, die das Massenpublikum millionenfach begeistern, eigene lokale Tempel errichtet werden. Selbst Phoolan Devī, die sich in den Jahren 1981 bis 1983 mit einer von ihr angeführten Bande in Zentralindien mit Morden für erlittenes Unrecht rächen wollte und

Teile des erbeuteten Gutes unter Armen verteilte, wurde von einigen Landbewohnern als weibliche «Robin-Hood-Figur» gesehen oder sogar als Inkarnation der Göttin Durgā. Sie wurde 2001 ermordet.

Das Phänomen der Anpassung von Ritualtraditionen an moderne Lebensverhältnisse betrifft vor allem auch solche Rituale, die öffentlich sind und schon immer die Kastenschranken durchbrochen haben: die Feste und Pilgerschaften. Die großen Melas haben millionenfachen Zuspruch wie nie zuvor. Moderne Verkehrsmittel, eine geregelte Arbeits- und Freizeitwelt für die Mittelschichten und ausreichende finanzielle Mittel haben das «touristische» Pilgern zu einer der beliebtesten Aktivitäten indischer Familien gemacht. Dabei gehen touristische Aktivität und religiöse Erbauung oft nahtlos ineinander über. Die ganz großen Pilgerfeste wie die Kumbha Mela erreichen Zahlen bis zu 20 Millionen und mehr. Die zahlreichen Pilgerorte stellen auch Wirtschaftsfaktoren dar, deren Bedeutung erheblich variiert. Der reichste Tempel soll der Vishnu-(Venkateshvara)-Tempel von Tirupati (nördlich von Chennai) sein, mit einem Spendeneinkommen von etwa 350 000 Euro täglich.[3]

Darüber hinaus verstärken millionenfach verkaufte Comics, die indische Göttergeschichten oder die in diesem Buch beschriebenen Rituale zum Inhalt haben, Poster der Hindu-Gottheiten, Fernsehserien und Filme sowie das weithin verbreitete und durch Lautsprecher dröhnende Straßentheater in den Dörfern die neue Adaption der Tradition. Inzwischen gibt es – in gewisser Nachahmung der westlichen Disneyland-Modelle – auf indische Verhältnisse abgestimmte Durgā-Länder, Rāma-Länder, Gangā-Länder usw.[4] Verstärkt durch die Massenmedien (vor allem Film und Fernsehen) entsteht hier eine pan-indische Identität. Weil die Rituale des Festkalenders und die Pilgerschaften nicht Gegenstand dieses Buches sind, belassen wir es bei diesen knappen Hinweisen.

Auch Politiker beteiligen sich an solchen religiösen Bewegungen, sicher aus unterschiedlichen Motiven. So hat der Vordenker der hindunationalistischen Partei *Bharatiya Janata Party* (BJP), Lal Krishna Advani, im Jahre 1990 einen Wahlkampf als Pilgerreise quer durch Indien inszeniert, der schließlich auch zur Regierungsbildung führte. Dabei wurde auch der traditionelle Tempelwagen, auf dem die Götterstatuen durch die Straßen gefahren werden, genutzt.[5] Das Symbol des mythischen Königs Rāma, einer Inkarnation Vishnus, diente dabei dem aktuellen Ziel der BJP, eine auf die Hindu-Tradition gestützte, jedoch nicht

Neue Medien, moderne Gurus

säkulare, wie in der indischen Verfassung vorgegeben, Werte- und Regierungsordnung durchzusetzen. Das erklärte Ziel war es, «die alten nationalen Symbole der Einheit, der Freundschaft zwischen den Religionsgruppen und der kulturellen Vereinigung zu bewahren». Doch führte dies keineswegs zur Einheit zwischen den Religionsgruppen, sondern schließlich zur Zerstörung der symbolträchtigen Moschee Babri Masjid in Ayodhya am 5. Dezember 1992, weil an diesem Ort vor dem Bau der Moschee ein Rāma-Tempel gestanden habe. Nationale Unruhen und Kämpfe zwischen Muslimen und Hindus, denen zahlreiche Menschen zum Opfer fielen, waren die Folge. Die Neuinszenierung religiöser Rituale und Symbole kann im multireligiösen Indien höchst brisanten politischen Sprengstoff explodieren lassen. Nicht von ungefähr wird ein Denkmal für B. R. Ambedkar (1891–1956)[6] in Mumbai Tag und Nacht von der Polizei bewacht, denn ein Anschlag darauf könnte einen nationalen Aufruhr mit unabsehbarer Gewalt auslösen.

Die Verbindung von Politik und der Suche nach religiösen Werten aus der Tradition kann aber auch ganz andere, friedliche Formen annehmen. Um nur ein Beispiel zu nennen: Ende Juni 2010 veröffentlichte der Justizminister Indiens, Veerappa Moily, eine zweibändige Ausgabe des Epos Rāmāyana, mit einem großen Kommentar (1700 Seiten). Sie wurde der Öffentlichkeit vom Richter des Obersten Gerichtshofes, S. H. Kapadia, unter beachtlicher Aufmerksamkeit der Medien vorgestellt. Die Werte dieses Epos neu zu beleben sei Voraussetzung dafür, dass sich die Hoffnung, der Hinduismus könne auch in der Moderne ein «Way of Life» sein, erfülle. Dabei ist Kapadia nicht Hindu, sondern Anhänger des Zoroastrismus, beide Religionen teilten aber die Werte «rechte Rede, rechte Arbeit, rechtes Handeln».[7]

Rituelle Frauennetzwerke

Der Wandel in Bezug auf Bild und Rolle der Frauen verändert die indische Gesellschaft und ihre Religionsstrukturen ebenso stark wie andere Kulturen auch. Es sind vor allem die jüngeren, ökonomisch unabhängigen Frauen, die das klassische Frauenbild aufbrechen und neue Lebensformen erproben. Dass dies die Welt der Männer, einschließlich der Ritualwelt, verändert, ist selbstverständlich. Das *Frauenbild* war in der indischen Gesellschaft nie homogen, weder im Verlauf der Geschichte noch in den verschiedenen Gesellschaftsschichten. Die Ober- und Mittelschichten orientierten sich am Ideal der Unterordnung. Als Vorbild diente Sītā, die Gemahlin Rāmas, die ihrem Mann bedingungslos folgt und ihm ganz ihr Leben widmet. Die Rolle der Frau in der Öffentlichkeit war entsprechend nachgeordnet. Im Hause aber hatte sie als Mutter, die den Haushalt führt und die Kinder erzieht,[8] immer eine starke Position, und wenngleich ihre Rolle bei den häuslichen Ritualen eher passiv war, konnten die Rituale ohne ihre Präsenz nicht wirksam werden.

In den unteren Schichten sind die Frauen zwar bis heute ebenfalls den Männern untergeordnet, aber die Kulte des Dorfes gaben und geben ihnen eine eigene Ritualgemeinschaft, die Frauensolidarität erzeugt. Diese Rituale sind sehr zahlreich und regional auch verschieden, aber es kann doch festgestellt werden, dass diese Kulte, die entweder exklusiv auf die Frauen beschränkt sind oder von Frauen aktiv geleitet werden, eine sozialpsychologische Realität darstellen, die mit dem Begriff rituell gestützter Frauennetzwerke gut gekennzeichnet werden kann.

Hier spielt das Bild der Großen Göttin (devī)[9] eine wichtige Rolle, und die Dörfer haben oft eigene Göttinnen und entsprechende Kulte, die nicht selten mit den Bildern der Großen Göttin des purānischen Hinduismus identifiziert werden (also mit Pārvatī, Kālī, Durgā, Lakshmī, Sarasvatī usw.). Während aber die Göttinnen des purānischen Hinduismus meistens (es gibt markante Ausnahmen) mit ihren männlichen Partnern verheiratet und diesen untergeordnet (bzw. von ihnen «gezähmt») sind, verfügen die lokalen Göttinnen oft über Eigenständigkeit. Dies spiegelt die sozialen Strukturen, zumindest die Dynamik der sozialen Erwartungen wider. Die Göttinnen sind ambivalent, sie können Segen spenden, aber auch zerstören. Es fällt auf, dass der Aspekt des Zerstörenden bei der «Domestizierung» in die hinduistischen Götterfamilien in den meisten Fällen (mit Ausnahme Kālīs und Durgās) neutralisiert worden ist. In diesen Kulten sind auch die Frauen bei der Durchführung der Rituale Akteure. Diese sind nicht identisch mit den Ritualen der purānisch-hinduistischen Kultur, weisen aber viele Ähnlichkeiten auf nach dem Muster, dass die lokalen Göttinnen in Erzählung, Bild und Ritual mit den «Sanskrit-Göttinnen» identifiziert werden. Denn auch dies ist sozialer Aufstieg der Kultgemeinschaft mittels des Rituals.

Rituelle Frauennetzwerke

In den Mittelschichten, wo die Frauen nach der Tradition durchaus ihre eigenen Rituale pflegen, deutet sich unter den Bedingungen der Moderne ein Umbruch an. Da die Männer weniger zu Hause sind, werden viele häusliche Rituale nun auch von Frauen vollzogen. Neben den großen kalendarischen Festen (Shivarātri, Durgā-Pūjā, Holī, Navarātri usw.), die für die Frauen mit besonderen Ritualen verbunden sind – sie spenden einander Segen, kommen zur Erzählung der Göttergeschichten oder zu devotionalen Gesängen zusammen, vor allem aber legen sie Gelübde (*vratas*, Fasten, Keuschheit usw.) für das Wohlergehen der Familie und des Hausstandes ab –, übernehmen Frauen nun zusätzlich weitere häusliche Rituale, die wir oben (s. Kap. 6) beschrieben haben, und dies besonders, wenn sie dem Wohl der Mitglieder des Haushalts dienen.[10] In den Ritualen der Lebensübergänge (*samskāras*) haben verheiratete Frauen (*savashinī*s) ohnehin die Rolle von Glücksspenderinnen, besonders im Hochzeitsritual. Weil ihnen als verheirateten Frauen Glückskraft (*mangala*) «anhaftet», werden sie selbst zum Objekt der Verehrung.

Traditionelle Motive und Ritualpraxen werden aufgenommen, verstärkt, abgewandelt und im Kontext eines neuen kultischen Selbstbewusstseins der Frauen neu in Szene gesetzt. Entsprechend der alten Tradition, *tapas* (Hitze) durch spirituelle Übungen zu sammeln, unterziehen sich Frauen besonderen Fastenritualen, und diese Energie wird nun zum Beispiel durch die Nahrung, die Frauen zubereiten, oder durch Segenssprüche weitergegeben. Den jungen Mädchen kommt aufgrund ihrer Reinheit eine besondere Kraft zu, die sie rituell übertragen (etwa anlässlich der Durgā-Pūjā oder in den Navaratri-Ritualen, aber auch bei den Samskāras um Geburt und Reifung, die oben beschrieben wurden). Die rituell geweihten Jungfrauen (*kumārīs* bzw. *kumārikās*) werden als Manifestation der Devī verehrt.[11] Durch ihre rituelle Praxis können Frauen das Wohlwollen der Göttlichen Mutter erwirken, das dann der gesamten Gemeinschaft zugute kommt. Frauen besetzen immer mehr rituelle Nischen, die entstanden sind, weil die traditionell von Priestern oder Männern vollzogenen Rituale ausfallen, da die Männer in der Arbeitswelt gebunden sind. Auch hier, wie in den unteren Schichten, entstehen eigene rituelle Frauennetzwerke, und das besonders in den Städten. Ob sich damit eine langfristig wirksame Tendenz abzeichnet, ist schwer zu sagen.

Die Eigenaktivität von Frauen im täglichen Ritualvollzug zeigt sich

Rituale im modernen Indien

auch an den beliebten Sammlungen der *vrata kathās*, die im Familienkreis (gelegentlich einschließlich der Männer) von Frauen für Frauen vorgelesen werden. Diese Erzählungen lassen sich teils auf die Purānas zurückführen, teils beruhen sie auf oralen Traditionen. Sie folgen dem Schema Not–Errettung–Schutz: Eine in Bedrängnis geratene Frau erfährt von einer Göttin (oder von einer ihrer Verehrerinnen), welches Gelübde hilfreich sei, nimmt das Gelübde in ritueller Form auf sich und erlangt Errettung bzw. weiteren Schutz.[12]

Hinduismus zwischen Ausgrenzung und Ausgleich[13]

Als Antwort auf die Modernisierung bildet sich in Indien ein nationalistisch motivierter religiöser Aktivismus heraus, der traditionelle religiöse Strukturen umformt. Die Bewegung ist lose organisiert im *Sangh Parivār* («Gemeinschaft der Gesellschaften»), dessen Kern der organisatorisch straff geführte *Rashtriya Swayamsevak Sangh* (RSS, «Nationale Selbsthilfe-Gesellschaft») bildet. Entscheidend für die Wirksamkeit sind aber die Frauen-, Jugend- und Hilfsorganisationen, die bedürftige Menschen erreichen und Identität stiften. In einzelnen Basis-Zirkeln (Cakras), deren Anzahl in Indien auf etwa 30 000 geschätzt wird, treffen sich die RSS-Mitglieder allmorgendlich zu einem Ritual. Die Wurzeln des religiös begründeten Nationalismus sind in den nationalistischen Bewegungen des 19. Jahrhunderts zu suchen, namentlich im *Ārya Samāj* (wörtl. «Versammlung der Edlen»), der die religiösen Kräfte der indischen Kultur als Mittel des Widerstands gegen die britische Kolonialherrschaft und das missionarische Christentum mobilisierte. Der RSS erhielt besonders in den achtziger und neunziger Jahren des 20. Jahrhunderts Zulauf, und es ist kein Zufall, dass dies zeitgleich zur ökonomischen Liberalisierung Indiens verläuft – Religion als Antwort auf die Verunsicherungen durch die Globalisierung, wie es auch anderorts in der Welt zu beobachten ist.

Der indische Psychoanalytiker und Sozialkritiker Sudhir Kakar weist darauf hin, dass sich der Hindu-Nationalismus darum bemüht, Identität in einer sich wandelnden Welt durch Rückgriff auf eine neu konstruierte Vergangenheit zu erzeugen. Zum einen ruft die Bewegung dazu auf, die Familien frei von fremden kulturellen Einflüssen zu halten. Westliche Werte gelten in diesem Zusammenhang als negativ, sodass es

Ziel sein müsse, Indien kulturell-religiös davor zu bewahren bzw. eine Neuorientierung anzustreben. Hier ist auch der Ort für eine Adaption der traditionellen Riten in einer Neuinterpretation, die den Erfordernissen der Zeit Rechnung trägt. Gleichzeitig aber muss sich der Hindu-Nationalismus auf die traditionelle Toleranz und religiöse Offenheit des Hinduismus berufen, denn diese Werte sind das spezifisch indische Religionsgut, in dem eine Überlegenheit der indischen Religionskultur gegenüber Islam und Christentum sichtbar werde. Diese «hinduistischen Werte» aber fördern eine integrierende Haltung, die weniger zu markanten Abgrenzungen taugt. Genau in dieser Spannung liegt die Religionsdynamik im gegenwärtigen Indien.

Dabei werden auch traditionelle Glaubensvorstellungen neu interpretiert, um Kasten und lokal organisierte Hindu-Gemeinschaften zu einer Einheit zu führen und Identität zu schaffen, damit sie politisch-kulturell attraktiv werden und einer Nivellierung durch den Modernismus entgegentreten können. Und hier spielt das Fernsehen keine unerhebliche Rolle. So erreichte eine mythologisch inszenierte Serien-Verfilmung des Rāmāyana-Epos bei seiner Erstausstrahlung 1987 in ganz Indien die höchsten jemals gemessenen Einschaltquoten. Verfilmungen des Epos Mahābhārata folgten und trugen zu einer «pan-indischen» Identität bei im neu gedeuteten oder sogar neu konstruierten Mythos einer «goldenen Vergangenheit».

Der Hindu-Nationalismus homogenisiert die Vielfalt und Widersprüchlichkeit von Mythen, Symbolen und der indischen Götterwelt zu einer einheitlichen nationalen Identität, die sich als *Hindutva*, Hindu-Sein, begreift. Demnach gilt als Hindu, wessen Glaube innerhalb der Grenzen des traditionellen Indien seinen Ursprung hat, was Buddhisten, Jains und Sikhs miteinschließt, Christen und Muslime hingegen ausschließt und auch Missionierungen durch diese Religionen ablehnt. Andere Wertvorstellungen als die eigenen können so gedeutet werden, dass sie in den *einen* Hindu-Dharma integriert werden, dass der fremde Glaube also als Teil des eigenen interpretiert wird. In diesem Sinne können Toleranz und Ausgrenzung, Ausgleich und militante Abgrenzung nebeneinander wirksam werden, und die gegenwärtige Situation der Religionsentwicklungen Indiens ist tatsächlich durch dieses komplexe Spannungsfeld gekennzeichnet. Die Tradition der Toleranz und Identifikation des Verschiedenen erlauben es dem Hinduismus, bei der Anpassung von Religion an die Moderne einerseits traditionalistisch, an-

Rituale im modernen Indien

dererseits äußerst flexibel in der Gestaltung moderner Religionskultur zu agieren. Diese Flexibilität äußert sich ganz besonders bei der Adaption moderner Medien und bei neu gestalteten Ritualisierungen des Alltagslebens, wie wir gezeigt haben.

Die Pluralität indischer Religions- und Kulturwelten ist offenkundig: Sprachen, Rituale, kulturelle Gewohnheiten (Speise, Kleidung, usw.), Glaubensvorstellungen, Institutionen – eine größere Vielfalt ist kaum denkbar. Dies ist, wie wir sahen, nicht nur ein Produkt der späteren wechselvollen Geschichte, sondern von Anfang an hat Indien in seinen Mythen und Ritualformen einen gestalteten und sozial tragfähigen Pluralismus ausgebildet und als Identitätsmerkmal zelebriert. Das ist es, was Indien im Zeitalter unausweichlicher Globalisierung so «modern» macht. Dazu schreibt der weltbekannte indische Schriftsteller und UNO-Diplomat Shashi Tharoor:[14]

> Diese indische Geisteshaltung ist von bemerkenswert unterschiedlichen Kräften geformt worden: der alten Hindu-Tradition, dem Mythos und den heiligen Schriften, den Prägungen durch Islam und Christentum und den zwei Jahrhunderten britischer Kolonialherrschaft. Das Ergebnis ist einzigartig, nicht nur hinsichtlich der Vielfalt gegenwärtiger Strömungen in Indien, sondern auch auf Grund der des kulturellen Erbes.

Die Ram-Setu-Kontroverse

Ein bezeichnendes Beispiel für Funktion und Wirkung religiöser Tradition auf ökonomische und politische Probleme im modernen Indien war und ist die Kontroverse des Jahres 2007 um den Kanal, der zwischen Indien und Sri Lanka im Meer ausgehoben werden sollte, um den Schifffahrtsweg zwischen den Häfen der Ost- und Westküste Indiens erheblich zu verkürzen. Die säkulare Regierung des Bundesstaates Tamil Nadu hatte ein entsprechendes Projekt aufgelegt und beim Archeological Survey of India ein zustimmendes Gutachten erwirkt. Als die Zentralregierung das ökonomisch vermeintlich sinnvolle Projekt unterstützte, kam es zu einem Protest der Hindu-konservativen BJP (*Bharatiya Janata Party*), die sich der Unterstützung zahlreicher religiöser Gruppierungen versicherte. Die Verbindung zwischen Indien und Sri Lanka hat mythische Bedeutung: Der affengestaltige Gott Hanumān soll im Dienste des Gottes und Königs Rāma die «Brücke Rāmas» (*Ram setu*) erbaut haben, um mit seiner Armee den Dämon Rāvana zu bekämpfen, wodurch Sītā, die von Rāvana geraubte Frau Rāmas, befreit werden konnte. Dieser Mythos zählt zu den Grunderzählungen indischer Religion, er ist identitätsstiftend. Niemand freilich vermag den Mythos zu historisieren, ja, genau anzugeben, wo das mythische Lanka geographisch anzusiedeln wäre. In den parteipolitischen Auseinandersetzungen des Jahres 2007 geschah aber genau dies, sodass das Projekt des Kanalbaues schließlich gestoppt werden musste, da die heilige Geographie nicht dem Zugriff ökonomischer Interessen geopfert werden dürfe. Wissenschaftler verschiedenster Disziplinen (sogar die Grande Dame der indischen Geschichtswissenschaft, Romila Thapar) bezogen Stellung in dem Streit und versuchten, Mythos und moderne Rationalität auseinanderzuhalten, damit der Konflikt, der auch die Regierungskoalition in New Delhi gefährdete, entschärft würde. Die Regierung Tamil Nadus rief zum Generalstreik auf, um die «religiösen Fundamentalisten» zu stoppen, die Zentralregierung wiederum sah sich durch die Regierung Tamil Nadus brüskiert, die politischen Akteure schließlich erließen Verbote und Gegenverbote. Ein klassischer Mythos wurde mit Argumenten historisierender Lokalisierung benutzt, um politische und wirtschaftliche Interessen durchzusetzen. Diese Argumentation ist keineswegs klassisch-hinduistisch, sondern modernem Geschichtsbewusstsein entlehnt, das nun aber auf mythische Zusammenhänge übertragen wurde. Inzwischen ist die Debatte abgeebbt, aber nicht, weil der Konflikt zwischen Mythos und rationaler Argumentation gelöst wäre, sondern weil sich das Projekt als unzweckmäßig und ökonomisch sinnlos erwiesen hat. Ähnliche Auseinandersetzungen werden vermutlich auch in Zukunft die religiös-politische Situation in Indien bestimmen.

Ritualisierte Zeit

All diese Kontroversen und Modernisierungen bedeuten aber nicht, dass sich die indische Lebenswelt von ihren rituellen Traditionen entfernen würde. Im Gegenteil. Wie wir sahen, werden Rituale umgeformt und in neuer Weise interpretiert. Doch genau diese Dynamik kennzeichnet die indische Religionsgeschichte bereits seit Jahrtausenden. Moderne Rituale sind nicht nur religiös gerahmt, sondern sie bilden sich im Sport, in der Politik, in der (Selbst)Inszenierung der Filmstars und anderer Zelebritäten spontan oder PR-gesteuert überall heraus. Die meisten dieser modernen Gesellschaftsrituale sind aber rein «samsārisch», also innerweltlich orientiert. Sie dienen auch der sozialen Identitätsbildung und der individuellen Strukturierung des Alltags. Auch vermitteln sie eine sinnvolle Zeitgestaltung, wobei aber der Sinn performativ begrenzt bleibt, er erschöpft sich in der Darstellung des Dargestellten. Es fehlt der Verweis auf einen zugrundeliegenden Zusammenhang, der menschlichen Manipulationen entzogen ist, es fehlt der Verweis auf Transzendenz. Das Individuelle wird in solchen Ritualen sehr wohl transzendiert, nicht aber der gesellschaftliche Rahmen. Insofern erfüllen solche Rituale einen sozialen, durchaus auch einen psychologischen Zweck. Sie sind aber nicht geeignet, die Sehnsucht des Menschen nach letztgültiger Geborgenheit und dauerhaftem inneren Frieden zu stillen.

Indien hat aber ein unerschöpfliches Reservoir an Symbolen, Bildern und Riten, die die Einsichten der spirituellen Erfahrung und der Philosophie durch Geschichten, bildende Kunst, Tanz und Musik vermitteln. Diese lebendige Tradition steht auch den weniger Gebildeten offen. Wie schon erwähnt, lassen sich vor allem zwei Tendenzen erkennen: Frauen werden einbezogen, und soziale Bastionen werden geschleift. Natürlich ist dies ein Prozess, der Zeit braucht, denn Ritualkulturen sind konservativ. Umso erstaunlicher ist es, dass in relativ kurzer Zeit, nämlich seit der Unabhängigkeit Indiens 1947, in Ansätzen seit Ende des 19. Jahrhunderts, gravierende Umbrüche möglich waren, und zwar nicht nur bei den Pilgerschaften, die soziale Abgrenzungen überbrücken, sondern generell: Mantras, die früher nur Brahmanen-Knaben ins Ohr geflüstert wurden, werden nun allen gegeben, die darum bitten. Der schon erwähnte einflussreiche Guru Satya Sai Baba lehnt diesbezüglich jeden Kastenunterschied ab und initiiert alle Anhänger unabhängig von sozialem Status, Nationalität oder Religionszugehörigkeit in die entsprechende Praxis.

Rituale werden dem Zeitgeist und den heutigen sozialen Bedingungen angepasst. So werden etwa in der Stadt die Kremationen elektrisch und professionalisiert durchgeführt. Aber dennoch wäre es undenkbar, dass nicht die gesamte Familie, wenn nur irgend möglich, an den Riten teilnimmt, und so werden auch die traditionellen Zeitvorgaben (schnelle Kremation, wenn möglich am Tag des Todes) geändert, damit die Verwandten aus dem Ausland anreisen können. Besonders die Zeitmuster

Ritualisierte Zeit

verändern sich auch in Indien. Beschleunigungen werden durch Entschleunigungen in der Ritualkultur kompensiert. In vielen Fabriken, in Hotels, vor öffentlichen Versammlungen wird eine Ganapati-Pūjā zelebriert. Es ist nicht abzusehen, dass diese neue Bewusstwerdung der Ritualkultur und ihre soziale Praxis an Bedeutung verlieren würden, im Gegenteil.

Sowohl die Ritualisierung des Jahreszyklus als auch die Rituale der Lebenszeit des einzelnen Menschen schaffen Identität. Menschen brauchen Rituale, und sie schaffen sie sich jeweils neu. Je mehr das Tempo in modernen Gesellschaften anzieht, umso bedeutender ist die Ritualisierung für das psychische wie das soziale Gleichgewicht. Das trifft für Jungendkulturen ebenso zu wie für die Arbeitswelt der Erwachsenen. Die Rhythmisierung in Arbeitszeit und Freizeit hat selbst Rituale geschaffen, die in Indien durch den Fest- und Pilgerkalender unmittelbar religiös konnotiert sind. Entscheidend ist, dass die Rituale auch die Sinnsuche lenken helfen, dass sie also auf Transzendenz verweisen. Sonst befriedigen sie zwar das Bedürfnis nach einer gewissen Sicherung der Identität und sozialem Spektakel, können aber weder den Schmerz über die Endlichkeit des Menschseins noch die Erfahrung von Kreativität und Schönheit und Ekstase ausdrücken. Indien experimentiert auf diesem Feld mit spielerischer Freude. Wie die indischen Götter im Schöpfungsdrama.

Zu diesem Buch

Im Interesse einer besseren Lesbarkeit für Nicht-Indologen wird auf die Wiedergabe der Sanskrit-Begriffe in wissenschaftlicher Umschrift verzichtet. Lediglich die Vokallängen sind angegeben. Indische Namen und Begriffe, die im Deutschen geläufig sind, sind in ihrer gebräuchlichen Form wiedergegeben. Bei längeren Sanskrit-Zitaten in den Anmerkungen werden die s-Laute nicht voneinander unterschieden und einheitlich mit «s» wiedergegeben.

Bei der Durchsicht des Textes und der Erstellung der Register haben Kathrin Baumstark und Adrian Tavaszi geholfen.

Alle Fotos, mit Ausnahme des Tempels in Tiruvannamalai, wurden von den Autoren in Sri Gnanananda Tapovanam aufgenommen. Die Abbildungen 12 und 13 hat das Archiv von Sri Gnanananda Tapovanam zur Verfügung gestellt.

Anmerkungen

Vorwort

1 Es handelt sich um Perspektiven der Wahrnehmung und Beschreibung, nicht um unterschiedliche Realitäten, denn individuelle und soziale Dynamiken entwickeln sich in wechselseitiger Abhängigkeit.
2 Vgl. dazu die Rolle Mahatma Gandhis und seine Interpretation der Ritualkulturen Indiens, in: Chatterjee, Gewaltfrei widerstehen.
3 Der Vedānta (wörtl. «Ende des Veda») ist die Literatur der Upanishaden, der Brahmasūtras und (später hinzugefügt) der Bhagavad Gītā. Die Upanishaden sind eine Weisheitsliteratur, die neben philosophischen Spekulationen auch Ritualtexte, kosmologische und anthropologische Erörterungen sowie Erläuterungen zum Dharma (Weltgesetz) enthält. Die meisten vedāntischen Interpretationen der Upanishaden gipfeln in der Theorie der Einheit des universalen Transzendenten, der transpersonalen «Gottheit» (*brahman*) mit dem Selbst des Menschen (*ātman*), das unveränderlich und vollkommen geistig ist. (Vgl. S. 30f.) Dazu: W. Slaje (Hg.), *Upanischaden*.

1. Rituale als Übergang und Durchbruch

1 Belliger/Krieger (Hg.), Ritualtheorien; J.Kreinath, Semiose des Rituals. Eine Kritik ritualtheoretischer Begriffsbildung, Diss. Univ. Heidelberg 2005 (engl.: Kreinath, Theorizing Rituals, 2006). Ergänzend dazu: Kreinath/Snoek/Stausberg, Annotated Bibliography.
2 Dieser Gedanke geht zurück auf Ernst Cassirer, Philosophie der Symbolischen Formen. Dritter Teil. Phänomenologie der Erkenntnis, Hamburg 2010 (zuerst 1929).
3 D. Kertzer, Ritual, Politics and Power, New Haven/London: Yale Univ. Press 1988. Kertzer erwähnt die Nationalflagge, Gedenktage, Gründungsmythen von

Nationen usw. Vgl. auch R. Barthes, Mythen des Alltags, Frankfurt a. M.: Suhrkamp 1992 (zuerst 1964).

4 Die folgenden Erwägungen gehen zurück auf Ausführungen, die erstmals formuliert worden sind in: M. v. Brück, Mythos als Resonanz, in: Hans Werner Henze (Hg.), Musik und Mythos. Neue Aspekte der musikalischen Ästhetik V, Frankfurt a. M.: Fischer 1999, 31–44.

5 Nicht nur der Mensch ist nicht im Gleichgewicht. Der Mythos lässt Dämonen, unerlöste Seelen, dunkle Mächte und schillernde Wesen in unzähligen Gestalten auftreten. Sie alle sind Ausdruck einer gestörten Ordnung. Die Sehnsucht aber, die eine Utopie der Harmonie (er)findet, ist das Potential, das die mythische Geschichte antreibt.

2. *Medien der Identitätsstiftung*

1 Skt. *karman* heißt «Tat». Der Begriff bezeichnete in vedischer Zeit zunächst nur die rituelle Handlung, seit der Zeit der Upanishaden steht *karman* für den Zusammenhang von Tat und Folge nicht nur im physikalischen, sondern auch im moralischen Sinn einer reziproken Kausalität: Jede Handlung hat Wirkungen, die auf den Täter zurückfallen, indem die Tat den Charakter (wörtl. «Prägung») des Täters prägt. Das *karman* reift oft zu viel späterer Zeit, und es ist die Reinkarnationskette, die eine Verbindung zwischen Tat und Ergehen des Täters über lange Zeiträume hinweg herstellt. Die Idee vom *karman* ist eine der grundlegenden Intuitionen aller indischen Religionen.

2 Die Bhagavad Gītā (wohl zwischen 200 v. Chr. und 200 n.Chr. entstanden) ist Teil des Epos Mahābhārata und einer der wichtigsten Texte des Hinduismus. Thema dieses siebenhundertstrophigen Lehrgedichtes ist der Pflichtenkonflikt des Prinzen Arjuna, der Skrupel bekommt, einen gerechten Krieg zu führen, weil er die Waffen gegen eigene Verwandte erheben muß. Der Gott Krishna ermuntert ihn zum Kampf, denn er werde kein negatives Karma auf sich ziehen, wenn er ohne ich-zentrierte Absichten handelt. Die Karma-Lehre wird hier eingebunden in eine Lehre von der Allgegenwart Gottes, der in seiner Vorsehung die allumfassende Macht ist, der sich der Mensch in Liebe hingeben soll. Vgl. M. v. Brück (Hg.), Bhagavad Gītā.

3 Brihadāranyaka Upanishad 4,3,2 ff; Māndūkya Upanishad 7: ....das, was jenseits der Reichweite der Sinne ist, das Undenkbare, Unbeschreibliche ... Unwandelbare, Seligkeit bringende, Nicht-Duale.; BG 7, 6 ff.: Gott in allem und jenseits von allem, als Ursprung und Ende des ganzen Universums (6: *aham kritsnasya jagatah prabhavah pralayas tathā*) ..., der alle Wesen kennt, die ihn aber nicht kennen (26: *vedāham samatītāni ... mām tu veda na kashcana*).

4 S. Radhakrishnan, Hindu View of Life, 13.

5 Vgl. Kap. 7.

6 Brihadāranyaka Upanishad 1, 3, 28.

7 Vgl. M. v. Brück, Einheit der Wirklichkeit. Gott, Gotteserfahrung und Meditation im hinduistisch-christlichen Dialog, 2. Aufl., München: Chr. Kaiser 1987 (zuerst 1986).
8 Dies geschieht durch «Bewusstwerden von Bewusstheit» in den einzelnen Körpergliedern.
9 Diese sakrale Geographie der *pancabhūtāni* (fünf Elemente), die die grobstoffliche Welt ausmachen, bedeutet, dass auch die materielle Welt nicht verschieden von Shiva ist. Gott ist die Materialursache und in seinem *caitanya*-Aspekt (bewusste Kraft) auch die Wirkursache (*causa efficiens*) der Welt. Den fünf Elementen werden noch drei Kategorien hinzugefügt (Sonne, Mond, *purusha*), und zusammen ergeben diese die acht klassischen Erscheinungsformen (*ashtamūrti*) Shivas.
10 Shankara, Vivekacūdāmani, 254: *jātinītikulagotradūragam nāmarūpagunadosha varjitam deshakālavishayātivarti yat brahma tattvamasi bhāvayātmani.*
11 Vgl. zum Folgenden L. A. Ravi Varma, Rituals of Worship, in: The Cultural Heritage of India IV, 460–463.
12 Wir entnehmen die Tabelle in leicht veränderter Form dem bereits genannten Text von Ravi Varma, 462.
13 Das System der Sāmkhya-Philosophie hat mit seiner Kategorienlehre viele indische Traditionen geprägt. Danach entfaltet sich die eine *prakriti* (ein allgemeiner Urstoff, der materielle und geistige Realitäten hervorbringt) auf zahlreichen Wirklichkeitsebenen durch Mischungen und Ausdifferenzierung von drei Grundqualitäten, den *gunas*: *sattva* (Reinheit bzw. Ausgeglichenheit), *rajas* (Energie), *tamas* (Trägheit). Zum Sāmkhya vgl. M. v.Brück (Hg.), Bhagavad Gītā, 141–149.
14 *Ādityam ambikām vishnum gananātham maheshvaram pancāyajnaparo nityam grihasthah panca pūjāyet.*
15 Hier kommen zu den fünf genannten Gaben noch Kleidung, Schmuck usw. hinzu.
16 Es kommen Musik, Tanz, Tempelwagen, Elephanten u. a. hinzu.
17 *Dīpajyoti param brahma dīpajyotir janārdana, // dīpo haratu me pāpam dīpajyotir namo´stu te.*
18 *Om acyutaya namah // Om anantāya namah // Om govindāya namah.*
19 Rhythmisierung des Atems durch Blockieren und Öffnen des rechten bzw. linken Nasenlochs während sukzessiver Atemvorgänge.
20 *Om bhūh om bhuvah om suvah om mahah om janah om tapah om satyam.*
Zum Gāyatrī-Mantra (siehe Seite 158f., *samskāras-upanayana*).
21 Eines der dabei rezitierten Mantras lautet: *mamopātta-samasta-duritakshayadvārā shrīparameshvara-prītyartham devapūjām karishye.*
22 Das Mantra lautet: *āgamārtham tu devānām gamanārtham tu rākshasām kurve ghantāravam tatra devatāhvanalānchanam.*
23 Eines der zentralen Mantras dabei lautet: *gange ca yamune caiva godāvari sarasvati narmade sindhu kāveri jale´smin sannidhim kuru.*

_____ Anmerkungen

24 *deho devālayah proktah jīvo devasanātanah tyajedajnānanirmālyam so'ham bhāvena pūjayet.*
25 *asmin bimbe shrī devam dhyāyāmi asmin bimbe shrī devam āvāhayāmi.*
26 Dazu wird (für jeden Begriff ein je einzelner Satz) rezitiert: *āsanam, pādyam, arghyam, ācamanīyam, madhuparkam, snānam, vastram, ābharanam, gandham* und *kunkuman, pushpam, dhūpam, dīpam* (Sitz, Wasser für Fußwaschung, Wasser für Handwaschung, Wasser für innere Reinigung, Süßigkeit, Bad, Kleidung, Schmuck, Sandelholz und Zinnober, Blumen, Räucherwerk, Licht) – *samarpayāmi* («ich bringe dar»).
27 Die heilige Zahl 108 symbolisiert Ganzheit. Es kann bis heute nicht geklärt werden, was der Ursprung ist. Eine der vielen Deutungen erklärt 108 als das Produkt von $2^2 \times 3^3$, was die Freude der indischen Kultur an Zahlenspielen in Rechnung stellt. Denn 2 als erste Verdopplung von 1, und 3 als Summe von 1+2, dies jeweils quadriert, umschließen symbolisch eine arithmetische Ganzheit. Vgl. auch Kap. 3, Anm. 4.
28 Mantra: *naivedyam nivedayāmi*, dazu das Gāyatrī-Mantra, Mantras für die sechs *prānas* (die Energieströme, die sich im Körper nach oben, nach unten, zu den Seiten verbreiten) usw.
29 Neben dem Mantra *karpūranīrājanam sandarshayāmi* («Ich bringe entzündeten Kampfer dar») wird rezitiert: *na tatra sūryo bhāti na candratārakam nema vidyuto bhānti kuto'yamagnih tamevabhāntamanubhāti sarvam tasya bhāsa sarvamidam vibhāti*.
30 Das Mantra lautet: *yāni kāni ca pāpāni janmantarakritāni ca tāni tāni vinashyanti pradaksinah pade pade*.
31 Sri Aurobindo, The Foundations of Indian Culture, 122 ff., bes. 135.
32 Die Pūrva-Mīmāmsā ist eines der sechs klassischen philosophischen Systeme. Als Ausgangspunkt gelten die Mīmāmsāsūtras des Jaimini (ca. 200 v. Chr.). Das System ist (neben kosmologischen und anderen Theorien) vor allem ein methodisch ausgefeiltes Kompendium zur Veda-Interpretation. Den vedischen Texten kommt hier uneingeschränkte Autorität zu. Die korrekte Lesung des Textes und die genaue Durchführung der Rituale, die in den Vedas beschrieben sind, bewirken die Reinigung von negativem Karma und führen zur Befreiung (*moksha*) aus dem unheilvollen Kreislauf des Daseins. Die Uttara-Mīmāmsā («die drauf folgende M.») ist identisch mit dem System des Vedānta: Hier sind es nicht mehr die Rituale, sondern es ist allein das Erkennen, das die Befreiung (*moksha*) bewirkt.
33 Genannt *pancāyatana pūjā*. Später ist vor allem in Südindien als sechste Gottheit noch Subrahmanya hinzugekommen.
34 Māndukya Upanishad 7: *adristam, avyavahāryam, agrāhyam, alaksanam, acintyam, avyapadesyam, akātma-pratyaya-sāram, prapancopasamam, sāntam, sivam, advaitam caturtham manyante, sa ātmā. Sa vijneyah.*
35 Dies wird besonders im Kashmir Shaivismus ausgeführt.
36 In den meisten Texten wird das, was unter diesen fünf Gesichtspunkten erkannt

Anmerkungen

wird, als Wissen (*vidyā*) bezeichnet, wobei allerdings Abhinavagupta von Nichtwissen (*avidyā*) spricht. Es kommt auf den Standpunkt an: Von der Erfahrung der Einheit her geurteilt, ist das Erkennen in Vielfalt zweitrangig, aber in sich gesehen ist das Erkennen unter der Voraussetzung der Differenz von Raum und Zeit usw. eine (relative) Form von Wissen. Vgl. A. Basu, Kashmir Saivism, in: The Cultural Heritage of India Bd. IV, 87.

37 Keine der «mystischen Traditionen» behauptet, dies beschreiben zu können, denn Sprache ist und bleibt an Dualität gebunden.

38 Die fließenden Übergänge anthropomorpher und theriomorpher Bilder oder auch die Assoziation bestimmter Gottheiten mit Tieren (oft als *vāhana*, Reittier) weisen auf das im Hinduismus tief verankerte Empfinden der Einheit alles Lebendigen hin: Menschen, Tiere, Ahnen, Geistwesen, Gottheiten bilden ein Kontinuum.

39 Die 18 klassischen Purānas (Skt. «Alte Geschichten») und ihre Untergruppen, die im Zusammenhang mit den Bhakti-Bewegungen entstanden sind (Datierung sehr schwierig, 2.–11. Jahrhundert), behandeln Legenden über die Götter. Entsprechend den Hauptreligionen im Hinduismus erscheinen sie als Vaishnava-, Shaiva- und Brāhmana-Purānas.

40 Nur die männlichen Mitglieder der drei oberen Kasten, im eigentlichen Sinne jedoch nur die Brahmanen.

41 Tierhäute fanden wegen des Tötungsverbotes für Tiere keine Verwendung, und Papier war noch nicht erfunden.

42 Mahābhārata 3 (Vana Parvan), zit. (gekürzt) nach: Subramaniam (Hg.), Mahābhārata, 241 ff.

43 Die fünf Söhne des Königs Pandu, der wiederum Bruder des Königs Dhritarāshtra (des Vaters der Kauravas) ist, sind: Yudhishthira, Arjuna, Bhīma, Nakula, Sahadeva. Sie gehen letztendlich als Sieger über die Kauravas aus dem großen Kampf hervor, der als gerechter Krieg für die Widerherstellung der Ordnung des Dharma geschildert wird.

3. Symbolik und Verehrung der Gottheiten

1 Rigveda 1, 164, 46. Wörtlich heißt es hier: «(Es sei) Indra, Mitra, Varuna, Agni, sagen sie. Dann ist es auch der himmlische Adler Garutmān. Was ein einziges ist, reden die Geisteserregten vielfach. (Es sei) Agni, Yama, Mātarīshvan, sagen sie.» (zit. nach: Witzel/Goto (Hg.), Rig-Veda, 303).

2 Hier freilich unterscheiden sich die Wahrnehmungen erheblich. Dies ist keineswegs nur eine Frage des Bildungsgrades, sondern eher der psychischen Konstellation, denn in allen sozialen Schichten bis hin zu den Analphabeten kann das Bewusstsein, dass es sich nicht um «individuelle Götter» handelt, in hohem Maße ausgeprägt sein.

3 Wörtl. »die fünf Zustände« der grobstofflichen Wirklichkeit.

Anmerkungen

4 Eine der wichtigsten Zahlen, die Ganzheit symbolisiert, ist die 108 (oder die Hälfte 54). So gibt es im Ritual 108 Anrufungen, 108 (54) Glieder einer Gebetskette (*mālā*) usw. Oft wird die Zahl mit der Verdopplung der 54 Zeichen des Sanskrit-Alphabets (je nach Zählung) in Verbindung gebracht. Der Ursprung dieses Zahlensymbols ist aber letztlich nicht eindeutig geklärt. Vgl. oben Kap. 2, Anm. 27.

5 Die rigvedische Gottheit Brihaspati («Herr des Gebetes») erscheint in den Epen und Purānas als Guru der Götter, denn er kennt alle Rituale und ist berühmt für seine Weisheit. Er ist Schöpfer des Wortes, das in Gestalt des logischen Arguments Illusionen zerstört, aber auch intuitive Einsicht in sinnlich nicht erkennbare Dinge vermittelt. Seine Gemahlin ist Tārā, die Mutter Budhas, eine der Planeten-Gottheiten.

6 Wie die Beurteilung der «Reinheit» von Tieren (bes. Kuh, Pferd, Hund, differenziert in männlicher und weiblicher Gestalt) und das soziale System (Kasten) in Indien zusammenhängen, wird beschrieben von Doniger, The Hindus, 40–43.

7 Vgl. Kap. 8, 210ff.

8 *Devī Māhātmya* (Skt. «Größe der Göttin»), ursprünglich wohl ein unabhängiges Werk, das in das Mārkandeya Purāna eingefügt wurde und nun dessen Kapitel 78–90 bildet. Es besteht aus 700 Versen, die in drei Teilen (*caritas*) angeordnet sind, in denen die Größe der Göttin als *Mahākālī*, *Mahālakshmī* und *Mahāsarasvatī* besungen wird. Das Werk ist sehr populär und wird in rituellen Zusammenhängen rezitiert, meist um Negatives abzuwenden.

9 Wir folgen hier im Wesentlichen dem außerordentlich populären und schon erwähnten Gedicht *Gītagovinda* von Jayadeva, dem wandernden Poeten, der wohl im 12. Jahrhundert gelebt hat. Er hat besonders die bengalische und nepalesische Literatur und Musik nachhaltig beeinflusst, seine Wirkung ist aber auch in Südindien bis heute zu spüren. In anderen Aufzählungen wird an achter Stelle nur Balarāma genannt und an neunter Stelle sowohl Krishna als auch Buddha, vgl. v. Stietencron, Der Hinduismus.

10 Detaillierte Erläuterungen dazu in: M. v. Brück (Hg.), Bhagavad Gītā, 2008.

11 Dies entspricht dem altkirchlichen und bei Athanasius knapp formulierten: «Gott wurde Mensch, damit der Mensch vergottet werde.» Es ist nicht unwahrscheinlich, dass Aurobindo diese Tradition gekannt hat und für seine Deutung der Avatāras nutzt, sie entspricht aber ohne Zweifel auch dem traditionell indischen Empfinden.

12 Nämlich die Dynamik der drei Grundeigenschaften, der *gunas*, als Ausdruck der Kreativität der *prakriti*, so die Gītā.

13 Festgelegte Tonfolgen aus den sieben fundamentalen Noten.

14 Wie auch in der europäisch-antiken Musik (bei den Griechen) sind indische Rāgas zeitspezifisch, das heißt, den bestimmten Tageszeiten und Jahreszeiten werden verschiedene Rāgas zugeordnet.

15 Bhagavad Gītā, 10, 42.

Anmerkungen

16 J. Gonda, Viṣṇuism and Śivaism, London 1970; A. K. Ramanujan, Speaking of Śiva, Harmondsworth 1973; S. Kramrisch, The Presence of Śiva, Princeton 1981; W. D. O'Flaherty, Śiva, The Erotic Ascetic, London 1981.
17 Kashmir Shaivismus, Shaiva Siddāntha im Süden, Vīrashaivismus usw.
18 Die indischen männlichen Göttergestalten haben weibliche Gefährtinnen, die ihre Energie (*shakti*) repräsentieren. Abstrakt gesprochen symbolisiert der Gott die Struktur oder Funktion, die Göttin hingegen den Impuls. Erst die Verbindung beider Aspekte ergibt eine zielgerichtete Kraft, Handlung und schöpferische Tätigkeit. Dabei ist bemerkenswert, dass die Aktivität durch das weibliche Element repräsentiert wird.
19 Die Āgamas stellen die Literatur aller mythischen Überlieferungen (meist tantrisch geprägt) von Shiva und seiner als Gefährtin personifizierten Kraft (*shakti*) dar. Die Tradition ordnet die Begriffe für die Literatur-Sammlungen den Hauptströmungen des Hinduismus so zu: Die Shivaiten sprechen von *āgamas*, die Vishnuiten von *samhitā*s, die Shaktas von *tantra*s, wobei es aber Überschneidungen gibt. Die shivaitischen Āgamas gelten als älteste Gruppe, deren systematisierte literarische Gestalt wohl bis ins 6. Jahrhundert zurückreicht. Vgl. Gonda, Medieval Religious Literature, 163 ff.
Die Purānas («alte Geschichten») sind in Versform geschriebene shivaitische, vishnuitische und brahmaitische Legendensammlungen der betreffenden Götter. Man zählt 18 klassische Purānas, die zwischen dem 6. und 13. Jahrhundert entstanden sind.
20 Die lehrende Handhaltung ist meist (nicht immer) *cinmudrā* (Daumen und Zeigefinger der rechten Hand berühren einander zum Kreis, die anderen drei Finger sind nach oben gestreckt). Dies wird gedeutet als Negation der drei dualistischen Bewusstseinszustände (3 gestreckte Finger) Wachen, Traum und traumloser Schlaf, während sich im vierten meditativen Zustand (*turīya*) die Vereinigung von *ātman* und *brahman* bzw. der Tiefenseele und Gott offenbart. Der lehrende Gott oder Guru wird meist mit dieser *mudrā* dargestellt. Weitere wichtige *mudrās* bei Götterbildern sind *abhaya mudrā* (Furchtlosigkeit) und *varadā mudrā* (Wunschgewährung).
21 Ob der Süden deshalb Vergänglichkeit symbolisiert, weil in dieser Richtung Auf- und Niedergang der Sonne beobachtet werden, während aus dem Norden die Befreiung kommt, weil dort der Himalaya liegt, von dem das Leben spendende Wasser herabströmt, ist religionsgeographisch möglich, nicht aber mit Sicherheit erwiesen.
22 Für diese Gestalt gibt es unterschiedliche Erklärungen in den Purāna-Texten. Eine der populärsten ist diese: Als Pārvatī ein Bad nehmen wollte, rieb sie ihren Körper zunächst mit Tamarindenpaste ein, formte daraus die Figur eines Kindes und hauchte dem Körper Leben ein, damit er die Tür zum Bad bewache. Als Shiva kam, um Pārvatī zu besuchen, stellte sich ihm der neu geschaffene Wächter entgegen. In seinem Zorn schlug ihm Shiva den Kopf ab, woraufhin die Göttin ihren Gemahl Shiva überredete, den Knaben neu zum Leben zu erwecken.

Anmerkungen

Shiva stimmte zu und gebot, dass dem nächsten Lebewesen, das mit nordwärts gewandtem Gesicht schlafend gefunden würde, der Kopf abgeschlagen und auf den Torso des enthaupteten Wächters verpflanzt würde. Man fand schließlich ein solches Lebewesen, und es war ein Elefant. Shiva erkannte das neu zum Leben erweckte Kind als seinen Sohn an und bestimmte ihn zum Herrn über die *gana*s. Bis heute gilt es darum für gläubige Hindus als unangemessen, mit dem Kopf Richtung Norden zu schlafen.

23 Zum Beispiel im Mudgala Purāna und im Shāradātilaka, dort wiederum mit mehreren Gesichtern, zahlreichen Armen, die unterschiedliche Waffen und andere Objekte tragen. Berühmt sind die verschiedenen tanzenden und sitzenden Ganesha-Figuren im Brihadīshvara-Tempel von Tanjur, der von König Rājarāja I. zu Beginn des 11. Jahrhunderts erbaut wurde.

24 Seine Kultplätze liegen auf Bergen (Tempel u. a. in Palani und Tiruttani in Tamil Nadu), er ist ursprünglich mit dem Schlangenkult der südindischen Dörfer verbunden, und der ihm gewidmete heilige Tag ist identisch mit dem speziellen Tag der Schlangenkulte. Er ist bei Brahmanen ebenso populär wie bei Nicht-Brahmanen.

25 Nach einer anderen Mythologie ist er aus der zornigen Energie Shivas in einem Wald aus Gras (*sharavana*) geboren und von sechs Müttern großgezogen worden, die mit dem Sternbild der Pleiaden (*krittikā*s) identifiziert werden, daher sein Name Kārttikeya. Er wurde zum Befehlshaber der Armee der Götter im Krieg gegen den Dämon Tāraka bestimmt.

26 Die Dharmashāstras sind Texte, die zuerst als Kodex für den Lebenswandel der Brahmanen zusammengestellt wurden, dann aber in einem umfassenden Sinn den Gesetzeskorpus des Hinduismus ausmachen, der über Jahrhunderte hinweg gewachsen, redaktionell bearbeitet und interpretiert worden ist.

27 Ein meist beinahe liegend gehaltenes indisches Saiteninstrument mit sieben Saiten und zwei Klangkörpern, das gezupft wird.

28 Vor allem das relativ späte Bhāgavata Purāna, ca. 9./10. Jahrhundert.

29 Bhagavad Gītā, übersetzt, herausgegeben und kommentiert von M. v. Brück 2007.

30 Bhagavad Gītā 7, 16.

31 T. M. P. Mahadevan, The Hymns of Śaṅkara, Madras: Ganesh 1970, 196.

32 Dazu und zum Folgenden: R. N. Vyas, The Bhāgavata Bhakti Cult, Delhi: Nag Publ. 1977, bes. IV und 49 ff.

33 J. W. v. Goethe, West-Östlicher Divan, in: Sämtliche Werke Bd. 3 (hg. v. H. Birus), Frankfurt a. M.: Deutscher Klassiker Verlag 1994, S. 16.

34 Bhāgavata Purāna 7,5,23.

35 Bhāgavata Purāna 3,27,21–23.

36 Die Tabelle und die Erklärung sind entnommen: L. A. Ravi Varma, 456.

37 Brihadāranyaka Upanishad 4, 2, 4.

Anmerkungen

4. Die vier Ziele im Leben des Menschen

1. P. Olivelle, The Āśrama System, 216 ff.
2. Patanjali, Yogasūtras 2,30 (*yama*-Praxis).
3. S. u. K. Kakar, Die Inder, 181 ff.
4. Pluralität der Normen und Lehren, ein Begriff der laut W. Doniger auf Katherine Ulrich zurückgeht, Doniger, The Hindus, 46 A. 58 (705).
5. Bhagavad Gītā 11, 39. Die Erkenntnis des *ātman* im *ātman* durch den *ātman*, kann wie folgt verstanden werden: Nach einem allgemeinen Grundsatz indischer Wahrnehmungstheorien kann ein Objekt nur dann wahrgenommen werden, wenn das Licht der Erkenntnis darauf fällt. So wie in der Optik nur etwas gesehen werden kann, wenn Licht darauf fällt, so sehen wir das Objekt nicht «an sich», sondern nur durch die Brechung des Lichtsignals, und die unterschiedlichen Muster der Brechung erzeugen den Eindruck von Farben und Formen, die dann in den bewussten Wahrnehmungsprozessen zu dem Eindruck eines «Objekts» synthetisiert werden. Das Licht wird aber nicht zufällig oder willkürlich gebrochen, sondern es wird gebrochen durch die Struktur der Oberfläche des Objektes. Es besteht also kein zufälliger Zusammenhang zwischen dem, was erkannt wird, und dem Wahrnehmungsmuster, sondern beide sind korreliert, aber sie sind nicht identisch. Genau so ist es mit der Erkenntnis überhaupt: Wenn sich das Bewusstsein intentional auf etwas richtet, erscheint dieses als «Etwas». Normalerweise geschieht Wahrnehmung (*pratyaksha*), wenn durch die Rezeption der Sinnesorgane ein entsprechender energetischer Impuls aufgenommen und im Bewusstsein weiterverarbeitet wird. Die Erkenntnis des *ātman* ist aber nicht durch die Sinne vermittelt, sie ist eine Selbstgewahrwerdung des geistigen Subjektes als dieses Subjekt, eine unmittelbare Erfahrung des Geistes seiner selbst, eine Spiegelung, reines Gewahrsein.
6. Shankara wird folgender Vers zugeschrieben, der die Quintessenz hinduistischer Spiritualität ausdrückt: *cidānandarūpah shivoham shivoham* («Ich bin Shiva, bin Shiva, in Gestalt der Bewusstseinsseligkeit»).
7. Mundaka Upanishad 3,2,9; Shankaras Kommentar zu Brihadāranyaka Upanishad (BU) 4,4,25.
8. Kena Upanishad 2, 4 f.
9. Shankaras Kommentar zu BU 1,4,7; 1,4,15; 3,3,1; 4,4,20.

5. Die vier Lebensstadien

1. Die Durchlässigkeit der Kasten in nachvedischer Zeit, die Tatsache, dass viele als «Heilige» apostrophierte Gestalten der Geschichte aus unteren Kasten kommen (oder, wie Sai Baba von Shridi, gar Muslime waren), sowie die Spiritualisierung des Kastenprinzips bei Manu, wonach man ein Brahmane nicht durch Ge-

burt, sondern durch die Gesinnung und das Handeln wird (Manu 9, 14, 48), und dazu die Bhagavad Gītā, in der auch Frauen und Shudras, die bei Gott Zuflucht nehmen, zum höchsten Ziel gelangen (Gītā 9, 32) – all dies wird häufig von modernen Autoren zitiert, um die Starrheit des Kastensystems abzumildern oder auch die Reform nach heutigen Gleichheitsprinzipien zu legitimieren. Vgl. S. Radhakrishnan, Hindu View of Life, 86. Eine der ältesten, detaillierten und immer noch verblüffend interessanten Studien ist: Abbe J.A. Dubois, Hindu manners, customs and ceremonies, Oxford 1968 (diese Auflage erstmals 1906, die erste Auflage in Englisch bereits 1816).

2 P. Olivelle, The Āśrama System, 3.
3 Es ist hier nicht der Ort, die historischen Hintergründe des Systems der vier Āshramas zu diskutieren. Klar ist, dass sich das Schema als theologisches Konstrukt und soziale Institution allmählich entwickelt hat. Dazu Olivelle, a. a. O.
4 Vgl. unten Kap. 6.
5 V. M. Apte, The Vedāṅgas, 264 ff.
6 Als Beispiel sei die von Rukmini Devi Arundale (1904–1986) im Süden von Madras (Chennai) gegründete Tanzschule Kalakshetra genannt, die sich der Erneuerung und Pflege des Bharata Nātyam widmet.
7 Möglicherweise spielt die Rivalität zwischen Vishvāmitra und Vasishtha auf historische Kontroversen an. Vasishtha gilt demnach als Verfechter der vedischen Orthodoxie, die das heilbringende Wissen exklusiv für die oberen Kasten reservieren wollte, und Vishvāmitra als Liberaler, der – wie auch die Upanishaden und der Buddhismus — den Heilsweg universalisieren, also für jeden Menschen zugänglich machen wollte. Vgl. S. Radhakrishnan, Hindu View of Life, 87.
8 Swami Ranganathananda, Grhastha Dharma, Mylapore/Chennai: Sri Ramakrishna Math o. J., 9.
9 Die Geschichte, auch Vyādha Gītā genannt, steht im Vana Parvan des Mahābhārata und wird dort dem Pāndava Yudhishthira von dem Heiligen Mārkandeya erzählt.
10 Swami Vivekananda, Karma Yoga, 60 ff.
11 Ein Angehöriger der Kaste der Fleischer.
12 Dass es sich hier möglicherweise um eine brahmanische Neuformulierung des Umgangs mit unproduktiv gewordenen Alten handeln könnte, wird von Olivelle, The Āśrama System, 112 ff. diskutiert.
13 Berühmte Beispiele sind der Ramanashram in Tiruvannamalai (Ramana Maharshi), Sri Gnanananda Tapovanam bei Tirukoiylur (Swami Gnanananda), der Ashram von Swami Ramdas und Mutter Krishnabai im Norden Keralas, der Ashram Muktanandas in Ganeshpuri bei Bombay, um nur einige zu nennen, die zu Pilgerzentren geworden sind.
14 Der Text der Hymne und seine Übersetzung gehen zurück auf eine mündliche Mitteilung Swami Nityananda Giris.
15 Bhagavad Gītā 2, 55

Anmerkungen

16 Dieses Bild stammt von Shankara, Vivekacūdāmani, 482.
17 Historisch ist von Shankara wenig Gesichertes bekannt. Einige Details der folgenden Ausführungen sind nach indologischem Urteil eher legendär, sie bilden aber ein Kernstück narrativer Identität des Hinduismus und sind für dessen Selbstverständnis charakteristisch.
18 Shankara, Vivekacūdāmani, 388–390: *svayam brahmā svayam vishnuh svayamindrah svayam shivah svayam vishvamidam sarvam svasmādanyamna kincana. Antahsvayam cāpi bahihsvayam ca svayam purastāt svayameva pashcāt... cideva dehādyahamantametat sarvam cidevaikarasam vishuddham.* Dies ist eine Reminiszenz an Mundaka Upanishad 2,2,12: *brahma eva idam* («dies ist nichts als *brahman*») bzw. *brahma eva idam vishvam* («dieses ganze Universum ist nichts als *brahman*»).

6. Rituale des Übergangs

1 Diese Praxis lässt sich bereits für den südlichen Shaivismus (Shaiva Siddhānta) im 8. Jahrhundert nachweisen, sie ist zum Beispiel in Nepal bis heute weit verbreitet. (Den Hinweis verdanken wir Alexander von Rospatt.)
2 Die Gruppe der mehr als zwölf Grihyasūtras (einige werden nur erwähnt und sind nicht überliefert) zählt im weiteren Sinne zur Literatur der Dharmashastras, sie werden meist datiert zwischen 400 und 200 v. Chr. Sie spiegeln die Vedainterpretation der Gruppen wider, zu denen sie zugehörig sind. Einige der wichtigsten Grihyasūtras sind: Shānkhāyana, Kaushika, Āshvalāyana, Saunaka, Bharaviya, Parashara, Pāraskara, Baudhāyana, Bhāradvāja, Āpastamba, Mānava, Vārāha.
3 Bereits im Rigveda finden sich Elemente, die für die späteren Samskāras prägend waren. Vor allem aber werden in den Ritualen Mantras aus dem Atharvaveda und dem Yajurveda verwendet.
4 Die Manusmriti ist ein brahmanisches Gesetzbuch, das das gesamte Leben normativ erfasst. Es datiert wohl um 200 n. Chr. Die meisten Hindus allerdings glauben, dass die Manusmriti uralt sei und bis zum Anfang der indischen Kulturentwicklung zurückreiche.
5 Einerseits liegt die göttliche Qualität im Menschen selbst, und spirituelle Praxis besteht darin, dieses Potential zu aktualisieren. Andererseits werden durch verschiedene Rituale Kräfte von außen auf den Menschen übertragen (*shaktipāta*). Beide Anschauungen durchziehen die indischen Religionen, gelegentlich werden sie als Stufenweg begriffen: Zuerst empfängt der Mensch das Göttliche als Gabe der Gottheit von außen, der spirituell Gereifte erfährt dies aber als Erwachen der «Gottheit» im Inneren. Der weit Fortgeschrittene kann sodann seine eigenen positiven Energien auf andere Menschen übertragen, wie dies beim «Transfer von *punya* (positive Bewusstseinsformungen)» im Mahāyāna-Buddhismus grundlegend ist. Religionsgeschichtlich haben wir es ursprünglich mit unterschiedlichen Typen von Spiritualität zu tun, die verschmolzen sind. Unter

Anmerkungen

der Prämisse der Nicht-Dualität ist die Unterscheidung von «Innen» und «Außen» ohnehin nur vorläufig.

6 Diese Aufzählung tritt in leicht abgewandelter Form vielfach auf, etwa im Gautama Dharmasūtra 8.
7 Pandey, Hindu Sacraments, 413.
8 Pandey, Hindu Saṁskāras, IX. Oft werden heute 16 Samskāras unterschieden, das Gautama Dharmasūtra 8 spricht sogar von 40 Samskāras.
9 R. Thomaser-Gupte, Weibliche Religiosität im Hinduismus, in: G.Emmer/H. Mückler (Hg.), Alltagskulturen in Indien, Frankfurt a. M.: IKO-Verlag 1996, 124 ff.
10 Vgl. Kap. 6, S. 169.
11 «Die Großfamilie wird bestimmt durch Gehorsam gegenüber den Älteren und brüderliche Loyalität. Sie ist bedingt durch das gemeinsame Wohnen sowie gemeinsame ökonomische, soziale und rituelle Handlungen.» (vgl. S. u. K. Kakar, Die Inder, 14). Das gemeinsame Wohnen gerät unter den Bedingungen der Flexibilisierung der Arbeitswelt unter Druck und ist in der jungen urbanen Generation keineswegs mehr die Regel. Alle anderen Faktoren wirken ungebrochen. Die Großfamilie ist im Übrigen auch die «Lebensversicherung» der meisten Inder.
12 S. u. K. Kakar, Die Inder, 13.
13 Pandey, Hindu Saṁskāras, 50.
14 Atharvaveda I,11, zit. bei Pandey, Hindu Saṁskāras, 70 f.
15 Die vier Himmelsrichtungen, durch Unterteilung verdoppelt.
16 Vgl. Kap. 3, Anm. 21.
17 Āhsvalāyana Grihyasūtra 1, 17, 15.
18 Der Vīrashaivismus ist eine auf den Dichter und Reformer Basava (wohl 1132–1196) zurückgehende Reformbewegung, die das Kastenwesen ablehnt, zumindest relativiert. Den Ritualen sowie vedischen Rezitationen misst sie eine geringere Bedeutung zu als der unmittelbaren religiösen Erfahrung (*anubhava*), die jedem Menschen als Geschenk Shivas offensteht, ungeachtet des sozialen und religiösen Status. Auch heute noch ist diese Religion in Südindien, besonders in Karnataka, von großer Ausstrahlungskraft.
19 Dass Mädchen/Frauen die Initiation in Yantras und Mantras versagt wurde, hat aber wohl auch einen rituellen Grund: Damit mantrische Rituale wirken, muss jeder störende Faktor ausgeschlossen werden. Die Menstruation gilt (in vielen Kulturen) als ein Tabu für kultische Praxis; die durch die Natur sich manifestierende Kraft steht im Konflikt mit den Kräften, die im Ritual invoziert werden.
20 Der Atharvaveda ist der vierte Veda. Das Shatapatha Brāhmana zählt zur Literatur der Brāhmanas, die Erläuterungen zum rituellen Gebrauch der Veda-Überlieferungen, Wortkommentare, weiterführende Erzählungen, philosophische Betrachtungen usw. enthalten. Zu jedem der vier Vedas gehört ein Brāhmana. Das Shatapatha Brāhmana gilt als das bedeutendste und vollständigste der Brāhmanas, es gehört zum (Weißen) Yajurveda. Die Grihyasūtras und die Ma-

Anmerkungen

nusmriti gehören zur Dharmashāstra-Literatur, in der die Verhaltensregeln für Brahmanen und andere Kasten im individuellen wie sozialen Kontext minutiös festgelegt werden.
21 Atharvaveda 11,5,3–9.
22 Diese und ähnliche zeremonielle Details finden sich auch bei unteren Kasten, die kein Vedastudium betreiben. Möglicherweise sind Hüftschnur und Kaupīna als Aspekte eines urtümlichen Initiationsrituals in die Kulturgemeinschaft zu deuten, denn die Schambedeckung gilt in vielen Religionen als zentrale Kulturleistung, weil durch sie die Kontrolle der Sexualität durch soziale Interessen und damit die dauerhafte Stratifizierung der Gesellschaft rituell angedeutet sind.
23 Shatapatha Brāhmana 11,5,4.
24 Darbha- oder Munja-Gras für Brahmanen, Dhanusa-Gras für Kshatriyas, Jute oder Wolle für Vaishyas.
25 Der Pilger- bzw. Disziplinierungsstab soll auch unterschiedlich lang sein: Für Brahmanen aus Palas- oder Bilvaholz körperlang, für Kshatriyas aus Vat- oder Khadirholz in der Länge vom Boden bis zu den Augenbrauen, für Vaishyas aus Pipal- oder Gularholz vom Boden bis zur Nasenspitze.
26 Die Aufzählungen variieren, heute sind meist folgende Werte in Gruppen von Gelübden (*vrata*) zusammengefasst: 1. Gelübde zu halten, 2. Achtung in der Welt zu erwerben, 3. Kreativität im Handeln zu erlangen, 4. Werke der Barmherzigkeit zu praktizieren, 5. den Göttern wohlgefällig zu sein, 6. den Menschen wohlgefällig zu sein, 7. Abhängige und Untergebene zu beschützen, 8. im Ehestand Nachkommen zu zeugen, 9. geistige Ausgeglichenheit zu bewahren, 10. den Eltern und älteren Menschen überhaupt Respekt und Dienst zu erweisen.
27 Das Metrum gliedert 24 Silben in drei Achtergruppen. *Om* ist die allumfassende Silbe, die den Ursprung des Kosmos bzw. die Einheit des Bewusstseins symbolisiert. In den Upanishaden und Purānas gilt die Gāyatrī als das größte aller Mantras. Chāndogya Upanishad 3,12,2 identifiziert das Gāyatrī-Mantra mit allen Wesen (*sarvam bhūtam*), bewegten und unbewegten. Es ist die Erde, weil, wie Shankara die Stelle kommentiert, alle Wesen durch den Gesang und den Schutz des Mantras miteinander verbunden sind, so wie auch alle Wesen mit der Erde verbunden sind, weil sie auf ihr zu Hause sind.
28 Auch hier differieren die Vorschriften je nach Kaste. Nach dem Āshvalāyana Grihyasūtra (1, 19, 1–6) sollen Brahmanen im Alter von acht Jahren, Kshatriyas im elften Jahr, Vaishyas im zwölften Jahr (nach Empfängnis oder Geburt) initiiert werden, in jedem Fall aber (entsprechend) vor dem 16., 22. und 24. Lebensjahr. In der Manusmriti (2, 38) hingegen heißt es, dass die Initiation für Brahmanen bis zum 16., für Kshatriyas bis zum 22. und für Vaishyas bis zum 24. Jahr (nach der Empfängnis) erfolgt sein muss. Auch der jahreszeitliche Zeitpunkt der Initiation wird nach Kasten unterschieden.
29 Wörtl. «Sammler», Titel bzw. Name, den einige (nach den Purānas 28) legendäre «Seher» (*rishis*) der vorgeschichtlichen Zeit tragen. Am bedeutendsten ist Veda-

Anmerkungen

Vyāsa, der die vedischen Sammlungen (*samhitās*) zusammengestellt haben soll, sowie der Vyāsa, der das Epos Mahābhārata gesammelt und redigiert habe.

30 Unter dem Einfluss der tantrischen Traditionen wurden die Verehrung der Vedas und der göttlichen Mutter aufeinander bezogen, ja verschmolzen (*vedamātā*). Die Göttin hat dann vier Gesichter (die vier Vedas), und die Vedas selbst werden auch als «Mutter» verstanden, denn eine Mutter gibt dem Kinde vorbehaltlos das, was es zum Leben braucht, und zwar entsprechend der Lebensphase, in der sich das Kind befindet.

31 Wörtl. «Mittel, das zum Ziel führt», jede spirituelle Praxis.

32 Eine Begründung ist, dass durch eine frühe Heirat gemischte Ehen mit Muslimen verhindert werden sollten, damit die Vedas nicht an diese weitergegeben werden konnten. Gelegentlich wird auch die Witwenverbrennung (*satī*) damit in Zusammenhang gebracht. Beides impliziert, dass auch Frauen die Vedas kannten.

33 Diese Hymne beschreibt die Hochzeit der Sūryā (Tochter des Sonnengottes) mit Soma, der hier den Mond personifiziert. Die kosmische Hochzeit der Gestirne gilt als Modell für die Hochzeit jedes Menschenpaares.

34 Siehe oben Kap. 3, S. 67.

35 Dem liegt die in der gesamten indischen Kultur verbreitete Vorstellung zu Grunde, dass Sprache (*vāc, nāda brahman*) auf Grund von Tonqualitäten in den Schwingungsmustern harmonikale Gesetze abbildet, verstärkt und neu erzeugt. Sprache erzeugt also Wirklichkeit durch Energie-Schwingungen, und sie ist gleichzeitig Echo der Wirklichkeit.

36 Sāman und Ric sind Bezeichnungen für Verse im Rigveda. Der gesungene Sāman des Sāmaveda beruht auf den Wurzel-Mantras (*ric*), die im Rigveda gesammelt sind. Der Kontext dieses Textes in der Upanishad ist der eines mantrischen Rituals, das dazu verhelfen soll, einen Sohn zu zeugen. Dies gilt in der indischen Kultur- und Sozialgeschichte als höchstes Gut, denn am Sohn hängt die Verrichtung der Totenrituale, die die Verbindung mit den Ahnen garantieren. Später ist der Satz allerdings aus dem Kontext herausgelöst und in die Sphäre der allgemeinen Segenskraft für die physische, psychische und spirituelle Fruchtbarkeit des Paares gestellt worden.

37 Die Richtung Nordosten symbolisiert Wohlstand (Wohnort des Gottes Kubera) und die Befreiung aus dem *samsāra* (Himalaya als Ursprung des Wassers, das die nordindischen Ebenen fruchtbar macht, Kailāsa, der Wohnsitz Shivas). Der Südosten hingegen ist mit dem Feuer, d.h im Haus auch mit der Küche, verbunden. Der Süden symbolisiert Vergänglichkeit, das Reich des Totengottes Yama.

38 Der Text wird im Gnanananda-Ashram verbreitet, er stellt eine Erläuterung und Erweiterung der traditionellen Sanskrit-Mantras dar.

39 Mātarishvan erscheint im Rigveda als ein Luftwesen (Wind), das Agni (Feuer) zur Erde bringt bzw. Agni erscheinen lässt.

40 Identisch mit Dhātri, dem vedischen Namen für Gott als Ordner und Erhalter der Welt, besonders im Blick auf Ehe, Nachkommenschaft und Wohlstand. Er

Anmerkungen

erscheint als einer der Ādityas (Āditya ist ein anderer Name für den Sonnengott, im Plural Söhne der Aditi (Sonnengott in weiblicher Form, als Mutter aller lichthaften Kräfte) und wird in der späteren Mythologie mit Prajāpati (»Herr der Wesen«, vedischer Beiname zuerst für den Schöpfergott Brahmā, dann auch für dessen neun *mānasaputras* («aus dem Geist geborene Söhne») und dem Schöpfergott Brahmā identifiziert.

41 Im Rigveda Name einer weiblichen Gottheit, die Zusammenhänge aufdeckt und klärt.

42 Mahābhārata, 3. Buch (Vana Parvan). Dies ist die älteste Variante der Erzählung, die wiederholt neu gestaltet wurde.

43 Vgl. die Ausführungen zu Kālī in Kap. 3.

44 So sollte früher der Tote möglichst schnell verbrannt werden, da sonst die Angehörigen vom Tempelgottesdienst ausgeschlossen waren. Heute hingegen wartet man, bis die weit entfernt oder im Ausland lebenden Familienmitglieder angereist sind. Auch einzelne Rituale werden zweckdienlich angepasst und vor allem in urbanen Verhältnissen verändert.

45 Gelegentlich nehmen die Frauen passiv an der Verbrennungszeremonie teil. Nach alten Überlieferungen spielt der soziale Status des Verstorbenen für die Ausgestaltung der Totenrituale kaum eine Rolle, denn im Tod seien alle gleich, abgesehen vom Karma, das die zukünftige Existenz auch sozial bestimmt. Heute ist das anders. Die schlichte oder elaborierte Zeremonie (Musik, Verwendung von Edelhölzern, Kleidung usw.) ist zum Statussymbol geworden. Allerdings wird bereits in den Āshvalāyana Grihyasūtras erwähnt, wie Reiche und Arme die Totenzeremonie verschieden ausgestalten können.

46 Frauen waschen weibliche Leichen, Männer die männlichen.

47 Atharvaveda 7, 20. Anumati präsentiert sich hier als die Göttin der Gunst und Gnade. Die gesamte Hymne ist an sie gerichtet.

48 Atharvaveda 18,2, 7.

49 Rigveda 10, 16, 5.

50 Rigveda 10, 16, 1.

51 Bhagavad Gītā 11, 38.

52 Bhagavad Gītā 2, 20.

53 Bhagavad Gītā 2, 22.

54 Zehn Tage lang gilt die vitale feinstoffliche Energie (der subtile «Körper») als körperlos, und dies ist eine Zeit der Gefahr, der Unordnung und drohenden Schadens. Deshalb werden keinerlei Rituale durchgeführt. Nach anderen Traditionen bedarf gerade dieser Zustand der rituellen Aufmerksamkeit. Nach zehn Tagen ist der Zustand der «Verunreinigung» vorüber, was auch daran ersichtlich ist, dass der Witwer nun ein Opfer (*agnihotra*) durchführen kann, um eine neue Frau zu finden. Für Witwen hingegen war die Wiederheirat schwieriger. Heute spielt dieser Unterschied eine immer geringere Rolle.

55 Der genaue Zeitpunkt der jeweiligen Rituale variiert. Nachdem sich bei der Kre-

mation der subtile Körper (*prānamayasharīra*) vom grobstofflichen Körper getrennt hat, werden die karmischen Energien wirksam, die für eine Wiedergeburt sorgen. Gleichzeitig aber – so die meisten Vorstellungen – geht ein «Seelenanteil» zu den Ahnen ein. Die zeitweilig umherirrende «Seele» bewirkt rituelle Unreinheit; von ihr geht die Gefahr nicht vorhersehbarer Wirkungen aus, sie kann, weil in ihr unerfüllte Potentiale wirken, spuken oder zurückkehren wollen. Aus diesem Grunde finden während der ersten zehn oder zwölf Tage keine Rituale statt, sondern erst im Anschluss an diese Zeit, um eben diese Seele zu beruhigen. Ab dem 12. Tag, so die meisten Überlieferungen, geht die Seele in den Bereich der Ahnen ein (*pitriloka*) und vertreibt dort die geistigen Kräfte aus der 3. zuvor in den Ahnenbereich eingegangenen Generation. Dies muss rituell begleitet werden. Statt dem 10. oder 12. Tag gibt es auch Traditionen, wonach der 16. Tag entsprechend begangen wird.

56 Die verschiedenen *shrāddha*-Zeremonien (Ahnenrituale, Manenopfer, Totenspeisung) gelten dem Teil der «Seele», der nicht reinkarniert, sondern in der Ahnenwelt weilt. Durch diese Aufspaltung des geistigen Kontinuums nach dem Tode werden die logisch einander widersprechenden Vorstellungen von Wiedergeburt und Eintritt in die Ahnenwelt, die historisch auf unterschiedliche Epochen in der indischen Religionsgeschichte zurückgehen, miteinander verbunden. Beiden gemeinsam ist, dass entweder im Zwischenzustand der Ahnenwelt oder im Zustand der Wiedergeburt die karmischen Potentiale wirksam sind und durch das Fortleben ausgeglichen werden.

57 Ob sich diese Vorstellung ursprünglich von Ägypten aus nach Osten verbreitet und dabei die indischen, zentralasiatischen und chinesischen Kulturen geprägt hat, kann bis heute nicht eindeutig geklärt werden.

58 Filippī, Mṛtyu, 1.

59 Katha Upanishad 6, 7b–9 u. 18, zit. nach Bäumer (Hg.), Upanishaden, 235 ff.

60 Dazu detaillierter: M. v. Brück, Ewiges Leben oder Wiedergeburt? Sterben, Tod und Jenseitshoffnung in europäischen und asiatischen Kulturen, Freiburg: Herder 2007, 271 ff.

61 Brihadāranyaka Upanishad 4.4.6.: *yathākārī yathācārī tathā bhavati* (Wie einer handelt, wie einer wandelt, so wird er.) Am Schluss dieses Abschnitts heißt es präzise: ...*kāmamaya evāyam purusha iti, sa yathākāmo bhavati, tat kratur bhavati, yat kratur bhavati, tat karma kurute, yat karma kurute, tat abhisampadyate*. ... (Der Handelnde) führt ein solches Werk aus, wie seinem Willensimpuls entspricht. Welche Tat er ausführt, diese (Qualität) erlangt er (selbst). Es gibt also Wechselwirkungen zwischen Denken (Wollen) – Charakter (Persönlichkeit) – Tun.

62 Die Verbwurzel *abhisampad* bedeutet nicht nur ein objektorientiertes «erlangen» von etwas, sondern eine «Ähnlichwerden», ein «Werden zu etwas», wie zahlreiche Parallelstellen vor allem aus der Literatur der Brāhmanas belegen.

63 Bhagavad Gītā 8,5 und 18,65.

64 Bhagavad Gītā 10, 34.

Anmerkungen

7. Der Guru

1 M. Eliade, Artikel «Initiation», in: RGG, 3. Aufl., Bd. 3, 751.
2 S. u. K. Kakar, Die Inder, 18 ff.
3 Diese Unterscheidung ist der Schlüssel zum Verständnis von Religion in Indien: Religionen sind relativ, sie sind notwendig als kulturelle Überlieferungen, die Menschen systematisch prägen und kultivieren. Aber sie können auch sozial destruktiv werden, wenn sie zu ab- und ausgrenzenden Identifikationen führen, wenn nicht begriffen wird, dass Religionen sich selbst in spiritueller Realisierung transzendieren müssen, wie es die *shruti* (besonders die Upanishaden) zeigt.
4 Henri Le Saux (Swami Abhishiktananda), Das Feuer der Weisheit, 52.
5 Āpastamba Dharmasūtra 1,1,18.
6 Und das auf Grund von zugeschriebenem Charisma, nicht unbedingt als Bewunderung tatsächlicher Leistung. Vgl. Kakar, Die Inder, 21.
7 *yasya deve parā bhaktir yathā deve tathā gurau* (Shvetāshvatara Upanishad 6,23).
8 Swami Nityananda Giri, Nachwort, in: Henri Le Saux, Das Feuer der Weisheit, 170 f.
9 Vgl. Gupta/Gondriaan, Hindu Tantrism, 74 ff.
10 Henri Le Saux, Das Feuer der Weisheit, 171 f.
11 M. v. Brück, Einheit der Wirklichkeit. Gott, Gotteserfahrung und Meditation im hinduistisch-christlichen Dialog, München: Chr. Kaiser 1986, 165 f.
12 *yathākārī yathācārī tathā bhavati* (Brihadāranyaka Upanishad 4, 4,6).
13 Mahābhārata 5, 36, 13.
14 M. v. Brück, Einheit, 39, mit Hinweisen auf Literatur.
15 Zu einer ausführlichen Diskussion dieses Problems vgl. v. Brück, Einheit, 235 ff.
16 Katha Upanishad, 2, 23; Mundaka Upanishad 3,2,3.
17 Swami Chidananda, Emerging Consciousness, in: M. v. Brück (Hg.), Emerging Consciousness for a New Humankind, Bangalore: Asian Trading Corp.1986, 21 f.
18 Eine beliebte Typologie nimmt die Grundkategorien der Bewusstseinszustände zum Ausgangspunkt: 1. Wer vornehmlich vom Wachbewusstsein ausgeht, erlebt die äußere Welt real. Gott ist dann die Realität der Realitäten, er wird objektiviert vorgestellt. Der Mensch ist sich *in* dieser Welt eines *Jenseits* der Welt bewusst. 2. Die Welt wird im Traum als Traum erfahren, die objektivierte Distanz verschwimmt. Das, was als Realität erscheint, wird unwirklich. Um dies zu erkennen, bedarf es der *Wachheit*. 3. Im Tiefschlaf existiert die Welt für das Bewusstsein überhaupt nicht. Dennoch werden subtile Eindrücke verarbeitet, das heißt, die Interpretationen des Bewusstseins hängen vom Zustand des Bewusstseins ab. Erkenntnistheoretisch werden dann Ebenen der Erkenntnis unterschieden (relatives Erkennen, absolutes Erkennen usw.). 4. Im Versenkungszustand (*samādhi*) erscheint das Eine nicht als Gegenstand, sondern als Selbstausdruck des Bewusstseins. Hier werden der Erkennende und das Erkannte eins. Es ist dies die Haltung der Nicht-Dualität, wo alles, was ansonsten als zeitliches Nach-

einander erscheint (etwa Schöpfung – Erhaltung – Zerstörung), in Gleichzeitigkeit präsent ist, wo also auch das Viele nicht zugunsten des Einen verschwindet, sondern beide Perspektiven in Nicht-Dualität ineinander existieren. Die ersten drei Zugänge sind einfach unterschiedlich, sie werden nicht als höher oder tiefer bewertet. Allein der letzte Zugang ist die befreiende Wahrheit (*sat*), die als Bewusstheit (*cit*) in Seligkeit (*ānanda*) erlebt wird.

19 Natürlich kann der Historiker rekonstruieren, dass die Fülle verschiedener Sprachen, Erzählungen, Mythen, Rituale, Gottheiten, Philosophien, Lebensformen und Lebensnormen in Indien Ausdruck einer komplexen Sozial- und Kulturgeschichte ist, in der heterogene Lebenswelten keineswegs konfliktfrei miteinander verschmolzen sind. Im kulturellen Gedächtnis zumindest der meisten Bevölkerungsschichten wird dies aber als Einheit in Vielfalt wahrgenommen, und diese Grundhaltung ist es, die Indien prägt.

20 Vorspruch zur Īsha Upanishad.

21 So genießt etwa Mahatma Gandhi als «Vater der Nation» die uneingeschränkte Verehrung als Guru, er ist mythisierte Identifikationsfigur, wenngleich seine Methoden und politischen Ziele im heutigen Indien allenfalls von einer verschwindend kleinen Minderheit geteilt werden.

22 Als prominente Vertreter gelten, um nur einige zu nennen, der Sozialreformer Swami Agnivesh, der Sanskrit-Gelehrte und (in Wien ausgebildete) Indologe Swami Shivamurti, das Oberhaupt der Vira-Shivaiten in Karnataka, aber auch Tänzerinnen wie Rukmini Devi, Alarmel Valli oder ein Musiker wie Ravi Shankar.

23 Sadguru Gnanananda. His Life, 3 A. 1.

24 Ein im Himalaya von Shankara errichtetes monastisches Zentrum, das in ganz Indien seit über tausend Jahren höchstes Ansehen genießt.

25 Sadguru Gnanananda. His Life, 8.

26 Swami Abhishiktananda (= Henri Le Saux), Guru and Disciple.

27 S. auch oben S. 118ff.

28 Einer der bedeutendsten Schüler Shankaras und selbst Verfasser vedāntischer Kommentare.

29 Die Frage wird bekanntlich von den drei Schulen des Vedānta unterschiedlich beantwortet, und zwar genau entsprechend den hier aufgezeigten logischen Möglichkeiten

8. *Leben im Ashram Sri Gnanananda Tapovanam*

1 In allen Dokumenten wird sein Name vollständig mit Paramahamsa Parivrajakacharya Varya Sri Gnanananda Giri Swami wiedergegeben. – Die folgenden Ausführungen gehen zurück auf: Swami Nityananda Giri, Sadguru Gnanananda, 3–15, sowie: Sadguru Gnanananda. His Life, 1993. Auch im Gespräch mitgeteilte Erinnerungen seines Schülers, Swami Nityananda Giri, sind in diesen Text eingeflossen.

Anmerkungen

2 Abhishiktanandas Buch erschien 1970 zunächst auf Französisch, 1974 auf Englisch, 1979 auch in deutscher Übersetzung. Zu Abhishiktananda: Hackbarth-Johnson, Interreligiöse Existenz.
3 Zit. und übersetzt nach: Swami Nityananda Giri, Sri Gnanananda, Tapovanam o. J., 3 f.
4 *Bhajana* («Verehrung») und *kīrtana* («Lobpreis») sind Devotionalgesänge, die, meist von Instrumenten begleitet, einzeln und in Gruppen gesungen werden. Ihre Ursrpünge liegen in den Anfängen der *bhakti*-Bewegungen (seit ca. 100 v. Chr.). Gesänge in Gruppen werden auch *sankīrtana* genannt. Beim Bhajan singt oft der Vorbeter einen Abschnitt, der dann (gelegentlich leicht variiert) von der Gruppe wiederholt wird. Beim Kīrtan werden meist die zahlreichen Namen des Göttlichen und seine Eigenschaften in emotional sich steigernden Melodiebögen gesungen. Das devotionale Singen ist in Indien eine der wichtigsten Formen der spirituellen Praxis.
5 Sadguru Gnanananda. His Life, 213 ff.
6 Sadguru Gnanananda. His Life, 307.
7 Tamil: «Girlanden für Gott», erster Teil einer Sammlung der Hymnen von Tamil-Heiligen (*Nayanaras*), die seit dem 7. Jahrhundert gedichtet und ab dem 10. Jahrhundert gesammelt wurden.
8 Eine Schrift und Sammlung des Tamil-Heiligen Manikkavasagar (9. Jahrhundert), die Geschichten und Hymnen (*Tevaram*) enthält, die bis heute äußerst populär sind.
9 Anhang zum Gautama Dharmasūtra – Kriyāpāda.
10 Zehn Rezitationen des Gāyātrī-Mantra sollen die gegenwärtigen negativen Bewusstseinseindrücke ungültig machen, hundert die Eindrücke eines Tages und einer Nacht, tausend die eines Jahres.
11 So Hymnen, die auf Shankara zurückgehen, und tamilische Lieder, die vedāntisches Gedankengut enthalten. Eine Anzahl der beliebtesten Hymnen, die im Ashram gesungen werden, sind abgedruckt und übersetzt in: Sadguru Gnanananda. His Life, 349 ff.
12 Kinsley, Hindu Goddesses.
13 Die Komposition wird dem Heiligen Agastya zugeschrieben, einem der sieben weisen Seher der Vorzeit, der auch zahlreiche Hymnen des Rigveda «gehört» und überliefert haben soll.
14 Thayumanavar, Pathiyundu nidhiyundu, 291, in: Tayumanavar, Malai Valar Kadali.
15 Andere Schreibweise für *jnāna*, die befreiende spirituelle Erkenntnis der Nicht-Dualität.
16 Höchste Ursprungskraft.
17 «Freude am Zeichen der Vollkommenheit», Beiname der Göttlichen Mutter.
18 Die göttliche Mutter, Pārvatī in der Gestalt mit drei Augen und vier Armen, in dreien hält sie Spiegel, Schwert und Schild, die vierte Hand zeigt die Geste der

Anmerkungen

Wunschgewährung (*varadā mudrā*). Im Mahābhārata erscheint sie als Frau des Vicitravīrya und Mutter des blinden Königs Dhritarāshtra.
19 Die Schau, der spirituelle Kontakt mit dem Göttlichen.
20 Dies sind vier Stufen von Subtilität des Klanges – angefangen vom jenseitigen und nicht hörbaren Urklang der Welt bis zum hörbaren Laut.
21 Diese Klassifikation der Kraft als Willens-, Handlungs- und Erkenntnisvermögen ist ein klassisches Schema.
22 Der vierte, nicht-duale Bewusstseinszustand (gegenüber Wachen, Traum, Tiefschlaf).
23 Wörtl. «Halle für den Edelstein».
24 Wörtl. «Zeichen», in Hindu-Tempeln eine phallische Säule, die Shiva repräsentiert.
25 A. Mahadeva Sastry (transl.), The Bhagavad Gītā, with the Commentary of Sri Sankaracharya, 18, 55, Madras: Samata Books 1979 (zuerst 1977), 493.
26 Das Subjekt jeder Erkenntnis eines Gegenstandes, also das Bewusstsein des Menschen.
27 Ort der Ahnen, zu dem man gelangt, wenn Söhne das Totenritual durchführen, um die ununterbrochene Ahnenkette fortzuführen.
28 Eine verstärkte Einbeziehung der Gläubigen, besonders der Frauen und Kinder, in den aktiven Vollzug der Rituale wurde von Sri Gnanananda angeregt.
29 Die Zahl 108 bedeutet in der indischen Kultur Vollkommenheit und Ganzheit. So hat auch die *mālā* (Gebetskette, von der auch der europäische Rosenkranz abstammt) 108 Kugeln (bzw. Nusskerne oder Edelsteine). Die ursprüngliche Deutung der Zahl 108 ist aber unklar, vgl. oben Kap. 3, Anm. 4 und Kap. 2, Anm. 27. Es wird der Text benutzt (*Ashttotara Shatanāmāvalī*), der Shankara selbst zugeschrieben wird.
30 Jagadguru Sri Sacchidananda Shivavhinava Nrisimha Bharati Swami of Sringeri (1817–1912), Guru Paduka Stotra, in: Bhaktisudhatarangini, Srirangam: Sri Vani Vilas Press.
31 *Vairāgya-samrājya*.
32 *Kāma, krodha, lobha, moha, mada, mātsarya*.
33 *Vairāgya, ātmavidyā, moksha*.
34 Zahlreiche seiner Gesänge werden im Internet zum Download angeboten, was zu einer Popularisierung seiner Dichtung in jüngster Zeit beigetragen hat.
35 *ātmashakti*.
36 Sein-Bewusstsein-Seligkeit.
37 *Shivatattva*.
38 Ursprung alles Geistigen.
39 «*So'ham*» («Ich bin dies», nämlich Shiva bzw. das Absolute) klingt in fortlaufender Rezitation wie *sohamsohamsa* ..., wodurch das Wort *hamsa* (Schwan) entsteht, Symbol der Reinheit und geistigen Vollendung. Die acht Richtungen sind die vier Himmelsrichtungen, jeweils hälftig unterteilt.

40 Allerdings bestehen die Haushalte kaum noch aus Drei- oder Zwei-Generationen-Familien, sondern es handelt sich fast ausschließlich um Ehepaare oder Witwen und Witwer, die nicht mehr im arbeitsfähigen Alter sind. Die Gründe sind pragmatischer Natur.
41 Wir zitieren die deutsche Übersetzung aus dem Sri Gnanananda Ashram.
42 Die fünf *prānas* (*prāna, apāna, samāna, udāna, vyāna*) sind Energieströme, die in unterschiedlichen Richtungen im Organismus fließen und diesen beleben. Die sieben Elemente (*dhātu*) des Körpers sind: Chylus (Darmlymphsaft), Blut, Fleisch, Fett, Knochen, Mark, Samen. Die fünf Hüllen sind die grobstoffliche (*annamaya*), die lebensenergetische (*prānamaya*), die das Denken ausmachende (*manomaya*), die alle Bewusstseinsfunktionen koordinierende (*vijnānamaya*), die intuitiv-seligkeitserzeugende (*ānandamaya*). Hinter diesen ist der *ātman*, der von den veränderlichen Hüllen völlig unberührt ist, er ist das Wesen des Menschen. Die fünf Tatorgane (*karmendriyāni*) sind: Stimme, Hände, Füße, Anus, Geschlechtsorgane.
43 Abhishiktananda, Sannyasa, in: The Further Shore, 25 f.
44 Swami Abhishiktananda, Das Feuer der Weisheit, 121 f.
45 Einer der bedeutendsten Heiligen Indiens aus Maharashtra (?–1918). Er selbst lebte jenseits jeder spezifischen Religion und wird von Hindus wie Muslimen in ganz Indien verehrt. Den Hindus gilt er als Avatār (Herabkunft, Inkarnation) Gottes.
46 Der Sanskrit-Begriff *vāsanā* bedeutet sowohl «Duft» als auch die karmische Bewusstseinsprägung, die aus vorigen Leben herrührt und den gegenwärtigen Charakter mit seinen Neigungen und Abneigungen formt.
47 Dies ist der vishnuitischen Mythologie entnommen, die Schildkröte (*kūrma*) ist eine der zehn klassischen Inkarnationen (*avatāra*) Vishnus. Die Symbolik des Leuchters, der den Aufstieg zur Freiheit des Geistes darstellt, entstammt einem klassischen Text (14. Jahrhundert), der die sieben Stufen des *jīva* benennt: Pancadasī of Sri Vidyaranya Swami, Transl. with notes by Swami Swahananda, Sri Ramakrishna Math, Madras 1967. Hier heißt es in Kap. 7, 33 ff.: Es gibt sieben Stufen des *jīva*: Unwissenheit, Verschleierung, Superimposition, indirektes Wissen, direkte Erkenntnis, Freiheit von Sorge, uneingeschränkte Seligkeit. Das reflektierte Bewusstsein, *cidābhāsa*, ist durch diese sieben Stadien beeinflusst. Sie sind die Ursache der Verstrickung wie auch der Befreiung.
48 Dies wird beschrieben in Varāha Upanishad 4,2,1–17.
49 Die Wendung des Gesichts nach Süden (*dakshinā*) kann, wie bereits oben erklärt, verschieden gedeutet werden: Shankara repräsentiert als Guru die Kraft Shivas. Shivas Wohnsitz ist der Berg Kailāsa im Himalaya. Wenn er lehrend nach Indien blickt, ist er gen Süden gewandt. Der Süden ist aber auch die Richtung des Bereichs der Ahnen (*pitriloka*). Dies hängt mit dem Gang der Sonne von Osten über den Süden nach Westen zusammen. Im Süden ist die Bewegung von Geborenwerden und Sterben, im Norden ist die Ruhe der Befreiung. Der Blick

Anmerkungen

von Norden nach Süden besagt: Die Kraft der Erleuchtung aus dem Norden durchdringt die südlichen Sphären, dieser Blickrichtung kommt demzufolge heilsame Bedeutung zu.

50 Dosha, wörtl.: «das, was verunreinigt», im Ayurveda die drei Grundkonstituenten körperlicher Prozesse, deren Balance die Gesundheit ausmacht: *kapha* (Phlegma, das Stabilisierende, Erd- und Wasserhafte), *vāta* (Wind, das Bewegende, Wind und Raum), *pitta* (Galle, das Energetische, Feuer).

51 S. N. Bhavasar/Gertrud Kiem, Spirituality and Health (Ayurveda), in: K. Sivaraman (Hg.), Hindu Spirituality. Vedas through Vedanta, Delhi. Motilal Banarsidass 1995, 348. Die Autoren geben den interessanten Hinweis, dass dies der Definition von *samādhi* in den Yogasūtras des Patanjali sehr nahe kommt, wo es heißt: *svarūpe avasthānam* (stehend in seiner eigenen Gestalt).

52 Im Grundtext des Ayurveda, Caraka Samhitā 28,35, heißt es: «Der Körper folgt dem Geist, der Geist folgt dem Körper.» Jeder Zustand gilt als ein Geflecht aus Ursachen und Wirkungen und kann sowohl biophysisch als auch psychosomatisch beschrieben werden.

53 Könige stellten Hofbrahmanen an, um die Rituale zu versehen; ihr Lohn bestand häufig in Schenkungen.

54 Zum Tempelgottesdienst, wie er entsprechend den Shivāgamas in den Tempeln gepflegt wird, ist nur eine kleine Gruppe von Brahmanen qualifiziert, die Shivācāryas, die wahrscheinlich eine der ältesten Gemeinschaften in der südindischen Gesellschaft überhaupt darstellen. Sie sind gebildet und versiert, sowohl in den Tamilliteraturen als auch in der Sanskrit-Tradition. Sie konzentrieren sich auf das Studium der Shivāgamas, lernen aber auch zumindest Teile der Vedas auswendig, vor allem solche, die für das Ritualwissen, das den Shivāgamas zugrunde liegt, unentbehrlich sind, zum Beispiel die Anweisungen zur Weihe eines Tempels (*kumbhābhisheka*). Wieder andere Traditionen gelten für die Tantriker, die eine eigene Ausbildung haben müssen. So ist die Überlieferung des traditionellen Wissens eine komplexe Aufgabe, deren Erfüllung unter den gegenwärtigen institutionellen Bedingungen keineswegs gesichert ist.

9. Rituale im modernen Indien

1 Ramakrishna Mission, Chinmayananda Mission, Swami Dayananda Saraswati, Divine Life Society (Swami Sivananda) etc.

2 Buddhismus, Vīrashaivismus, Brahmo Samāj, Ramakrishna Mission sind Kritiker mit jahrhundertelanger Geschichte.

3 Die Zahl entnehmen wir S. u. K. Kakar, Die Inder, 144.

4 Kakar, ebd.

5 Ram Rath Yatra.

6 Ambedkar war ein Führer der Kastenlosen, der den Dalits die Konversion zum Buddhismus empfahl, um dem rigiden Kastensystem zu entgehen. Er begrün-

dete damit die «neo-buddhistische Bewegung» in Zentralindien. Er konnte nach der Unabhängigkeit Indiens 1947 zum Justizminister aufsteigen und gilt als «Vater der indischen Verfassung». Er ist heute Identifikationsfigur für die Dalit-Bewegung.

7 The Times of India, New Delhi, Thursday, July 1, 2010, 15.
8 Die Söhne sind und bleiben stark an die Mutter gebunden. Vgl. S. u. K. Kakar, Die Inder, 97 f. und S. Kakar, Kindheit und Gesellschaft, 145ff.
9 Vgl. hierzu auch A. Michaels, Der Hinduismus, 246 ff.
10 Beispiele dafür und zu den folgenden Ausführungen in: R. Thomaser-Gupte, Weibliche Religiosität, 111–138.
11 Thomaser-Gupte, Weibliche Religiosität, 119.
12 Dazu Thomaser-Gupte, Weibliche Religiosität, 114.
13 Diese Begriffsbildung geht auf Sudhir Kakar zurück, der sie in mehreren Publikationen verwendet, zum Beispiel: Religiöse Antworten auf die gesellschaftlichen Transformationsprozesse in Indien, in: M. v. Brück (Hg.), Religion – Segen oder Fluch der Menschheit?, Frankfurt a. M. 2008, 110–125, und S. u. K. Kakar, Die Inder, 134 ff. Zum Thema auch: M. v. Brück, Säkularisierung und Re-Traditionalisierung im Hinduismus, 1995.
14 Shashi Tharoor, India. From Midnight to the Millenium and Beyond, New Delhi/London: Penguin 2007 (zuerst 1997), S. 9.

Anmerkungen

Literatur

Quellen
Das Verzeichnis beschränkt sich auf leicht greifbare Ausgaben und Anthologien.

B. Bäumer, *Abhinavagupta*. Wege ins Licht. Texte des tantrischen Śivaismus aus Kaschmir, Zürich: Benziger 1992

M. v. Brück (Hg.), *Bhagavad Gītā*, Frankfurt: Verlag der Weltreligionen 2007

C. Dimmitt/J. A. B. van Buitenen, Classical Hindu Mythology. A Reader in the Sanskrit Purānas, Philadelphia: Temple Univ. Press 1978

P. V. Kane, *History of Dharmaśāstra*, Poona: Bhandarkar Oriental Research Institute 1962–1975

A. Michaels (Hg.), *Manusmṛti*. Manus Gesetzbuch, Berlin: Verlag der Weltreligionen 2010

P. Olivelle (Hg.), *Dharmasūtras*, Oxford: Oxford World Classics 1999

P. Olivelle (Hg.), *Manu's Code of Law*, New York: Oxford Univ. Press 2005

R. Panikkar, *The Vedic Experience*. An Anthology of the Vedas for Modern Man and Contemporary Celebration, London: Carton, Longman & Todd 1977

S. Radhakrishnan, *The Principle Upanishads*, Delhi: Oxford Univ. Press 1990 (zuerst 1953)

A. M. Sastri, *Dakshinamurti Stotra of Sri Sankaracharya*, Madras: Samata Books 1978

C. Schmölders (Hg.), *Vālmīki: Rāmāyana*, München: Diederichs 2004

P. Sankaranarayanan (Hg.), *Vivekacūḍāmani of Śrī Śaṅkara Bhagavatpāda*, Bombay: Bharatiya Vidya Bhavan 1979

S. Siddhinathananda, *Devī Māhātmyam*, Bombay: Bharatiya Vidya Bhavan 1995

K. Subramaniam (Hg.), *Mahābhārata*, Bombay: Bharatiya Vidya Bhavan 1989

W. Slaje (Hg.), *Upanischaden*, Frankfurt a. M.: Verlag der Weltreligionen 2009

M. Witzel/T. Goto (Hg.), *Rig-Veda*, Frankfurt a. M.: Verlag der Weltreligionen 2007

Weiterführende Literatur

Swami Abhishiktananda (= Henri Le Saux), Guru and Disciple, London: SPCK 1974 (1970 franz.: Gnanananda, dt.: Das Feuer der Weisheit, Weilheim: O. W.Barth 1979)
Abhishiktananda, The Further Shore, Delhi: ISPCK 1975
Abhishiktananda, Das Geheimnis des Heiligen Berges. Als christlicher Mönch unter den Weisen Indiens, Freiburg: Herder 1989
A. S. Altekar, The Position of Women in Hindu Civilization, New Delhi: Motilal Banarsidass 1956
V. M. Apte, The Vedāṅgas, in: The Cultural Heritage of India Bd. 1, Calcutta: The Ramakrishna Mission Institute of Culture 1958, 264–292
M. B. Aune, Religious and Social Ritual: Interdisciplinary explorations, Albany: SUNY Press 1996
Sri Aurobindo, The Foundations of Indian Culture, 1971 (3. Aufl.)
G. Bailey, Materials for the Study of Ancient Indian Ideologies: Pravṛtti and Nivṛtti, Turin: Pubblicazioni di Indologica Taurensia 1985
A. Basu, Kashmir Saivism, in: The Cultural Heritage of India, Bd. 4, Calcutta: The Ramakrishna Mission Institute of Culture 1983
C. Bell, Ritual Theory, Ritual Practice, New York/Oxford: Oxford Univ. Press 1992
A. Belliger/D. J. Krieger (Hg.), Ritualtheorien, Opladen: Westdeutscher Verlag 1998
S. M. Bhardwaj, Hindu Places of Pilgrimage in India: A Study in Cultural Geography, Berkeley: Univ. of California Press 1973
J. N. Bhattacharya, Hindu Castes and Sects, Calcutta: Thacker, Spink & Co. 1896
N. N. Bhattacharya, Indian Puberty Rites, Calcutta 1968
C. Bleeker (Hg.), Initiation, Leiden: Brill 1965
M. v. Brück, Einheit der Wirklichkeit. Gott, Gotteserfahrung und Meditation im hinduistisch-christlichen Dialog, 2. Aufl. München: Chr. Kaiser 1987 (zuerst 1986)
M. v. Brück, Säkularisierung und Re-Traditionalisierung im Hinduismus, in: Dialog der Religionen 5. Jhg. Heft 2, Gütersloh: Chr. Kaiser 1995,130–140
M. Chatterjee, Gewaltfrei widerstehen. Gandhis religiöses Denken – Seine Bedeutung für unsere Zeit, Gütersloh: Gütersloher Verlagshaus 1994
P. B. Courtright, Ganesa. Lord of Obstacles, Lord of Beginnings, New York/Oxford: Oxford Univ. Press 1985
V. Dalmia/H. v. Stietencron (Hg.), Representing Hinduism. The Construction of Religious Traditions and National Identity, New Delhi: Sage Publ. 1995
L. M. Dumont, Gesellschaft in Indien. Die Soziologie des Kastenwesens, Wien: Europaverlag 1976
W. Doniger, The Hindus, New York/London/New Delhi: Penguin 2009
D. L. Eck, Darsan. Seeing the Divine Image in India, Chambersburg: Anima Books 1985 (2. Aufl.)
G.Emmer/H. Mückler (Hg.), Alltagskulturen in Indien. Aktuelle Entwicklungen in der indischen Gesellschaft, Frankfurt a. M.: IKO-Verlag 1996

G. G. Filippi, Mṛtyu. Concept of Death in Indian Traditions, New Delhi: D. K. Printworld 1996

J. Gengnagel/U.Hüsken/S. Raman (Hg.), Hindu and Buddhist Rituals in South Asia, Wiesbaden: Harrassowitz 2005

A. van Gennep, Übergangsriten, 3. erw. Aufl., Frankfurt a. M.: Campus 2005

Sadguru Gnanananda. His Life, Personality and Teachings, Bombay: Bharatiya Vidya Bhavan 1993 (zuerst 1979)

J. Gonda, Die Religionen Indiens I. (Die Religionen der Menschheit Bd. 2), Stuttgart: Kohlhammer 1960

J. Gonda, Medieval Religious Literature in Sanskrit, Wiesbaden: Harrassowitz 1977

J. Gonda, Vedic Ritual: The Non-Solemn Rites, Leiden: Brill 1980

J. Gonda, Prayer and Blessing: Ancient Indian Ritual Terminology, Leiden: Brill 1989

J. A. Grimes, Ganapati. Song of the Self, Albany: SUNY Press 1995

S. Gupta/D. J. H. Gondriaan, Hindu Tantrism, Handbuch der Orientalistik 2. Abt. 4/2, Leiden: Brill 1979

Chr. Hackbarth-Johnson, Interreligiöse Existenz. Spirituelle Erfahrung und Identität bei Henri Le Saux (O. S. B.)/Swami Abhishiktānanda (1910–1973), Frankfurt a. M.: Lang 2003

F. Hardy, The Religious Culture of India: Power, Love and Wisdom, Cambridge: Cambridge Univ. Press 1994

L. Harlan/P. B. Courtright (Hg.) From the Margins of Hindu Marriage: Essays of Gender, Religion and Culture, New York/Oxford: Oxford Univ. Press 1995

Swami Harshananda, A Concise Encyclopaedia of Hinduism, Bd. 1–3, Bangalore: Ramakrishna Math 2008

S. P. Huyler, Meeting God. Elements of Hindu Devotion, New Haven. Yale Univ. Press 1999

S. Kakar, Kindheit und Gesellschaft in Indien, Frankfurt a. M.: Nexus 1988

S. u. K. Kakar, Die Inder. Porträt einer Gesellschaft, München: C.H. Beck 2006 (2. Aufl.)

K. M. Kapadia, Marriage and Family in India, Calcutta: Oxford Univ. Press 1966 (2. Aufl., zuerst 1955)

B. Keith-Smith, Reflections on Resemblance, Ritual and Religion, New York: Oxford Univ. Press 1989

D. Kinsley, Hindu Goddesses. Visions of the Divine Feminine in the Hindu Religious Tradition, Berkeley: Univ. of California Press 1986

R. Kloppenborg (Hg.), Selected Studies on Ritual in the Indian Religions (Essays to D. J. Hoens), Leiden: Brill 1983

S. Kramrisch, The Hindu Temple, 2. Bd., Delhi: Motilal Banarsidass 1980 (zuerst 1946)

J. Kreinath, Theorizing Rituals: Classical Topics, Theoretical Approaches, Analytical Concepts, Leiden: Brill 2006

J.Kreinath/J.Snoek/M.Stausberg, Theorizing Rituals: Annotated Bibliography of Ritual Theory, 1966–2005, Leiden: Brill 2007

Le Saux, H., siehe Swami Abhishiktānanda

J. Lipner, Hindus, Their Religious Beliefs and Practices, London/New York: Routledge 1994

T. M. P. Mahadevan, Outlines of Hinduism, Bombay: Chetana 1984 (zuerst 1961)

Ch. Malmoud, Cooking the World: Ritual and Thought in Ancient India, Delhi. Oxford Univ. Press 1996

D. Mandelbaum, Society in India, 2 Bd., Berkeley: Univ. of California Press 1970

A. Michaels, Der Hinduismus, München: C.H. Beck 1998

K. Morgan, The Religion of the Hindus, Delhi: Motilal Banarsidass 1996 (zuerst 1953)

K. Mylius, Geschichte der indischen Literatur, Leipzig: Reclam 1983

A. R. Natarajan, Arunachala. From Rigveda to Ramana Maharshi, Bangalore: Ramana Maharshi Centre for Learning 2002

Swami Nityananda Giri, Sri Gnanananda Tapovanam. Its Inspiration and Role Today, Sri Gnanananda Tapovanam 1983

Swami Nityananda Giri, Sannyāsa – Leap into the Infinite, in: M. v. Brück (Hg.), Authentic Consciousness – Hope for the Future, Madras: Gurukul Lutheran Theological College 1984, 67–85

Swami Nityananda Giri, Sadguru Gnanananda, in: Dilip, Vol. XXXI, 3, July/Sept, Mumbai 2005, 3–11

P. Olivelle, Renunciation in Hinduism: A Medieval Debate, 2 Bde., Wien: Publications of the de Nobili Research Library 1986

P. Olivelle, The Āśrama System, New York/Oxford: Oxford Univ. Press 1993

R. B. Pandey, The Hindu Sacraments (Saṁskāras), in: The Cultural Heritage of India, Bd. 2, Calcutta: The Ramakrishna Mission Institute of Culture 1982 (zuerst 1962), 390–413

R. B. Pandey, Hindu Saṁskāras, Delhi: Motilal Banarsidass 1969

A. Parthasarathy, The Symbolism of Hindu Gods and Rituals, Bombay: Vedānta Life Institute 1989 (zuerst 1983)

L. L. Patton, Bringing the Gods to Mind. Mantra and Ritual in Early Indian Sacrifice, Berkeley: Univ. of California Press 2004

Swami Prabhavananda, The Spiritual Heritage of India, Hollywood: 1979 (zuerst 1963)

S. Radhakrishnan, The Hindu View of Life, London: Unwin 1980 (zuerst 1927)

Swami Ranganathananda, The Indian Vision of God as Mother, Calcutta: Advaita Āshrama 1998 (zuerst 1992)

Swami Ranganathananda, How to Be an Ideal Housholder, New Delhi: Ramakrishna Mission 1999

Swami Ranganathananda, Grhastha Dharma, Madras: Sri Ramakrishna Math 2001

R. A. Rappaport, Ritual and Religion in the Making of Humanity, Cambridge: Cambridge Univ. Press 1999

_____ Ritualisierte Zeit

D. Rothermund (Hg.), Indien. Kultur, Geschichte, Politik, Wirtschaft, Umwelt, München: C.H. Beck 1995

H. K. Sastri, South-Indian Images of Gods and Goddesses, New Delhi: Asian Education Services 1986

Pandit A. Mahadeva Sastri, Vivāhaprayogāh. Vedic Marriage Ritual, Madras: The Theosophical Society 1980 (zuerst 1926)

G. R. Sholapurkar, Religious Rites and Festivals of India, Varanasi: Bharatiya Vidya Prakashan 1990

K. Sivaraman (Hg.), Hindu Spirituality. Vedas through Vedanta, Delhi: Motilal Banarsidass 1995

F. Staal, Rules without Meaning. Ritual, Mantras and the Human Sciences, New York: Lang 1989

R. M. Steinmann, Guru-Śiṣya-Sambandha: Das Meister-Schüler-Verhältnis im traditionellen und modernen Indien, Wiesbaden: Steiner 1986

H. v. Stietencron, Der Hinduismus, München: C.H. Beck 2001

M. Stutley, Ancient Indian Magic and Folklore, Boulder: Great Eastern 1980

Sh. Tharoor, India. From Midnight to the Millenium and Beyond, New Delhi/London: Penguin 2007 (zuerst 1997)

P. Uberoi (Hg.), Family, Kinship and Marriage in India, Delhi: Oxford Univ. Press 1993

L. A. R. Varma, Rituals of Worship, in: The Cultural Heritage of India, Bd. 4, Calcutta: The Ramakrishna Mission Institute of Culture 1983 (zuerst 1956)

S. Chandra Vasu, The Daily Practice of the Hindus, New Delhi: Munshiram Manoharlal 1991

Swami Vivekananda, Karma Yoga, Kolkata: Advaita Ashrama 2005 (36. Aufl.)

R. N. Vyas, The Bhāgavata Bhakti Cult, Delhi: Nag Publ. 1977

H. Zimmer, Philosophie und Religion Indiens, Frankfurt a. M. Suhrkamp 1976 (2. Aufl., zuerst 1961)

H. Zimmer, The Art of Indian Asia, 2 Bde., Princeton: Princeton Univ. Press 1960 (zuerst 1955)

Personenregister

Abhishiktananda, Swami (Henri Le Saux) 184, 196ff., 200, 203, 224 f.
Advani, Lal Krishna 247
Alexander der Große 122
Ambedkar, Bimrao R. 248
Anandamayi Ma 137
Aurobindo Ghose, Sri 48 f., 78, 196
Bangaru Adigalar 246
Caitanya 93, 194
Chidananda, Swami 190
Eckhart, Meister 19
Gnanananda Giri, Swami 31, 118 f., 184, 186 f., 193 ff., 200 ff., 209, 214, 216 ff., 220, 222, 224 ff., 230, 233, 238, 245
Gnanasambandar 202
Goethe, Johann Wolfgang von 18, 97
Hölderlin, Friedrich 27
Jayadeva 76, 98
Kakar, Sudhir 251
Kapadia, S. H. 248
Kautilya 114
Kues, Nikolaus von 22
Machiavelli, Niccolò 114
Madhva 30, 94, 202
Mīrābāi 97, 194
Moily, Veerappa 248
Muktananda, Swami 192

Patanjali 187
Phoolan Devī 246 f.
Radhakrishnan, Sarvepalli 30, 116
Raghottama Tirtha, Swami 202
Ramakrishna Paramahamsa, Swami 93, 128
Ramalinga 196
Ramana Maharishi 192, 195 f., 245
Rāmānuja 31, 95, 194
Satya Sai Baba 195, 229,245 f., 255
Sendamangalam Avadhuta Swamigal 196
Seshadri Swamigal 196
Seuse, Heinrich 19
Shankara 30, 36 f., 40, 50 f., 94 f., 105, 134 ff., 185, 194, 222 f., 233
Shivaratna Giri von Jyotirmath, Swami 195 f.
Suddhananda Bharati 221
Sureshvara 197
Thapar, Romila 254
Thayumanavar 213, 222, 226
Tulsidas 60
Vithoba von Polur, Swami 196
Vivekananda, Swami 129, 206
Vyāsa 157
Zimmer, Heinrich 27 f.

Sachregister

Abgrenzung 14, 155, 183, 252, 255
— religiöse 49
abhaya 72, 89
abhisheka 55, 103, 216
ācārya 183
ādhārashīla 67
adhikāra 57, 105 f., 190
adhikāri-bhāva 43
adhyātma vidyālaya 202
Ādi Parāshakti 214, 246
Aditi 211
Āditya 44, 50
Advaita Vedānta 52, 95, 182 f., 197, 217 f.
advaita 30, 42, 94, 135, 197
advaitāmritavarshinī 215
Āgamas 42, 81 ff., 207, 221
Agni 145, 147, 149, 165 f., 172 f., 175, 216
agni pradakshinā 166
aham brahmāsmi 188
ahamkāra 88, 118, 136, 188
Ahnen 38, 55, 132, 144, 146 f., 155, 160 f., 169 f., 174 ff., 180, 209, 235
ājnā 67
ākāsha 39, 43, 177
akhāndakāra vritti 186
akshara 215
alaukika 111

Altar 45, 54, 131, 218
Ālvārs 93, 200, 220
Ambikā 45, 50
amrita 178
anāhata 67
ānanda 87, 214
anirvacanīya 52
Annai Mandapam 222
annaprāshana 149 f.
annapūrneshvarī 158
antaryāmin 118, 137, 189, 227
antyeshti 141
anubhava 30, 182, 197
Anumati 175
ap 43, 168
Apasmāra 82
āratī 47, 55, 131, 142, 173, 216, 220, 222, 231
arcana 97, 220
Ardhanārīshvara 161, 234
Arjuna 57 ff., 93, 98, 100, 115 f.
artha 89, 112 ff., 116
Arthashāstra 114
Aruna 71
Arunācala 39, 82, 196, 202, 234
Ārya Samāj 251
Aryaman 165
Ashram 31 f., 39, 54, 81, 118, 125, 129 ff.,

137, 185, 192, 194, 196, 201 ff., 207 ff.,
   212, 215, 217 ff., 222 f., 226 f., 230,
   232 f., 235, 237 ff., 245
– Gnanananda-Ashram 39, 50, 218
– Sri Gnananda Tapovanam 31, 42,
   81 f., 210 ff.
– Sri Ramanashram 42
– Tapovanam-Ashram 194, 212, 214
āshramas 31, 111, 117, 120, 124
ashtasiddhi 86
ashvamedha 36
Askese 46, 124, 137, 195
Asket 60, 82
– Wanderasket 192, 244
asuras 75, 88
Atharvaveda 135, 146, 151, 153, 155, 175,
   178
ātmamāyā 78
ātman 30, 51 ff., 66, 71, 78, 88 f., 101,
   118 f., 133, 135 ff., 155, 160, 172, 177 f.,
   182 f., 188 ff., 194, 197, 200, 202 f.,
   216 f., 219, 221 f., 226 f., 229 ff.
ātma-nivedana 97
ātmavicāra 104, 226
Aufmerksamkeit 16, 22, 38, 41, 51, 71,
   102, 137, 144, 172 f., 232, 248
–, konstant 51
Autorität 18, 20, 71, 122, 128, 185, 217
–, des Rituals 18, 20
–, religiöse 128
āvarana 53, 231
avusthātrayasākshin 217
avatāra 60 f., 76 f., 84 f., 90, 93, 201
avidyā 113, 119, 231
ayam ātmā brahman 188
Ayurveda 99, 125, 130, 144 f., 236 f.
āyushya 148

Babri Masjid 248
Bad 47, 125, 143 ff., 156, 176, 208 f.
– rituelles 45, 142, 147, 157
Balarāma 76

bāna-linga 45
Begehren 34, 36, 52, 100, 112 f., 116, 133,
   219
– intellektuelles 112
– konkretes 36
– natürliches 34
– sinnliches 112 f.
Bewusstseinsbewegung 41, 95
– Körperbewegung 34
Bewusstheit 48, 52 f., 107, 186, 191, 214,
   220, 230
– Unbewusstheit 53
Bewusstsein 13, 18, 22, 25, 27, 29, 33,
   35 f., 39, 41, 48, 43, 46, 50, 52 f., 59, 71,
   75, 78, 80, 87 f., 92 ff., 99, 101, 104 ff.,
   118, 126, 128, 131, 133 ff., 146, 149, 157,
   170, 173, 177, 179 f., 183, 191 f., 197,
   202, 207, 215 f., 220 ff., 226 f., 229 f.,
   232, 235 f.
– Gottesbewusstsein 101, 104
– Tiefenbewusstsein 40, 88, 230
– Wachbewusstsein 106
Bewusstseinseindruck 32
Bewusstseinsgrund 41, 71
Bewusstseinshaltung 35, 62
Bewusstseinsspiegelung 58
Bewusstseinsstrom 89
Bewusstseinszustand 53, 101, 106 ff.,
   132, 159, 206, 217, 230, 232
Beziehung
– zu Gott 44, 48 ff., 93 f.
Bhagavad Gītā 28 f., 37, 56 ff., 60, 77 f.,
   80, 93, 98, 101, 108, 113, 115 f., 126, 136,
   176, 180, 208, 218, 225, 227, 243
Bhāgavata Purāna 97 f., 127
Bhairava 82, 204, 222, 246
bhajan 132, 204, 222, 246
bhakti 42 f., 50, 54, 66, 85, 92 ff., 103 ff.,
   128, 131, 135, 153, 180, 185, 187, 218 ff.,
   226 f., 239, 243, 245
–, *nirguna* 100, 104
–, *saguna* 100

289

Sachregister

Bharatiya Janata Party (BJP) 247
bhāva 99
–, adhikāri 43
–, āpatya
–, dāsya 100
–, kānta 100
–, mādhura 100
–, sākhya 100
–, shānta 100
–, shatru 100
–, vātsalya 100
bhāvana 30, 40
bheda 203
bhikshu 133
Bhima 60
Bhīshma 57, 198
bhūtayajna 171
Gottesbild 29, 34, 50, 54 f., 65 ff., 75, 80, 89, 94, 98, 102, 131, 209, 220, 226, 232
Birma 195
brāhma vivāha 162
Brahmā 74 f., 77, 84, 90, 136, 155, 216
brahmacārin 86, 125, 154, 157 f., 160, 223
brahmacarya 124 f., 134, 161 f.
brahman 40, 45, 49, 59, 61, 66, 103, 119, 125, 179, 183, 185 f., 188 ff., 208, 215 f., 221 f., 225, 230 f.
– nirguna brahman 54, 212
– saguna brahman 54
brahmavidyā 119
Brihaspati 71
Buddha 77, 207
buddhatva 182
buddhi 88, 159
Buddhismus 19, 32, 40, 50, 89, 113, 128, 134, 152, 189, 182, 206
Budha 70 f.

cakras 66 ff., 84, 137, 164, 231, 251
–, ājnā cakra 67
–, anāhata cakra 67
–, manipūra cakra 67
–, mūlādhāra cakra 67, 216
–, svādhishthāna cakra 67
–, vishuddha cakra 67
Cāmundā– Candī 91
Candra 70 f., 216
Candramatī 128
cela 183, 230
chandas 125
Chaos 25, 35, 74, 76, 82
Chennai 39, 91, 103, 246 f.
Christentum 27, 245, 251 f.
Cidambaram 39, 199
cinmātra 51
cintāmani 198
cit 136, 221
citta 88, 184
cittashuddhi 29, 34, 44, 170, 224
coincidentia oppositorum 67, 82
cūdākarana 159, 150

daiva 162
dakshinā 127, 175
Dakshināmūrti 81, 214, 230, 233
Dakshināmūrti Rupinī 214
Dakshināmūrti Stotra 197
Dalit 244
Dämonen 26, 46, 58, 72, 75 f., 82 ff., 88, 90 f., 127, 150, 253
danda 157
darshana 30, 38, 98, 130 f., 184, 200, 209, 214, 229 f.
dāsya 97
Demut 59, 109, 125, 158, 189
devanāgarī 153
devas 75, 88, 185
Devasenā 88
Devī Māhātmya 75
Devī 50, 100, 234, 249 f.
Devī-Bhāgavata 74
dharani 90
dharma 29, 37, 57 f., 60, 63, 75, 77, 89 f.,

112 ff., 126 f., 144, 153, 173, 182, 209, 224, 246
– grihasthā dharma 128
– Hindu-Dharma 31 f., 56 ff., 63, 75, 77, 89 f., 252
– sanātana dharma 29, 48 f.
– svadharma 156
– varmāshrama dharma 123
Dharmashāstras 90, 111 f., 117 f., 142, 158, 208
Dhātā 168
dhūpa 42, 45
dhyāna 158, 206, 225
dhyaur aham prithivī tvam 165
Dialog, interreligiös 238
dīkshā 133
Dionysos 28
dīpa 42 f., 45, 232
dīpa-jyoti 212
dīpa stambha 227, 230, 232,
Dīvālī 139
divyacakshuh 98
dosha 236
–, kapha 236
–, pitta 236
–, vāta 236
Draupadī 57 f.
Dualität 30, 42, 78, 82, 168, 184, 217, 223
– Nicht-Dualität 30, 36, 42, 51, 53, 106, 108, 119, 124, 129, 135, 196, 214, 229
duhkhanivritti 231
duhsvapna 178
Durgā 90 f., 247, 249 f.
duritakshaya 44
dvaita 30, 32, 42
dvija 151

Einsicht 16, 22, 30, 44, 106, 114, 116, 128, 169, 178, 188, 202, 254
–, metaphysische 33
–, spirituelle 40
ekam 210

ekam eva advitīyam 191
ekarasa 98
Ekstase 20, 202, 256
Energie 23 ff., 38, 51, 55, 67, 70, 73, 88, 92, 104, 145, 148 f., 164, 176, 199, 202, 208, 212, 226 f., 232 f., 235 f., 250
– des Geistes 24
–, feinstoffliche 200
–, geistige 77, 145, 237
–, göttliche 50, 55, 77, 195, 207
–, kontemplativ-transrationale 67
–, kosmische 24, 54
–, mantrische 55
–, materielle 25
–, mentale 67
–, schöpferische 54
–, spirituelle 46, 234
–, subtile 55
–, weibliche 52, 75 f., 159, 233
–, vegetative 67
– Klangenergie 54 f., 146
– Lebensenergie 41, 43, 66 f., 73, 125, 137, 164 f., 175 f., 199
– Lichtenergie 73
– Mantra-Energie 207
– Seelenenergie 179
Entsagung 72, 124, 130, 133, 196, 216, 220
Erfahrung, spirituelle 37, 40, 49, 70, 90, 136, 183, 254
– Einheitserfahrung 93, 134
– Gotteserfahrung 31, 30, 40, 62, 193, 197, 224
Erkenntnis 37, 43, 47, 50 f., 53, 61, 78, 92 ff., 106, 117, 119, 129, 131, 135 f., 149, 158, 182, 184, 191, 199 f., 202, 204, 209, 214 f., 217, 219 f., 223 f., 226 f., 231, 233 f.
–, spirituelle 54, 119
Erleuchtung 55, 90, 129, 171
Erzähltraditionen 54, 77
–, mythische 23, 62

Evolution 35, 61, 75, 115, 231
–, kosmische 35
Exklusivismus 50, 152, 180

Familie
– Götterfamilie 28, 249
Familienleben 27, 192, 205
Feuer 29, 31, 38 f., 43, 55, 65, 71, 82 f., 85, 131, 144, 146 f., 154, 157, 163 ff., 168, 170 ff., 200, 207, 214, 216, 220, 222, 226, 234 f.
– Opferfeuer 131, 170, 210, 235
Flamme 39, 47 f., 171, 217
Friede 20, 86, 114, 167, 212, 231, 233, 254
Frömmigkeit 50, 70, 93 f., 131, 218, 234

Ganapati 86, 204, 215 f., 219
Gandakī 45
gandha 42 f.
Gāndharva 162
Ganesha 44 ff., 50, 85 ff., 139, 153, 170, 202, 204 f., 229
Gangā 90, 176, 233, 247
garbhādhāna 141, 143 f.
Garuda 84
Gebet 45, 47, 70, 84, 94, 101, 147 ff., 158, 175, 199, 209 f., 220 f., 225, 238, 246
Gemeinschaft
– Ritualgemeinschaft 18, 31, 49, 123, 242, 249
– Kultgemeinschaft 96, 249
Gerechtigkeit 58, 60, 76, 114, 167
– Ungerechtigkeit 58
Gesellschaft 13 f., 16, 18, 21, 35, 37, 57, 102, 115 f., 118, 121 f., 126, 131, 137, 140 f., 144, 148, 151, 153, 157, 160, 173, 174, 182 f., 185, 193, 239, 241 f., 244, 248, 251, 255
Gesetz 29, 33, 48, 70, 105, 129, 163, 167
–, immerwährendes 48
Gesetzmäßigkeit 15, 18, 198

–, überindividuelle 17
Gewalt 22, 49, 58, 76, 93, 115, 218, 248
Gewissheit 15 f., 197, 202
ghanta 45
Gītagovinda 76, 98
godāna 160, 212
gopī 98
goshāla 73
gotra 176
Gott 29 ff., 34 f., 44, 50, 54, 58, 61 f., 65, 70 f., 74, 77 ff., 85 f.
–, transzendenter 66
Götter 26, 33, 38, 44, 50, 65, 70, 75, 81, 88, 90, 128, 139, 147, 149 ff., 154 f., 160, 171, 174 f., 190, 209, 211, 218, 256
–, indische 67, 81, 161
Göttliches 33, 34 f., 39, 42, 55, 61, 77 f., 85
Götterbilder 38, 65, 75, 209
Götterwelt 28
–, indische 65
–, griechische 27
Gottheiten 35 f., 38, 44 ff., 54 f., 66, 70 f., 83, 93, 123, 132, 145, 149, 153, 177, 205, 208, 218, 226
–, indische 52, 65
– Schutzgottheiten 88, 123
Gottesname 41 f., 46, 173
– Schöpfergott 42, 74, 84, 90, 164
Gottesdienst 44, 50, 60, 126
Gottessuche 49
Govinda 46
grahas 70
Griechenland 28
grihastha 126
Grihastha-Dharma 128
grihasthin 44, 161 f.
Grihyasūtras 139, 150, 153
guna 99, 115, 186, 216, 236
–, *sattva* 44, 99, 216, 236
–, *rajas* 44, 99, 216, 236
–, *tamas* 44, 99, 216, 236

Sachregister

Guru 31f., 39, 47, 55, 63, 70f., 85, 105f.,
  108, 119, 124f., 128, 130f., 133, 136,
  148, 154ff., 170, 181ff., 184ff., 206f.,
  210, 212, 216ff., 225f., 229f., 239f.,
  243, 245f., 255
Guru Bhakti 219
Guru Gītā 186, 220
Guru Pādukā Stotra 220
guru upāsana 229
gurukula 31, 124, 157, 184, 239
gurumūrti 186, 215, 232
Gurunī 130, 239
gurusevā 184
guru-shishya 185
gurutattva 85, 186

hamsa soham 222
Hanumān 85, 100, 253
Hari 76
Harishcandra 127f.
Harmonie 24, 93, 115f., 121, 124, 153, 169
Hass 58, 88, 145, 220
Heilsweg 49, 92
Helena 28
Hellenismus 28
Hierarchie 20f., 127, 130, 183, 222
–, semantische 13
–, soziale 19
Himavāns 213
Himmel 23, 33f., 59, 70, 83f., 143, 147, 154, 156, 158ff., 164f., 174, 216, 225
Himmelsgeometrie 15
Hinduismus 19, 29ff., 37, 42, 44, 48f., 62, 81, 90, 93f., 111, 117, 122f., 133f., 183, 190, 193, 197, 211, 233, 241, 244, 248f., 251f.
Hiranyakashipu 97
Hiranyaksha 76
Hochzeit 126, 144, 152, 159ff., 164, 166, 168, 243
Holī 139

homa 35, 42, 131, 165f., 215
– ganapati-homa 42, 215
– pānigrahana-homa 165
homa kund 215
Homöostase 75
Hymnen 27, 31, 36, 81, 94, 132, 135, 137, 143f., 146, 149, 165, 175, 206, 213, 217, 219ff., 226, 232f.
–, āgamische 215
–, vedische 34, 36, 131f.
– Schöpfungshymne 35

icchā 216
Identität 15, 18, 31, 49, 58, 61f.
Identitätsstiftung 14f., 18, 27, 49
Ilias 27
imitatio 183
Indra 83
Initiation 133, 181
Initationsname 148
Inkarnation 61, 76ff., 81, 84, 90, 93
Inklusivismus 50
Invokation 46
īsha 86
ishtadevatā 43, 50, 133
īshvara 42, 79

Jainismus 32
japa 41f.
– ucca-japa 41
– manda-japa 41
– citta-japa 41
jātakarman 141
jīva samādhi 227
jīva 46, 119
jīvanmukta 177
jīvātman 190, 229
jnāna 43, 54, 61, 93
jnāna-kānda 35
jnānin 200
Jupiter 71
jyotisha 70

293

Sachregister

Kailāsa 82
kalā 52
Kalahasti 39
kalasha 47
Kālī 76, 90 f.
kalki 77
kalpa 125
kalyānaguna 94
kāma 89
kāmadhenu 73
kāmamaya 179
Kāmasūtra 112
Kanchipuram 39
kanyā-dāna 164
kapha 236
kārana 29
Karma 27 f., 48, 58, 77 f., 87
karma-kānda 35, 37
karmaphala 78
Karna 57
karnavedha 150
karpūra 45
karpūra-nirājanam 47
kārttikeya 71, 88
karunā 77
Kastensystem 122
kaupīna 154
Ketu 70, 72
Kind, göttliches 79
kīrtana 97, 132
klesha 182
kolam 171
Kommunion 24 f.
König Bali 72, 76
König Duryodhana 198
König Janaka 108
Kontrolle
– Atemkontrolle 41
kosha 52
Kosmos 23, 33, 35 f., 40
Kraft 33, 62, 65, 74 f.
–, paranormale 129

–, gestalterische 84
–, kreative 83
–, dämonische 76
–, psycho-physische 75
–, polare 75
–, hintergründige 70
–, geistige 55, 75
–, göttliche 35, 38, 43, 75
–, kosmische 38, 55
–, schöpferische 35, 52, 78, 99
–, spirituelle 63
–, weibliche 76, 90, 92
– Bewusstseinskraft 51
– Konzentrationskraft 59
– Kraftorte 42
– Seinskraft 35
– Yogakraft 233
kratu 179
Kreta 28
Krishna 61, 76 f., 79, 90, 93, 98
kriyā 131
Kshatriya 115, 155
kshetra 66
Kubera 86
Kuh 73 f., 76, 79, 90
–, kosmische 73
–, irdische 73
Kuja 70 f.
Kult 28, 39, 49, 55, 74, 76, 91
–, chthonischer 80
– Schlangenkult 80
– Tempelkult 38, 42, 98
kummi 232
kundala 150
kundalinī 66
kunkuma 45
Kunst 74, 90
–, indische 57
kūrma 67, 76
kūrmapītha 230

Sachregister

lāja 165
Lakshmana 85
Lakshmī 74, 84, 89 ff.
Lakshmīdāna 145
Lakshmī-Nārāyana 84
Lankā 85
laukika 111
Läuterung, mentale 42
Leben 58 ff., 70, 73, 75, 79, 81 f., 89, 96
–, religiöses 72
–, spirituelles 40, 98
Lebensweg 34
Lehrer 37
Licht 79, 83
Liebe 20, 43, 47, 54, 72, 80, 91 f., 94 ff., 103, 113, 147, 166 f., 169 f., 172, 185, 188, 196, 203 f., 209, 217, 220, 233, 245
līlā 52, 54, 96
linga 66, 229
loka 39
Luft 38 f., 43, 47, 65, 78, 85, 96, 175, 177, 200, 216, 223, 232, 234

Mahābhārata 56 ff.
mahābodhi 234
mahāvākyāni 188
maheshvara 81
Mahisha 91
Mahishāsuramardinī 91
maithuna 160
Makulatur 19
mālā 72
Mammalapuram 91
manana 37, 136
manas 88 f., 231
mandala 44, 70, 207, 229
mandapa 233
– Mani Mandapa 216, 230
mangala 71, 250
mangala-satrabandhana 164
Mangalapuri 195
manipūra 67

Mantra 30, 41 ff., 45 ff., 54, 145, 147, 151, 154, 156, 158 f., 163, 165 f., 168, 207, 220 f.
– Bīja-Mantra 43, 54
– Gāyatrī-Mantra 46, 71, 154, 156, 158, 209
Mantra-Rezitation 38, 45 ff., 103, 145, 147 f., 151, 156 f., 159 f., 165, 168, 208 f., 237
Manusmriti 140, 153 f., 162
Mariamma 172
Mārkandeya 194
Mars 71
Mātarishvan 168
Materie, feinstoffliche 52, 77, 102
–, grobstoffliche 38, 52, 77, 177, 179, 199 f., 216
math 222
matsya 76
māyā 52, 99
medhājanana 147
Meditation 7, 19, 37, 83, 87, 99, 156 ff., 181 f., 186 f., 189, 199, 208 f., 221, 225 f., 229, 238, 245
Mela 247
– Kumbha Mela 247
Merkur 71
Mesopotamien 28
Mīmāmsā 134
Mīnākshī 234
Mohinī 161
moksha 61, 89, 100, 111 f., 117 ff., 130, 144, 157, 173, 179, 190
Mönch (*monachos*) 37, 133 f., 194, 204, 206, 118, 219
Mond 39, 48, 70 f., 73, 87, 139, 149
– Mondphase 39
-Mondkalender 38
Mudrā 43, 55, 81, 89
– *anjali mudrā* 84
– *abhaya mudrā* 71 f., 82, 91
– *cinmudrā* 230

Sachregister

– *dhyāna mudrā* 229
– *varadā mudrā* 71 f., 83, 91
mukti 61
Mula Brindavana 202
Mūlādhāra 67
mumukshutva 105
muni 191
mūrti 54 f., 98
Murugan 88
Muslim 63, 203, 217, 248, 252
Mutter 73, 79 f., 90, 101, 135, 145 ff., 157 f., 160, 163 f., 210 ff., 249
–, göttliche 39, 93, 101, 135, 137, 142, 158 f., 172, 212 ff., 222, 229, 232, 234, 246, 250
Mystik 93, 195
–, dominikanische 19
Mystiker/in 62
Mythologie 33, 74 f., 172, 231, 233
Mythos 18, 21 ff., 31, 50, 72, 86, 221, 233 f.
–, indischer 23, 26 ff., 49, 78, 252 ff.
–, vedischer 88
–, griechischer 27
– Mythenstruktur 24

Naciketas 178
nāda brahman 54
naivedya 42 f., 45, 220
Nakula 58 f.
nāmakarana 141
nāmarūpa 51, 96
Nandi 82
Narada 97, 169, 233
Narasimha 76
Nārāyana 83
Narmadā 45
Nataraja 39, 81 f.
navagrahas 70
Navarātra 91
Navarātri 139, 250
Nepal 45

nidhikumbha 67
nididhyāsana 37
nirankushatripti 231
nirguna brahman 54, 212
nirguna 99
nirukta 125
nirvānadīkshā 133
Nirvānashatkam 223
nishkramana 149
nivritti 117, 137
niyati 52
Norm, gesellschaftliche 21
–, soziale 57
Normierung 19

Odyssee 27
om namah shivāya 41
Opfer 35 f., 38, 77, 92, 97, 101 ff., 131, 149, 151, 154 f., 168, 171, 173, 177, 209, 220 f., 235
– Feueropfer 42, 163, 165, 170, 207, 209 f., 215
– Wasseropfer 43, 163, 176
Opfergabe 42 f., 207
Ordnung 15, 18 f., 21, 25, 28, 82 f., 93, 114, 116, 126, 133, 139, 153, 156, 210
–, zeitliche 14
–, sprachliche 15
–, semantische 15
–, grammatikalische 15
– der Planeten 70
– Sozialordnung 116, 121, 156

padarthubhāvanā 232
pādasevana 97, 108
padma 67, 84, 88, 90
pādukās 210
pādya 42
paishāca 162
panca brahma dīpa 221
pancabhūtas 65
pancagavya 212

Sachregister

pancakancukas 52
pancakritya 81
pancapātra 45
pancopacāra 42
Pāndava 57 f.
pandita 133
Pantheismus 93
Pantheon
–, indisches 50
pāpa 179
paralokaishana 112
paramahamsa parivrājakācārya 194, 196
paramātman 190
parameshvara 165
paramparā 204
Parashurāma 76, 90
parātparā 215
parivrājaka 195
paroksha jnāna 231
– aparoksha jnāna 231
Pārvatī 71, 82 f., 85, 91
Persien 28
Pilger 39, 98, 194, 238
Pilgerschaft 39, 200, 228
Pillaiyar 86
pinda-brahmānda 33
pitriloka 144, 174,
pitriyajna 177
Planeten 39, 70 ff.
Polarität 75, 83, 161, 217
Polydoxie 117
Polypraxie 117
pradakshinā 48
Prahlāda 97
Prajāpati 149
prājāpatya 162
prakriti 42, 51, 78
prāna 39, 41, 43, 66, 73
prānaishana 112
prānamayasharīra 176
pranava 206, 214
prānāyāma 46

prasāda 43, 48
Präsenz 39, 51, 53, 66, 77, 93, 134, 140,
    191, 198, 200, 229
–, energetische 76
–, menschliche 25
–, göttliche 37, 41, 55, 76, 78, 93, 101,
    105 ff., 128, 173, 199, 202, 211 f., 214,
    226, 230, 245
pratishthā 66
pravritti 117
Praxis
–, kultische 31, 50, 99, 104, 134, 159, 200
–, spirituelle 37, 41, 49, 53, 97, 112, 173,
    199, 201, 225, 227
Prithivī 211
Projektion, mentale 51, 53
Prosodie 36, 241
Prozess 17, 36, 43, 73 f., 78, 95 ff., 108,
    119, 164, 168, 170 f., 177, 236, 255
–, karmisch-energetischer 78
–, geschichtlicher 21
–, kontinuierlicher 63, 162,
– Bewusstseinsprozess 13, 29
– Reifeprozess 63, 96, 137, 142, 162, 164
pūjā 38 f., 41 ff., 66, 70
– annapūrnā pūjā 142
– devī pūjā 91
– go pūjā 73
– mānasikā pūjā 30
– pādukā pūjā 217
– pancāyatana pūjā 44, 50
pūjāri 46 f.
pumsavana 145
punya 179
Purānas 56, 61, 71 ff., 83, 86, 93
pūrna 96
pūrnakimbha dīpa 221
purohita 133
purusha 29, 35, 42, 76, 177
purushārthas 89, 111 ff., 117 f., 126, 162,
    173
purushatantra 51

297

Sachregister

Pūrva-Mīmāmsā 50
Pūshan 143, 165
pushpa 42, 45

Rādhā 76, 89
rādhākalyāna 152
Rādhākrishna 161
rāga 52, 79, 98
Rāhu 70, 72
Rājasūya-Opferritual 127
rākshasa 72
Rāma 60, 76 f., 85
Rāmāyana 56 ff., 60, 85
Ranganātha 83
rangolī 171
rasa 92, 97 f.
Rashtriya Swayamsevak Sangh (RSS) 251
Raum 13, 20, 38 f., 65, 108, 114 f., 118, 137, 177, 179, 191, 196 f., 218, 228, 234
–, heiliger 38
–, ritueller 31
– des Bewusstseins 39
– Opferraum 35
– Resonanzraum 22 ff.
Rāvana 60, 76, 85
Realität 30, 37, 52, 77, 99, 106 f., 112, 160, 177, 234, 249
–, symbolische 28
–, soziale 31, 49
–, eigene 37
–, transzendente 40
–, materielle 52
–, mentale 66
Reife 14, 97, 99, 101, 119, 152 f., 156
–, spirituelle 28, 63
Reinigung 29, 38, 46, 55, 144, 147 f., 153, 157, 168, 174, 176 f., 180 f., 208 f., 212, 216, 235, 237
–, geistige 44
religio 24
Religion 14 f., 19 ff., 29, 34, 36, 40, 44, 48 f., 51 ff., 63, 81, 88, 92 f., 104 f., 115, 118, 122 f., 128, 131, 139, 188, 193, 203, 225 f., 229, 240, 244 f., 248, 251
–, indische 27, 32, 39, 53 f., 65, 77, 80, 96, 102, 108, 130, 133 f., 182, 252 f.
–, mystische 193
–, vedische 32, 35, 92
Religiosität, zwanghafte 80
Repräsentation 32, 44 f., 53, 63, 66, 234
–, symbolische 65, 74
Resonanz 28 f., 37, 63, 78, 97, 101, 159 f.
–, spirituelle 63
– Farbresonanz 24
– Klangresonanz 24
Resonanz-Schwingung 25
Rhetorik des Körpers 14
Rhythmus 13 f., 20, 22 f., 25 f., 35 f., 38, 82 ff., 143, 165, 173, 210, 233, 255
–, kosmischer 116
– Lebensrhythmus 83, 139
Ribhu Gītā 186
ric 55
Rigveda 35, 56, 65, 83, 153, 156, 164, 175, 178, 190, 210, 212
rishi 32, 38, 54, 155, 182, 211
Rishi Kapila 233
rites de passage 14, siehe auch Übergangsrituale
ritu 143
Ritual 13 ff., 28 ff., 34, 37 ff., 42, 54 f., 65 ff., 70, 78, 84, 86 ff., 98, 101 ff., 108, 116 ff., 122 f., 125 ff., 131 ff., 137, 183, 191, 197 ff., 203 ff., 209 ff., 215, 217 ff., 223 ff., 233, 239 ff., 254 f.
– Besänftigungsritual 70
– Bildungsrituale 141
– Hausritual 42
– Hochzeitsritual 141 f., 163 ff., 170, 245, 250
– Meditationsrituale 19
– Rückzugsritual 19
– Sterberituale 141

- Tempelritual 42, 126
- Totenrituale 141, 173, 176 f., 180, 245
- Übergangsritual 14, 21, 116, 139 ff.
- Überwindung des Rituals 51
Ritualtheorie 13 ff., 29
Ritualisierung 13 f., 16 f., 19 ff., 36, 116, 253, 255
Ritualpraxis 13 f., 19, 31, 134, 173, 207, 218, 227, 250
Ritualgesänge 31
Ritualgruppe 20
Ritualistik 29, 37
- Opferritualistik 36, 49, 134 f.
Ritualkultur 28, 33, 41, 44, 89
Ritualmeister 46
Ritualmuster 40
Ritualwesen 244
Ritus 15, 20, 29, 43, 55, 116, 140 f., 143 f., 146 ff., 152, 153 ff., 166, 174, 181, 184, 209, 212, 217, 222
–, pränataler 141
- Kindheitsriten 141
Rukminī 90
rūpa 54, 80, 230

*s*accidānanda 118
Sadguru 186
sādhanā 34, 53, 75, 88
Sadvimsha Brāhmana 125
saguna brahman 54
saguna 43, 99
sahadharminī 152, 163
sahasrāra 67
sahasrārapadma 67
sakhya 97
Sakrament 102, 140, 162
sākshicaitanya 226
sākshin 171
Säkularisierung 193, 242
samādhi 99
sāman 55
samāvartana 160

sambhogashringāra 98
samdhyā 160
samhitā 135
Sāmkhya 99
sampra-dāyanishtha 210
sampradāya 245
samskāra 33, 38, 62
Sangh Parivār 251
sankalpa 46
sannyāsa 130, 133
sannyāsin 37, 87
saptajnānabhūmikā 231
saptapadī 166
Sarasvatī 74, 90 f.
sat 52 f.
satsanga 222
sattvāpattī 232
sāttvika 100
Saturn 72
satya 99, 202
satyadrishti 184
Satyavān 142
Savitrī (mask.: Savitri) 71, 158 f.
Schicksal, individuelles 15, 22, 115, 130, 179 f.
–, menschliches 28, 180
Schönheit 28, 31, 71, 84, 89 ff., 146, 149, 163, 213, 215, 220, 256
–, sinnliche 28
–, spirituelle 28
Schöpfung 52, 81 f., 84
- Tanz der Schöpfung 82
- Weltschöpfung 35
Schöpfungsordnung, göttliche 15
Schweigen 29, 132, 191 f., 204, 209, 214, 227
Schwellensituation 17
Schwingung 23 ff., 37, 54, 132, 159, 165
Seele 30 f., 62, 85, 95, 144, 152, 174, 177 ff., 190, 198, 214, 219, 229
Sexualität 43, 125, 145, 165
shabda 23, 54 f.

_____ Sachregister

shadādhāra-pratishthā 66
shakti 52, 54, 76, 81 ff., 99, 211, 215,
    233 f.
– ānandashakti 115
– cit-shakti (= cicchakti) 190, 212
– māyāshakti 212
Shaktismus 80, 181
shaktipāta 182
shālagrāma 45, 80
Shani 70, 72
Shankaranārāyana 234
shankha 84
Shanmukha 88
shānti 29, 70
shāstra 134, 186
Shatapatha Brāhmana 153
shava 81
shesha 83
sheshasāyin 83
shikshā 125
Shīla Vigraha 216
shishya 183, 226
Shiva 28, 45, 50, 66, 71, 76, 80 ff., 91, 94,
    103, 155, 161, 170 f., 194, 200 ff., 214,
    216 f., 221, 223, 229 f., 233 f.
Shivaismus 39, 80 f., 201, 233, 234, 239
Shivaiten 50, 81, 123, 245
Shivācāryas 211
shivāgāmapadasthala 239
shivalinga 66, 80, 229 f.
Shivānandalaharī 94
Shiva-Pārvatī 234
Shivarātri 139
Shivoham 103
shloka 32
Shonā 45
shraddhā 103, 105
shravana 37, 97, 136
Shrī Sūkta 212
Shrī 212, siehe auch Lakshmī
shruti 183, 241
shubhecchā 231

Shukra 70, 72
Siddhalingamadam 196, 203
Siddha-Medizin 125, 206
siddhi 192, 214
Sikhismus 32, 245
sīmantonnayana 145
Sītā 28, 60, 85, 90
Sītārām 60
Skanda 88, 226, 229
smarana 97
Smritis 164
sneha 43
soham shivabhāvana 94, 103
Soma 71, 149, 211
Sonne 39, 48, 59, 70, 73, 83, 107 f., 151,
    158 f., 168, 172, 207, 209, 214
– Sonnenkalender 38, 139
sopāna mārga 218
spanda 23, 132
sphatika 45
Spiel 24, 52, 62, 96, 99, 164
– primäres 24, 26
– sekundäres 24 ff.
Spiritualität 48 f., 80, 96, 180, 190, 215,
    246
– transkonfessionelle 49
Sprache 29, 34, 42, 56, 71, 92, 95, 151,
    153, 191 f., 203, 211, 222, 236, 246
Sri Gnanananda Pranava Nilayam
    206
Sri Lalitā Parameshvarī 215
Sri Lanka 195, 243, 253
Srirangam 83
sthala 226
sthūla sharīra 199
Stille, körperlich-geistige 41
Struktur 20, 23–26, 29, 35 f., 54 f., 81,
    98, 111, 122 f., 129, 241
–, maskuline 233
–, abstrakte 55
– des Mythischen 23
– Begehrensstruktur 112

- der Beziehungen 24
- Ordnungsstruktur 40
- Ritualstruktur 20
- Sozialstruktur 118
- Tempelstruktur 65 f.
Strukturierung 37, 128
Subrahmanya 88 f., 170, 229
sūkshma sharīra 199
Surabhi 211
Sūrya 50, 70 ff.
sushumna 67
suvarnahasta 89
svadharma 115 f., 156
svādhishthāna 67
Svarnalata 213
Svarnamukhi 45
svāsthya 236
svayamprakāsha 191
Symbol 27, 29, 40, 47, 52 f., 63, 65 ff., 70, 76, 80, 83 ff., 89 f., 92, 101, 113, 140, 147, 154, 157, 161, 163 ff., 168, 173, 183 f., 198, 206, 212, 216, 221, 224, 226, 230 f., 247 f., 252, 254
- Farbsymbol 67
- Fruchtbarkeitssymbol 66
- Gottessymbol 47, 65, 216
- Schöpfungssymbol 66
Symbolik 29, 31, 33, 40, 52 f., 66, 78 ff., 83, 85, 87, 91 f., 102, 151, 229, 233 f.
- Kultsymbolik 38
Symbolisierung 61 f., 75 f.
System, philosophisches 23
–, psychisches 19
–, soziales 19
- Familiensystem 37
- Glaubenssystem 49
- Ordnungssystem 18 ff.
- Ritualsystem 49, 129
- Sozialsystem, indisches 121, 127
- Yoga-System 53

tad ekam 40, 190
Tamil Nadu 31, 103, 201, 246, 253 f.
Tantra 50, 134 ff., 159, 164, 207
Tantras 92, 101, 134, 159, 186
tanumānasī 232
Tanz 47, 62, 82 f., 98, 125, 158, 255
–, kultischer 26
–, kosmischer 82
tapas 125, 202, 233, 250
Tapovanam 31, 203 f., 206, 222
Tara 71
tarpana 42, 176 f.
tat sat 53
tat tvam asi 30, 50, 221, 230
Tempel 37 ff., 44 f., 47, 54 ff., 66, 73, 75, 81, 84 ff., 98, 101, 103, 128, 131, 140, 149, 151, 174, 184, 199, 205, 214, 218, 222, 226, 234, 246 f.
–, indischer 66
- Arunācaleshvara-Tempel 39
- Atulyanatheshvara-Tempel 202
- Ekamreshvara-Tempel 39
- Jambukeshvara-Tempel 39
- Kilaiyur-Tempel 201
- Shiva-Tempel 70, 82, 91, 201, 234
Tempelbesuch 38
Tempelwagen 38, 247
Tempelweihe 67
Tevaram 201
Theopanismus 93
Theophanic 14
Tibet 187, 195
Tiefschlaf 51, 53, 106 f., 132, 159, 206, 227, 230, 232
tīrtha 226
Tiruchirapalli 39
Tirukoiylur 31, 83, 196, 201 f., 234
Tiruvannamalai 39, 42, 82
–, Feuersäule von 39
Tiruvasagam 206
Totalität 49
Tradition 18, 55, 80 f., 85

301

Sachregister

–, antik-griechische 27
–, erkenntnistheoretische 169
–, indische 27, 39, 75 f., 80, 97, 160, 169, 189, 198, 201, 226
–, lokale 61, 81, 90
–, psychologische 169
–, religiöse 53
–, soziale 90
–, spirituelle 19
–, vedische 32, 44, 162, 170, 206, 245
– Erzähltradition 54 ff.
– Kulttradition 77, 80, 132, 197
Transformation 101, 147, 177 f., 195, 206, 226, 241
–, geistige 39, 84
–, psychische 96
Transkonfessionalität 49, 51
Transzendenz 15, 20, 52 f., 190, 254 f.
Transzendierung 17, 48, 52, 55, 210, 218, 222, 225 f.
–, spirituelle 52
Traum 51, 53, 103, 106 f., 132, 159, 178, 206, 226, 230, 232
trikrama 83, 234
trimūrti 84
Trivandrum 83
trivarga 111
Tulasi 74
turīya 53
turyāga 232
tyāga 99

Uma 213
Umātāndava 82
Universum 23 f., 35, 39, 42, 54, 61, 73, 75, 79 ff., 83, 92 f., 159, 173, 234
–, materielles 42
–, göttliches 65
upacāra 42
upahāraprakāshikā 43
upanayana 124, 141, 152 ff., 156 ff., 245

Upanishaden 29, 32, 35, 37, 50, 85, 89, 118, 135 ff., 144, 172, 179, 182 f., 189, 191 f., 196, 206, 208, 212, 221, 230
– *Brihadāranyaka Upanishad* 108
– *Katha Upanishad* 178
– *Māndūkya Upanishad* 53, 188
– *Mundaka Upanishad* 225
– *Sri Ganapati Atharvashīrsha Upanishad* 215
– *Taittirīya Upanishad* 52, 216
upāsana 51
– *saguna upāsana* 104
– *nirguna upāsana* 104
Urkraft 29, 214
Ursprung 34, 41, 74, 180, 217, 220, 234
Ushas 210 f.
Uttara-Mīmāmsā 50
uttarāyana 151

Vāc 211
Vācaspati 71
vāhana 52
vairāgya 104
Vaishya 155
Vallī 88
vāmana 76, 90
vānaprastha 130 ff.
vandana 97
varna 114, 123
varnāshrama dharma 123
Varuna 165
vāsanā 51, 62, 86 f., 89
Vashishtha 127
vastra 45
vastu-tantra 51
vatasavitrī 142
vedāngas 125
Vedānta 37
vedārambha 154
Vedas 30, 32, 35 ff., 50, 56 f., 70, 77, 111, 122, 124, 134, 140 f., 145, 151, 154, 157, 159, 216, 221, 239, 241

Sachregister

vedyaprathā 52
Vegetarismus 129, 235
Venkateshvara 234, 247
Venus 72
Verehrung 33, 43, 65 f.
–, kultische 54, 218
– Gottesverehrung 41 ff., 54, 101, 156, 159, 197, 199, 209, 224, 229 f.
Vergänglichkeit 81
Verhüllung 53, 81, 221
– Unverhüllung 53
Verlangen 34, 36, 86, 89, 100, 105, 112, 118, 141, 179, 231
–, menschliches 34
–, sinnliches 50, 104, 112 f.
Vernunft, reflektierende 22
Versenkung 37, 82, 99, 136, 186, 199 f., 227
Versenkungszustand 53, 106
Vertrauen 43, 47, 71, 103, 105 ff., 133, 184 f., 198, 220
vibhūti 221
vicārana 232
videhamukta 199
vidyā 53
vidyārambha 141
vidyāsthānas 158
vighneshvara 86
vigraha 45, 65 ff., 216
vikshepa 53, 231
Vīnā 90
Vināyaka 86 f., 226
vināyaka caturthī 87
vipralambhashringāra 98
Vīralakshmī 213
Vīrashaivas 152
vishishtādvaita 31
Vishnu 28, 44 f., 50, 60 f., 74, 76 f., 80 f., 83 ff., 88 ff., 100, 136, 155, 161, 170, 185, 201, 205, 211, 213, 216, 229, 234, 247
Vishnuismus 80, 93, 234

Vishnuiten 50, 123, 245
Vishnu Purāna 71, 80
vishuddha 67
vishvadevāh 168
Vishvāmitra 127 f.
vishvarūpa 98, 234
vishvāsa 43
vittaishana 112
vivāha 141 f., 160
Vivekacūdāmani 105
Vollendung 20
–, geistige 89, 92
vrata 152
vrata kathās 251
vrittijnāna 119
Vyādha 129
vyākarana 125

Wahrheit 46, 52, 99, 107, 115, 125, 136, 175, 184 f., 202, 219, 222, 232
–, absolute 48 f.
Wahrhaftigkeit 58, 114, 155, 185
Wahrnehmung 21, 23 f., 30, 34, 53, 106, 108, 112, 168, 231
–, außersinnliche 55
–, feindselige 81
–, hinduistische 62
–, sinnliche 188
– Weltwahrnehmung 14
Wahrnehmungsspektrum 77
Wasser 38 f., 42 f., 46, 55, 58 f., 65, 76, 90, 95, 102, 127, 133, 136, 145, 147, 149, 151, 157, 168, 174 ff., 179, 190, 198 ff., 207, 209, 216, 219, 232 ff.
Weg, spirituell 40, 51, 75, 105, 136, 155, 204, 225
– Königsweg 41
Weisheit 34, 60, 72, 74, 82, 86 f., 90, 116, 119, 153, 179, 198, 214 f., 225
–, göttliche 96
–, mythische 22
–, transformative 160

303

Sachregister

Weisheitsliteratur 35, 127
Welt, materielle 52
–, sichtbare 40, 75
–, unsichtbare 40
– Götterwelt/Götterwelten 27 f., 65, 252
Weltanschauung 62, 111, 124, 184
Weltgeschehen 28
Weltzusammenhang 15
Wirklichkeit 22, 24 f., 27, 29 ff., 33 ff., 45, 51, 53, 55, 62, 66, 70, 73, 92, 99, 108, 119 f., 131, 136, 155, 159 f., 164, 177 f., 184, 188, 197, 215 f., 218, 221, 224 f., 227, 229, 231
–, Ebenen der 33, 70
–, körperliche 73
–, materielle 45, 55
–, geistige 34
–, göttliche 108, 184
–, kosmische 38
–, kulturelle 38
–, rituelle 27
–, Spiegelung der 53
–, spirituelle 158
–, transzendente 155
Wirklichkeitsebene 39, 177
Wissen, emotionales 33 f.
–, implizites 15
–, intellektuelles 34
– Körperwissen 33, 125
– Unwissenheit 47, 88, 113, 119, 157, 174, 182, 186, 190, 221, 231

yajamāna 46
yajna 35, 131, 171
Yājnavalkya 108 f., 146
yajnopavīta 154

Yajurveda 145
yaksha 59
Yama 60, 169, 174 f., 177 ff.
Yantra 47, 54 f., 159, 171, 186, 207
Yoga 37, 39, 41, 53, 93, 104, 125, 129 f., 131, 179, 185, 186 ff., 191, 202, 206, 208, 213, 225, 233, 238, 243
– bhakti yoga 93, 225
– karma yoga 37, 93, 126, 225
– jnāna yoga 37, 93
– kundalinī yoga 202, 206
yoganālī 67
yoganidrā 84
Yudhishthira 57 ff.
Yuga 111
– Kālī Yuga 75, 77

Zeit 17 f., 20, 23, 25, 26, 32, 36, 39 f., 47, 51 ff., 55 ff., 63, 73, 77, 82 ff., 86, 89 f., 93, 103, 106 ff., 115, 117 f., 122, 130 f., 134 f., 137, 141, 143 f., 146, 148, 150, 152, 156 f., 160, 162, 164, 167 f., 171 ff., 178 f., 181, 183, 185, 191, 195 ff., 202, 204, 207 ff., 211 f., 217 f., 222, 225, 229, 232, 238 f., 242, 252, 254 f.
– Entzeitlichung 21
Zeiterleben 23
Zeitlichkeit 75, 104, 172
Zeitvorstellung 40, 195
Zeremonie, häusliche 42
– Hochzeitszeremonie 166
– Konsekrationszeremonie 103
– Lichtzeremonie 38
– Wasserzeremonie 38
Zufall 15, 27 f., 62, 143, 171, 251